UNION [제8판]

2025년도 변호사시험 대비

공법 3개년
최신판례집

　최근 시험의 경향은 최신판례에서 당락이 좌우되는 경우가 많아지고 있습니다. 수험생 입장에서는 마지막 관문과도 같은 코스이지만 직접 모든 판례를 직접 정리하기에는 시간이 턱없이 부족하기에 도서출판 인해(UNION)는 시간낭비를 줄이고 가장 효율적으로 최신판례를 정리할 수 있도록 『UNION 3개년 최신판례집』을 출간하게 되었습니다. 간단하게 그 특징을 살펴보면 다음과 같습니다.

1. 3개년 최신판례 영역별 별도 구성
　3개년(2022.01.-2024.07.) 최신판례 중 출제가능성이 높은 판례를 중심으로 엄선하여 영역별로 별도 구성함으로써 수험효율성을 극대화하였습니다.

2. 오엑스(OX) 문제화 및 사례형 답안형식 재구성
　오엑스(OX) 형태로 문제화하였을 뿐만 아니라 사례형으로 출제 가능성이 있는 문제에 대해서는 사례형 답안형식으로 판례를 재구성하였습니다.

3. 입체화를 통한 수험편리성 극대화

 별표(*)와 밑줄을 적극적으로 활용하여 중요도와 핵심요지를 쉽게 파악할 수 있도록 하였을 뿐만 아니라 판결요지 만으로는 이해하기 쉽지 않은 판례의 경우 해당 사실관계 또는 판결이유 부분을 정리하여 소개함으로써 수험편리성을 극대화하였습니다.

 모쪼록 본서를 통해 시험을 준비하시는 모든 분들에게 합격의 영광이 있기를 간절히 바랍니다. 도서출판 인해 역시 수험생의 의견을 최우선시 하여 더 좋은 교재가 될 수 있도록 노력을 멈추지 않을 것임을 약속드립니다.

 더불어 이 책이 출간되기까지 세심하게 신경써주신 도서출판인해 대표님과 MGI메가고시연구소(강사, 변호사, 전문연구원 등), 그리고 예쁘게 편집하여 주신 디자이너(오지훈, 강윤지, 오나경, 김다솜)에게도 깊은 감사의 마음을 전합니다.

2024.8. 희망이 오는 길목에서

MGI 메가고시 연구소 대표 백현관

CONTENTS

헌 법

제1편 | 헌법총론 · 10

제1장 헌법과 헌법학 — 10
- 제1절 헌법의 의의 / 10
- 제2절 헌법의 법원과 해석 / 10
- 제3절 헌법의 제정·개정과 변천 / 10
- 제4절 헌법의 수호 / 10

제2장 대한민국 헌법총설 — 10
- 제1절 대한민국 헌정사 / 10
- 제2절 대한민국의 국가형태와 구성요소 / 10
- 제3절 한국헌법의 기본원리 / 11

제2편 | 기본권 · 12

제1장 기본권총론 — 12
- 제1절 기본권의 의의 / 12
- 제2절 기본권의 성격 / 12
- 제3절 기본권의 분류와 체계 / 12
- 제4절 기본권의 주체 / 12
- 제5절 기본권의 효력 / 12
- 제6절 기본권의 제한과 한계 / 12
- 제7절 기본권의 보호의무 / 12
- 제8절 기본권의 경합과 충돌 / 13

제2장 인간의 존엄과 가치 · 행복추구권 · 평등권 — 13
- 제1절 인간으로서의 존엄과 가치 / 13
- 제2절 행복추구권 / 14
- 제3절 평등권 / 22

제3장 자유권적 기본권 — 47
- 제1절 자유권적 기본권 총론 / 47
- 제2절 인신의 자유 / 47
- 제3절 사생활자유권 / 59
- 제4절 정신적 자유권 / 64

제4장 경제적 기본권 — 73
- 제1절 경제질서와 경제적 기본권 / 73
- 제2절 재산권 / 73
- 제3절 직업의 자유 / 96
- 제4절 소비자의 권리 / 110

제5장 정치적 기본권 — 111
- 제1절 민주정치와 정치적 기본권 / 111
- 제2절 참정권 / 111

제6장 청구권적 기본권 — 121
- 제1절 청구권적 기본권의 구조와 체계 / 121
- 제2절 청원권 / 121
- 제3절 재판청구권 / 121
- 제4절 국가배상청구권 / 128
- 제5절 형사보상청구권 / 128
- 제6절 범죄피해자구조청구권 / 128

제7장 사회적 기본권 — 128
- 제1절 사회적 기본권의 구조와 체계 / 128
- 제2절 인간다운 생활을 할 권리 / 128
- 제3절 교육을 받을 권리 / 130
- 제4절 근로의 권리 / 132
- 제5절 근로3권 / 133
- 제6절 환경권 / 134
- 제7절 혼인·가족·모성보호·보건에 관한 권리 /135

제3편 | 통치구조 · 139

제1장 통치구조의 구성원리 — 139
- 제1절 대의제의 원리 / 139
- 제2절 권력분립의 원리 / 139
- 제3절 정부형태 / 139
- 제4절 정당제도 / 139
- 제5절 선거제도 / 142
- 제6절 공무원제도 / 149
- 제7절 지방자치제도 / 150

제2장 국 회 — 151
- 제1절 의회주의 / 151
- 제2절 국회의 구성과 조직 / 151
- 제3절 국회의 운영과 의사절차 / 152
- 제4절 국회의 권한 / 152
- 제5절 국회의원의 헌법상 지위와 권한·의무 / 155

제3장 대통령과 정부 — 155
- 제1절 대통령 / 155
- 제2절 행정부 / 156
- 제3절 선거관리위원회 / 156

제4장 법 원 — 156
- 제1절 사법권의 독립 / 156
- 제2절 법원의 조직/ 156
- 제3절 법원의 권한 / 157
- 제4절 사법의 절차와 운영 / 157

제5장 헌법재판소 ──────────── 157
  제1절 헌법재판 일반론 / 157
  제2절 헌법재판소의 헌법상 지위 / 157
  제3절 헌법재판소의 구성과 조직 / 157
  제4절 헌법재판소의 심판절차 / 157
  제5절 위헌법률심판권 / 157
  제6절 헌법소원심판론 / 158
  제7절 권한쟁의심판권 / 168

행정법

제1편 | 행정법 통론 · 180

제1장 법치행정 ──────────── 180
제2장 행정법의 일반원칙 ──────── 180
제3장 행정상 법률관계 ───────── 181

제2편 | 행정작용법 · 183

제1장 행정입법 ──────────── 183
  제1절 법규명령 / 183
  제2절 행정규칙 / 183
제2장 행정행위 ──────────── 183
  제1절 행정행위의 의의 및 종류 / 183
  제2절 행정행위의 효력 / 185
  제3절 행정행위의 하자 / 185
제3장 그 밖의 행정의 주요행위방식 ── 185
제4장 행정절차 ──────────── 185
제5장 행정정보공개 ─────────── 187
제6장 행정상 의무이행 확보 수단 ──── 188

제3편 | 행정구제법 · 189

제1장 행정상 손해전보 ───────── 189
  제1절 국가배상 / 189
  제2절 행정상의 손실보상 / 191

제2장 행정쟁송 ──────────── 192
  제1절 행정심판 / 192
  제2절 행정소송 / 192

제4편 | 행정조직법 · 200

제1장 행정조직법 일반 ───────── 200
제2장 지방자치법 ────────── 200
제3장 공무원법 ──────────── 203

제5편 | 특별행정작용법 · 207

제1장 경찰행정법 ────────── 207
제2장 급부행정법 ────────── 207
제3장 공용부담법 ────────── 207
제4장 지역개발행정법 ───────── 207

판례색인 · 209

2025년도 변호사시험 대비

3개년
최신판례집

공법

2025년도 변호사시험 대비

3개년
최신판례집

헌 법

제1편 헌법총론

제1장 | 헌법과 헌법학

제1절 ▶ 헌법의 의의
제2절 ▶ 헌법의 법원과 해석
제3절 ▶ 헌법의 제정·개정과 변천
제4절 ▶ 헌법의 수호

제2장 | 대한민국 헌법총설

제1절 ▶ 대한민국 헌정사
제2절 ▶ 대한민국의 국가형태와 구성요소

판례 01 ★★

직계존속(直系尊屬)이 외국에서 영주(永住)할 목적 없이 체류한 상태에서 출생한 자는 병역의무를 해소한 경우에만 국적이탈을 신고할 수 있도록 하는 구 국적법규정은 국적이탈자유를 침해하여 헌법에 위반된다.

● 명확성원칙 위배 여부 - 소극

○ 심판대상조항의 입법취지 및 그에 쓰인 단어의 사전적 의미 등을 종합할 때, '외국에서 영주할 목적'이 없다는 표현은 다른 나라에서 오랫동안 살고자 하는 목적이 없다는 뜻이므로, 유학 등의 목적으로 외국에 일시 체류할 경우에는 그곳에 영주할 목적이 인정되지 않음을 일반인도 쉽게 이해할 수 있다.

○ 따라서 심판대상조항은 명확성원칙에 위배되지 않는다.

● 과잉금지원칙 위배 여부 - 소극

○ 국적은 국가가 정치, 문화 등 제반사정을 고려하여 결정할 문제로, 국적이탈을 이용한 복수국적자의 병역면탈을 규제하지 않는다면 공평한 병역의무 분담에 대한 국민적 신뢰를 잃어 국민의 총체적 국방역량이 손상될 우려가 있다.

○ 심판대상조항은 모든 복수국적자에게 국적이탈시 일률적으로 병역의무 해소를 요구하지 않고, '직계존속의 영주목적 없는 국외출생자'에게만 일률적으로 병역의무 해소를 요구함으로써, 부모가 외국이주를 결정하는 등 장차 대한민국과의 유대관계가 형성되기 어려울 것으로 예상되는 사람에 대해서는 병역의무 해소 없는 국적이탈을 허용하여 국적이탈의 자유에 대한 제한을 최소화하고 있다.

○ '직계존속의 영주목적 없는 국외출생자'에 대해서도 병역의무 해소 없는 국적이탈을 허용한다면, 그가 계속 가족과 함께 국내에서 생활하면서 국적이탈을 통해 병역의무를 회피하는 행동을 보이더라도 이를 방지할 방법을 찾기 어렵다.

○ 심판대상조항이 입법될 무렵 병역의무를 면탈하려는 행태가 극심했다는 사정을 감안한다면, 병역기피 목적의 국적이탈에 대하여 사후적 제재를 가하거나 생활근거에 따라 국적이탈을 제한하는 방법으로는 국적이탈을 통해 병역의무 그 자체를 어떻게든 면탈하려는 행동을 충분히 차단할 수 있다고 단정하기 어렵다.

○ 심판대상조항은 단지 복수국적자 개인에게 병역의무 이행을 관철하려는 조항이 아니라, '국적이탈을 통한 병역기피'를 제도적으로 차단하여 병역의무의 공평한 분담에 대한 국민적 신뢰를 쌓으려는 조항이다. 따라서 복수국적자가 병역법상 국외여행허가 등의 제도를 통해 계속 외국에 머무르며 징집을 면할 수 있더라도, 여전히 그는 병역의무 자체를 면탈할 수가 없으므로, 심판대상조항에 의해 국적이탈을 병역기피에 악용하지 못하도록 차단하여 병역의무의 공평한 분담과 그에 대한 국민적 신뢰를 확보한다는 입법목적은 충실히 달성될 수 있다.

○ 심판대상조항으로 제한받는 사익은 '직계존속의 영주목적 없는 국외출생자'가 국적이탈을 하려는 경우 모든 대한민국 남성에게 두루 부여된 병역의무를 해소하도록 요구받는 것에 지나지 않는 반면, 심판대상조항이 달성하려는 공익은 대한민국이 국가 공동체로서 존립하기 위해 공평한 병역분담에 대한 국민적 신뢰를 보호하여 국방역량이 훼손되지 않도록 하려는 것이므로 매우 중요한 국익이다.

○ 따라서 심판대상조항은 과잉금지원칙에 위배되어 국적이탈의 자유를 침해하지 않는다(헌법재판소 2023. 2. 23. 선고 2019헌바462 전원재판부 결정).
point ▶ 헌법재판소는 이 사건과 같은 날 선고한 '외국에 주소 없는 자의 국적이탈 제한 사건(헌법재판소 2023. 2. 23. 선고 2020헌바603 전원재판부 결정)'에서 모든 복수국적자에게 국적이탈시 '외국 주소'를 요구하는 국적법 조항도 헌법에 위배되지 않는다고 판단하였다.

정답 ✕

제3절 ▶ 한국헌법의 기본원리

제2편 기본권

제1장 | 기본권총론

제1절 ▶ 기본권의 의의
제2절 ▶ 기본권의 성격
제3절 ▶ 기본권의 분류와 체계
제4절 ▶ 기본권의 주체
제5절 ▶ 기본권의 효력
제6절 ▶ 기본권의 제한과 한계
제7절 ▶ 기본권의 보호의무

판례 01 ★★

① 학교시설의 유해중금속 등 유해물질의 예방 및 관리 기준으로서 운동장 바닥재 중 인조잔디 및 탄성포장재(우레탄)에 대해서만 품질기준 및 주기적 점검·조치 의무를 규정하고 마사토(화강암이 풍화하여 생긴 모래) 운동장에 대한 유해중금속 등 유해 물질의 유지·관리 기준을 두고 있지 않은 학교보건법 시행규칙은 헌법에 어긋난다.
② 기본권 보호의무 위반에 해당하여 헌법상 보장된 환경권의 침해가 되기 위해서는 적어도 국가가 국민의 기본권적 법익 보호를 위하여 마사토 운동장에 대한 유해중금속 등 유해물질의 예방 및 관리와 관련된 적절하고도 효율적인 최소한의 보호조치를 취하지 않았음이 명백히 인정되어야 한다.

해설 ○ 국가는 국민의 건강하고 쾌적한 환경에서 생활할 권리를 보호할 의무를 진다. 그러나 이를 입법자가 어떻게 실현하여야 할 것인가 하는 문제는 원칙적으로 권력분립과 민주주의의 원칙에 따라 입법자의 책임범위에 속한다. 따라서 국가가 국민의 건강하고 쾌적한 환경에서 생활할 권리에 관한 보호의무를 다하지 않았는지를 헌법재판소가 심사할 때에는 국가가 이를 보호하기 위하여 적어도 적절하고 효율적인 최소한의 보호조치를 취하였는가 하는 이른바 '과소보호금지원칙'의 위반 여부를 기준으로 삼아야 한다.

○ 심판대상조항은 학교시설에서 유해중금속 등의 예방 및 관리를 위한 기준을 규정하면서도 마사토 운동장에 대하여는 규정을 두고 있지 않다. 그러나 심판대상조항에 마사토에 관한 기준이 포함되지 않았다고 하더라도, 그것이 기본권 보호의무 위반에 해당하여 헌법상 보장된 환경권의 침해가 되기 위해서는 적어도 국가가 국민의 기본권적 법익 보호를 위하여 마사토 운동장에 대한 유해중금속 등 유해물질의 예방 및 관리와 관련된 적절하고도 효율적인 최소한의 보호조치를 취하지 않았음이 명백히 인정되어야 한다.

○ 이상과 같은 법령이나 지침, 조례 등을 통해 마사토 운동장에 대한 유해중금속 등의 관리가 이루어지고 있는 점을 고려하면, 심판대상조항에 마사토 운동장에 관한 기준이 도입되지 않았다는 사정만으로 국민의 환경권을 보호하기 위한 국가의 의무가 과소하게 이행되었다고 평가할 수는 없다. 따라서 심판대상조항은 청구인의 환경권을 침해하지 아니한다.

▶ 헌법재판소는 그밖에 ① 토양환경보전법에서 학교용지토양에 대해 가장 엄격한 오염 기준을 적용하고 정화조치 등 조치가 가장 적극적으로 이루어질 수 있도록 하고 있는 점, ② 환경부장관은 전국적으로 280개의 학교용지에 측정 지점을 설치하여 전국의 학교 용지 일반에 대한 상시적인 토양 오염 측정을 실시하고 있는 점, ③ 교육부 산하 한국교육시설안전원은 마사토 운동장 조성 현장에 재료 반입 시 반드시 유해중금속 등의 함유량 검사를 하도록 하고 이후 토양 내 유해 요소의 함량을 주기적으로 점검하고 조치할 것을 권고하고 있는 점, ④ 대부분의 지방자치단체에서는 학교 운동장의 유해물질 관리를 위한 조례가 제정 및 시행되어 학교장이나 교육감에게 학교 운동장의 유해물질 관리를 의무화하고 있는 점 등을 고려하여 청구인의 환경권이 침해되지 않는다고 판단하였다.

제8절 ▶ 기본권의 경합과 충돌

○ 판례 02 ★★

① 흡연자의 자유로운 흡연을 보장할 필요성은 타인의 흡연으로 인한 간접흡연을 원치 않는 사람을 보호하여야 할 필요성보다 더 크다.
② 광장 벤치에서 담배를 못 피우도록 규정한 국민건강증진법 조항은 헌법에 어긋나지 않는다.

▦해설 심판대상조항은 공중 또는 다수인이 왕래할 수 있는 공간에서 흡연을 금지하여, 비흡연자의 간접흡연을 방지하고 흡연자 수를 감소시켜, 국민 건강을 증진시키기 위하여 만들어진 것이다.
실외 또는 실외와 유사한 공간이라고 하더라도 간접흡연의 위험이 완전히 배제된다고 볼 수 없고, 금연·흡연구역의 분리운영 등의 방법으로도 담배연기를 물리적으로 완벽히 차단하기 어렵다. 특히 심판대상조항이 규율하는 공간과 같이 공중 또는 다수인이 왕래할 가능성이 높은 공공장소의 경우 그 위험이 더욱 크다. 따라서 연면적 1천 제곱미터 이상의 사무용건축물, 공장 및 복합용도의 건축물에 대하여 예외 없이 금연의무를 부과하는 것은 심판대상조항의 목적을 달성하기 위한 불가피한 조치이다.
심판대상조항으로 인하여 흡연자는 일정한 공간에서 흡연을 할 수 없게 되는 불이익을 입지만, 일반적으로 타인의 흡연으로 인한 간접흡연을 원치 않는 사람을 보호하여야 할 필요성은 흡연자의 자유로운 흡연을 보장할 필요성보다 더 크다고 할 수 있다.
심판대상조항은 과잉금지원칙에 반하여 흡연자의 일반적 행동자유권을 침해한다고 볼 수 없다.

제2장 | 인간의 존엄과 가치·행복추구권·평등권

제1절 ▶ 인간으로서의 존엄과 가치

○ 판례 03 ★★

대학생·졸업생에게 교수 인품, 논문 지도력 등 정보 받아 등급 공개한 사이트는 대학교수의 인격권을 침해하지 않는다.

▦해설 원고의 공적인 존재로서의 지위, 개인정보의 공공성과 공익성, 피고가 정보처리로 얻은 이익과 처리절차 및 이용형태, 정보처리로 인하여 원고의 이익이 침해될 우려의 정도 등을 종합적으로 고려하면, 피고가 원고의 개인정보 등을 수집·제공한 행위는 원고의 개인정보자기결정권 등을 침해하는 위법한 행위로 평가할 수 없고, △△△넷에서 교수 평가 결과를 제공한 행위를 두고 원고의 인격권을 위법하게 침해하였다고 볼 수는 없다(대법원 2024. 6. 17. 선고 2020다239045 판결).

◦ 판례 04 ★★

집 근처에 거주하는 성범죄자에 대한 신상정보를 캡처한 사진 등을 인터넷 메신저 등을 통해 공유하지 못하도록 한 '아동·청소년의 성보호에 관한 법률(청소년성보호법)' 조항은 헌법에 어긋나지 않는다

해설 성범죄자의 신상정보는 전용 웹사이트에서 실명인증 절차 등을 거치기만 하면 일반 국민 누구나 확인할 수 있고, 성범죄자가 거주하는 관할 지역의 아동·청소년의 친권자 등이 있는 가구, 어린이집의 원장 등에게 상세주소까지 포함해 우편 등으로 고지된다. 따라서 일반 국민이나 지역 주민 등의 정보 접근이 매우 제한적이라거나 일반 개인이 자유롭게 해당 정보를 확산시키지 않으면 성범죄자 신상정보 공개 등의 제도 취지가 달성되기 어렵다고 보기는 힘들다. 청소년성보호법 제55조 제2항 제1호에서 공개를 금지하는 수단은 '신문·잡지 등 출판물, 방송 또는 정보통신망'으로 행위수단 자체가 높은 전파성 및 공개성을 가지고 있어 금지의 필요성이 크다. 이러한 수단을 이용해 성범죄자의 공개정보를 여러 사람에게 널리 '공개'하는 것을 금지하는 것이 표현의 자유에 대한 과도한 제한이라 보기 어렵다. 개인은 공개 정보를 정보통신망을 이용해 공개하는 행위가 제한되지만, 이러한 불이익이 공개대상자인 성범죄자의 인격권 등 기본권 제한을 필요한 범위 내로 제한하기 위한 공익에 비해 크다고 보기는 어려워 심판대상조항은 법익의 균형성을 갖췄다(헌법재판소 2024. 2. 28. 선고 2020헌마801 전원재판부 결정).

정답

◦ 판례 05 ★★★

임신 32주 이전에 태아의 성별 고지를 금지하는 의료법 제20조 제2항이 헌법 제10조 일반적 인격권에서 나오는 부모가 태아의 성별 정보에 대한 접근을 방해받지 않을 권리를 침해한다.

해설 심판대상조항은 성별을 이유로 한 낙태를 방지함으로써 성비의 불균형을 해소하고 태아의 생명을 보호하기 위해 입법된 것으로 목적의 정당성이 인정된다. 그러나 남아선호사상이 확연히 쇠퇴하고 있고, 심판대상조항이 사문화되었음에도 불구하고 출생성비가 자연성비의 정상범위 내이므로, 심판대상조항은 더 이상 태아의 성별을 이유로 한 낙태를 방지하기 위한 목적을 달성하는 데에 적합하고 실효성 있는 수단이라고 보기 어렵고, 입법수단으로서도 현저하게 불합리하고 불공정하다. 태아의 생명 보호를 위해 국가가 개입하여 규제해야 할 단계는 성별고지가 아니라 낙태행위인데, 심판대상조항은 낙태로 나아갈 의도가 없는 부모까지 규제하여 기본권을 제한하는 과도한 입법으로 침해의 최소성에 반하고, 법익의 균형성도 상실하였다. 따라서 심판대상조항은 과잉금지원칙을 위반하여 부모가 태아의 성별 정보에 대한 접근을 방해받지 않을 권리를 침해한다(헌법재판소 2024. 2. 28. 선고 2022헌마356, 2023헌마189·1305(병합) 전원재판부 결정).

정답

제2절 ▶ 행복추구권

○ 판례 06 ★★★

확진자가 참석한 종교행사 출입자명단 등에 대한 방역당국의 제출요구는 감염병의예방및관리에 관한법률 및 동법 시행령이 정한 내용, 방법 등의 요건을 충족하지 아니하여 감염병예방법상의 '역학조사'로 볼 수 없으므로 청구인과 그 공범이 그 명단제출요구를 거부하거나 거짓의 명단을 제출하였다고 하더라도 '역학조사'를 거부하거나 '역학조사'에서 거짓자료를 제출하였다고 할 수 없음에도 그 혐의가 인정됨을 전제로 한 이 사건 기소유예처분은 자의적인 검찰권 행사로서 청구인의 평등권과 행복추구권을 침해한다

해설 공범들의 판결에서 대법원이 확인한 바에 따르면 감염병예방법상 역학조사는 국민의 기본권을 제한하고 침익적 행정행위의 성격을 가질 뿐 아니라 그 거부·방해 행위 등에 대해 형사처벌이 가능하다는 점에서 형벌 법규의 구성요건적 성격도 가지기 때문에 감염병의 전파를 방지할 필요성 또는 긴급성이 있다는 이유만으로 역학조사의 개념을 감염병예방법 관련 법령 문언을 벗어나 확장해석하거나 유추해석해서는 안 되고 국민의 자유와 권리가 지나치게 침해되지 않도록 엄격하게 해석해야 한다.
역학조사에 해당하기 위해서는 제출 요구한 자료(명단)의 내용이 '감염병 환자 등'의 인적 사항 등에 관한 사항이어야 하지만 상주시장 측이 제출 요구한 이 사건 명단은 감염병 환자 등과 접촉하였거나 접촉했다고 의심되는 '접촉자'의 인적 사항 등에 관한 것이고, 역학조사는 설문조사 및 면접조사 등의 방법에 의해야 함에도 이 사건 명단 제출 요구는 관련 법령에서 규정하고 있는 역학조사서를 이용한 설문조사나 면접조사 방법에도 해당하지 않는다
이 사건 명단 제출 요구는 감염병예방법에서 규정하는 역학조사에 해당하지 않아 그에 응하지 않았다거나 사실과 다른 자료를 제출했다고 하여 '역학조사'를 거부하였다거나 거짓 자료를 제출했다고 할 수 없다(헌법재판소 2024. 4. 25. 선고 2021헌마1174 전원재판부 결정).

  정답 O

○ 판례 07 ★★

인체면역결핍바이러스(HIV)에 감염된 사람의 전파매개행위를 금지한 후천성면역결핍증(에이즈) 예방법 처벌조항은 헌법에 어긋나지 않는다

해설 에이즈 감염인이 체내에 에이즈 원인 바이러스인 인체면역결핍바이러스(HIV)가 검출한계치 미만으로 억제된 상태에 있으면 별다른 예방조치가 없더라도 전파매개행위를 한 상대방은 바이러스에 감염된 사례를 발견할 수 없다는 것이 다수 임상연구에서 드러난 공통된 결과이다. HIV전파가능성에 대한 현재의 의학수준과 국민의 법 의식 등을 반영한 규범적 재평가의 필요성, 상대방의 자기결정권 보장 필요성, 상대방에 의한 심판대상조항의 악용가능성 방지 필요성 등을 고려하면 심판대상조항은 '의학적 치료를 받아 HIV의 전파가능성이 현저히 낮은 감염인이 상대방에게 자신이 감염인임을 알리고 한 행위'에는 적용되지 않는 것으로 해석함이 타당하다.
의학적 치료를 받아 HIV의 전파가능성이 현저히 낮은 감염인은, 상대방에게 자신이 감염인이라는 사실을 알리고 그의 동의를 받은 경우 예방조치 없이도 성행위를 할 수 있다. 에이즈 비감염인의 건강권을 보장하기 위해 감염인와 성행위를 하는 상대방의 자기결정권 보장이 전제돼야 한다는 점을 고려하면, 심판대상조항은 '의학적 치료를 받아 HIV의 전파가능성이 현저히 낮은 감염인이 상대방에게 자신이 감염인임을 알리고 한 행위'에는 적용되지 않는 것으로 해석해야 한다.
심판대상조항으로 인해 감염인에게는 자유로운 방식의 성행위가 금지되므로 그의 사생활의 자유 및 일반적 행동자유권이 제한될 수 있다. 그러나 상대방은 아무런 영문도 모른 채 감염인과의 성행위로

인하여 완치가 불가능한 바이러스에 감염돼 평생 매일 약을 복용하여야 하는 등 심각한 위험에 처하게 될 수 있다. 감염인의 제한 없는 방식의 성행위 등과 같은 사생활의 자유 및 일반적 행동자유권이 제약되는 것에 비해 국민의 건강 보호라는 공익을 달성하는 것은 더욱 중대하다. 심판대상조항은 과잉금지원칙을 위반해 감염인의 사생활의 자유 및 일반적 행동자유권을 침해하지 않는다(헌법재판소 2023. 10. 26. 선고 2019헌가30 전원재판부 결정).

정답 O

○판례 08 ★★

선량한 풍속 기타 사회질서에 위반한 사항을 내용으로 하는 법률행위를 무효로 하는 민법 제103조가 명확성원칙에 위반된다.

해설 심판대상조항은 사회적·문화적 환경의 변화 속에서 실정법에 의하여 미처 구체화되지 못한 사회의 질서를 수용하여 법질서를 보충·구체화하며, 법률행위의 당사자들이 공동체의 전체질서 내에서 사적자치를 발현하도록 하고자 한다. 심판대상조항의 '선량한 풍속'은 사회의 일반적 도덕관념 또는 건전한 도덕관념으로 모든 국민에게 지킬 것이 요구되는 최소한의 도덕률로 해석할 수 있고, '사회질서'란 사회를 구성하는 여러 요소와 집단이 조화롭게 균형을 이룬 상태로 해석할 수 있다. 심판대상조항은 구체적으로 어떠한 내용의 법률행위가 선량한 풍속 기타 사회질서에 위반한 내용의 법률행위에 해당하는지를 일일이 규정하고 있지 않으나, 법률에서 선량한 풍속 기타 사회질서에 위반한 내용으로서 그 효력을 부인해야 하는 법률행위를 빠짐없이 규율하는 것은 입법기술상 매우 어렵고, 나아가 심판대상조항의 입법목적과 기능에 비추어 적절하지도 않다.

또한, 문제되는 법률행위의 내용이 선량한 풍속 기타 사회질서에 위반한 것인지는 헌법을 최고규범으로 하는 전체 법질서, 그 법질서가 추구하는 가치 및 이미 구체화된 개별입법 등을 종합적으로 고려하여 판단되어야 하고, 개별 사례들에 관한 학설과 판례 등의 집적을 통해 그 판단에 대한 예측가능성을 높일 수 있다. 이로써 문제되는 법률행위가 선량한 풍속 기타 사회질서에 위반한 것인지에 대한 판단은 법관의 주관적·자의적 신념이 아닌 헌법을 최고규범으로 하는 법 공동체의 객관적 관점에 의하여 이루어질 수 있다. 따라서 심판대상조항은 명확성원칙에 위반된다고 볼 수 없다(헌법재판소 2023. 9. 26. 선고 2020헌바552 전원재판부 결정).

정답 ×

○판례 09 ★★

거짓이나 그 밖의 부정한 방법으로 보조금을 교부받거나 유용하여 운영정지, 폐쇄명령 또는 과징금 처분을 받은 어린이집에 대하여 그 위반사실을 공표하도록 한 조항은 공표대상자의 사회적 평가를 침해할 수 있으므로 일반적 인격권을 제한한다. (2023년 법원행시 기출지문)

해설 헌법 제10조로부터 도출되는 일반적 인격권에는 개인의 명예에 관한 권리도 포함된다(헌재 2005. 10. 27. 2002헌마425 참조). 심판대상조항에 근거하여 거짓이나 그 밖의 부정한 방법으로 보조금을 교부받거나 보조금을 유용한 어린이집 대표자 등의 정보가 공표되면 공표대상자의 사회적 평가가 침해될 수 있으므로, 심판대상조항은 헌법 제10조에서 유래하는 일반적 인격권을 제한한다(헌법재판소 2022. 3. 31. 2019헌바520 전원재판부 결정).

정답 O

○ 판례 10 ★★

공직선거법 제85조 제3항 중 '누구든지 종교적인 기관·단체 등의 조직내에서의 직무상 행위를 이용하여 그 구성원에 대하여 선거운동을 하거나 하게 할 수 없다' 부분(이하 '직무이용 금지조항'이라 한다)이 죄형법정주의 명확성원칙에 위배된다.

해설 직무이용 금지조항 중 '직무상 행위를 이용하여' 부분이 다소 추상적이고 포괄적인 측면이 있기는 하나, 종교단체 내에서 직무상 행위를 이용하는 구체적 행위 태양을 예상하여 열거하는 것은 불가능하거나 현저히 곤란하고, 구체적으로 어떠한 행위가 종교단체 내에서의 직무상 행위를 이용한 것에 해당하는지는 행위자가 종교단체 안에서 차지한 지위에 기하여 취급하는 직무 내용, 직무상 행위를 하는 시기, 장소, 방법 등 여러 사정을 종합적으로 관찰하여 직무와 관련된 것인지 여부 등을 살펴봄으로써 판단할 수 있으므로, 이는 죄형법정주의 명확성원칙에 위배되지 않는다(헌법재판소 2024. 1. 25. 선고 2021헌바233, 2023헌바239(병합) 전원재판부 결정).

정답 ×

○ 판례 11 ★★

이자제한법에서 정한 최고이자율을 초과하여 이자를 받은 자를 1년 이하의 징역 또는 1천만 원 이하의 벌금에 처하도록 한 이자제한법 제8조 제1항은 헌법에 위반되지 아니한다

해설 사금융의 자금조달 과정에서 이뤄지는 과도한 이자약정은 영세한 자영업자·서민이 쉽게 신용불량자가 되는 주요한 원인 중 하나이고 고금리와 관련한 이자제한법 위반 등 불법사금융 피해 상담·신고 접수 건수가 나날이 증가하는 현실을 고려할 때, 최고이자율 초과 부분을 무효로 하는 것만으로는 그 폐해를 막을 수 없다는 것을 알 수 있다. 따라서 이자제한법의 실효성을 확보하기 위해 최고이자율 상한을 위반하는 행위에 대해 형사처벌하는 것은 입법자의 입법재량의 범위 내의 일이다. 이자의 제한은 생활자금 내지 영업자본의 수요를 금전대차에 의존할 수밖에 없는 어려운 서민들의 생활을 안정시키기 위해 필수적인 것으로, 고금리 채무로 인한 국민의 이자 부담을 경감하고 과도한 이자를 받아 일반 국민의 경제생활을 피폐하게 하는 등의 폐해를 방지하기 위해서는 형사처벌과 같은 제재 수단이 필요함을 부인하기 어렵다. 형벌이 '1년 이하의 징역 또는 1000만 원 이하의 벌금'이라는 점까지 고려하면 입법자가 민사상의 효력을 제한하는 것 외에 형사처벌까지 규정한 것을 과도한 제한이라고 보기는 어려워 침해의 최소성에 위반된다고 볼 수 없고 과잉금지원칙에 위반되지 않는다(헌법재판소 2023. 2. 23. 선고 2022헌바22 전원재판부 결정).

정답 ○

○ 판례 12 ★★

**① 반드시 비형벌적인 수단이 선행적으로 도입되고 실행된 이후에 그 효과 없음이 입증된 경우에만 형벌의 강화가 정당화된다
② 어린이 보호구역에서 제한속도 준수의무 또는 안전운전의무를 위반하여 어린이를 상해에 이르게 한 경우 1년 이상 15년 이하의 징역 또는 500만 원 이상 3천만 원 이하의 벌금에, 사망에 이르게 한 경우 무기 또는 3년 이상의 징역에 처하도록 규정한 특정범죄 가중처벌 등에 관한 법률 제5조의13이 청구인들의 일반적 행동자유권을 침해한다.**

해설 ◆ 죄형법정주의 명확성원칙을 위반하여 기본권을 침해하는지 여부

○ 차량의 통행에 관하여 운전자에게 자세하게 규율된 의무를 부여하고 있는 도로교통법의 개정 연혁과 개정 취지, 그리고 특별한 보호가 필요한 보행자에 관한 구역을 별도로 지정할 수 있도록 도로교통법이 근거조항을 두게 된 경위와 연혁을 종합하면, 건전한 상식과 통상적 법 감정을 가진 운전자의 경우 어린이 보호구역에서 도로의 유형과 형태, 횡단보도 및 신호기 설치 여부, 주요 표지 및 어린이의 존부 등을 살핌으로써 해당 보호구역에서 운전자에게 부여되는 안전운전의무의 구체적 의미 내용이 무엇인지 충분히 파악할 수 있을 것으로 보이고, 달리 심판대상조항이 법 해석·적용기관에 의한 자의적 법 집행 여지를 두고 있다고 보기 어렵다.

○ 따라서 심판대상조항이 죄형법정주의 명확성원칙에 위반되어 청구인들의 일반적 행동자유권을 침해한다고 볼 수 없다.

◆ 과잉금지원칙을 위반하여 기본권을 침해하는지 여부

○ 심판대상조항은 운전자가 어린이 보호구역에서 제한속도를 준수하고 어린이 안전에 유의하면서 운전하도록 함으로써 교통사고의 위험으로부터 어린이를 보호하기 위한 것이다.

○ 우리나라는 보행 중 사망자의 비율 및 인구 10만 명당 보행 중 사망자 수가 매우 높은 편에 속하고, 어린이 보호구역에서의 교통사고가 지속적으로 발생하고 있는 등 아직도 후진적인 차량 중심의 문화에서 벗어나지 못하고 있다. 따라서 어린이의 통행이 빈번한 초등학교 인근 등 제한된 구역을 중심으로 어린이 보호구역을 설치하고 엄격한 주의의무를 부과하여 위반자를 엄하게 처벌하는 것은 어린이에 대한 교통사고 예방과 보호를 위해 불가피한 조치이다.

○ 심판대상조항에 의할 때 어린이 상해의 경우 법정형이 징역 1년 이상 15년 이하 또는 500만 원 이상 3천만 원 이하의 벌금으로 규정되어 죄질이 가벼운 위반행위에 대하여 벌금형을 선택한 경우는 작량감경을 통하여, 징역형을 선택한 경우는 작량감경을 하지 않고도 집행유예를 선고할 수 있음은 물론, 선고유예를 하는 것도 가능하다. 어린이 사망의 경우 법정형이 무기 또는 3년 이상의 징역형으로 규정되어 있지만, 법관이 작량감경을 하지 않더라도 징역형의 집행유예를 선고하는 것은 가능하다. 따라서 운전자의 주의의무 위반의 내용 및 정도와 어린이가 입은 피해의 정도가 다양하여 불법성 및 비난가능성에 차이가 있다고 하더라도, 이는 법관의 양형으로 충분히 극복될 수 있는 범위 내의 것이다.

○ 교통정온화 기법이나 불법 주·정차 단속을 강화하는 등의 방안들이 제도화된다고 하더라도 운전자가 주의의무를 위반하여 운전한다면 어린이 교통사고는 계속해서 발생할 것이다. 따라서 반드시 비형벌적인 수단이 선행적으로 도입되고 실행된 이후에 그 효과 없음이 입증된 경우에만 형벌의 강화가 정당화된다고 볼 수는 없다.

○ 운전자가 어린이 보호구역에서 높은 주의를 기울여야 하고 운행의 방식을 제한받는 데 따른 불이익보다, 주의의무를 위반한 운전자를 가중처벌하여 어린이가 교통사고의 위험으로부터 벗어나 안전하고 건강한 생활을 영위하도록 함으로써 얻게 되는 공익이 크다.

○ 따라서 심판대상조항은 과잉금지원칙에 위반되어 청구인들의 일반적 행동자유권을 침해한다고 볼 수 없다(헌법재판소 2023. 2. 23. 선고 2020헌마460, 862(병합) 전원재판부 결정).

정답 ×, ×

○ 판례 13 ★★

못된 장난 등으로 다른 사람, 단체 또는 공무수행 중인 자의 업무를 방해한 사람을 20만 원 이하의 벌금, 구류 또는 과료의 형으로 처벌하는 경범죄 처벌법은 죄형법정주의 명확성 원칙과 일반적행동자유권을 침해한다.

해설 1. 제한되는 기본권(일반적 행동자유권)
못된 장난 등으로 다른 사람, 단체 또는 공무수행 중인 자의 업무를 방해한 사람을 처벌하도록 규정한 심판대상조항은 못된 장난 등의 자유로운 행동을 제한하여 청구인의 일반적 행동자유권을 제한한다. 청구인은 심판대상조항으로 정치적 표현의 자유가 제한된다고 주장하나 이는 의사표현을 직접 제한하는 조항이 아닌바, 심판대상조항으로 인하여 주로 제한되는 기본권은 일반적 행동자유권이라 봄이 타당하다.

2. 죄형법정주의 명확성 원칙 위반 여부(소극)
○ '경범죄 처벌법'의 예방적·보충적·도덕적 성격에 비추어 볼 때 심판대상조항이 형법상 업무방해죄, 공무집행방해죄 등에 대한 보충규정으로서 위 죄들에서 정하고 있는 위계, 폭행, 협박 등의 행위태양보다 상대적으로 불법성이 낮은 업무방해 행위들을 규제하는 것임을 수범자의 입장에서 예견가능하다고 할 것이고, '못된 장난 등'의 의미도 이러한 맥락에서 해석 가능하다.

○ 이러한 점을 종합하면, 심판대상조항의 '못된 장난 등'은 타인의 업무에 방해가 될 수 있을 만큼 남을 괴롭고 귀찮게 하는 행동으로 일반적인 수인한도를 넘어 비난가능성이 있으나, 형법상 업무방해죄, 공무집행방해죄에 이르지 않을 정도의 불법성을 가진 행위라고 볼 수 있다.

○ 형법상 업무방해죄, 공무집행방해죄에는 해당하지 아니하지만 업무나 공무를 방해하거나 그러한 위험이 있는 행위의 유형은 매우 다양하므로 이를 구체적으로 특정하거나 예시적으로 열거하여 규율할 경우 규율의 공백이 발생할 수 있다. 이에 심판대상조항은 '못된 장난 등'이라는 다소 포괄적인 규정으로 개별 사안에서 법관이 업무방해 행위의 내용, 행위의 상대방, 행위 당시의 전후 상황 등을 종합적으로 고려하여 심판대상조항의 적용여부를 판단할 수 있도록 하고 있다.

○ 또한 '경범죄 처벌법' 제2조에서는 "이 법을 적용할 때에는 국민의 권리를 부당하게 침해하지 않도록 세심한 주의를 기울여야 하며, 본래의 목적에서 벗어나 다른 목적을 위하여 이 법을 적용하여서는 아니 된다."라는 취지의 남용금지 규정을 두어 '경범죄 처벌법'이 광범위하게 자의적으로 적용될 수 있는 가능성을 차단하고 있기도 하다.

○ 위와 같은 점을 종합적으로 고려할 때 심판대상조항은 죄형법정주의의 명확성원칙에 위반하여 청구인의 일반적 행동자유권을 침해하지 아니한다.

3. 과잉금지원칙 위반 여부(소극)
○ 업무를 통한 사람의 사회적·경제적 활동을 보호하고, 공무를 수행하는 사람에 의하여 구체적으로 행하여지는 국가 또는 공공기관의 기능을 보호하기 위한 심판대상조항의 입법목적은 정당하고, 못된 장난 등으로 다른 사람, 단체 또는 공무수행중인 자의 업무를 방해하는 행위를 경범죄로 처벌하는 것은 입법목적을 달성하기 위한 적합한 수단이다.

○ 업무나 공무를 방해하는 행위의 경우 행위 태양에 따라 법익 침해의 위험이나 정도는 다양할 수 밖에 없는데 이를 모두 형법상의 범죄로 처벌하는 것은 과도한 제재가 될 수 있고 사법절차비용도 적지 않다. 따라서 형법상 범죄에 비하여 경미한 불법성을 가지고 있지만 추후 큰 범죄로 확장될 수 있는 행위에 대하여는 이를 제지하되 통고처분을 통하여 형사처벌을 회피할 수 있는 일정한 기회를 부여하면서 형사처벌 시에도 신속한 재판을 통해 법적 안정성을 확보할 수 있도록 할 필요성이 있다.

○ 형법상 업무방해죄와 공무집행방해죄의 적용 범위나 구성요건이 다르다고 하여 '경범죄 처벌법'에서도 이를 구분하여야 하는 것은 아니고, '경범죄 처벌법'의 예방적·보충적·도덕적 성격을 반영하여 함께 규율하는 것도 가능하다. 심판대상조항은 방해되는 것이 사적 업무인지 공무인지에 관계없이 '못된 장난 등'으로 업무를 방해하는 행위를 처벌하는바, 형법상 공무집행방해죄에 이르지 아니하는 경미한 소란행위와 같이 형법상 처벌되는 행위보다 불법성이 경미하지만 이를 규제하지 않을 경우 국가기능의 수행에 어려움을 초래할 수 있는 행위를 금지하여야 할 필요성도 존재한다.

○ 심판대상조항의 법정형은 그 상한이 비교적 가볍고 벌금형 선택 시 죄질에 따라 선고유예도 가능하다. 법관이 여러 양형조건을 고려하여 행위책임에 비례하는 형벌을 부과할 수 있으므로 법정형의 수준이 과중하다고 보기 어렵다.

○ 나아가 '경범죄 처벌법'에서는 통고처분 제도를 두어 형사처벌을 받지 않을 수 있는 절차도 추가적으로 보장하고 있다.

○ 심판대상조항으로 인하여 제한되는 사익은 업무나 공무를 방해할 위험이 있는 못된 장난 등을 할 수 없는데 그치나, 달성하려는 공익은 널리 사람이나 단체가 사회생활상의 지위에서 계속적으로 행하는 일체의 사회적 활동의 자유 보장 및 국가기능의 원활한 작동이라고 할 것인바, 이러한 공익은 위와 같은 사익보다 크다.

○ 심판대상조항은 과잉금지원칙에 위반하여 청구인의 일반적 행동자유권을 침해하지 아니한다 (헌법재판소 2022. 11. 24. 선고 2021헌마426 전원재판부 결정).

정답 ✕

판례 14 ★★

이동통신사업자가 제공하는 전기통신역무를 타인의 통신용으로 제공하는 것을 원칙적으로 금지하고, 위반 시 형사처벌하는 전기통신사업법 조항은 일반적행동자유권을 침해한다.

해설 이동통신서비스를 타인의 통신용으로 제공한 사람들은 이동통신시장에 대포폰이 다량 공급되는 원인으로 작용하고 있으므로, 대포폰을 이용한 보이스피싱 등 신종범죄로부터 통신의 수신자 등을 보호하기 위해서는 이동통신서비스를 타인의 통신용으로 제공하는 것을 금지하고 위반 시 처벌할 필요성이 크다. 대포폰으로 인한 보이스피싱 등 신종범죄의 발생 추세, 대포폰 개통에 명의를 제공한 자가 단속된 건수 등에 비추어 볼 때 보이스피싱 등 범죄의 범행도구로 악용될 위험을 과태료 등 행정질서벌의 제재만으로도 충분히 방지할 수 있다고 단정할 수 없으므로, 이동통신서비스 이용자가 이동통신서비스를 타인의 통신용으로 제공하는 행위에 대하여 형벌을 부과하도록 규정한 입법자의 판단이 잘못되었다고 보기 어렵다. 나아가 이동통신서비스를 타인의 통신용으로 제공하는 행위로 인한 피해를 더 효과적으로 방지할 수 있는 수단이 마련되어 있다고 보기 어렵고, 달리 입법목적을 달성할 수 있는 효과적인 수단을 상정하기도 어렵다. 이동통신서비스 이용자는 심판대상조항으로 인해 이동통신서비스 이용계약 체결에 필요한 증서 등을 타인에게 제공하거나 자기 명의로 이동통신서비스 이용계약을 체결한 후 실제 이용자에게 휴대전화를 양도할 수 없는 불이익을 입을 뿐이므로, 이동통신서비스 이용자가 제한받는 사익의 정도가 공익에 비하여 과다하다고 보기도 어렵다. 따라서 심판대상조항은 이동통신서비스 이용자의 일반적 행동자유권을 침해하지 아니한다(헌법재판소 2022. 6. 30. 선고 2019헌가14 전원재판부 결정).

▶ 2014. 10. 15. 전기통신사업법에 이동통신단말장치 부정이용죄(제32조의4)가 신설되었으나 그 처벌대상이 금전적 대가가 개입된 대포폰을 이용하거나 유통한 자에 한정되므로, 위 조항을 통해 명의자가 이동통신서비스 이용계약을 체결한 후 실제 사용자에게 휴대전화를 양도하거나 이동통신서비스 이용계약 체결에 필요한 증서를 제공하는 등으로 대포폰이 발생하는 것을 방지할 수는 없다. 따라서 심판대상조항은 여전히 대포폰 개통에 협조한 이동통신서비스 이용자를 처벌하는 근거조항으로서 의의를 갖는다.

○판례 15 ★★

명의신탁이 증여로 의제되는 경우 명의신탁의 당사자에게 증여세 과세표준 등의 신고의무를 부과하는 구 '상속세 및 증여세법' 조항은 일반적 행동의 자유를 침해한다.

해설 심판대상조항은 명의신탁이 증여로 의제되는 경우 명의신탁의 당사자에게도 다른 여타의 증여세 납세의무자와 동일하게 증여세 신고의무를 부과함으로써, 효과적인 조세 부과 및 징수를 담보하고, 궁극적으로는 명의신탁을 내세워 조세를 회피하는 것을 방지하여 조세정의와 조세평등을 실현하려는 것이다.

명의신탁의 당사자에게 부과되는 증여세가 행정상 제재의 성격을 갖는 측면이 있다고는 하지만 기본적으로는 조세에 해당하고, 명의신탁의 당사자라고 하여 일률적으로 신고의무를 부담하는 것이 아니라 조세회피의 목적이 없는 경우에는 신고의무를 부담하지 아니하므로, 심판대상조항이 명의신탁의 당사자에게 필요 이상의 과도한 제한을 부과하는 것이라고 할 수 없다.

증여세 납세의무를 부담하는 명의신탁의 당사자에게 신고의무를 부담시키고 증여세를 부과하는 것은 명의신탁이 증여의 은폐수단으로 이용되거나 각종 조세의 회피수단으로 이용되는 것을 방지하는 데 결정적으로 기여하고, 이러한 공익은 심판대상조항이 부과하는 증여세 신고의무로 인해 청구인들이 받게 되는 불편함보다 훨씬 중대하다.

따라서 심판대상조항이 일반적 행동의 자유를 침해한다고 볼 수 없다(헌법재판소 2022. 2. 24. 선고 2019헌바225, 2020헌바387, 2021헌바33(병합) 전원재판부 결정).

point ▶ 헌법재판소는 권리의 이전이나 그 행사에 등기 등을 요하는 재산에 있어서 실질소유자와 명의자가 다른 경우 증여로 의제하는 구 '상속세 및 증여세법' 조항에 대하여 여러 차례 합헌 결정을 한 바 있다(헌법재판소 2002헌바66; 헌재 2004헌바40등; 헌법재판소 2009헌바170등, 헌법재판소 2012헌바173, 헌재 2012헌바259, 헌법재판소 2014헌바474; 헌법재판소 2017헌바130 등).

이 사건은 위 조항이 적용되어 명의신탁이 증여로 의제되는 경우, 명의신탁 당사자에게 증여세 신고의무를 부과하는 구 '상속세 및 증여세법' 조항에 대한 것으로, 헌법재판소는 명의신탁이 증여로 의제되는 경우 증여세 신고의무를 부과하는 것이 헌법에 위반되지 아니한다고 판단하였다.

○ 판례 16 ★★★

① 누구든지 은행 등 금융회사 종사자에게 타인의 계좌번호 등 거래정보 제공을 요구할 수 없도록 차단하면서 제공요구만으로도 일률적으로 형사처벌하는 금융실명법 조항은 금융실명제의 실시와 관련한 금융거래의 비밀보장이라는 공익을 달성하고자 하는 것이므로 일반적 행동자유권을 침해하지 아니한다
② 누구든지 금융회사 등에 종사하는 자에게 타인의 금융거래의 내용에 관한 정보 또는 자료를 요구하는 것을 금지하고, 이를 위반시 형사처벌하는 법률조항은 과잉금지원칙에 반하여 일반적 행동자유권을 침해한다. (2023년 법원행시 기출지문)

해설 심판대상조항은 금융거래정보 유출을 막음으로써 금융거래의 비밀을 보장하기 위하여 명의인의 동의 없이 금융기관에게 금융거래정보를 요구하는 것을 금지하고 그 위반행위에 대하여 형사처벌을 가하는 것이다. 금융거래의 역할이나 중요성에 비추어 볼 때 그 비밀을 보장할 필요성은 인정되나, 금융거래는 금융기관을 매개로 하여서만 가능하므로 금융기관 및 그 종사자에 대하여 정보의 제공 또는 누설에 대하여 형사적 제재를 가하는 것만으로도 금융거래의 비밀은 보장될 수 있다. 심판대상조항은 금융거래정보의 제공요구행위 자체만으로 형사처벌의 대상으로 삼고 있으나, 제공요구행위에 사회적으로 비난받을 행위가 수반되지 않거나, 금융거래의 비밀 보장에 실질적인 위협이 되지 않는 행위도 충분히 있을 수 있고, 명의인의 동의를 받을 수 없는 상황에서 타인의 금융거래정보가 필요하여 금융기관 종사자에게 그 제공을 요구하는 경우가 있을 수 있는 등 금융거래정보 제공요구행위는 구체적인 사안에 따라 죄질과 책임을 달리한다고 할 것임에도, 심판대상조항은 정보제공요구의 사유나 경위, 행위 태양, 요구한 거래정보의 내용 등을 전혀 고려하지 아니하고 일률적으로 금지하고, 그 위반 시 형사처벌을 하도록 하고 있다. 나아가, 금융거래의 비밀보장이 중요한 공익이라는 점은 인정할 수 있으나, 심판대상조항이 정보제공요구를 하게 된 사유나 행위의 태양, 요구한 거래정보의 내용을 고려하지 아니하고 일률적으로 일반 국민들이 거래정보의 제공을 요구하는 것을 금지하고 그 위반 시 형사처벌을 하는 것은 그 공익에 비하여 지나치게 일반 국민의 일반적 행동자유권을 제한하는 것이다. 따라서 심판대상조항은 과잉금지원칙에 반하여 일반적 행동자유권을 침해한다(헌법재판소 2022. 2. 24. 선고 2020헌가5 전원재판부 결정).

제3절 ▶ 평등권

○ 판례 17 ★★★

사실상 혼인관계에 있는 사람 집단에 대해서는 피부양자 자격을 인정하면서 동성 동반자 집단에 대해서는 피부양자 자격을 인정하지 않음으로써 두 집단을 달리 취급하는 것은 성적 지향을 이유로 본질적으로 동일한 집단을 차별하는 행위에 해당한다

해설 동성 동반자는 직장가입자와 단순히 동거하는 관계를 뛰어 넘어 동거·부양·협조·정조 의무를 바탕으로 부부공동생활에 준할 정도의 경제적 생활공동체를 형성하고 있는 사람으로, 공단이 피부양자로 인정하는 '사실상 혼인관계에 있는 사람'과 차이가 없다. 공단이 직장가입자와 사실상 혼인관계에 있는 사람인 이성 동반자와 달리 동성 동반자인 A 씨를 피부양자로 인정하지 않고 보험료 부과 처분을 한 것은 합리적 이유 없이 A 씨에게 불이익을 주어 그를 사실상 혼인관계에 있는 사람과 차별하는 것으로 헌법상 평등원칙을 위반해 위법하다. 피부양자제도의 본질에 입각하면 동성 동반자를 사실상 혼인관계에 있는 사람과 달리 취급할 이유가 없고 동성 동반자를 직장가입자와 동성이라는 이유만으로 배제하는 것은 성적 지향에 따른 차별이며 두 사람의 관계가 전통적인 가족법제

가 아닌 기본적인 사회보장제도인 건강보험의 피부양자제도에서조차도 인정받지 못하는 것으로 인간의 존엄과 가치, 행복추구권, 사생활의 자유, 법 앞에 평등할 권리를 침해하는 차별행위이고 그 침해의 정도도 중하다(대법원 2024. 7. 18. 선고 2023두36800 전원합의체 판결).

▶ 다만 전원합의체는 동성 동반자에 대해 사실상 혼인관계에 있는 사람에 준하여 건강보험의 피부양자로 인정하는 문제와 민법이나 가족법상 '배우자'의 범위를 해석·확정하는 문제는 다른 국면에서 충분히 논의할 수 있다고 부연했다.

정답 ○

판례 18 ★★★

특별교통수단에 있어 표준휠체어만을 기준으로 휠체어 고정설비의 안전기준을 정하고 있는 '교통약자의 이동편의 증진법 시행규칙' 제6조 제3항 별표 1의2가 합리적 이유 없이 표준휠체어를 이용할 수 있는 장애인과 표준휠체어를 이용할 수 없는 장애인을 달리 취급하여 청구인의 평등권을 침해한다.

[해설] 심판대상조항은 교통약자의 이동편의를 위한 특별교통수단에 표준휠체어만을 기준으로 휠체어 고정설비의 안전기준을 정하고 있어 표준휠체어를 사용할 수 없는 장애인은 안전기준에 따른 특별교통수단을 이용할 수 없게 된다. 그런데 표준휠체어를 이용할 수 없는 장애인은 장애의 정도가 심하여 특수한 설비가 갖춰진 차량이 아니고서는 사실상 이동이 불가능하다. 그럼에도 불구하고 표준휠체어를 이용할 수 없는 장애인에 대한 고려 없이 표준휠체어만을 기준으로 고정설비의 안전기준을 정하는 것은 불합리하고, 특별교통수단에 장착되는 휠체어 탑승설비 연구·개발사업 등을 추진할 국가의 의무를 제대로 이행한 것이라 보기도 어렵다. 누워서 이동할 수밖에 없는 장애인을 위한 휠체어 고정설비 안전기준 등을 별도로 규정한다고 하여 국가의 재정적 부담이 심해진다고 볼 수도 없다. 제4차 교통약자 이동편의 증진계획이 표준휠체어를 사용할 수 없는 장애인을 위한 특별교통수단의 도입 등을 계획하고 있기는 하나, 일부 지방자치단체에서 침대형 휠체어가 탑승할 수 있는 특수형 구조차량을 운행하였다가 침대형 휠체어 고정장치에 대한 안전기준이 없어 운행을 중단한 점에서 볼 수 있듯이 그 안전기준의 제정이 시급하므로 위와 같은 계획이 있다는 사정만으로 안전기준 제정 지연을 정당화하기 어렵다.

따라서 심판대상조항은 합리적 이유 없이 표준휠체어를 이용할 수 있는 장애인과 표준휠체어를 이용할 수 없는 장애인을 달리 취급하여 청구인의 평등권을 침해한다(헌법재판소 2023. 5. 25. 선고 2019헌마1234 전원재판부 결정).

▶ 누워서 이동해야 하는 장애인(와상장애인)을 위한 탑승설비 내용을 규정하지 않은 교통약자의이동편의증진법 시행규칙이 헌법에 어긋난다는 헌법재판소 결정이다.

정답 ○

판례 19 ★★★

국가를 상대로 한 당사자소송의 경우에는 가집행선고를 할 수 없다고 규정한 행정소송법 제43조가 평등원칙에 위배되지 않는다. (2023년 법원행시 기출지문)

[해설] ○ 당사자소송은 국가·공공단체 그 밖의 권리주체를 피고로 하는데 심판대상조항에 의하여 피고가 국가인 경우에만 가집행선고를 할 수 없으므로, 당사자소송의 경우 피고가 누구인지에 따라 승소판결과 동시에 가집행 선고를 할 수 있는지 여부가 달라지고, 이는 곧 심판대상조항에 따른 차별취급이라고 할 수 있다. 즉 심판대상조항은 재산권의 청구에 관한 당사자소송 중에서도 피고가 공공단체 그 밖의 권리주체인 경우와 국가인 경우를 다르게 취급하고 있다.

○ 가집행의 선고는 불필요한 상소권의 남용을 억제하고 신속한 권리실행을 하게 함으로써 국민의 재산권과 신속한 재판을 받을 권리를 보장하기 위한 제도이다(헌법재판소 1989. 1. 25. 88헌가7 참조). 통상 당사자소송은 행정청의 처분 등을 원인으로 하는 법률관계에 관한 소송 그 밖의 공법상의 법률관계에 관한 소송으로서 그 법률관계의 한쪽 당사자를 피고로 하는 소송이고(행정소송법 제3조 제2호), 보상금증감에 관한 소송(공익사업을 위한 토지 등의 취득 및 보상에 관한 법률 제85조 제2항)과 같이 현행법상 인정되는 당사자소송과 대립하는 대등 당사자간의 공법상의 권리 또는 법률관계 그 자체를 소송물로 하는 소송인 공법상 계약에 관한 소송, 공법상 금전청구에 관한 소송 등이 여기에 해당한다. 당사자소송 중에는 사실상 같은 법률조항에 의하여 형성된 공법상 법률관계라도 당사자를 달리 하는 경우가 있을 수 있다. 예컨대, 토지 수용 관련 보상금의 증액을 구하는 소송(공익사업을 위한 토지 등의 취득 및 보상에 관한 법률 제85조 제2항 참조)에서 피고가 되는 사업시행자는 사업내용이나 성질에 따라 재개발사업조합, 공법인, 지방자치단체 또는 국가가 될 수 있는데, 보상금증액 청구라는 동일한 성격인 공법상 금전지급 청구소송임에도 피고가 누구인지에 따라 가집행선고를 할 수 있는지 여부가 달라진다면 상대방 소송 당사자인 원고로 하여금 불합리한 차별을 받도록 하는 결과가 된다.

○ 재산권의 청구가 공법상 법률관계를 전제로 한다는 점만으로 국가를 상대로 하는 당사자소송에서 국가를 우대할 합리적인 이유가 있다고 할 수 없고, 집행가능성 여부에 있어서도 국가와 지방자치단체 등이 실질적인 차이가 있다고 보기 어렵다. 한편 가집행 후 상소심에서 판결이 번복되었으나 원상회복이 어려운 경우 국고손실이 발생할 수 있으나, 이는 국가가 피고일 경우에만 생기는 문제가 아니라 가집행제도의 일반적인 문제라 할 것이며, 이러한 문제는 법원이 판결을 할 때 가집행을 붙이지 아니할 상당성의 유무를 신중히 판단하고 담보제공명령이나 가집행 면제제도(민사소송법 제213조 참조)를 이용하여 사전에 예방할 수 있는 것이므로 위와 같은 문제가 국가에 대하여 예외적으로 가집행선고를 금지할 이유가 될 수 없다(헌법재판소 1989. 1. 25. 88헌가7 참조). 또한 가지급금 반환신청 제도를 통해 일방 당사자는 반드시 판결확정시까지 기다리지 않고도 가집행선고에 기하여 집행된 금전 등을 반환받을 수 있고 가집행으로 말미암은 손해 또는 그 면제를 받기 위하여 입은 손해가 있다면 손해배상청구도 가능하므로(민사소송법 제215조 제2항 참조), 판결 번복으로 인한 원상회복의 어려움도 어느 정도 경감된다고 할 수 있다. 나아가 가집행선고가 붙은 판결의 피고도 가집행판결에 따른 집행을 면하기 위하여 변제를 할 수 있으므로, 피고인 국가는 가집행으로 인한 회계질서 문란을 피하기 위하여 변제 여부를 고려하면 되고, 만일 변제를 한다면 더 이상 이자가 발생하지 않으므로 오히려 국고손실의 위험도 일부 줄일 수 있다.

○ 이를 종합하면, 심판대상조항은 국가가 당사자소송의 피고인 경우 가집행의 선고를 제한하여, 국가가 아닌 공공단체 그 밖의 권리주체가 피고인 경우에 비하여 합리적인 이유 없이 차별하고 있으므로 평등원칙에 반한다(헌법재판소 전원재판부 2022. 2. 24. 2020헌가12 선고).

point ▶과거 구 소송촉진등에관한특례법(1981. 1. 29. 법률 제3361호로 제정되고, 1990. 1. 13. 법률 제4203호로 개정되기 전의 것)에서는 심판대상조항과 유사한 조항, 즉 국가를 상대로 하는 재산권의 청구에 관하여는 가집행의 선고를 할 수 없다는 규정을 두고 있었으나 헌법재판소는 이것이 재산권과 신속한 재판을 받을 권리의 보장에 있어 소송당사자를 차별하여 국가를 우대하여 헌법 제11조 제1항에 위배된다고 결정하였다(헌법재판소 1989. 1. 25. 88헌가7, 판례집 1, 1). 그러나 심판대상조항은 1984. 12. 15. 법률 제3754호로 전부개정된 행정소송법에 신설된 후 현재까지 내용의 변화가 없었다.

이 결정은 행정소송에서는 당사자소송 중 재산권 청구에 한하여 가집행선고가 가능하고, 재산권의 청구에 관한 판결은 가집행의 선고를 붙이지 아니할 상당한 이유가 없는 한 가집행선고도 함께 하여야 함에도 심판대상조항에 따라 국가가 당사자인 경우에는 가집행선고가 불가하도록 한 제한에 합리적 이유가 없어 평등원칙에 위반됨을 선언한 것이다.

정답 ×

판례 20 ★★★

원판결의 근거가 된 가중처벌규정에 대하여 헌법재판소의 위헌결정이 있었음을 이유로 개시된 재심절차에서, 공소장 변경을 통해 위헌결정된 가중처벌규정보다 법정형이 가벼운 처벌규정으로 적용법조가 변경되어 원판결보다 가벼운 형으로 유죄판결이 확정된 경우, 재심판결에서 선고된 형을 초과하여 집행된 구금에 대하여 보상요건을 규정하지 아니한 '형사보상 및 명예회복에 관한 법률' 제26조 제1항이 평등원칙을 위반하여 청구인들의 평등권을 침해한다.

해설 이 사건에서 문제되는 경우는 원판결의 근거가 된 가중처벌규정에 대하여 위헌결정이 있었음을 이유로 개시된 재심절차에서, 공소장의 교환적 변경을 통해 위헌결정된 가중처벌규정보다 법정형이 가벼운 처벌규정으로 적용법조가 변경되어 피고인이 무죄판결을 받지는 않았으나 원판결보다 가벼운 형으로 유죄판결이 확정됨에 따라 원판결에 따른 구금형 집행이 재심판결에서 선고된 형을 초과하게 된 경우이다.

청구인들은 재심절차에서 무죄판결을 선고받을 수 있었으나, 공소장의 교환적 변경이라는 소송법상 절차로 인하여 무죄재판을 받을 수 없게 되었는데, 이는 기존 적용법조가 일반법인 형법규정의 구성요건 이외에 가중적 구성요건 표지의 추가 없이 법정형만 가중하는 위헌적인 특별법규정이었기 때문이다. 일반법과 특별법상의 법정형 자체가 상이하기 때문에 원판결의 형 중에서 재심판결의 선고형을 초과하는 부분의 전부 또는 일부에 대해서는 위헌적인 법률의 적용과의 상관관계를 부인하기 어렵다. 따라서 이러한 경우 재심판결에서 선고된 형을 초과하는 구금이 이미 이루어진 상태라면 그 초과 구금은 위헌적인 법률의 집행으로 인한 과다 구금으로서 형사사법절차에 내재하는 위험으로 인하여 피고인의 신체의 자유에 중대한 피해가 발생한 것으로 볼 수밖에 없다.

공소장 변경 제도는 형벌권의 적정한 실현과 소송경제 도모라는 가치가 피고인의 방어권이 보장된 상태에서 이루어져야 한다는 취지에서 마련된 제도이지, 형사사법절차에 내재하는 위험의 결과로 이루어진 구금을 정당화하는 제도는 아니다. 피고인이 형사사법절차 속에서 이미 신체의 사유에 관한 중대한 피해를 입었다면 피고인 개인으로 하여금 그 피해를 부담하도록 하는 것은 헌법상 형사보상청구권의 취지에 어긋난다. 이 사건은 무죄재판을 받을 수 없었던 사유가 '적용법조에 대한 공소장의 교환적 변경'이라는 점에 차이가 있을 뿐, 결과적으로 부당한 구금이 이루어진 것으로 볼 수 있다는 점에서 심판대상조항이 형사보상 대상으로 규정하고 있는 경우들과 본질적으로 다르다고 보기 어렵다.

그렇다면 심판대상조항이 이 사건에서 문제되는 경우를 형사보상 대상으로 규정하지 아니한 것은 현저히 자의적인 차별로서 청구인들의 평등권을 침해하므로 헌법에 위반된다(헌법재판소 전원재판부 2022. 2. 24. 2018헌마998, 2019헌가16, 2021헌바167(병합) 헌법불합치).

정답

○ 판례 21 ★★

① 사실혼 배우자의 상속권을 인정하지 않은 민법 제1003조 제1항 중 '배우자' 부분은 헌법에 합치하지 아니한다.
② 한쪽이 사망하면서 혼인 관계가 종료될 경우 사실혼 배우자에게 재산분할청구권을 부여하는 내용을 입법하지 않은 것(부작위)는 위헌이다.

해설 (1) 이 사건 법률조항이 사실혼 배우자에게 상속권을 인정하지 아니하는 것은 상속인에 해당하는지 여부를 객관적인 기준에 의하여 파악할 수 있도록 함으로써 상속을 둘러싼 분쟁을 방지하고, 상속으로 인한 법률관계를 조속히 확정시키며, 거래의 안전을 도모하기 위한 것이다. 사실혼 배우자는 혼인신고를 함으로써 상속권을 가질 수 있고, 증여나 유증을 받는 방법으로 상속에 준하는 효과를 얻을 수 있으며, 근로기준법, 국민연금법 등에 근거한 급여를 받을 권리 등이 인정된다. 따라서 이 사건 법률조항이 사실혼 배우자의 상속권을 침해한다고 할 수 없다.

법률혼주의를 채택한 취지에 비추어 볼 때 제3자에게 영향을 미쳐 명확성과 획일성이 요청되는 상속과 같은 법률관계에서는 사실혼을 법률혼과 동일하게 취급할 수 없으므로, 이 사건 법률조항이 사실혼 배우자의 평등권을 침해한다고 보기 어렵다.

(2) 입법자는 이혼과 같이 쌍방 생존 중 혼인이 해소된 경우의 재산분할제도만을 재산분할청구권조항의 입법사항으로 하였다고 봄이 타당하다. 그렇다면 청구인이 문제삼는 일방의 사망으로 사실혼이 종료된 경우의 재산분할제도를 두지 않은 부작위는, 입법자가 어떠한 입법적 규율을 하였는데 그 내용이 불완전·불충분한 경우가 아니라, 애당초 그러한 입법적 규율 자체를 전혀 하지 않은 경우, 즉 진정입법부작위에 해당한다.

이 부분 심판청구는 외형상 특정 법률조항을 심판대상으로 삼아 헌법재판소법 제68조 제2항에 따라 제기되었으나 실질적으로는 진정입법부작위의 위헌성을 다투는 것이므로 그 자체로 부적법하다(헌법재판소 2024. 3. 28. 선고 2020헌바494, 2021헌바22(병합) 전원재판부 결정).
▶민법 제1003조는 배우자가 망인의 부모나 자녀(직계존·비속)와 같은 수준의 상속권을 갖고 법이 정한 비율만큼 유류분(재산)을 물려받을 수 있다고 정한다. 직계 존속이나 비속이 없으면 배우자가 단독 상속권을 갖는다. 그러나 여기서 말하는 배우자는 법률혼 배우자일 뿐 A 씨와 같은 사실혼 배우자는 상속권이 인정되지 않았다. 이에 따라 망인의 재산은 법정상속인인 형제자매 등에게 돌아갔다.

정답

○ 판례 22 ★★

인터넷 포털 뉴스기사 댓글란에 기재된 '댓글 전부'를 확인하지 아니한 채 발췌되어 송치된 '일부 표현'만을 근거로 명예훼손 피의사실을 인정한 피청구인의 기소유예처분이 청구인의 평등권 및 행복추구권을 침해한다

해설 피청구인은 인터넷 포털 뉴스기사 댓글란에 게재된 청구인의 '일부 표현'("자 비네르 사단의 성적조작의 수혜자가")만을 근거로 '정보통신망 이용촉진 및 정보보호 등에 관한 법률' 제70조 제2항의 명예훼손 피의사실이 인정된다고 판단하였다. 그러나 해당 뉴스기사의 내용, 청구인이 작성한 '댓글 전문', 해당 댓글이 게재될 당시 관련 댓글들의 상황을 종합하여 보면, 고소인을 응원하는 맥락에서 해당 표현을 일부 사용하게 된 것임을 알 수 있다. 그렇다면 청구인에게는 고소인의 명예에 대한 가해의 의사나 목적이 있었다고 단정할 수 없어 '비방할 목적'이 없었다고 할 것임에도, 충분히

수사하지 아니한 채 발췌되어 송치된 '일부 표현'만을 근거로 '비방할 목적'이 인정된다고 판단하여 피의 사실을 인정한 피청구인의 기소유예처분은 현저한 수사미진 및 중대한 법리오해의 잘못에 터잡아 이루어진 자의적인 검찰권 행사로서 청구인의 평등권과 행복추구권을 침해한다(헌법재판소 2024. 2. 28. 선고 2023헌마739 전원재판부 결정).

정답 ○

판례 23 ★★

종전 헌법불합치결정 이후 신법 조항 시행일 전에 분할연금 지급 사유가 발생한 노령연금 수급권자에 대하여 신법 조항 시행일 이후 분할연금 지급 사유가 발생한 노령연금 수급권자와 달리 신법 조항을 적용하지 않는 차별취급이 합리적인 이유가 있다.

해설 이 사건의 쟁점은 '종전 헌법불합치결정 이후 신법 조항 시행일 전'에 분할연금 지급 사유가 발생한 노령연금 수급권자에 대하여 '신법 조항 시행일 이후' 분할연금 지급 사유가 발생한 노령연금 수급권자와 달리 신법 조항을 적용하지 않는 차별취급이 합리적인 이유가 있는지 여부이다.

○ 입법자는 종전 헌법불합치결정의 취지를 충분히 고려할 필요가 있다. 종전 헌법불합치결정의 취지는 구법 조항이 법률혼 관계에 있었지만 별거 가출 등으로 실질적인 혼인관계가 존재하지 않았던 기간을 일률적으로 혼인 기간에 포함시켜 분할연금을 산정하도록 한 것은 혼인 중 쌍방의 협력으로 형성된 공동재산의 청산 분배라는 분할연금제도의 재산권적 성격을 몰각시키는 것으로서 노령연금 수급권자의 재산권을 침해한다는 것이다.

○ 실질적인 혼인관계가 해소되어 분할연금의 기초가 되는 노령연금 수급권 형성에 아무런 기여가 없는 경우에는 노령연금 분할을 청구할 전제를 갖추지 못한 것으로 볼 수 있다는 점에서 분할연금 지급 사유 발생 시점이 신법 조항 시행일 전인 경우와 후인 경우 사이에 아무런 차이가 없으므로 분할연금 지급 사유 발생시점인 신법 조항 시행일 전 후인지와 같은 우연한 사정을 기준으로 달리 취급하는 것은 합리적인 이유를 찾기 어렵다. 종전 헌법불합치결정에서 개선입법 시한을 정하고 있었고 개정된 국민연금법이 혼인 기간 산정을 둘러싼 다툼이 발생할 가능성이 크지 않도록 마련한 점에 비추어 신법 조항을 종전 헌법불합치결정시까지 소급적용하더라도 법적 혼란이 발생할 가능성도 크지 않았다고 보이다 노령연금 수급권자의 입장에서는 종전 헌법불합치결정으로 구법 조항의 위헌성이 확인되었음에도 구법 조항이 여전히 적용되고 연금수급권의 특성상 신법 조항 시행일 이후에도 구법 조항에 따라 매월 노령연금이 감액되어 지급될 것이므로 종전 헌법불합치결정이 지적한 재산권 침해를 계속 받게 된다.

○ 한편 분할연금 제도는 한정된 노령연금액을 노령연금 수급권자와 분할연금 수급권자 사이에 분배하는 문제이므로 노령연금 수급권자에 대한 보호는 필연적으로 분할연금 수급권에 대한 제한으로 귀결된다 신법 조항의 소급 적용은 분할연금 수급권자에 대한 소급입법에 따른 재산권 침해로 이어질 여지도 있으므로 그러한 측면에서 소급효를 인정하지 아니한 심판대상조항이 합리적인 이유가 있는지 본다.
이미 이행기에 도달한 분할연금 수급권의 내용을 변경하는 것은 진정소급입법으로서 원칙적으로 금지되므로 신법 조항 시행 당시 이미 이행기에 도달한 분할연금 수급권에 대해 소급 적용하지 아니한 것은 합리적인 이유가 인정된다. 반면 아직 이행기가 도래하지 아니한 분할연금 수급권의 경우에는 소급입법금지원칙이나 신뢰보호원칙 위반이 문제되지 아니하므로 신법 조항의 적용을 배제하는 데에 합리적인 이유가 있다고 볼 수 없다.

○ 그렇다면 입법자는 종전 헌법불합치결정 이후 분할연금 지급 사유가 발생한 노령연금 수급권자에 대하여 적어도 신법 조항 시행일 이후에 이행기가 도래하는 분할연금에 대해서는 위헌성이 제거된 신법 조항을 적용하도록 하는 등 차별적 요소를 완화할 필요가 있었다 그럼에도 입법자는 경과규정을 전혀 두지 아니하여 노령연금 수급권자를 보호하기 위한 최소한의 조치도 취하지 아니하였는바 분할연금 수급권자의 신뢰보호나 법적 안정성 등을 고려하더라도 그 차별을 정당화할 만한 합리적인 이유가 있는 것으로 보기 어렵고 종전 헌법 불합치결정의 취지에도 어긋난다 따라서 심판대상 조항은 평등원칙에 위반된다(헌법재판소 2024. 5. 30. 선고 2019헌가29 전원재판부 결정).
point ▶ 헌재는 분할연금 지급 조건인 이혼 시기에 따라 개정 조항을 달리 적용하는 건 평등 원칙에 위배된다고 판단했다.

○ 판례 24 ★★

대한민국 국민인 남성에게 병역의무를 부과하는 내용의 병역법 조항은 남성의 평등권을 침해한다.

해설 국방의 의무를 부담하는 국민 중 병역의무의 범위를 정하는 문제는, 국가의 안보상황·재정능력을 고려하여 급변하는 국내외 정세에 탄력적으로 대응하면서 국군이 최적의 전투력을 유지할 수 있도록 합목적적으로 정해야 할 사항이므로, 헌법재판소로서는 제반사정을 고려하여 법률로 국방의 의무를 구체적으로 형성해야 하는 국회의 광범위한 입법재량을 존중할 필요성이 크다. 이와 함께, 일반적으로 집단으로서의 남성과 여성은 서로 다른 신체적 능력을 보유하는 점, 보충역과 전시근로역도 혹시라도 발생할 수 있는 국가비상사태에 즉시 전력으로 편입될 수 있는 예비적 전력인 점, 비교법적으로 보아도 징병제가 존재하는 70여 개 나라 중에서 여성에게 병역의무를 부과하는 나라는 극히 한정되어 있는 점 등을 고려할 때, 장기적으로는 출산율의 변화에 따른 병역자원 수급 등 사정을 고려하여 양성징병제의 도입 또는 모병제로의 전환에 관한 입법논의가 사회적 합의 과정을 통해 진지하게 검토되어야 할 것으로 예상되지만, 현재의 시점에서 제반 상황을 종합적으로 고려하여 기존 징병제도를 유지하고 있는 입법자의 판단이 현저히 자의적이라고 단정하기 어렵다. 사정이 이러하다면, 병역의무조항으로 인한 차별취급을 정당화 할 합리적 이유가 인정되므로, 병역의무조항은 평등권을 침해하지 아니하고, 헌법에 위반되지 아니한다(헌법재판소 2023. 9. 26. 선고 2019헌마423, 2020헌마1182·1214, 2021헌마1133, 2022헌마912, 2021헌바110(병합) 전원재판부 결정).

○ 판례 25 ★★★

내국인등과 달리 보험료를 체납한 경우에는 다음 달부터 곧바로 보험급여를 제한하는 국민건강보험법 제109조 제10항(이하 '보험급여제한 조항')이 청구인들의 평등권을 침해한다.

해설 외국인은 그의 재산이 국내에만 있는 것이 아닐 수 있어, 체납보험료에 대한 징수절차로는 실효성을 거두기가 어렵고, 외국인은 진료를 마치고 본국으로 출국함으로써 보험료 납부의무를 쉽게 회피할 수 있다.
따라서 외국인 지역가입자에 대한 보험급여 제한을 내국인등과 달리 실시하는 것 자체는 합리적인 이유가 있는 차별이나, 보험급여제한 조항은 다음과 같은 점에서 합리적인 수준을 현저히 벗어난다. 보험급여제한 조항은 외국인의 경우 보험료의 1회 체납만으로도 별도의 공단 처분 없이 곧바로 그 다음 달부터 보험급여를 제한하도록 규정하고 있으므로, 보험료가 체납되었다는 통지도 실시되지 않는다. 그러나 절차적으로 보험료 체납을 통지하는 것은 당사자로 하여금 착오를 시정할 수 있도록 하거나 잘못된 보험료 부과 또는 보험급여제한처분에 불복할 기회를 부여하는 것이기 때문에, 이를 통지하지 않는 것은 정당화될 수 없는 차별이다.

보험급여제한 조항은 내국인과는 달리 과거 보험료를 납부해 온 횟수나 개별적인 경제적 사정의 고려 없이 단 1회의 보험료 체납만으로도 일률적으로 보험급여를 제한하고, 체납한 보험료를 사후에 완납하더라도 예외 없이 소급하여 보험급여를 인정하지 않는데, 이는 평균보험료를 납부할 능력이 없는 외국인에게는 불측의 질병 또는 사고·상해가 발생할 경우 건강에 대한 치명적 위험성에 더하여 가족 전체의 생계가 흔들리게 되는 결과를 낳게 할 수 있다.

외국인도 국민건강보험에 당연가입하도록 하고, 국내에 체류하는 한 탈퇴를 불허하는 것은, 단지 내국인과의 형평성 제고 뿐 아니라, 이들에게 사회연대원리가 적용되는 공보험의 혜택을 제공한다는 정책적 효과도 가지게 되는 것임을 고려하면, 보험료 체납에도 불구하고 보험급여를 실시할 수 있는 예외를 전혀 인정하지 않는 것은 합리적인 이유 없이 외국인을 내국인등과 달리 취급한 것이다. 따라서 보험급여제한 조항은 청구인들의 평등권을 침해한다(헌법재판소 2023. 9. 26. 선고 2019헌마1165 전원재판부 결정).

[심판대상조항]

국민건강보험법(2019. 1. 15. 법률 제16238호로 개정된 것)

제109조(외국인 등에 대한 특례) ⑩ 공단은 지역가입자인 국내체류 외국인등(제9항 단서의 적용을 받는 사람에 한정한다)이 보험료를 체납한 경우에는 제53조 제3항에도 불구하고 체납일부터 체납한 보험료를 완납할 때까지 보험급여를 하지 아니한다. 이 경우 제53조 제3항 각 호 외의 부분 단서 및 같은 조 제5항·제6항은 적용하지 아니한다.

정답

○판례 26 ★★★

퇴직공제금을 지급받을 유족 범위에서 외국에 거주하는 외국인 유족을 제외한 구 건설근로자의 고용개선 등에 관한 법률 조항은 헌법에 어긋나지 않는다.

○ 건설근로자 퇴직공제금 제도는 사업주가 납부한 공제부금만을 재원으로 하여 마련된 퇴직공제금을 건설근로자공제회가 건설근로자 혹은 그 유족에게 지급하는 것이어서 '외국거주 외국인유족'에게 퇴직공제금을 지급하더라도 국가의 재정에 영향을 미칠 일이 없고, 사업주의 추가적 재정부담이나 건설근로자공제회의 재원 확보가 문제될 것도 없다. 또한 건설근로자가 사망한 경우 '외국거주 외국인유족'은 자신이 거주하는 국가에서 발행하는 공신력 있는 문서로서 '퇴직공제금을 지급받을 유족의 자격'을 충분히 입증할 수 있어 건설근로자공제회의 퇴직공제금 지급 업무에 특별한 어려움이 초래될 일도 없다는 점에서 '외국거주 외국인유족'을 퇴직공제금을 지급받을 유족의 범위에서 제외할 이유가 없다.

○ 한편, 산업재해보상보험법상의 유족보상연금의 지급에서는 '외국거주 외국인유족'이 '연금'의 수급자격을 유지하고 있는지 확인하는 것이 어렵고 보험급여가 부당지급될 우려가 있다는 점 등이 고려되어 '외국거주 외국인유족'을 유족보상연금을 지급받을 유족의 범위에서 제외하고 있지만, '일시금' 지급 방식인 퇴직공제금의 지급에서는 그러한 우려가 없으므로 '연금' 지급 방식인 산업재해보상보험법상의 유족보상연금 수급자격자 규정을 퇴직공제금에 준용하는 것은 불합리하다.

○ 나아가 퇴직공제금은 '일시금'으로 지급되는 것이어서 '건설근로자의 사망 당시 유족인지 여부'만 확인하면 되므로 퇴직공제금 수급 자격에 있어 '외국거주 외국인유족'이 '외국인'이라는 사정 또는 '외국에 거주'한다는 사정이 '대한민국 국민인 유족' 혹은 '국내거주 외국인유족'과 달리 취급받을 합리적인 이유가 될 수 없다.

○ 이상의 점들을 종합하면, 심판대상조항은 합리적 이유 없이 '외국거주 외국인유족'을 '대한민국 국민인 유족' 및 '국내거주 외국인유족'과 차별하는 것이므로 평등원칙에 위반된다(전원재판부 2020헌바471, 2023. 3. 23.).

정답 ×

○ 판례 27 ★★★

주거침입강제추행죄 및 주거침입준강제추행죄에 대하여 무기징역 또는 7년 이상의 징역에 처하도록 한 '성폭력범죄의 처벌 등에 관한 특례법' 3조 제1항 중 '형법 제319조 제1항(주거침입)의 죄를 범한 사람이 같은 법 제298조(강제추행), 제299조(준강제추행) 가운데 제298조의 예에 의하는 부분의 죄를 범한 경우에는 무기징역 또는 7년 이상의 징역에 처한다.'는 부분은 헌법에 위반된다

해설 형법상 주거침입죄에 해당하는 경우는 일상적 숙식의 공간인 좁은 의미의 주거에 대한 침입에 한정되지 않으며, 행위자가 침입한 공간이 일반적으로는 개방되어 있는 건조물이지만 관리자의 묵시적 의사에 반하여 들어간 경우도 포함되는 등 그 행위 유형의 범위가 넓다. 주거침입강제추행·준강제추행죄에서 문제 되는 '추행행위'에는 '강간·준강간' 및 '유사강간·준유사강간'에 해당하는 행위는 포함되지 않으며, 유형력 행사의 대소강약이 문제되지 않는 '기습추행'이 포함되는 등 그 행위 유형이 다양하다. 이처럼 주거침입죄와 강제추행·준강제추행죄는 모두 행위 유형이 매우 다양한바, 이들이 결합된다고 하여 행위 태양의 다양성이 사라지는 것은 아니므로, 그 법정형의 폭은 개별적으로 각 행위의 불법성에 맞는 처벌을 할 수 있는 범위로 정할 필요가 있다.

심판대상조항은 법정형의 하한을 '징역 5년'으로 정하였던 2020. 5. 19. 개정 이전의 구 성폭력처벌법 제3조 제1항과 달리 그 하한을 '징역 7년'으로 정함으로써, 주거침입의 기회에 행해진 강제추행 또는 준강제추행의 경우에는 다른 법률상 감경사유가 없는 한 법관이 정상참작감경을 하더라도 집행유예를 선고할 수 없도록 하였다. 이에 따라 주거침입의 기회에 행해진 강제추행 또는 준강제추행의 불법과 책임의 정도가 아무리 경미한 경우라고 하더라도, 다른 법률상 감경사유가 없으면 일률적으로 징역 3년 6월 이상의 중형에 처할 수밖에 없게 되어, 형벌개별화의 가능성이 극도로 제한된다. 주거침입죄를 범한 사람이 그 기회에 성폭력범죄를 행하는 경우는 전반적으로 불법과 책임이 중하게 평가되고, 강제추행 또는 준강제추행의 행위 중에서도 강간이나 유사강간을 한 경우 못지않게 죄질이 나쁜 경우가 있을 수도 있다. 이에 심판대상조항은 법정형의 '상한'을 무기징역으로 높게 규정함으로써 불법과 책임이 중대한 경우에는 그에 상응하는 형을 선고할 수 있도록 하고 있다. 그럼에도 불구하고 법정형의 '하한'을 일률적으로 높게 책정하여 경미한 강제추행 또는 준강제추행의 경우까지 모두 엄하게 처벌하는 것은 책임주의에 반한다.

법관의 양형재량은 입법자가 정한 법정형의 범위 내에서 인정되는 것이지만, 법관에게 양형재량을 부여한 취지는 개별 사건에서 범죄행위자의 책임에 상응하는 형벌을 부과하도록 하여 형벌개별화를 실질적으로 구현하도록 하려는 것이다. 그런데 법정형이 과중한 나머지 선고형이 사실상 법정형의 하한에서 1회 감경한 수준의 형량으로 수렴된다면, 이는 실질적으로 형벌이 구체적인 책임에 맞게 개별화되는 것이 아니라 획일화되는 결과를 야기할 수 있고, 경우에 따라서는 법관의 양형을 전제로 하는 법정형의 기능이 상실될 수도 있다.

법관의 양형과정을 통한 형벌개별화에 대한 제약이 지나치게 커지면, 법원의 재판뿐만 아니라 수사기관의 수사 등 형사사법절차 전반에 범죄의 성립 범위에 대한 자의적인 법해석과 적용을 유발할 위험이 커진다는 점도 고려할 필요가 있다.

집행유예는 재범의 방지라는 특별예방의 측면에서 운용되는 대표적인 제도인데, 심판대상조항은 경미한 주거침입강제추행·준강제추행죄를 범한 경우에도 이러한 제도를 활용하여 특별예방효과를 제고할 수 있는 가능성을 극도로 제약하고 있다. 성폭력처벌법에서 규정한 주거침입강제추행·준강제추행죄의 경우 다양한 추행행위 중 그 불법과 책임의 정도가 경미한 사안에 대해서는, 형의 집행을 유예하더라도 재범 예방을 위한 적절한 조치를 취할 수 있는 장치가 마련되어 있다. 개별 사건에서 법관 양형은 재범 예방을 위한 다양한 제도까지 두루 고려하여 행위자의 책임에 걸맞게 이루어질 수 있어야 한다.

심판대상조항은 그 법정형이 형벌 본래의 목적과 기능을 달성함에 있어 필요한 정도를 일탈하였고, 각 행위의 개별성에 맞추어 그 책임에 알맞은 형을 선고할 수 없을 정도로 과중하므로, 책임과 형벌 간의 비례원칙에 위배된다(헌법재판소 2023.2.23. 2021헌가9등 결정)

point ▶ 헌법재판소는 주거침입강제추행죄의 법정형을 '무기징역 또는 5년 이상의 징역'으로 정한 규정에 대하여 2006. 12. 28. 2005헌바85 결정부터 2018. 4. 26. 2017헌바498 결정에 이르기까지 여러 차례 합헌으로 판단하였고, 동일한 법정형을 규정한 주거침입준강제추행죄에 관한 조항에 대해서도 2020. 9. 24. 2018헌바171 결정에서 합헌으로 판단하였다.

심판대상조항은 '주거침입강제추행죄·준강제추행죄'의 법정형의 하한을 '징역 5년'으로 정하였던 2020. 5. 19. 개정 이전의 구 성폭력처벌법 제3조 제1항과 달리 그 하한을 '징역 7년'으로 정함으로써, 주거침입의 기회에 행해진 강제추행 및 준강제추행의 경우에는 다른 법률상 감경사유가 없는 한 법관이 정상참작감경을 하더라도 집행유예를 선고할 수 없도록 하였다. 이 결정은 법정형의 하한이 5년 이상의 징역이어서 작량감경의 사유가 있는 경우에는 얼마든지 집행유예를 선고할 수 있다는 점을 주요 논거로 하는 종전의 합헌결정들을 이제는 추종할 수 없게 되었다고 보고, 책임과 형벌간의 비례원칙에 위반하여 헌법에 위반된다고 선언한 것이다.

(헌법재판소 2023. 2. 23. 선고 2022헌가2 전원재판부 결정). 한편, 이 결정과 같은 날 선고된 2022헌가2 성폭력범죄의 처벌 등에 관한 특례법 제3조 제1항 위헌제청 사건은 '야간주거침입절도미수범의 준강제추행죄'의 법정형을 '무기징역 또는 7년 이상의 징역'으로 정한 조항에 관한 것으로, 헌법재판소는 해당 사건에서는 이 결정과 달리 재판관 7:2의 의견으로 합헌결정을 선고하였다. 2022헌가2 사건의 결정에서 법정의견은 '야간주거침입절도미수준강제추행죄'의 기본범죄인 준강제추행죄에 있어 추행으로 인정되는 행위 유형의 범위가 넓다고 하더라도 가중적 구성요건인 야간주거침입절도행위의 죄질과 불법성이 중대하고, 단순 주거침입에 비하여 범행의 동기와 정황이 제한적이며, 야간주거침입절도의 기회에 성범죄에 이르게 된 동기의 비난가능성이 현저히 큰 점 등을 고려할 때, 주거침입준강제추행죄의 경우와 달리 위와 같은 법정형을 규정한 것은 책임과 형벌의 비례원칙을 준수하였으며, 형벌체계상 정당성이나 균형성에도 부합한다고 판단하였다.

MGI Point 주거침입강제추행의 책임과 형벌의 비례원칙

- 기존 주거침입강제추행죄 및 주거침입준강제추행죄의 법정형을 '무기징역 또는 5년 이상의 징역'으로 정한 규정 – 합헌
- 개정 주거침입강제추행죄 및 주거침입준강제추행죄의 법정형을 '무기징역 또는 7년 이상의 징역'으로 정한 규정 – 위헌
  ∵집행유예선고불가
- '야간주거침입절도미수범의 준강제추행죄'의 법정형을 '무기징역 또는 7년 이상의 징역'으로 정한 조항 –합헌

정답 ○

○ 판례 28 ★★

국내에 귀환하여 등록절차를 거친 국군포로에게만 보수를 지급하도록 규정한 '국군포로의 송환 및 대우 등에 관한 법률' 제9조 제1항은 헌법에 위반되지 않는다

해설 보수 지급 대상자의 신원, 귀환동기, 억류기간 중의 행적을 확인하여 등록 및 등급을 부여하는 것은, 국군포로가 국가를 위하여 겪은 희생을 위로하고 국민의 애국정신을 함양한다는 국군포로송환법의 취지에 비추어 볼 때, 보수를 지급하기 전에 선행되어야 할 필수적인 절차이다.

귀환하지 못한 국군포로의 경우 등록을 할 수가 없고, 억류지출신 포로가족이 대신 등록을 신청하는 경우 억류기간 중의 행적 파악에 한계가 있고, 대우와 지원을 받을 대상자가 현재 대한민국에 존재하지 않아 보수를 지급하는 것의 실효성이 인정되기 어렵다.

따라서 귀환하여 등록절차를 거친 등록포로에게만 보수를 지급한다고 규정한 심판대상조항은 평등원칙에 위배되지 않는다(헌법재판소 2022. 12. 22. 선고 2020헌바39 전원재판부 결정).

○ 판례 29 ★★

피해자보호명령에 우편을 이용한 접근금지에 관한 규정을 두지 아니한 구 가정폭력범죄의 처벌 등에 관한 특례법 제55조의2 제1항이 평등원칙에 위배되어 헌법에 합치되지 않는다

해설 □ 합헌의견(재판관 유남석, 재판관 이선애, 재판관 이은애, 재판관 문형배)

○ 피해자보호명령제도는 가정폭력행위자가 피해자와 시간적·공간적으로 매우 밀접하게 관련되어 즉시 조치를 취하지 않으면 피해자에게 회복할 수 없는 피해를 입힐 가능성이 있을 때에 법원의 신속한 권리보호명령이 이루어질 수 있도록 하는 것이 입법의 주요한 목적 중 하나이다. 그런데 전기통신을 이용한 접근행위의 피해자와 우편을 이용한 접근행위의 피해자는 피해의 긴급성, 광범성, 신속한 조치의 필요성 등의 측면에서 차이가 있다.

○ 우편을 이용한 접근행위에 대해서는 법원의 가처분결정과 간접강제결정을 통해 비교적 신속하게 우편을 이용한 접근의 금지라는 목적을 달성할 수 있고, 나아가 그 접근행위가 형법상 협박죄 등에 해당할 경우 피해자는 고소 등의 조치를 취할 수도 있다.

○ 또한 피해자보호명령제도에 대해서는 진술거부권고지나 동행영장에 관한 규정이 준용되지 않고, 가정폭력행위자가 심리기일에 출석하지 않아도 되는 등 실무상 민사 또는 가사 신청사건과 유사하게 운영되고 있다.

○ 이러한 피해자보호명령제도의 특성, 우편을 이용한 접근행위의 성질과 그 피해의 정도 등을 고려할 때, 입법자가 심판대상조항에서 우편을 이용한 접근금지를 피해자보호명령의 종류로 정하지 아니하였다고 하더라도 이것이 입법자의 재량을 벗어난 자의적인 입법으로서 평등원칙에 위반된다고 보기 어렵다.

□ 헌법불합치의견(재판관 이석태, 재판관 이종석, 재판관 이영진, 재판관 김기영, 재판관 이미선)

○ 피해자보호명령은 피해자 스스로 안전과 보호를 위한 방책을 마련하여 이를 직접 법원에 청구할 수 있도록 함으로써 피해자 보호를 강화하려는 취지로 도입되었다. 그러나 심판대상조항은 우편을 이용한 접근금지를 피해자보호명령에서 제외하고 있는바, 전기통신을 이용한 접근과 비교하여 볼 때 우편을 이용한 접근이 피해자의 안전에 위협이 되지 않는다거나 피해자가 심리적 압박을 덜 받는다거나 그러한 접근금지가 피해자 보호에 실효성이 없다거나 하는 사정은 발견되지 않는다.

○ 합헌의견은 피해자가 가처분을 통하여 우편을 이용한 접근금지의 목적을 달성할 수 있다고 하지만, 피해자보호명령의 경우 법원이 이행실태를 수시로 조사하게 할 수 있고 위반한 자에 대하여 형사처벌까지 가능하다는 점에서 간접강제만 가능한 가처분과는 구별되고, 전기통신을 이용한 접근금지도 가처분이 가능하다는 점에서 우편을 이용한 접근금지와 차이가 없다.

○ 또한 우편을 이용한 접근금지를 피해자보호명령으로 규정하지 아니한 것이 헌법에 위반되는지와, 피해자보호명령을 위반한 경우 어떠한 제재수단을 선택할 것인지는 별개의 문제인바, 합헌의견과 같이 피해자보호명령을 위반하면 형사처벌되기 때문에 우편을 이용한 접근금지를 규정하지 않은 것이 국가형벌권 행사에 관한 입법재량의 문제라고 단정할 수 있는지 의문이다.

○ 따라서 심판대상조항이 전기통신을 이용한 접근금지를 규정하고 있는 것과 달리 우편을 이용한 접근금지에 대하여 규정하지 아니한 것은 합리적 이유 없는 차별로서 평등원칙에 위배된다.

○ 다만, 심판대상조항의 위헌성은 피해자보호명령 자체에 있는 것이 아니라 우편을 이용한 접근금지에 관한 규정을 두지 아니한 것에 있고, 단순위헌결정을 하게 되면 법적 공백으로 인하여 피해자보호명령을 할 수 있는 근거규정이 사라지는 불합리한 결과가 발생하므로 헌법불합치결정을 선고하는 것이 타당하다(헌법재판소 2023. 2. 23. 선고 2019헌바43 전원재판부 결정).

▶ 심판대상조항에 대하여 재판관 4인이 합헌의견이고 재판관 5인이 헌법불합치의견으로 헌법불합치의견이 다수이기는 하나, 헌법불합치결정을 위한 심판정족수(6인)에는 이르지 못하여 합헌을 선고한 사안이다.

판례 30 ★★

아동·청소년이 등장하는 아동·청소년성착취물을 배포한 자를 3년 이상의 징역에 처하도록 한 아동·청소년의 성보호에 관한 법률 제11조 제3항 중 '아동·청소년이 등장하는 아동·청소년성착취물을 배포한 자'에 관한 부분이 헌법에 위반되지 아니한다

해설 ● 책임과 형벌 간의 비례원칙 위반 여부

○ 아동·청소년성착취물의 배포는 아동·청소년의 성적 자기결정권의 침해에 그치는 것이 아니라 인격의 파괴에까지 이를 수 있으며 회복되기 어려울 정도로 삶을 무너뜨릴 수 있으므로 이들을 심판대상조항의 행위와 같은 성범죄로부터 보호하여 건전한 사회구성원으로 성장할 수 있도록 하는 것은 포기할 수 없는 중대한 법익이 아닐 수 없다.

○ 현재 정보통신매체의 기술 수준에서는 아동·청소년성착취물이 일회적으로라도 배포되면 즉시 대량 유포 및 대량 복제가 가능하고, 배포 행위자가 의도한 배포범위와 관계없이 무차별적인 유통 가

능성을 기술적으로 배제할 수 없다. 이와 같은 현실에서 아동·청소년성착취물을 배포하는 행위는 그 피해를 광범위하게 확대시킬 수 있고 그러한 피해는 쉽사리 해결할 수 없으며, 경우에 따라서는 성착취물에 관여된 피해 아동·청소년에게 회복할 수 없는 상처를 남길 수 있으므로 아동·청소년성착취물 배포행위는 인간의 존엄과 가치에 정면으로 반하는 범죄로서 죄질과 범정이 매우 무겁고 비난가능성 또한 대단히 높다.

○ 형사정책적인 측면에서 보더라도, 최근 아동·청소년을 성적 대상으로 보는 성폭력범죄의 흉악성이 심각해져 위기감이 고조되고 있고, 아동·청소년 대상 성범죄의 특성상 외부에 드러나지 않고 있는 범죄가 상당히 많을 것으로 추정되고 있어, 아동·청소년 대상 성범죄에 대한 특단의 조치가 필요한 실정이다.

○ 심판대상조항은 법정형의 하한이 징역 3년으로 법관이 법률상 감경이나 작량감경을 하지 않더라도 집행유예 선고가 가능하며, 죄질이 경미하고 비난가능성이 적은 경우 법관이 작량감경 등을 통해 양형 단계에서 피고인의 책임에 상응하는 형을 선고할 수 있다.

○ 심판대상조항의 보호법익, 아동·청소년 대상 성범죄의 불법성과 죄질의 정도, 형사정책적 측면, 법관의 양형재량의 범위 등 여러 요소를 종합하여 보면, 심판대상조항은 책임과 형벌 간의 비례원칙에 위반되지 않는다.

● 평등원칙 위반 여부

○ 법정형의 종류와 범위를 정할 때 보호법익이 다르면 법정형이 다를 수 있고 보호법익이 같아도 죄질이 다르면 그에 따라 법정형의 내용이 달라질 수 있다. 그러므로 보호법익이나 죄질이 서로 다른 둘 또는 그 이상의 범죄를 같은 선 위에 놓고 그 중 어느 한 범죄의 법정형을 기준으로 단순한 평면적인 비교로 다른 범죄의 법정형의 과중 여부를 판정하면 안 된다.

○ 심판대상조항에 정한 범죄는 아동·청소년의성보호에관한법률위반(강제추행)죄, 아동·청소년의성보호에관한법률위반(16세미만아동·청소년추행)죄, 아동·청소년의성보호에관한법률위반(알선영업행위등)죄, 아동복지법위반(아동에 대한 음행강요·매개·성희롱 등)죄, 성폭력범죄의처벌등에관한특례법위반(카메라등이용촬영·반포등)죄, 아동학대범죄의처벌등에관한특례법위반(아동학대중상해)죄 등 다른 범죄와 비교하였을 때 보호법익, 행위태양, 피해의 지속성과 범위 등에 차이가 있다. 따라서 위 각 범죄의 법정형과 단순히 평면적으로 비교하여 심판대상조항에 정한 법정형의 경중을 논할 수는 없으며, 더 나아가 아동·청소년이 등장하는 아동·청소년성착취물의 배포행위가 아동학대범죄의처벌등에관한특례법위반(아동학대중상해)죄 등에 비하여 반드시 죄질이 가볍다거나 비난가능성이 약하다고 단정할 수도 없다.

○ 따라서 심판대상조항은 형벌체계상의 균형을 현저히 잃어 평등원칙에 위반된다고 보기 어렵다. (헌법재판소 2022. 11. 24. 선고 2021헌바144 전원재판부 결정).

MGI Point 아동·청소년이용음란물에 관한 판례

- 헌법재판소는 2019. 12. 27. 2018헌바46 결정에서 아동·청소년이용음란물을 '제작'한 자를 무기 또는 5년 이상의 징역에 처하는 '아동·청소년의 성보호에 관한 법률' 조항에 대하여 합헌결정함
- 이 사건에서는 아동·청소년이 등장하는 아동·청소년성착취물 '배포'행위를 처벌하는 조항에 관해 합헌결정을 하였다

정답

판례 31 ★★

국립묘지 안장 대상자의 배우자 가운데 안장 대상자 사후에 재혼한 자를 합장 대상에서 제외하는 내용의 국립묘지의 설치 및 운영에 관한 법률 제5조 제3항 본문 제1호 단서 중 '안장 대상자가 사망한 후에 다른 사람과 혼인한 배우자는 제외한다.' 부분은 합헌이다

해설 ● 평등원칙 위배 여부 – 소극

○ 안장 대상자와 합장될 수 있는 자의 범위와 자격 등은 국립묘지의 수용능력, 안장 대상자와의 관계 등에 따라 정하여지는 입법자의 폭넓은 입법형성의 자유영역에 속하는 것으로 기본적으로 국가의 입법정책에 달려 있다. 따라서 그 내용이 현저히 불합리하지 않은 한 헌법에 위반된다고 할 수 없다.

○ 안장 대상자 사망 후에 재혼한 배우자를 합장 대상에서 제외한 것이 합장 대상에 포함되는 자들과 비교하여 불합리하게 차별하는 것인지 문제된다.

○ 안장 대상자가 사망한 후에 재혼한 배우자는 다른 사람과 혼인관계를 형성하여 안장 대상자를 매개로 한 인척관계를 종료하였다는 점에서, 안장 대상자의 사망 후에 재혼하지 않은 배우자나 배우자 사망 후 안장 대상자가 재혼한 경우에 있어 종전 배우자와는 차이가 있다.

○ 안장 대상자가 사망한 뒤 그 배우자가 재혼을 통해 새로운 혼인관계를 형성하고 안장 대상자를 매개로 한 인척관계를 종료하였다면, 그가 국립묘지에 합장될 자격이 있는지는 사망 당시의 배우자를 기준으로 하는 것이 사회통념에 부합한다.

○ 안장 대상자의 사망 후 재혼하지 않은 배우자나 배우자 사망 후 안장 대상자가 재혼한 경우의 종전 배우자는 자신이 사망할 때까지 안장 대상자의 배우자로서의 실체를 유지하였다는 점에서 합장을 허용하는 것이 국가와 사회를 위하여 헌신하고 희생한 안장 대상자의 충의와 위훈의 정신을 기리고자 하는 국립묘지 안장의 취지에 부합하고, 안장 대상자의 사망 후 그 배우자가 재혼을 통하여 새로운 가족관계를 형성한 경우에 그를 안장 대상자와의 합장 대상에서 제외하는 것은 합리적인 이유가 있다. 따라서 심판대상조항은 평등원칙에 위배되지 않는다(헌법재판소 2022. 11. 24. 선고 2020헌바463 전원재판부 결정).

정답

판례 32 ★★

외부감사법에서 허위재무제표 작성죄와 허위감사보고서 작성죄에 대해 '배수 벌금형'을 규정하면서도 상한액을 두지 않은 것은 징역형에 대한 선고유예가 가능하므로 책임과 형벌의 비례원칙에 위배되지 않는다.

● 죄형법정주의의 명확성원칙 위배 여부 - 소극
심판대상조항에서 사용된 '위반행위', '얻은', '이익', '회피', '손실액' 등의 개념 자체는 건전한 상식과 통상적인 법감정을 가진 수범자라면 손쉽게 그 의미를 파악할 수 있다.
허위재무제표작성죄의 경우, 그 행위자가 위반행위로 얻은 이익 또는 회피한 손실액을 의미한다고 명확히 해석된다. 허위감사보고서작성죄의 경우도, '외부감사 대상 회사가 감사인 등의 허위감사보고서 작성행위로 얻은 이익 또는 회피한 손실액'을 의미한다고 충분히 해석할 수 있다. '위반행위로 얻은 이익 또는 회피한 손실액'은 위와 같은 행위로 얻은 이득의 총액에서 비용을 공제한 금액을 말한다. 이러한 사정을 종합하면, 심판대상조항은 죄형법정주의의 명확성원칙에 위배되지 않는다.

● 책임과 형벌간의 비례원칙 위배 여부 - 적극
심판대상조항은 허위재무제표작성죄 및 허위감사보고서작성죄와 관련하여 각 행위로 얻은 이익 또는 회피한 손실액을 기준으로 산정하도록 하는 배수벌금형을 규정하면서, 그와 같은 이익 또는 회피한 손실액이 없거나 산정하기 곤란한 경우에 대비한 벌금 상한액을 별도로 규정하지 않고 있다.
이러한 심판대상조항의 입법적 불비(不備) 때문에 벌금형이 법정형으로 규정되어 있음에도 불구하고, 허위재무제표작성 행위 또는 허위감사보고서작성 행위로 얻은 이익이나 회피한 손실액이 없거나 산정하기 곤란하다고 법원이 판단하는 경우에는 벌금액을 확정할 수 없어 그 위반 정도와 책임에 상응하는 벌금형을 선고할 수 없게 되는 결과가 초래된다.
징역형에 대한 선고유예가 가능하다는 사정만으로는 법원이 개별 사건의 특수성이나 다양한 양형요소들을 모두 고려하여 적정한 양형을 할 수 있도록 되어 있다고 보기 어렵다. 또한 법원이 외부감사법 제39조 제1항에 따라서 징역에 처할 때 벌금을 필요적으로 병과하도록 규정한 외부감사법 제48조 를 위반하여 형을 선고하도록 만드는 불합리한 상황을 초래한다
따라서 심판대상조항은, 허위재무제표작성죄나 허위감사보고서작성죄에서 그와 같이 이익 또는 회피한 손실액이 없거나 산정이 곤란한 경우에 법원으로 하여금 그 죄질과 책임에 비례하는 벌금형을 선고할 수 없도록 하여 책임과 형벌 간의 비례원칙에 위배된다고 할 것이다(2024.7.18. 2022헌가6).

정답

판례 33 ★★

영화업자가 영화근로자와 계약을 체결할 때 근로시간을 구체적으로 밝히도록 하고, 위반 시 처벌하는 '영화 및 비디오물의 진흥에 관한 법률'(2015. 5. 18. 법률 제13306호로 개정된 것) 제3조의4 중 '근로시간'에 관한 부분, 제96조의2 중 '근로시간'에 관한 부분이 헌법에 위반되지 않는다.

○ 근로기준법은 사용자로 하여금 근로계약을 체결할 때 근로자에게 소정근로시간을 명시할 의무를 부과하고 있다. 전문성과 창의성을 바탕으로 하는 업무의 특수성으로 인하여 종래에는 영화근로자가 근로자에 해당한다는 인식이 충분히 확립되어 있지 않았고, 그 결과는 근로조건 악화로 나타났다. 심판대상조항은 영화근로자를 보호하기 위하여 위와 같은 근로기준법 조항이 영화근로자와 계약을 체결하는 영화업자에게도 적용됨을 분명히 한 것이다.
근로시간은 근로계약의 가장 기본적인 사항 중 하나이고, 사용자에 비해 상대적으로 취약한 지위에 있는 근로자를 보호하기 위해서 핵심적인 근로조건에 해당하는 근로시간을 근로계약 체결 당시에 미리 알리도록 할 필요가 있는 것은 영화근로자의 경우에도 마찬가지이다. 또한, 영화근로자의 업무가 재량근로 대상 업무에 해당할 수 있다는 사실만으로 근로시간을 명시하지 않아도 된다고 볼 수도 없다.

따라서 심판대상조항은 영화업자의 평등권을 침해하지 않는다(헌법재판소 2022. 11. 24. 선고 2018헌바514 전원재판부 결정).

정답 ○

판례 34 ★★

'가구 내 고용활동'에 대해서는 근로자퇴직급여 보장법을 적용하지 않도록 규정한 근로자퇴직급여 보장법 제3조 단서 중 '가구 내 고용활동' 부분이 헌법에 위반되지 아니한다

해설 가사사용인도 근로자에 해당하지만, 제공하는 근로가 가정이라는 사적 공간에서 이루어지는 특수성이 있다. 그런데 퇴직급여법은 사용자에게 여러 의무를 강제하고 국가가 사용자를 감독하고 위반 시 처벌하도록 규정하고 있다. 가구 내 고용활동에 대하여 다른 사업장과 동일하게 퇴직급여법을 적용할 경우 이용자 및 이용자 가족의 사생활을 침해할 우려가 있음은 물론 국가의 관리 감독이 제대로 이루어지기도 어렵다.

퇴직급여법을 적용할 경우 이용자에게는 퇴직금 또는 퇴직연금 지급을 위한 직접적인 비용 부담 외에도 퇴직급여제도 설정 및 운영과 관련한 노무관리 비용과 인력의 부담도 발생한다. 그런데 가사사용인 이용 가정의 경우 일반적인 사업 또는 사업장과 달리 퇴직급여법이 요구하는 사항들을 준수할 만한 여건과 능력을 갖추지 못한 경우가 대부분인 것이 현실이다. 이러한 현실을 무시하고 퇴직급여법을 가사사용인의 경우에도 전면 적용한다면 가사사용인 이용자가 감당하기 어려운 경제적·행정적 부담을 가중시키는 부작용을 초래할 우려가 있다.

최근 가사사용인에 대한 보호필요성이 높아짐에 따라 이용 가정의 사생활 침해를 최소화하면서도 가사사용인의 보호를 도모하기 위하여 '가사근로자의 고용개선 등에 관한 법률'(이하 '가사근로자법'이라 한다)이 제정되었다. 이 법에 의하면 인증받은 가사서비스 제공기관과 근로계약을 체결하고 이용자에게 가사서비스를 제공하는 사람은 가사근로자로서 퇴직급여법의 적용을 받게 된다(제6조 제1항). 이에 따라 가사사용인은 가사서비스 제공기관을 통하여 가사근로자법과 근로 관계 법령을 적용받을 것인지, 직접 이용자와 고용계약을 맺는 대신 가사근로자법과 근로 관계 법령의 적용을 받지 않을 것인지 선택할 수 있다.

이를 종합하면 심판대상조항이 가사사용인을 일반 근로자와 달리 퇴직급여법의 적용범위에서 배제하고 있다 하더라도 합리적 이유가 있는 차별로서 평등원칙에 위배되지 아니한다(헌법재판소 2022. 10. 27. 선고 2019헌바454 전원재판부 결정 (근로자퇴직급여 보장법 제3조 단서 위헌소원)).

▶ 참고로 최근 '가사근로자의 고용개선 등에 관한 법률'이 제정·시행되었으며, 이 법은 인증받은 가사서비스 제공기관이 직접 가사근로자를 고용할 경우 가사근로자가 근로기준법, 퇴직급여법 등 근로 관계 법령의 적용을 받을 수 있도록 규정하였다.

정답

판례 35 ★★

정비사업조합 임원 선출과 관련해 후보자가 금품을 제공받는 것을 금지하고 이를 위반할 경우 형사 처벌하도록 한 구 도시 및 주거환경정비법은 헌법에 반하지 않는다.

해설 ● 죄형법정주의 명확성원칙, 평등원칙에 위배되는지 여부

문언해석과 입법목적, 법원의 해석례 등에 비추어 보면 '조합 임원의 선출과 관련하여'는 '조합 임원의 선출에 즈음하여, 조합 임원의 선출에 관한 사항을 동기로 하여'라는 의미로 봄이 타당하다. 개별 사건에서 조합 임원의 선출과 관련하여 금품을 제공받은 경우에 해당하는지 여부는 그 행위 동기 및 경위, 행위 내용과 태양, 행위 당시의 시기적 상황 등을 고려하여 법관의 보충적 해석·적용을 통

해 가려질 수 있으므로, 심판대상조항이 죄형법정주의의 명확성원칙에 위배된다고 할 수 없다. 조합 임원의 선출과 관련하여 후보자가 '금품을 제공받는 행위'를 '금품을 제공하는 행위'와 똑같이 엄중하게 처벌하는 것은, 조합의 의사결정 과정에 금전이 결부되는 것을 사전에 방지하고자 하는 것으로써 그 필요성과 합리성이 인정된다는 점에서 평등원칙에 위배되지 아니한다.

● 과잉금지원칙에 위배되는지 여부
정비사업은 노후·불량 건축물 밀집으로 주거환경이 불량한 지역을 계획적으로 정비하고 개량하여 주거생활의 질을 높이기 위한 공공적 성격을 띤 사업일 뿐만 아니라, 정비구역 내 주민들이나 토지 등 소유자들의 재산권 행사에도 중대한 영향을 미치므로, 정비사업을 진행하는 조합 임원의 직무수행의 공정성과 청렴성이 담보되어야 정비사업이 공정하고 원활하게 진행될 수 있다. 정비사업에 참여하는 시공사 및 협력업체와 정비사업 조합 임원 후보자 사이에 금품이 오가게 되면 협력업체 선정이나 대금증액 문제 등 정비사업 진행과정에 부당한 영향을 미칠 우려가 있다.
심판대상조항이 정비사업 조합 임원의 선출과 관련하여 후보자가 금품을 제공받는 행위를 금지한 것은 조합 임원 선거의 공정성과 투명성을 담보하여 정비사업이 공정하고 원활하게 진행될 수 있도록 하는 데 적합한 조치로서, 다른 방법으로는 위와 같은 공익이 효율적으로 실현될 수 없으므로, 이로 인하여 정비사업 조합 임원 후보자가 받게 되는 일반적 행동자유권의 제한은 과도한 것이라고 보기 어렵다(헌법재판소 2022. 10. 27. 선고 2019헌바324 전원재판부 결정 (구 도시 및 주거환경 정비법 제21조 제4항 등 위헌소원)).

판례 36 ★★

근로자의 날을 관공서의 공휴일에 정하지 않은 '관공서의 공휴일에 관한 규정'제2조 본문은 공무원인 청구인들의 평등권 등을 침해하지 않는다.

해설 헌법재판소는 헌재 2015. 5. 28. 2013헌마343 결정에서, 근로자의 날을 관공서의 공휴일로 정하지 않은 구 '관공서의 공휴일에 관한 규정'(2012. 12. 28. 대통령령 제24273호로 개정되고, 2017. 10. 17. 대통령령 제28394호로 개정되기 전의 것) 제2조 본문에 대해, 공무원들의 평등권을 침해하지 않는다고 판단하였다. 위 선례 결정 당시 일반근로자에게는 근로기준법상의 주휴일과 '근로자의 날 제정에 관한 법률'에서 정한 근로자의 날이 법정유급휴일이었고, 관공서의 공휴일을 비롯한 나머지 휴일은 단체협약이나 취업규칙을 통하여 노사가 자율적으로 정하는 약정휴일에 해당하였다. 그런데 위 결정 이후 2018. 3. 20. 법률 제15513호로 근로기준법이 개정되면서 일반근로자에게도 심판대상조항 중 일요일을 제외한 공휴일 및 대체공휴일이 법정유급휴일로 인정되어, 일반근로자의 법정유급휴일이 이전보다 확대되었다. 그런데 공무원의 근로조건을 정할 때에는 공무원의 국민전체에 대한 봉사자로서의 지위 및 직무의 공공성을 고려할 필요가 있다. 또한 공무원은 심판대상조항이 정하는 관공서의 공휴일(일요일 포함) 및 대체공휴일뿐만 아니라 '국가공무원 복무규정' 등에서 토요일을 휴일로 인정받고 있는바, 공무원에게 부여된 휴일은 연속된 근로에서의 근로자의 피로회복과 건강회복 및 여가의 활용을 통한 인간으로서의 사회적·문화적 생활의 향유를 위해 마련된 근로기준법상의 휴일제도의 취지에 부합한다. 따라서 심판대상조항이 근로자의 날을 공무원의 유급휴일에 해당하는 관공서의 공휴일로 규정하지 않았다고 하더라도 일반근로자에 비해 현저하게 부당하거나 합리성이 결여되어 있다고 볼 수 없어, 헌법재판소의 위 선례의 입장은 그대로 타당하고, 심판대상조항은 청구인들의 평등권을 침해한다고 볼 수 없다. 또한 심판대상조항은 직접적으로 공무원들의 단결권 및 집회의 자유를 제한한다고 볼 수 없으므로, 청구인들의 단결권 및 집회의 자유를 침해하지 아니한다(헌법재판소 2022. 8. 31. 선고 2020헌마1025 전원재판부 결정 (관공서의 공휴일에 관한 규정 제2조 본문 위헌확인) (헌공311, 1143)).

point ▶ 헌법재판소는 이 사건에서 일반근로자의 법정유급휴일이 근로기준법의 개정으로 확대되었지만, 근로자의 날을 공무원의 유급휴일에 해당하는 관공서의 공휴일로 규정하지 않은 '관공서의 공휴일에 관한 규정' 제2조 본문이 공무원인 청구인들의 평등권을 침해하지 않는다는 합헌 선례의 입장을 유지하였다.

정답 ×

판례 37 ★★

공무원이 지위를 이용해 저지른 공직선거법 위반죄의 공소시효를 일반인의 공직선거법 위반죄와 달리 해당 선거일 후 10년으로 정한 것은 죄형법정주의 명확성원칙과 평등원칙에 위반된다.

해설 ▸ 문언해석과 입법목적 및 법원의 해석례 등에 비추어 보면 '지위를 이용하여'란 공무원이 공무원 개인 자격으로서가 아니라 공무원의 지위와 결부되어 선거운동의 기획행위를 하는 것을 뜻하고, 공무원의 지위에 있기 때문에 특히 선거운동의 기획에 참여하거나 그 기획의 실시에 관여하는 행위를 효과적으로 할 수 있는 영향력 또는 편익을 이용하는 것이라고 해석된다. 따라서 이 조항이 죄형법정주의의 명확성원칙에 위배된다고 할 수 없다. 또한 공무원이 지위를 이용하여 범한 공직선거법 위반죄의 경우 선거의 공정성을 중대하게 저해하고 공권력에 의하여 조직적으로 은폐되어 단기간에 밝혀지기 어려울 수도 있어 단기 공소시효에 의할 경우 처벌규정의 실효성을 확보하지 못할 수 있다. 이러한 취지에서 공무원이 지위를 이용하여 범한 공직선거법위반죄의 경우 해당 선거일 후 10년으로 공소시효를 정한 입법자의 판단은 합리적인 이유가 인정되므로 평등원칙에 위반되지 않는다(헌법재판소 2022. 8. 31. 선고 2018헌바440 전원재판부 결정 (공직선거법 제268조 제3항 등 위헌소원) (헌공311, 1126)).

정답 ×

판례 38 ★★

현역병 등의 복무기간과는 달리 사관생도의 사관학교 교육기간을 연금 산정의 기초가 되는 복무기간에 산입할 수 있도록 규정하지 아니한 구 군인연금법(2013. 3. 22. 법률 제11632호로 개정되고, 2019. 12. 10. 법률 제16760호로 전부개정되기 전의 것) 제16조 제5항 전문이 청구인들의 평등권을 침해하지 않는다.

해설 ▸ 군간부후보생인 사관생도는 병역법 제5조 제1항 제1호의 현역으로 분류되고 군인에 준하여 신분상 및 생활상 규제를 받는 등 현역 군인과 유사한 지위를 가진다고 볼 여지도 있다. 그러나 현역병 등과 사관생도는 지위, 역할, 근무환경 등 여러 가지 측면에서 차이가 있다. 즉 사관생도는, 병역의무의 이행을 위해 본인의 의사와 상관없이 복무 중인 현역병 등과는 달리 자발적으로 직업으로서 군인이 되기를 선택한 자들이다. 현역병 등은 병역판정검사 결과 현역병징집 대상자 또는 사회복무요원소집 대상자에 해당하면 징집 또는 소집되어 비교적 열악한 근무환경 속에서 적은 보수를 지급받으며 1년 6개월 내지 3년의 기간 동안 의무복무를 하는 반면, 사관생도는 지원에 의하여 선발되며 사관학교 재학 중에는 본인이 의사에 따라 퇴교하여 그 신분에서 벗어날 수도 있고, 교육에 필요한 비용을 국가가 부담하는 등 다양한 경제적 혜택을 받는다. 또한 현역병은 군의 말단 계급을 이루며 전력(戰力)으로서 업무를 수행하고, 사회복무요원 등 보충역들도 공익 목적에 필요한 업무에 종사하게 되는 반면, 사관생도는 기본적으로 대학의 교육을 받는 학생으로서 사관생도의 교육기간은 장차 장교로서의 복무를 준비하는 기간이므로 이를 현역병 등의 복무기간과 동일하게 평가하기는 어렵다.

위와 같은 군인연금법상 군 복무기간 산입제도의 목적과 취지, 현역병 등과 사관생도의 신분, 역할, 근무환경 등을 종합적으로 고려하면, 심판대상조항이 사관학교에서의 교육기간을 현역병 등의 복무기간과 달리 연금 산정의 기초가 되는 복무기간에 산입하도록 규정하지 않은 것이 현저히 자의적인 차별이라고 볼 수는 없다. 따라서 심판대상조항은 청구인들의 평등권을 침해하지 아니한다(헌법재판소 2022. 6. 30. 선고 2019헌마150 전원재판부 결정 (군인연금법 제16조 제5항 위헌확인)).

정답

○판례 39 ★★

경유차 소유자에게는 환경개선부담금을 부과하면서, 휘발유차 소유자에게는 부담금을 부과하지 않는 환경개선비용 부담법은 평등원칙에 위배된다.

해설 이 조항은 경유차 소유자에게는 환경개선부담금을 부과하면서, 휘발유차 소유자에게는 부담금을 부과하지 않고 있다.

경유차는 휘발유차에 비해 미세먼지, 초미세먼지, 질소산화물 등 대기오염물질을 훨씬 더 많이 배출하는 것으로 조사되고 있고, 경유차가 초래하는 환경피해비용 또한 휘발유차에 비해 월등히 높은 것으로 연구되고 있다. 입법자는 이와 같은 과학적 조사·연구결과 등을 토대로 자동차의 운행으로 인한 대기오염물질 및 환경피해비용을 저감하기 위해서는 환경개선부담금의 부과를 통해 휘발유차보다 경유차의 소유·운행을 억제하는 것이 더 효과적이라고 판단한 것으로 보이고, 위와 같은 입법자의 판단은 합리적인 이유가 있다.

대기오염물질 배출 저감 및 쾌적한 환경조성이라는 목적을 고려할 때, 환경개선부담금을 경유차 소유자에게만 부담시키는 것은 합리적인 이유가 있다고 할 것이므로, 이 사건 법률조항은 평등원칙에 위반되지 아니한다(헌법재판소 2022. 6. 30. 선고 2019헌바440 전원재판부 결정 (환경개선비용 부담법 제9조 제1항 위헌소원)).

정답

○판례 40 ★★

사용자의 노동조합 지배·개입행위와 노조전임자 급여지원행위를 부당노동행위로 규정하고, 부당노동행위를 한 사용자를 형사처벌토록 한 노동조합법은 과잉금지원칙에 위반되지 않는다.

해설 ○ 이 사건 급여지원금지조항의 과잉금지원칙 위반 여부

- 이 사건 급여지원금지조항은 사용자에 대한 근로제공 없이 노동조합의 업무만 담당하는 근로자에 대한 비용을 원칙적으로 노동조합 스스로 부담하도록 함으로써 노동조합의 자주성 및 독립성 확보에 기여하는 한편 나아가 경영의 효율성을 제고하고자 함에 목적이 있으므로 그 입법목적은 정당하다. 입법자는 사용자의 노조전임자에 대한 급여 지원 여부를 노사 자율에 맡기지 않고 부당노동행위로 규정하여 금지하는 것을 택하였는데, 이는 입법목적 달성을 위한 적합한 수단이다.

- 노조전임자에 대한 급여지원은 부당노동행위로서 '지배·개입행위'의 한 형태에 해당한다. 사용자가 노조전임자에 대한 급여지원 여부, 지원 규모 등을 조건으로 노동조합을 회유하거나 압박하는 등 노동조합의 활동에 영향력을 행사할 수 있으므로, 노동조합의 자주성의 중요성에 비추어 사용자의 이러한 행위는 금지하여야 할 필요성이 크다. 또한 이 사건 급여지원금지조항이 사용자의 노조전임

자 급여지원을 금지하면서 예외적으로 근로시간 면제 한도의 범위 내에서 유급으로 노동조합의 업무를 수행할 수 있도록 한 것은 노동조합이 자주성을 잃지 않으면서도 노동조합의 활동을 일정수준 보장받을 수 있도록 적절한 균형점을 찾은 것으로 볼 수 있다. 이 사건 급여지원금지조항과 같이 노조전임자에 대한 급여지원을 금지하면서도 법령에 따라 정한 근로시간 면제 한도 내에서 유급으로 노조업무를 수행할 수 있게 함으로써 노조전임자를 둘러싼 불필요한 노사갈등이 예방되고, 근로시간 중 근로자의 조합활동이 감소하여 경영의 효율성이 올라가는 등 사용자의 입장에서 긍정적인 측면도 존재한다.

헌법재판소는 2018. 5. 31. 2012헌바90 결정에서 구 노동조합법 제81조 제4호 중 '노동조합의 운영비를 원조하는 행위'에 관한 부분이 노동조합의 단체교섭권을 침해한다고 판단하여 헌법불합치결정을 하였으나, 운영비 원조 금지와 노조전임자 급여 지원 금지는 그 금지의 취지와 규정의 내용, 예외의 인정 범위 등이 다르므로 이 사건 급여지원금지조항에 대하여 동일하게 볼 수는 없다. 위와 같은 사정들을 종합하면 이 사건 급여지원금지조항이 침해의 최소성에 반한다고 보기는 어렵다.

- 이 사건 급여지원금지조항으로 인하여 초래되는 사용자의 기업의 자유의 제한은 근로시간 면제 제도로 인하여 상당히 완화되는 반면에, 이 사건 급여지원금지조항은 노동조합의 자주성과 독립성 확보, 안정적인 노사관계의 유지와 산업 평화를 도모하기 위한 것으로서 그 공익은 중대하므로 법익의 균형성도 인정된다.

- 따라서 이 사건 급여지원금지조항은 과잉금지원칙에 위배되지 아니한다.

○ 이 사건 처벌조항의 과잉금지원칙 위반 여부

- 이 사건 처벌조항은 사용자가 노동조합의 조직·운영에 지배·개입하거나 노조전임자에 대한 급여 지원하는 것을 처벌함으로써 사용자로부터 노동조합의 자주성 및 독립성을 확보하여 궁극적으로 근로3권의 실질적인 행사를 보장하기 위한 것이므로 그 입법목적은 정당하다. 또한 형사처벌로써 사용자의 지배·개입행위 및 급여지원행위를 금지하는 것은 입법목적 달성을 위한 적합한 수단에 해당한다.

- 사용자가 부당노동행위를 할 경우 노동위원회의 구제절차가 마련되어 있으나(노동조합법 제82조, 제84조), 노동위원회의 구제명령은 사후적인 원상회복을 목적으로 하므로 사용자의 부당노동행위를 예방하는 수단으로서는 불완전하다. 원상회복주의를 취할 경우 사용자가 구제명령을 충실히 이행하는 한 부당노동행위를 하였다는 사실에 대하여는 아무런 불이익을 받지 아니하여 사용자가 원하는 경우에 언제든지 부당노동행위를 다시 행할 여지가 있고, 특히 사용자가 노동조합에 대하여 지배·개입함으로써 노동조합에 미치는 부정적 영향은 단순히 금전으로 환산하여 배상하는 것만으로는 완전한 원상회복이 곤란할 가능성이 크다. 이 경우 과태료 등의 행정상 제재로 충분할 것인지, 아니면 나아가 형벌이라는 제재를 동원하는 것이 필요하다고 볼 것인지의 문제는 일차적으로 입법자의 판단에 맡겨져 있다. 부당노동행위를 사전에 예방하고자 하는 취지, 부당노동행위가 노동조합의 조직과 활동 및 근로자의 근로3권에 미치는 악영향 등을 고려할 때 형사처벌보다 경한 과태료 처분 등으로 이 사건 처벌조항의 입법목적을 충분히 달성할 수 있다고 단정하기는 어렵다. 그렇다면 부당노동행위를 형사처벌함으로써 노동조합의 자주성과 독립성을 확보하여 궁극적으로 헌법이 보장하고 있는 근로3권의 실현에 기여하고 산업평화를 유지하고자 하는 입법자의 판단이 앞서 본 바와 같은 입법재량의 범위를 현저하게 벗어난 것이라고 단정할 수는 없다. 또한 이 사건 처벌조항은 법정

형의 하한을 두고 있지 않으므로 비교적 경미한 불법성을 가진 행위에 대하여는 법관의 양형으로 책임에 알맞은 형벌이 선고될 수 있는 점 등을 고려할 때, 책임과 형벌의 비례원칙에 반한다거나 형벌체계상의 균형을 상실한 과잉형벌이라고 보기 어렵다. 따라서 이 사건 처벌조항은 침해의 최소성을 갖추었다.

- 이 사건 처벌조항은 사용자의 부당노동행위를 처벌함으로써 노동조합의 자주성과 독립성을 확보하고자 하는바 이러한 공익은 매우 중대하다 할 것인 반면, 이 사건 처벌조항으로 초래되는 사용자의 자유의 제한은 기업활동을 함에 있어 노동조합에 대한 지배·개입행위 및 노조전임자에 대한 급여 지원행위 금지라는 합리적으로 제한된 범위 내의 기본권 제한에 그치고 있으므로 법익의 균형성도 갖추었다.

- 따라서 이 사건 처벌조항은 과잉금지원칙에 위반되지 않는다(헌법재판소 2022. 5. 26. 선고 2019헌바341 전원재판부 결정 (노동조합 및 노동관계조정법 제81조 제4호 등 위헌소원)).

> **MGI Point 비교판례**
> ■ 노동조합의 운영비원조금지: 노동조합의 단체교섭권을 침해 (2012헌바90)
> ■ 노조전임자 급여 지원 금지: 합헌 (2019헌바341)

정답 ○

판례 41 ★★

군인이 군사기지 또는 군사시설 등에서 군인을 폭행한 때에는 반의사불벌죄 적용을 배제토록 한 군형법은 형벌체계의 균형을 상실하여 평등원칙에 위반한다.

해설 '일반 폭행죄'와 '군사기지·군사시설에서 군인 상호간의 폭행죄'는 타인의 신체에 대한 유형력 행사로 성립되는 죄라는 공통점이 있다. 그러나 전자는 '신체의 안전'을 주된 보호법익으로 함에 반하여, 후자는 '군 조직의 기강과 전투력 유지'를 주된 보호법익으로 한다는 점에서 차이가 있다. 또한 엄격한 위계질서와 집단생활을 하는 군 조직의 특수성으로 인하여 피해자가 가해자에 대한 처벌을 희망할 경우 다른 구성원에 의해 피해를 당할 우려가 있고, 상급자가 가해자·피해자 사이의 합의에 관여할 경우 피해자가 처벌불원의사를 거부하기 어려운 경우가 발생할 수 있다. 특히 병역의무자는 헌법상 국방의 의무의 일환으로서 병역의무를 이행하는 대신, 국가는 병영생활을 하는 병역의무자의 신체·안전을 보호할 책임이 있음을 고려할 때, 궁극적으로는 군사기지·군사시설에서의 폭행으로부터 병역의무자를 보호해야 한다는 입법자의 판단이 헌법이 부여한 광범위한 형성의 자유를 일탈한다고 보기 어렵다. 따라서 심판대상조항이 형벌체계상 균형을 상실하였다고 보기 어려우므로 평등원칙에 위반되지 아니한다(헌법재판소 2022. 3. 31. 선고 2021헌바62, 194(병합) 전원재판부 결정).

point ▶ 헌법재판소는 이 사건 결정의 이유에서 '헌정질서를 수호하는 국가와 병역의무자 사이에는 양면적인 의무와 책임이 존재한다. 병역의무자는 국방의 의무의 일환으로 헌정질서를 보호하기 위하여 병역의무를 이행하는 대신, 국가는 병영생활을 하는 병역의무자의 신체와 안전을 보호할 책임이 있다.'고 판시하였는바, 이는 국방의 의무(헌법 제39조)의 일환으로 병역의무를 이행하는 국민에 대한 국가의 보호책임을 인정한 최초로 선언한 결정이다.

정답 ×

○ **판례 42** ★★

① 대마의 '수입'은 국외에서 대마를 소지하게 된 경위와 관계없이 국외로부터 국내로 대마를 반입하는 행위를 의미함이 명확하므로, 죄형법정주의의 명확성원칙에 반하지 아니한다
② 대마를 수입한 자를 무기 또는 5년 이상의 징역에 처하도록 규정한 '마약류 관리에 관한 법률' 제58조 제1항 제5호 중 '대마를 수입한 자' 부분은 입국하는 사람이 대마를 구입한 것인지 아니면 단순히 소지해 들여온 것인지와 무관하게 처벌하므로 헌법에 위반된다.

해설 ● 죄형법정주의 명확성원칙 위반 여부

○ 사전적으로 '수입'은 다른 나라로부터 상품이나 기술을 국내로 사들여 오는 것으로서 일반적으로 상품이나 기술을 자신의 소유로 만들기 위하여 대가를 지급하는 것이 선행되나, 이러한 해석은 해당 물품이나 기술을 구매하는 행위가 적법한 경우임을 전제로 하는 것이다. 따라서 대마와 같이 '구입하는 행위 자체가 불법인 경우'에는 이러한 해석이 그대로 적용될 수 없다.

○ '1961년 마약에 관한 단일협약'(조약 제139호)은 제1조 제1항 (m)에서 '마약의 수입 및 수출이라 함은 일국으로부터 타국으로 또는 동일국의 일지역으로부터 타지역으로 약품의 물리적 이전을 의미한다'고 규정하여, 반드시 마약을 구매하여 이전할 것을 수입의 개념 요소에 포함시키지 않고 있다. 관세법에서도 '수입'이란 '외국물품을 우리나라에 반입'하는 것을 말한다고 규정하여(제2조 제1호) 외국물품을 반드시 구입하여 우리나라에 반입할 것까지 요구하고 있지 않다.

○ 대마의 사용과 유통이 금지된 국내에 대마를 반입함으로써 국내에서의 대마 유통가능성과 그에 따른 해악을 증대시켰다면, 그 대마를 소지하게 된 계기는 마약류관리법에 따른 규제의 필요성 면에서 중요한 고려요소라고 보기 어렵다.

○ 위와 같은 점들을 종합하면, 심판대상조항에서 처벌대상으로 규정한 대마의 '수입'은 국외에서 대마를 소지하게 된 경위와 관계없이 국외로부터 국내로 대마를 반입하는 행위를 의미함이 명확하므로, 죄형법정주의의 명확성원칙에 반하지 아니한다.

● 책임과 형벌 간의 비례원칙 위반 여부

○ 대마는 소량만 흡입하여도 환각상태를 일으킬 수 있고 습관성이 강하여 인간의 육체와 정신을 황폐화시킬 수 있다. 대마는 재배와 제조가 비교적 쉬워 엄격히 차단하지 않으면 널리 보급될 가능성이 높고, 간단히 흡연하는 형태로 섭취할 수 있기 때문에 접근성도 높다. 이 때문에 마약류관리법은 대마를 마약류의 일종으로 규정하고, 대마의 수출입·제조·매매·흡연·섭취를 금지하고 있다.

○ 마약류의 '유통' 행위는 범죄자를 양산하고 마약류의 오·남용을 부추긴다는 점에서 자신이 범죄행위의 대상이 되는 '사용'에 관련된 행위에 비해 엄벌할 필요가 있다. 특히 대마의 '수출입' 행위는 대마를 국제적으로 확산시키고 대마의 국내 공급 및 유통을 더욱 증가시키는 것이기 때문에 다른 유통행위보다 가벌성이 더 크다. 이 때문에 심판대상조항은 대마를 국외에서 국내로 반입하는 일체의 행위를 대마 '수입'죄로 처벌하는 것이며, 이러한 처벌의 필요성은 대마의 반입 경위나 동기, 대마의 직접 구매 여부 등에 따라 달라진다고 볼 수 없다.

○ 마약류관리법의 개정으로 외국에서 의약품으로 허가된 대마성분 의약품을 수입하는 것이 일부 환자들에게 허용되었으나, 한국희귀·필수의약품센터에서만 치료용으로 허가된 대마를 수입·판매할 수 있도록 함으로써 여전히 대마의 수입 및 사용을 엄격히 통제하고 있다.

○ 심판대상조항은 법정형의 하한이 5년이어서 죄질이 경미한 경우에는 법률상 감경이나 작량감경을 통한 집행유예도 가능하다.

○ 이상의 점들을 종합하면, 심판대상조항이 규정한 법정형이 지나치게 과중한 형벌로서 책임과 형벌 간의 비례원칙에 위반된다고 볼 수 없다.

● 평등원칙 위반 여부

○ 마약류관리법은 대마를 '수입하는 행위'와 '소지하는 행위' 모두 그 목적이 무엇인지에 따라 달리 처벌하고 있다.

○ 형법상 대마 수입죄와 법정형이 동일한 범죄들은 대마 수입죄와 보호법익이 달라 법정형을 단순히 평면적으로 비교하여 그 경중을 논할 수 없고, 대마 수입행위가 위 형법상 범죄들에 비하여 반드시 죄질이 가볍다거나 비난가능성이 약하다고 단정할 수도 없다.

○ '대마를 구입하여 국내로 반입'한 경우에는 수입죄 외에 매수죄가 별도로 성립하므로 '대마의 구입 없이 국내로 반입'만 한 경우와 동일하게 처벌되는 것은 아니다. 또한 구입이 수반되지 않은 경우라도 대마 수입행위는 대마의 국내 공급 및 유통가능성을 증가시켰다는 점에서 불법성이 다르다고 볼 수 없으므로 대마를 국외에서 구매한 것인지 여부에 따라 비난가능성이나 죄질이 달라진다고 볼 수 없다.

○ 이상의 점을 종합하면, 심판대상조항은 형벌 체계상의 균형을 현저히 잃어 평등원칙에 위반된다고 보기 어렵다(헌법재판소 2022. 3. 31. 선고 2019헌바242 전원재판부 결정 (마약류 관리에 관한 법률 제58조 제1항 제5호 위헌소원) (헌공306, 511)).

point ▶ 헌법재판소는 종전에도 대마를 수입한 자를 형사처벌하는 조항에 대하여 합헌 결정을 선고한 바 있으나(헌법재판소 2007. 5. 31. 2005헌바108 결정), 이번 결정에서는 대마 '수입'의 의미를 명확히 밝혔다는 점에서 그 의의가 있다.

정답 O,×

• 판례 43 ★★★

예비군대원 본인의 부재시 예비군훈련 소집통지서를 수령한 같은 세대 내의 가족 중 성년자가 정당한 사유없이 소집통지서를 본인에게 전달하지 아니한 경우 형사처벌을 하는 법률조항은 책임과 형벌 간의 비례원칙에 위배되어 헌법에 위반된다. (23년 법원행시 기출지문)

해설 심판대상조항은 국가안보의 변화, 사회문화의 변화, 국방의무에 관한 인식의 변화 등과 같은 현실의 변화를 외면한 채 여전히 예비군대원 본인과 세대를 같이 하는 가족 중 성년자에 대하여 단지 소집통지서를 본인에게 전달하지 아니하였다는 이유로 형사처벌을 하고 있는데, 그 필요성과 타당성에 깊은 의문이 들지 않을 수 없다.

예비군대원 본인과 세대를 같이 하는 가족 중 성년자라면 특별한 사정이 없는 한 소집통지서를 본인에게 전달함으로써 훈련불참으로 인한 불이익을 받지 않도록 각별히 신경을 쓸 것임이 충분히 예상되고, 설령 그들이 소집통지서를 전달하지 아니하여 행정절차적 협력의무를 위반한다고 하여도 과태료 등의 행정적 제재를 부과하는 것만으로도 그 목적의 달성이 충분히 가능하다고 할 것임에도 불구하고, 심판대상조항은 훨씬 더 중한 형사처벌을 하고 있어 그 자체만으로도 형벌의 보충성에 반하고, 책임에 비하여 처벌이 지나치게 과도하여 비례원칙에도 위반된다고 할 것이다(헌법재판소 2022. 5. 26. 선고 2019헌가12 전원재판부 결정 (예비군법 제15조 제10항 전문 위헌제청)).

point ▶ 이 사건에서 헌법재판소는 예비군에 관한 전반적인 사무는 대한민국 정부가 수행하여야 하는 공적 사무이고, 예비군대원 본인의 부재 시 대신 예비군훈련 소집통지서를 수령한 같은 세대 내의 가족 중 성년자가 이를 본인에게 전달하여야 하는 의무를 단순히 국가에 대한 행정절차적 협조의무로 보면서, 이러한 행정절차적 협조의무를 위반한 가족 중 성년자를 과태료가 아닌 형사처벌을 하는 심판대상조항이 책임과 형벌 간의 비례원칙에 위반된다고 판시하였다.

정답 ○

○ 판례 44 ★★

국공립어린이집, 사회복지법인어린이집, 법인·단체등어린이집 등과 달리 민간어린이집에는 보육교직원 인건비를 지원하지 않는 보건복지부지침이 민간어린이집을 운영하는 청구인의 평등권을 침해한다.

해설 영유아보육법상 어린이집은 설치·운영의 주체가 인건비 지원을 받고 있는지 및 영리를 추구할 수 있는지에 따라 두 유형으로 구별된다. 국공립어린이집, 사회복지법인어린이집, 법인·단체등어린이집(이하 '국공립어린이집 등'이라 한다)은 보육예산으로부터 인건비 지원을 받으나 영리 추구를 제한받는다. 민간어린이집, 가정어린이집은 보육예산으로부터 인건비 지원을 받지 못하지만 영리를 추구하는 것이 일반적이다. 두 유형 사이에는 성격상 차이가 있으므로, 둘을 단순 비교하여 인건비 지원이 자의적으로 이루어지는지 판단하기는 쉽지 않다.

민간어린이집, 가정어린이집은 인건비 지원을 받지 않지만 만 3세 미만의 영유아를 보육하는 등 일정한 요건을 충족하면 보육교직원 인건비 등에 대한 조사를 바탕으로 산정된 기관보육료를 지원받는다. 보건복지부장관이 민간어린이집, 가정어린이집에 대하여 국공립어린이집 등과 같은 기준으로 인건비 지원을 하는 대신 기관보육료를 지원하는 것은 전체 어린이집 수, 어린이집 이용 아동수를 기준으로 할 때 민간어린이집, 가정어린이집의 비율이 여전히 높고 보육예산이 한정되어 있는 상황에서 이들에 대한 지원을 국공립어린이집 등과 같은 수준으로 당장 확대하기 어렵기 때문이다. 이와 같은 어린이집에 대한 이원적 지원 체계는 기존의 민간어린이집을 공적 보육체계에 포섭하면서도 나머지 민간어린이집은 기관보육료를 지원하여 보육의 공공성을 확대하는 방향으로 단계적 개선을 이루어나가고 있다.

이상을 종합하여 보면, 심판대상조항이 합리적 근거 없이 민간어린이집을 운영하는 청구인을 차별하여 청구인의 평등권을 침해하였다고 볼 수 없다(헌법재판소 2022. 2. 24. 선고 2020헌마177 전원재판부 결정 (2020년도 보육사업안내 중 X.보육예산 지원 1.공통사항 부분 등 위헌확인)).

정답 ×

○판례 45 ★★★

① 합의부에서 재판받는 피고인들만 국민참여재판을 신청할 수 있도록 한 국민참여재판법은 무죄추정원칙과 관련된 기본권에 중대한 제한을 초래하므로 평등권 침해 여부 판단 시 엄격한 심사기준이 적용되어야 한다.
② 합의부에서 재판받는 피고인들만 국민참여재판을 신청할 수 있도록 한 국민참여재판법은 평등권을 침해한다.

해설 ① 청구인 현○○은 심판대상조항이 무죄추정원칙에 반하거나 무죄추정원칙과 관련된 기본권을 침해한다고 주장하나, 헌법 제27조 제4항의 무죄추정원칙은 피고인이나 피의자를 유죄의 판결이 확정되기 전에 죄 있는 자에 준하여 취급함으로써 법률적, 사실적 측면에서 유형, 무형의 불이익을 주어서는 아니된다는 것인데, 기소된 범죄가 제1심 합의부 관할 사건 등인 경우에만 피고인에게 국민참여재판 신청권을 부여하더라도 피고인에 대한 범죄사실 인정이나 유죄판결을 전제로 하여 불이익을 과하는 것이 아니므로, 심판대상조항은 무죄추정원칙과 무관하다(헌법재판소 2015. 7. 30. 2014헌바447 참조). 심판대상조항은 헌법에서 특별히 평등을 요구하고 있다거나, 차별적 취급으로 인하여 관련 기본권에 대한 중대한 제한을 초래하는 경우라고 보기 어려우므로, 아래에서는 심판대상조항이 자의금지원칙을 위반하여 평등권을 침해하는지 여부에 대해 본다(헌법재판소 2015. 7. 30. 2014헌바447; 헌법재판소 2016. 12. 29. 2015헌바63 참조).
② 개정 전 국민참여재판법은 살인, 강도, 강간과 같이 법정형이 중하고, 사회적 파급력이 커 피고인의 활용도가 높을 것으로 예상되는 강력범죄를 중심으로 대상사건을 규정하였다. 이후 저조한 신청율과 높은 철회·배제율로 인하여 국민참여재판이 유명무실해지는 것을 방지하기 위하여 그 대상사건의 범위를 어떻게 조정하여야 하는가에 대하여 다양한 논의가 있었고, 그 결과 국민참여재판의 취지에 부합하고 현실적인 사정을 고려하면서, 법원의 재판에 대한 국민의 건전한 상식과 사법신뢰의 향상을 위하여 국민참여재판의 대상사건을 제1심 합의부 관할 사건 등으로 확대하였다.
국민의 사법참여제도를 어느 형태로든 실시해온 국가들을 보면 국가의 역사와 전통, 문화, 국민의 법감정 및 공감대, 정치상황, 관습 등에 따라 사법참여제도가 오랜 시간에 걸쳐 발전되고 정착되어 왔는바, 그 역사가 상대적으로 짧은 우리나라의 입장에서 성급하게 특정한 틀로 확정하는 것보다는 여러 형태의 장단점과 특징을 충분히 비교·분석하여 우리 실정에 맞는 제도로 정착시켜야 한다. 이를 위하여 국민참여재판 대상사건의 범위를 결정함에 있어서도 실제 법원에서 충실하게 심리가능한 사건의 규모를 예상하여 대상사건의 범위를 정할 필요가 있다.
그런데 국민참여재판의 원활한 진행을 위해서는 배심원의 확보, 재판진행을 위한 인적·물적 자원의 확보, 다양한 상황을 해결하기 위한 충분한 경험의 축적 등이 필수적인바, 국민참여재판의 대상사건을 단독 관할사건 등으로까지 확대할 경우 현실적 운영에 어려움이 있다.
더욱이 우리나라는 플리바기닝(plea bargaining), 항소의 제한 등과 같이 외국에서 시행하고 있는 형사제도의 효율적, 경제적 운용을 위한 제도가 마련되어 있지 아니하고, 배심원 평결에 기속력도 없다.
이상을 종합하여 보면, 심판대상조항이 제1심 합의부 관할 사건 등으로 재판받는 피고인과 단독판사 관할 사건 등 그 외의 사건으로 재판받는 피고인을 다르게 취급하고 있는 것은 합리적인 이유가 있다고 인정되므로, 청구인의 평등권을 침해하지 아니한다(헌법재판소 2022. 1. 27. 선고 2020헌바537 전원재판부 결정 (2021헌바29, 2021헌바90(병합) 국민의 형사재판 참여에 관한 법률 제5조 제1항 위헌소원)).

정답 ×, ×

헌법 제2편 기본권

○판례 46 ★★★

공매절차에서 매수인의 대금납부의무 불이행으로 인하여 매각결정이 취소되는 경우 그가 납부한 공매보증금을 절차 개시의 근거가 된 조세채권에 우선 충당하도록 규정한 구 국세징수법 제78조 제2항 중 '제1항 제2호에 따라 압류재산의 매각결정을 취소하는 경우 공매보증금은 체납처분비, 압류와 관계되는 국세·가산금의 순으로 충당하고 그 남은 금액은 체납자에게 지급한다'는 부분은 국세징수절차상 매수인과 민사집행절차상 매수인을 합리적 이유 없이 자의적으로 차별하고 있다고 볼 수 없으므로, 평등원칙에 위반되지 않는다. (23년 법원행시 기출지문)

해설 민사집행법상 매수신고인이 대금납부의무를 불이행하더라도 차순위매수신고인에 대하여 매각허가결정을 하거나 재매각절차에 들어간 경우 등(민사집행법 제137조 제2항, 제138조 제4항) 일정한 사유가 발생한 경우에만 매수신청보증금의 반환을 제한하고 있는 반면, 구 국세징수법상 매수인의 대금납부의무 불이행을 이유로 매각결정이 취소되는 경우 바로 조세채권에 우선 충당하고 매수인에게 공매보증금을 돌려주지 않도록 정한 것은, 체납처분절차와 민사집행절차의 차이, 조세채권의 신속하고 적정한 실현이라는 구 국세징수법의 입법목적, 보증금에 위약금으로서의 성질을 부여할 경우에도 어느 범위 내에서 반환을 제한할 것인지에 관한 입법자의 재량에 따른 것이다. 위와 같은 사정들을 종합할 때, 심판대상조항이 구 국세징수법상 매수인을 민사집행법상 매수인에 비하여 합리적 이유 없이 자의적으로 차별하고 있다고 볼 수 없으므로, 평등원칙에 위반되지 아니한다(헌법재판소 2022. 5. 26. 2019헌바423 전원재판부 결정).

정답

○판례 47 ★★★

1945년 8월 15일 이후에 사망한 독립유공자의 유족으로 최초로 등록할 당시 자녀까지 모두 사망하거나 생존 자녀가 보상금을 지급받지 못하고 사망한 경우에 한하여 독립유공자의 손자녀 1명에게 보상금을 지급하도록 하는 '독립유공자예우에 관한 법률'은 독립유공자의 사망시기를 기준으로 보상금 지급을 달리하여 평등권을 침해한다. (2023년 법원행시 기출지문)

해설 1945년 8월 14일 이전에 사망한 독립유공자는 희생의 정도가 큰 데 반해 독립유공자 본인은 물론 그 자녀들까지 보상금을 지급받지 못한 경우가 많다. 따라서 독립유공자의 사망 시기를 기준으로 손자녀에 대한 보상금의 요건을 달리 정한 것이 불합리한 차별을 야기한다고 보기는 어렵다. 또한 심판대상조항 각목의 취지는 유족 간 형평을 고려하여 예외적으로 손자녀에게 보상금 지급의 기회를 열어주고자 하는 것으로서 합리적 이유가 있다. 따라서 심판대상조항이 1945년 8월 15일 이후에 사망한 독립유공자의 손자녀에 대하여 최초 등록 시 독립유공자 자녀의 사망 여부 또는 보상금 수령 여부를 기준으로 보상금 지급 여부를 달리 취급하는 것은 평등권을 침해하지 않는다(헌법재판소 2022. 1. 27. 2020헌마594 전원재판부 결정).

정답

제3장 자유권적 기본권

제1절 ▸ 자유권적 기본권 총론
제2절 ▸ 인신의 자유

◦판례 48 ★★★

① 통신자료 제공요청은 임의수사이므로 전기통신사업자가 이에 응하지 않아도 어떤 법적 불이익도 없어 통신자료 취득행위는 헌법소원의 대상이 되는 공권력의 행사가 아니다.
② 영장주의는 강제처분에만 적용되는 것이 아니므로 임의수사인 통신자료 취득에는 영장주의가 적용된다.
③ 통신자료 제공요청 조항은 과잉금지원칙에 위배되지 않으나, 통신자료 취득에 대한 사후통지절차를 두지 않아 적법절차원칙에 위배되어 개인정보자기결정권을 침해한다.

해설 (1)살피건대, 이 사건 법률조항에 의하여 이루어지는 수사기관 등의 통신자료 제공요청은 임의수사에 해당하는 것으로, 이 사건 통신자료 취득행위는 피청구인들의 [별지 3] [별지 4] 기재 청구인들에 대한 통신자료 제공요청에 대하여 공권력주체가 아닌 사인인 전기통신사업자가 임의로 이를 제공함으로써 이루어진 것이다. 전기통신사업법은 전기통신사업자가 수사기관 등의 통신자료 제공요청에 따를 수 있다고 규정함으로써 전기통신사업자에게 이용자의 통신자료를 수사기관 등의 요청에 응하여 합법적으로 제공할 수 있는 권한을 부여하면서 통신자료의 제공 여부를 전기통신사업자의 재량에 맡겨 두고 있을 뿐, 전기통신사업자의 협조의무 등에 대해 명시하고 있는 바가 없으며 전기통신사업자가 통신자료 제공요청에 응하지 아니한 경우의 강제수단에 대하여도 전혀 정하고 있지 아니하다. 또한 피청구인들과 전기통신사업자 사이에는 어떠한 상하관계도 없고, 피청구인들의 통신자료 제공요청에 응하지 아니하였다고 하여 전기통신사업자가 어떠한 법적 불이익을 입게 되는 것도 아니다. 설령 수사기관 등의 요청 등으로 인해 전기통신사업자가 심리적 압박감을 느낀다고 할지라도 이는 간접적·사실적인 불이익에 불과하고, 수사기관 등의 요청에 응하지 아니하여 피청구인들이 압수·수색영장을 발부받아 통신자료를 취득한다고 하여도 전기통신사업자의 사업수행에 어떠한 불이익이 초래될 것으로 보이지도 아니한다(헌법재판소 2012. 8. 23. 2010헌마439 참조).
따라서 이 사건 통신자료 취득행위는 헌법재판소법 제68조 제1항에 의한 헌법소원의 대상이 되는 공권력의 행사에 해당하지 아니한다.
(2)헌법 제12조 제3항은 '체포·구속·압수 또는 수색을 할 때에는 적법한 절차에 따라 검사의 신청에 의하여 법관이 발부한 영장을 제시하여야 한다.'라고 규정하고, 헌법 제16조는 '주거에 대한 압수나 수색을 할 때에는 검사의 신청에 의하여 법관이 발부한 영장을 제시하여야 한다.'라고 규정함으로써 영장주의를 헌법적 차원에서 보장하고 있다. 우리 헌법이 채택하여 온 영장주의는 형사절차와 관련하여 체포·구속·압수·수색의 강제처분을 함에 있어서는 사법권 독립에 의하여 신분이 보장되는 법관이 발부한 영장에 의하지 않으면 아니 된다는 원칙이다. 따라서 헌법상 영장주의의 본질은 체포·구속·압수·수색 등 기본권을 제한하는 강제처분을 함에 있어서는 중립적인 법관의 구체적 판단을 거쳐야 한다는 데에 있다(헌법재판소 2012. 5. 31. 2010헌마672 참조).
살피건대, 이 사건 법률조항은 수사기관 등이 전기통신사업자에 대하여 통신자료의 제공을 요청할 수 있는 권한을 부여하면서 전기통신사업자는 '그 요청에 따를 수 있다'고 규정하고 있을 뿐, 전기통신사업자에게 수사기관 등의 통신자료 제공요청에 응하거나 협조하여야 할 의무를 부과하지 않으며, 달리 전기통신사업자의 통신자료 제공을 강제할 수 있는 수단을 마련하고 있지 아니하다. 따라서 이 사건 법률조항에 따른 통신자료 제공요청은 강제력이 개입되지 아니한 임의수사에 해당하고 이를 통한 수사기관 등의 통신자료 취득에는 영장주의가 적용되지 아니하는바, 이 사건 법률조항은 헌법상 영장주의에 위배되지 아니한다.
(3)제공 요청을 할 수 있는 정보의 범위가 성명, 주민등록번호, 주소 등 피의자나 피해자를 특정하기 위한 최소한의 기초 정보에 한정돼 있고 민감한 정보를 포함하고 있지 않아 과잉금지원칙 위배도 아니다.

통신자료 제공 요청이 있는 경우, 정보 주체인 이용자에게는 통신자료 제공 요청이 있었다는 점이 사전에 고지되지 않으며 전기통신사업자가 수사기관 등에 통신자료를 제공한 경우도 이런 사실이 이용자에게 별도로 통지되지 않는다. 효율적인 수사와 정보수집의 신속성, 밀행성 등을 고려해 사전에 이용자에게 내역을 통지하도록 하는 것이 적절하지 않다면 수사기관 등이 통신자료를 취득한 후 수사 등 정보수집의 목적에 방해가 되지 않는 범위 내에서 통신자료의 취득사실을 이용자에게 통지하는 것은 얼마든지 가능한데, 해당 조항은 통신자료 취득에 대한 사후통지절차를 두지 않아 적법절차원칙에 위배돼 개인정보자기결정권을 침해한다(헌법재판소 2022. 7. 21. 2016헌마388, 2022헌마126(병합)/2022헌마105, 110(병합)).

정답 O,×,O

판례 49 ★★

혼인무효로 정정된 가족관계등록부의 재작성 신청을 제한하는 '가족관계등록부의 재작성에 관한 사무처리지침' 제2조 제1호 중 '혼인무효'에 관한 부분 및 제3조 제3항 중 제2조 제1호의 사유로 인한 가족관계등록부재작성신청 시 '혼인무효가 한쪽 당사자나 제3자의 범죄행위로 인한 것임을 소명하는 서면 첨부'에 관한 부분이 청구인의 개인정보자기결정권을 침해한다.

해설 심판대상조항은 신분관계의 이력이 노출됨으로 인한 부당한 피해를 방지하면서도, 진정한 신분관계의 등록·관리·증명 등 가족관계등록제도의 목적과 기능을 달성하기 위한 것이므로 입법목적이 정당하고, 제한적인 경우에만 가족관계등록부 재작성을 허용하는 것은 목적 달성에 적합한 수단이다. 혼인에 따른 법률효과는 제3자에 대한 관계에서도 문제될 수 있고, 법률관계를 안정시키고 명확하게 하기 위하여 공적 증명이 필요한 경우가 있을 수 있으므로, 무효인 혼인에 관한 가족관계등록부 기록사항의 보존은 원칙적으로 필요하다. 혼인의 무효가 명백하여 가정법원의 허가를 받아 등록부가 정정된 경우, 관할 가정법원장이 사회통념상 이해관계인에게 현저히 부당하다고 인정하는 경우에는 가족관계등록부 재작성이 허용될 수 있으므로, 혼인무효의 경우 합리적 범위에서 가족관계등록부가 재작성될 수 있는 점 등을 고려하면, 심판대상조항은 침해의 최소성이 인정된다. 심판대상조항은 청구인의 개인정보를 새로이 수집·관리하는 것이 아니고, 그러한 정보는 법령에 따른 교부청구 등이 없는 한 공개되지 아니하므로, 심판대상조항으로 인하여 청구인이 입는 불이익이 중대하다고 보기는 어렵다. 반면, 심판대상조항이 가족관계의 변동에 관한 진실성을 담보하는 공익은 훨씬 중대하므로 심판대상조항은 법익균형성이 인정된다. 심판대상조항은 과잉금지원칙을 위반하여 청구인의 개인정보자기결정권을 침해하지 않는다(헌법재판소 2024. 1. 25. 선고 2020헌마65 전원재판부 결정 (가족관계의 등록 등에 관한 법률 제11조 제2항 등 위헌확인)).

정답

○ 판례 50 ★★

폭행 또는 협박으로 사람을 추행한 자를 형사처벌 하도록 하는 형법 제298조는 죄형법정주의의 명확성원칙과 과잉금지원칙에 위반되지 아니한다.

해설 헌재 2020. 6. 25. 2019헌바121 결정은 해당조항이 죄형법정주의의 명확성원칙과 과잉금지원칙에 위반되지 않는다고 판단한 바 있다. 이후 대법원은, 『폭행 또는 협박이 추행보다 시간적으로 앞서 그 수단으로 행해진 유형(이른바 폭행·협박 선행형)의 강제추행죄에서의 '폭행 또는 협박'은, 상대방의 항거를 곤란하게 할 정도로 강력할 것이 요구되지 아니하고 상대방의 신체에 대하여 불법한 유형력을 행사(폭행)하거나 일반적으로 보아 상대방으로 하여금 공포심을 일으킬 수 있을 정도의 해악을 고지(협박)하는 것이라고 보아야 한다.』라고 판시하여, '폭행 또는 협박'의 의미에 관한 종전 견해를 일부 변경하였다(대법원 2023. 9. 21. 선고 2018도13877 전원합의체 판결 참조). 위 대법원 판결은 강제추행죄의 범죄구성요건과 보호법익, 종래의 판례 법리의 문제점, 성폭력범죄에 대한 사회적 인식, 판례 법리와 재판 실무의 변화에 따라 해석 기준을 명확히 할 필요성 등을 고려한 것으로서, 이러한 해석은 문언의 통상적인 의미나 입법취지, 법질서 전체 및 다른 조항과의 관계 등에 비추어 예측 가능한 범위 내에 있다. 따라서 건전한 상식과 통상적인 법감정을 가진 사람이라면 어떠한 행위가 강제추행죄의 '폭행 또는 협박'에 해당하는지를 알 수 있을 것이므로 심판대상조항은 죄형법정주의의 명확성원칙에 반한다고 볼 수 없다.
이상에서 살펴본 내용을 종합하면, 위 헌법재판소 선례를 변경할 사정변경이나 필요성이 인정되지 아니한다(헌법재판소 2024.7.18. 2024헌바71).

▶ 박사방사건의 조주빈이 제기한 이 사건 결정은 2019헌바121 결정 이후 대법원이 심판대상조항의 '폭행 또는 협박에 관한 종전의 견해를 일부 변경하였다고 하더라도, 대법원의 판단이 문언의 통상적인 의미나 입법취지, 법질서 전체 및 다른 조항과의 관계 등에 비추어 예측 가능한 범위에 있는 이상, 심판대상조항은 죄형법정주의의 명확성원칙에 위반되지 아니하고, 따라서 선례를 변경할 사정변경이나 필요성이 인정되지 아니한다고 판단한 사건이다.

정답

○ 판례 51 ★★★

허위재무제표작성죄와 허위감사보고서작성죄에 대하여 배수벌금형을 규정하면서도, '그 위반행위로 얻은 이익 또는 회피한 손실액이 없거나 산정하기 곤란한 경우'에 관한 벌금 상한액을 규정하지 아니한 '주식회사 등의 외부감사에 관한 법률' 조항은 책임과 형벌간의 비례원칙에 반한다.

해설 ● 책임과 형벌간의 비례원칙 위배 여부 – 적극

심판대상조항의 입법적 불비(不備) 때문에 벌금형이 법정형으로 규정되어 있음에도 불구하고, 허위재무제표작성 행위 또는 허위감사보고서작성 행위로 얻은 이익이나 회피한 손실액이 없거나 산정하기 곤란하다고 법원이 판단하는 경우에는 벌금액을 확정할 수 없어 그 위반 정도와 책임에 상응하는 벌금형을 선고할 수 없게 되는 결과가 초래된다. 징역형에 대한 선고유예가 가능하다는 사정만으로는 법원이 개별 사건의 특수성이나 다양한 양형요소들을 모두 고려하여 적정한 양형을 할 수 있도록 되어 있다고 보기 어렵다. 또한 법원이 외부감사법 제39조 제1항에 따라서 징역에 처할 때 벌금을 필요적으로 병과하도록 규정한 외부감사법 제48조 (별지 참조)를 위반하여 형을 선고하도록 만드는 불합리한 상황을 초래한다.
따라서 심판대상조항은, 허위재무제표작성죄나 허위감사보고서작성죄에서 그와 같이 이익 또는 회피한 손실액이 없거나 산정이 곤란한 경우에 법원으로 하여금 그 죄질과 책임에 비례하는 벌금형을 선고할 수 없도록 하여 책임과 형벌 간의 비례원칙에 위배된다고 할 것이다.

● 헌법불합치결정의 필요성

심판대상조항 가운데 '그 위반 행위로 얻은 이익 또는 회피한 손실액이 없거나 산정하기 곤란한 경우'에 관한 부분을 단순위헌으로 선언하고 그 효력을 소급하여 상실시킨다면, 허위재무제표작성 행위나 허위감사보고서작성 행위가 있어도 그러한 행위로 얻은 이익 또는 회피한 손실액이 없거나 산정하기 곤란한 경우에는 처벌할 수 없게 되는 법적 공백이 발생한다.

허위재무제표작성 행위 또는 허위감사보고서작성 행위로 얻은 이익 또는 회피한 손실액이 없거나 산정하기 곤란한 경우에 관한 벌금 상한액을 도입하여 심판대상조항을 헌법에 합치되도록 개선하는 임무는 1차적으로 입법형성권을 가진 입법자에게 있다.

따라서 심판대상조항 가운데 '그 위반행위로 얻은 이익 또는 회피한 손실액이 없거나 산정하기 곤란한 경우'에 관한 부분에 대하여 헌법불합치결정을 하되, 구체적 규범통제의 실효성을 보장하기 위하여 법원 기타 국가기관 및 지방자치단체는 그 적용을 중지하여야 한다(헌법재판소 2024.7.18.2022헌가6).

정답

판례 52 ★★★

북한 지역으로 전단 등 살포를 하여 국민의 생명·신체에 위해를 끼치거나 심각한 위험을 발생시키는 것을 금지하고, 이를 위반한 경우 처벌하는 북 관계 발전에 관한 법률 24조 제1항 제3호 및 제25조 중 제24조 제1항 제3호에 관한 부분이 헌법에 위반된다

해설 ● 재판관 이은애, 이종석, 이영진, 김형두의 위헌의견

○ 과잉금지원칙 위반 여부: ○

- 심판대상조항의 궁극적인 의도는 북한 주민을 상대로 하여 북한 정권이 용인하지 않는 일정한 내용의 표현을 금지하는 데 있으므로, 심판대상조항은 표현의 내용을 제한하는 결과를 가져온다.

- 국가가 이러한 표현 내용을 규제하는 것은 원칙적으로 중대한 공익의 실현을 위하여 불가피한 경우에 한하여 허용되고, 특히 정치적 표현의 내용 중에서도 특정한 견해, 이념, 관점에 기초한 제한은 과잉금지원칙 준수 여부를 심사할 때 더 엄격한 기준이 적용되어야 한다.

- 심판대상조항은 국민의 생명·신체의 안전을 보장하고 남북 간 긴장을 완화하며 평화통일을 지향하여야 하는 국가의 책무를 달성하기 위한 것으로서 목적의 정당성이 인정되며, 심판대상조항은 입법목적 달성에 적합한 수단이 된다.

- 심판대상조항과 같이 전단 등 살포를 금지·처벌하지 않더라도, 현장에 출동한 경찰이 전단 등 살포로 국민의 생명·신체에 위해나 심각한 위험이 발생할 우려가 있다고 판단하면, '경찰관 직무집행법'에 기하여 행위자에게 경고하고, 위해 방지를 위하여 필요한 경우 살포를 직접 제지하는 등 상황에 따른 유연한 조치를 할 수 있다.

- 또한 전단 등 살포 전에 살포 시간, 장소, 방법 등을 사전에 신고하도록 하고, 관할 경찰서장은 관련 법률에 저촉될 여지가 있는 경우 '살포 금지 통고'를 할 수 있도록 하는 등의 입법적 보완을 하면, 경찰이 이에 대응하기 용이해지므로, 심판대상조항을 통한 제한보다 덜 침익적인 수단이 될 수 있다.

- 더욱이 심판대상조항은 전단 등 살포를 금지하면서 미수범도 처벌하고, 징역형까지 두고 있는데, 이는 국가형벌권의 과도한 행사라 하지 않을 수 없는바, 심판대상조항은 침해의 최소성을 충족하지 못한다.

- 심판대상조항으로 접경지역 주민의 안전이 확보되고, 평화통일의 분위기가 조성될지는 단언하기 어려운 반면, 심판대상조항이 초래하는 정치적 표현의 자유에 대한 제한은 매우 중대하므로, 법익의 균형성도 인정되지 않는다.

- 그렇다면 심판대상조항은 과잉금지원칙에 위배되어 청구인들의 표현의 자유를 침해한다.

○ 책임주의원칙 위반 여부: ○

- 국민의 생명·신체에 발생할 수 있는 위해나 심각한 위험은 전적으로 제3자인 북한의 도발로 초래된다는 점을 고려하면, 심판대상조항은 북한의 도발로 인한 책임을 전단 등 살포 행위자에게 전가하는 것이다.

- 법원이 구체적 사건에서 인과관계와 고의의 존부를 판단할 수 있다고 하더라도, 이러한 위해나 심각한 위험을 초래하는 북한에 대하여 행위자의 지배가능성이 인정되지 않는 이상, 비난가능성이 없는 자에게 형벌을 가하는 것과 다름이 없다.

- 따라서 심판대상조항은 책임주의원칙에도 위배되어 청구인들의 표현의 자유를 침해한다.

● 재판관 유남석, 이미선, 정정미의 위헌의견

○ 책임주의원칙 위반 여부: ×

- 심판대상조항이 정하는 죄가 성립하기 위해서는, 행위자는 전단 등 살포 행위로 인하여 국민의 생명·신체에 위해를 끼치거나 심각한 위험을 발생시킨다는 점에 대한 고의가 있어야 한다. 또한 심판대상조항은 행위자의 행위 외에 일정한 결과 발생을 요구하므로 전단 등 살포 행위와 국민의 생명·신체에 대한 위해나 심각한 위험 발생 사이에 인과관계가 존재하여야 한다.

- 심판대상조항이 정한 결과의 발생이 북한의 개입으로 실현되는 것이기는 하나, 이는 전단 등 살포 행위를 원인으로 하여 이루어진 것임을 전제로 하는 것이고, 결과 발생에 대한 고의와 인과관계를 요하므로, 타인의 행위로 인한 결과에 대하여 그 책임 유무를 묻지 않고 형벌을 부과하는 것은 아니다.

- 따라서 심판대상조항이 비난가능성 있는 행위를 하지 않는 사람에게 책임을 물어 처벌하는 것이라고 볼 수 없으므로, 책임주의원칙 위반은 문제되지 아니한다.

○ 과잉금지원칙 위반 여부: ○

- 심판대상조항의 궁극적인 의도가 북한 주민을 상대로 한 북한 체제 비판 등의 내용을 담은 표현을 제한하는 데 있고, 심판대상조항이 그 효과에 있어서 주로 특정 관점에 대한 표현을 제한하는 결과를 가져오므로, 심판대상조항은 표현의 내용을 규제하는 것이다. 표현의 자유는 헌법상 민주주의의 근간이 되는 핵심적 기본권이므로, 공익을 위해 그 제한이 불가피한 경우라도 최소한에 그쳐야 하고, 표현된 관점을 근거로 한 제한은 중대한 공익의 실현을 위하여 불가피한 경우에 한하여 엄격한 요건하에 허용될 수 있다.

- 심판대상조항은 국민의 생명·신체의 안전보장과 남북 간 평화통일을 지향하여야 하는 국가의 책무 달성을 위한 것으로 그 입법목적은 정당하고, 심판대상조항은 이에 적합한 수단이 된다.

- 그런데, 표현된 관점을 근거로 표현의 자유를 제한하고 형사처벌하는 것은 입법목적을 달성하는 데 반드시 필요한 경우로 한정되어야 한다. 심판대상조항이 추구하는 주된 목적인 국민, 특히 접경지역 주민의 생명·신체의 안전 보장을 위해서는 반드시 형벌권을 행사하지 않고도 '경찰관 직무집행법' 등에 따라 대응할 수 있으므로, 심판대상조항은 형벌의 보충성 및 최후수단성에 부합한다고 보기 어렵다.

- 외부로부터의 정보 유입과 내부의 정보 유통을 엄격히 통제하고 있는 북한의 특성상, 북한을 자극하여 도발을 일으킬 수 있을 만한 표현의 내용은 상당히 포괄적이므로, 심판대상조항에 의해 제한되는 표현 내용이 광범위하고, 그로 인하여 표현의 자유가 지나치게 제한된다.

- 행위자로서는 표현행위가 심판대상조항의 구성요건 중 일부인 '전단등 살포'에 해당되는 것이 확실한 이상, 표현행위로 수사·재판절차에 회부될 수 있다는 사실만으로도 매우 효과적인 위협 기제가 되므로, 심판대상조항이 초래하는 표현의 자유에 대한 위축효과가 결코 작다고 할 수 없다.

- 심판대상조항으로 달성하고자 하는 국민의 생명·신체의 안전 보장은 중대한 공익에 해당하고 국가는 남북 간 평화통일을 지향할 책무가 있으나, 표현행위자가 받게 되는 표현의 자유에 대한 제약은 그 표현의 의미와 역할의 중요성에 비해 매우 크다.

- 그렇다면 심판대상조항은 과잉금지원칙을 위반하여 청구인들의 표현의 자유를 침해한다(헌법재판소 2023. 9. 26. 선고 2020헌마1724·1733(병합) 전원재판부 결정).

정답

◦판례 53 ★★

이적행위를 찬양·고무하는 것을 금지하고 이적표현물을 제작·소지·반포할 수 없도록 한 국가보안법 조항이 헌법에 어긋나지 않는다

해설 ● 헌법재판소의 선례

헌법재판소는 2015. 4. 30. 2012헌바95등 결정에서 이적행위조항은 죄형법정주의의 명확성원칙에 위배되지 않고, 과잉금지원칙에 위배되어 표현의 자유를 침해하지 아니하며, 이적표현물조항은 죄형법정주의의 명확성원칙에 위배되지 않고, 과잉금지원칙에 위배되어 표현의 자유 및 양심의 자유를 침해하지 아니하며, 책임과 형벌의 비례원칙에도 위배되지 아니하여, 모두 헌법에 위반되지 않는다고 판단한 바 있다.

● 선례 변경의 필요성
한반도를 둘러싼 지정학적 갈등은 여전히 계속되고 있고 북한으로 인한 대한민국의 체제 존립의 위협 역시 지속되고 있다. 북한을 반국가단체로 보아 온 국가보안법의 전통적 입장을 변경해야 할 만큼 북한과의 관계가 본질적으로 변화했다고 볼 수 없다.
실질적 해악을 미칠 위험성이 구체화되고 실제로 임박해 현존하는 단계에서만 국가의 개입이 정당화된다는 반론이 있을 수도 있지만 그 경계를 명확하게 설정하는 것은 현실적으로 쉽지 않고, 구체적 위험이 임박한 단계에서는 이러한 위험이 언제든지 현실화되어 국가의 존립·안전이나 자유민주적 기본질서를 위태롭게 하는 실질적 결과 발생으로 이어질 수 있다.
전자매체 형태의 표현물은 소지·취득과 전파 사이에 시간적 간격이 거의 없고 전파 범위나 대상이 어디까지 이를지도 예측할 수 없다. 이적표현물 금지의 필요성이 종전보다 더욱 커졌다.
종전 선례 결정을 변경할만한 규범 또는 사실상태의 변화가 있다고 볼 수 없으므로, 이적행위조항 및 이적표현물조항이 헌법에 위반되지 아니한다고 판단한 선례의 입장은 지금도 타당하다(헌법재판소 2023. 9. 26. 선고 2017헌바42, 2017헌바294, 2017헌가27(병합), 2017헌바431, 2019헌가6(병합) 전원재판부 결정).
▶판례는 죄형법정주의 명확성원칙, 과잉금지원칙, 책임과 형벌의 비례의원칙에 반하지 않는다는 선례의 입장을 유지하였다.

○ 판례 54 ★★

강제퇴거명령을 받은 사람을 보호할 수 있도록 하면서 보호기간의 상한을 마련하지 아니한 출입국관리법 제63조 제1항이 과잉금지원칙 및 적법절차원칙에 위배되어 피보호자의 신체의 자유를 침해한다.

해설 ● 재판관 유남석, 이석태, 김기영, 문형배, 이미선의 헌법불합치의견

○ 과잉금지원칙 위반: ㅇ

- 심판대상조항은 강제퇴거대상자를 대한민국 밖으로 송환할 수 있을 때까지 보호시설에 인치·수용하여 강제퇴거명령을 효율적으로 집행할 수 있도록 함으로써 외국인의 출입국과 체류를 적절하게 통제하고 조정하여 국가의 안전과 질서를 도모하고자 하는 것으로, 입법목적의 정당성과 수단의 적합성은 인정된다.

- 그러나 보호기간의 상한을 두지 아니함으로써 강제퇴거대상자를 무기한 보호하는 것을 가능하게 하는 것은 보호의 일시적·잠정적 강제조치로서의 한계를 벗어나는 것이라는 점, 보호기간의 상한을 법에 명시함으로써 보호기간의 비합리적인 장기화 내지 불확실성에서 야기되는 피해를 방지할 수 있어야 하는데, 단지 강제퇴거명령의 효율적 집행이라는 행정목적 때문에 기간의 제한이 없는 보호를 가능하게 하는 것은 행정의 편의성과 획일성만을 강조한 것으로 피보호자의 신체의 자유를 과도하게 제한하는 것인 점, 강제퇴거명령을 받은 사람을 보호함에 있어 그 기간의 상한을 두고 있는 국제적 기준이나 외국의 입법례에 비추어 볼 때 보호기간의 상한을 정하는 것이 불가능하다고 볼 수 없는 점, 강제퇴거명령의 집행 확보는 심판대상조항에 의한 보호 외에 주거지 제한이나 보고, 신원보증인의 지정, 적정한 보증금의 납부, 감독관 등을 통한 지속적인 관찰 등 다양한 수단으로도 가능

한 점, 현행 보호일시해제제도나 보호명령에 대한 이의신청, 보호기간 연장에 대한 법무부장관의 승인제도만으로는 보호기간의 상한을 두지 않은 문제가 보완된다고 보기 어려운 점 등을 고려하면, 심판대상조항은 침해의 최소성과 법익균형성을 충족하지 못한다. 따라서 심판대상조항은 과잉금지원칙을 위반하여 피보호자의 신체의 자유를 침해한다.

○ 적법절차원칙 위반: ○

- 행정절차상 강제처분에 의해 신체의 자유가 제한되는 강제처분의 집행기관으로부터 독립된 중립적인 기관이 이를 통제하도록 하는 것은 적법절차원칙의 중요한 내용에 해당한다. 심판대상조항에 의한 보호는 신체의 자유를 제한하는 정도가 박탈에 이르러 형사절차상 '체포 또는 구속'에 준하는 것으로 볼 수 있는 점을 고려하면, 보호의 개시 또는 연장 단계에서 그 집행기관인 출입국관리공무원으로부터 독립되고 중립적인 지위에 있는 기관이 보호의 타당성을 심사하여 이를 통제할 수 있어야 한다. 그러나 현재 출입국관리법상 보호의 개시 또는 연장 단계에서 집행기관으로부터 독립된 중립적 기관에 의한 통제절차가 마련되어 있지 아니하다.

- 당사자에게 의견 및 자료 제출의 기회를 부여하는 것은 적법절차원칙에서 도출되는 중요한 절차적 요청이므로, 심판대상조항에 따라 보호를 하는 경우에도 피보호자에게 위와 같은 기회가 보장되어야 하나, 심판대상조항에 따른 보호명령을 발령하기 전에 당사자에게 의견을 제출할 수 있는 절차적 기회가 마련되어 있지 아니하다.

- 따라서 심판대상조항은 적법절차원칙에 위배되어 피보호자의 신체의 자유를 침해한다.

● 재판관 이선애의 헌법불합치의견

○ 헌법재판소 2018. 2. 22. 2017헌가29 결정의 위헌의견에 참여하여 논증한 바와 같이, 심판대상조항은 행정의 편의성과 획일성만을 강조하여 기간의 제한 없는 보호를 가능하게 한 것으로 그 자체로 피보호자의 신체의 자유를 과도하게 제한하고, 보호명령에 대한 이의신청 등 사후적 구제수단 역시 실효성이 없으므로 과잉금지원칙에 위배된다. 또한 보호의 개시나 연장 단계에서 공정하고 중립적인 기관에 의한 통제절차가 없고, 행정상 인신구속을 함에 있어 의견제출의 기회도 전혀 보장하고 있지 아니하므로, 적법절차원칙에도 위배된다(헌법재판소 2023. 3. 23. 선고 2020헌가1, 2021헌가10(병합) 전원재판부 결정).

point ▶ 심판대상조항에서 정하고 있는 '강제퇴거명령의 집행을 위한 보호'에 대해서는 보호기간의 상한이 마련되지 아니하여 사실상 강제퇴거대상자에 대한 무기한 보호가 가능하다는 점, 보호의 개시나 연장 단계에서 중립적 기관에 의하여 보호의 적법성을 판단받을 기회가 존재하지 아니한다는 점 등에서 지속적인 비판이 있어 왔다. 이 결정에서 헌법재판소는 심판대상조항에 의한 보호가 강제퇴거대상자의 신체의 자유를 침해하지 아니한다고 결정하였던 헌재 2018. 2. 22. 2017헌가29 결정을 변경하고, 보호기간의 상한이 존재하지 아니한 것이 과잉금지원칙에 위배되며 보호의 개시나 연장 단계에서 공정하고 중립적인 기관에 의한 통제절차가 없고, 행정상 인신구속을 함에 있어 의견제출의 기회도 전혀 보장하고 있지 아니한 것이 적법절차원칙에 위배되어 피보호자의 신체의 자유를 침해한다고 판단하였다.

정답 ○

○ 판례 55 ★★★

음주운전이나 음주측정 거부를 반복한 사람을 가중처벌하는 도로교통법 제148조의2 조항은, 과거의 위반 전력 등과 관련해 아무런 제한도 두지 않고 죄질이 비교적 가벼운 유형의 음주운전 또는 음주측정 거부 재범 행위에 대해서까지 일률적으로 가중처벌하는 것은 책임과 형벌 사이의 비례 원칙에 위반된다.

::해설:: 심판대상조항은 ① 음주운전 금지규정 위반 또는 음주측정거부 전력이 1회 이상 있는 사람이 다시 음주운전 금지규정 위반행위를 한 경우 또는 ② 음주운전 금지규정 위반 전력이 1회 이상 있는 사람이 다시 음주측정거부행위를 한 경우 이에 대한 처벌을 강화하기 위한 규정인데, 그 구성요건을 '제44조 제1항 또는 제2항을 1회 이상 위반한 사람으로서 다시 같은 조 제1항을 위반한 경우' 또는 '제44조 제1항을 1회 이상 위반한 사람으로서 다시 같은 조 제2항을 위반한 경우'로 정하여 가중요건이 되는 과거의 위반행위와 처벌대상이 되는 재범 음주운전 금지규정 위반행위 또는 음주측정거부행위 사이에 아무런 시간적 제한을 두지 않고 있다.

그런데 과거의 위반행위가 상당히 오래 전에 이루어져 그 이후 행해진 음주운전 금지규정 위반행위 또는 음주측정거부행위를 '교통법규에 대한 준법정신이나 안전의식이 현저히 부족한 상태에서 이루어진 반규범적 행위' 또는 '반복적으로 사회구성원에 대한 생명·신체 등을 위협하고 그 위험방지를 위한 경찰작용을 방해한 행위'라고 평가하기 어렵다면, 이를 가중처벌할 필요성이 인정된다고 보기 어렵다. 그리고 범죄 전력이 있음에도 다시 범행한 경우 재범인 후범에 대하여 가중된 행위책임을 인정할 수 있다고 하더라도, 전범을 이유로 아무런 시간적 제한 없이 무제한 후범을 가중처벌하는 예는 발견하기 어렵고, 공소시효나 형의 실효를 인정하는 취지에도 부합하지 않는다. 또한 심판대상조항은 과거 위반 전력의 시기 및 내용이나 음주운전 당시의 혈중알코올농도 수준 또는 음주측정거부 당시의 음주 의심 정도와 발생한 위험 등을 고려할 때 비난가능성이 상대적으로 낮은 음주운전 또는 음주측정거부 재범행위까지도 법정형의 하한인 2년 이상의 징역 또는 1천만 원 이상의 벌금을 기준으로 처벌하도록 하고 있어, 책임과 형벌 사이의 비례성을 인정하기 어렵다.

반복적인 음주운전 금지규정 위반행위 또는 음주측정거부행위에 대한 강한 처벌이 국민일반의 법감정에 부합할 수는 있으나, 결국에는 중한 형벌에 대한 면역성과 무감각이 생기게 되어 범죄예방과 법질서 수호에 실질적인 기여를 하지 못하는 상황이 발생할 수 있으므로, 반복적인 위반행위를 예방하기 위한 조치로서 형벌의 강화는 최후의 수단이 되어야 한다. 심판대상조항은 음주치료나 음주운전 방지장치 도입과 같은 비형벌적 수단에 대한 충분한 고려 없이 과거 위반 전력 등과 관련하여 아무런 제한도 두지 않고 죄질이 비교적 가벼운 유형의 음주운전 또는 음주측정거부 재범행위에 대해서까지 일률적으로 가중처벌하도록 하고 있으므로 형벌 본래의 기능에 필요한 정도를 현저히 일탈하는 과도한 법정형을 정한 것이다. 그러므로 심판대상조항은 책임과 형벌 간의 비례원칙에 위반된다(헌법재판소 2022. 5. 26. 선고 2021헌가30 전원재판부 결정).

정답

○ 판례 56 ★★★

음주측정을 거부한 사람이 또 음주측정을 거부하거나 음주운전을 할 경우 일률적으로 가중처벌하도록 한 '윤창호법' 조항은 책임과 형벌 간의 비례원칙에 위반된다

::해설:: 심판대상조항은 음주측정거부 전력이 1회 이상 있는 사람이 다시 음주운전 금지규정 위반행위를 한 경우에 대한 처벌을 강화하기 위한 규정인데, 가중요건이 되는 과거의 위반행위와 처벌대상이 되는 재범 음주운전 금지규정 위반행위 사이에 아무런 시간적 제한을 두지 않고 있다. 그런데 과거

의 위반행위가 상당히 오래전에 이루어져 그 이후 행해진 음주운전 금지규정 위반행위를 '교통법규에 대한 준법정신이나 안전의식이 현저히 부족한 상태에서 이루어진 반규범적 행위' 또는 '반복적으로 사회구성원에 대한 생명·신체 등을 위협하는 행위'라고 평가하기 어렵다면, 이를 가중처벌할 필요성이 인정된다고 보기 어렵다. 그리고 범죄 전력이 있음에도 다시 범행한 경우 가중된 행위책임을 인정할 수 있다고 하더라도, 전범을 이유로 아무런 시간적 제한 없이 후범을 가중처벌하는 예는 발견하기 어렵고, 공소시효나 형의 실효를 인정하는 취지에도 부합하지 않는다. 또한 심판대상조항은 과거 위반 전력의 시기 및 내용이나 음주운전 당시의 혈중알코올농도 수준과 발생한 위험 등을 고려할 때 비난가능성이 상대적으로 낮은 재범행위까지도 법정형의 하한인 2년 이상의 징역 또는 1천만 원 이상의 벌금을 기준으로 처벌하도록 하고 있어, 책임과 형벌 사이의 비례성을 인정하기 어렵다. 따라서 심판대상조항은 책임과 형벌 간의 비례원칙에 위반된다(헌법재판소 2022. 8. 31. 선고 2022헌가14 전원재판부 결정).

▶ 헌법재판소는 2021. 11. 25. 음주운전 금지규정 위반 전력자가 다시 음주운전 금지규정 위반행위를 한 경우를 가중처벌하는 구 도로교통법(2018. 12. 24. 법률 제16037호로 개정되고, 2020. 6. 9. 법률 제17371호로 개정되기 전의 것) 제148조의2 제1항 중 '제44조 제1항을 2회 이상 위반한 사람'에 관한 부분에 대해서 책임과 형벌 사이의 비례성을 인정할 수 없다는 이유로 위헌결정을 한 바 있다(헌법재판소 2021. 11. 25. 선고 2019헌바446, 2020헌가17(병합), 2021헌바77(병합) 전원재판부 결정).

또한 헌법재판소는 2022. 5. 26. 음주운전 금지규정 위반 또는 음주측정거부 전력자가 다시 음주운전 금지규정 위반행위를 한 경우 또는 음주운전 금지규정 위반 전력자가 다시 음주측정거부행위를 한 경우를 가중처벌하는 도로교통법(2020. 6. 9. 법률 제17371호로 개정된 것) 제148조의2 제1항 중 '제44조 제1항 또는 제2항을 1회 이상 위반한 사람으로서 다시 같은 조 제1항을 위반한 사람'에 관한 부분 및 구 도로교통법(2018. 12. 24. 법률 제16037호로 개정되고, 2020. 6. 9. 법률 제17371호로 개정되기 전의 것) 제148조의2 제1항 및 도로교통법(2020. 6. 9. 법률 제17371호로 개정된 것) 제148조의2 제1항 중 '제44조 제1항을 1회 이상 위반한 사람으로서 다시 같은 조 제2항을 위반한 사람'에 관한 부분에 대해서 마찬가지로 책임과 형벌 사이의 비례성을 인정할 수 없다는 이유로 위헌결정을 한 바 있다(헌법재판소 2022. 5. 26. 선고 2021헌가32, 2022헌가3(병합), 2022헌가5(병합) 전원재판부 결정).

이 사건은, ① 음주측정거부 전력자가 다시 음주운전 금지규정 위반행위를 한 경우를 가중처벌하는 구 도로교통법 조항(현행 도로교통법 조항에 대하여는 헌재 2021헌가30등 사건에서 이미 위헌 결정이 있었다) 및 ② 음주측정거부 전력자가 다시 음주측정거부행위를 한 경우를 가중처벌하는 도로교통법 조항에 대하여 헌법재판소가 처음으로 위헌 여부를 판단한 사건이다.

헌법재판소는 과거의 위반 전력 등과 관련하여 아무런 제한을 두지 않고 죄질이 비교적 가벼운 재범 음주운전 금지규정 위반행위 또는 음주측정거부행위까지 일률적으로 법정형의 하한인 징역 2년 또는 벌금 1천만 원을 기준으로 가중처벌하도록 하는 것은 책임과 형벌 사이의 비례성을 인정할 수 없어 헌법에 위반된다고 판단하였다.

MGI Point 음주운전 재차 위반관련 헌법판례 정리

- 음주운전 금지규정 위반 전력자가 다시 음주운전 금지규정 위반행위를 한 경우를 가중처벌하는 구 도로교통법: 책임과 형벌 사이의 비례성을 인정할 수 없다 (위헌)(2019헌바446등).
- 음주운전 금지규정 위반 또는 음주측정거부 전력자가 다시 음주운전 금지규정 위반 한 경우를 가중처벌하는 도로교통법 : 책임과 형벌 사이의 비례성을 인정할 수 없다 (위헌)(2021헌가30등, 2021헌가32등).

- 음주운전 금지규정 위반 전력자가 다시 음주측정거부행위를 한 경우를 가중처벌하는 도로교통법: 책임과 형벌 사이의 비례성을 인정할 수 없다 (위헌) (2021헌가30등, 2021헌가32등).
- 음주측정거부 전력자가 다시 음주운전 금지규정 위반 한 경우를 가중처벌하는 도로교통법 : 책임과 형벌 사이의 비례성을 인정할 수 없다 (위헌) (2022헌가14)
- 음주측정거부 전력자가 다시 음주측정거부행위 한 경우를 가중처벌하는 도로교통법 : 책임과 형벌 사이의 비례성을 인정할 수 없다 (위헌) (2022헌가14)

정답

○ 판례 57 ★★★

음주운항 전력이 있는 사람이 다시 음주운항을 한 경우 2년 이상 5년 이하의 징역이나 2천만 원 이상 3천만 원 이하의 벌금에 처하도록 규정한 해사안전법 제104조의2 제2항 중 '제41조 제1항을 위반하여 2회 이상 술에 취한 상태에서 선박의 조타기를 조작한 운항자'에 관한 부분(이하 '심판대상조항'이라 한다)이 책임과 형벌 간의 비례원칙에 위반되지 않는다.

해설 심판대상조항은 가중요건이 되는 과거의 위반행위와 처벌대상이 되는 재범 음주운항 사이에 시간적 제한을 두지 않고 있다. 그런데 과거의 위반행위가 상당히 오래 전에 이루어져 그 이후 행해진 음주운항을 '해상교통법규에 대한 준법정신이나 안전의식이 현저히 부족한 상태에서 이루어진 반규범적 행위' 또는 '반복적으로 사회구성원에 대한 생명·신체 등을 위협하는 행위'라고 평가하기 어렵다면, 이를 가중처벌할 필요성이 인정된다고 보기 어렵다. 또한 심판대상조항은 과거 위반 전력의 시기 및 내용이나 음주운항 당시의 혈중알코올농도 수준 등을 고려할 때 비난가능성이 상대적으로 낮은 재범행위까지도 법정형의 하한인 2년 이상의 징역 또는 2천만 원 이상의 벌금을 기준으로 처벌하도록 하고 있어, 책임과 형벌 사이의 비례성을 인정하기 어렵다. 따라서 심판대상조항은 책임과 형벌 간의 비례원칙에 위반된다(헌법재판소 2022. 8. 31. 선고 2022헌가10 전원재판부 결정).
point▶ 술에 취한 상태로 배를 모는 행위에 대해 처벌 수위를 높인 일명 '바다 위의 윤창호법'도 '윤창호법'과 마찬가지로 헌법에 어긋난다.

정답

○ 판례 58 ★★★

'원판결의 근거가 된 가중처벌규정에 대하여 헌법재판소의 위헌결정이 있었음을 이유로 개시된 재심절차에서, 공소장 변경을 통해 위헌결정된 가중처벌규정보다 법정형이 가벼운 처벌규정으로 적용법조가 변경되어 피고인이 무죄재판을 받지는 않았으나 원판결보다 가벼운 형으로 유죄판결이 확정된 경우, 재심판결에서 선고된 형을 초과하여 집행된 구금에 대하여 보상요건을 전혀 규정하지 아니한 '형사보상 및 명예회복에 관한 법률' 제26조 제1항이 평등원칙을 위반하여 청구인들의 평등권을 침해하지 않는다.

해설 원판결의 근거가 된 가중처벌규정에 대하여 헌법재판소의 위헌결정이 있었음을 이유로 개시된 재심절차에서, 공소장의 교환적 변경을 통해 위헌결정된 가중처벌규정보다 법정형이 가벼운 처벌규정으로 적용법조가 변경되어 피고인이 무죄판결을 받지는 않았으나 원판결보다 가벼운 형으로 유죄판결이 확정됨에 따라 원판결에 따른 구금형 집행이 재심판결에서 선고된 형을 초과하게 된 이 사건과 같은 경우, 소송법상 이유로 무죄재판을 받을 수는 없으나 그러한 사유가 없었다면 무죄재판을 받았을 것임이 명백하고 원판결의 형 가운데 재심절차에서 선고된 형을 초과하는 부분의 전부 또는 일부에 대해서는 결과적으로 부당한 구금이 이루어진 것으로 볼 수 있다는 점에서 심판대상조항이 형사보상 대상으로 규정하고 있는 경우들과 본질적으로 다르다고 보기 어렵다. 다만 무죄재판을 받을 수 없었던 사유가 '적용법조에 대한 공소장의 교환적 변경'이라는 점에 차이가 있다. 그런데 형사사법기관이 피고인을 위한 비상구제절차인 재심절차에 이르러 공소장의 교환적 변경 등을 통해 무죄재판을 피하였다고 하더라도, 피고인이 그러한 형사사법절차 속에서 이미 신체의 자유에 관한 중대한 피해를 입었다면, 피고인 개인으로 하여금 그 피해를 부담하도록 하는 것은 헌법상 형사보상청구권의 취지에 어긋난다. 결과적으로 부당한 구금으로 이미 피고인의 신체의 자유에 관한 중대한 피해가 발생한 이상, 공소장의 교환적 변경을 통하여 무죄재판을 피하였다는 사정은 피고인에 대한 형사보상청구권 인정 여부를 달리할 합리적인 근거가 될 수 없다. 그럼에도 불구하고 심판대상조항이 이 사건에서 문제되는 경우를 형사보상 대상으로 규정하지 아니한 것은 현저히 자의적인 차별로서 평등원칙을 위반하여 청구인들의 평등권을 침해한다(헌법재판소 2022. 2. 24. 선고 2018헌마998, 2019헌가16, 2021헌바167(병합) 전원재판부 결정 (입법부작위 위헌확인 등)).

정답 ✕

판례 59 ★★

사람의 항거불능 상태를 이용하여 간음 또는 추행을 한 자를 형사처벌하는 형법 제299조 중 '항거불능' 부분은 죄형법정주의 명확성 원칙에 위배된다.

해설 심판대상조항의 사전적 의미와 형법 제299조의 입법목적을 고려하면 '항거불능'의 상태란 가해자가 성적인 침해행위를 함에 있어 별다른 유형력의 행사가 불필요할 정도로 피해자의 판단능력과 대응·조절능력이 결여된 상태를 말하는 것으로 볼 수 있는 점, '항거불능'의 상태는 형법 제299조의 문언상 '심신상실'에 준하여 해석되어야 하고, 강간죄 또는 강제추행죄에서 폭행·협박으로 인하여 야기된 대항능력의 결여 상태와도 상응하여야 하는 점, 대법원도 이러한 전제에서 심판대상조항의 의미에 관하여 일관된 해석을 제시하고 있는 점 등을 종합적으로 고려하면, 심판대상조항은 그 의미를 예측하기 곤란하다거나 법 집행기관의 자의적 해석이나 적용가능성이 있는 불명확한 개념이라고 보기 어려우므로 죄형법정주의의 명확성원칙에 위배되지 아니한다(헌법재판소 2022. 1. 27. 선고 2017헌바528 전원재판부 결정 (형법 제299조 위헌소원)).

정답

제3절 ▶ 사생활자유권

1. 사생활의 비밀과 자유

판례 60 ★★

**① 인체면역결핍 바이러스(HIV)에 감염된 사람(이하 '감염인')이 혈액 또는 체액을 통하여 다른 사람에게 전파매개행위를 하는 것을 3년 이하의 징역형으로 처벌하는 '후천성면역결핍증 예방법' 제19조, 제25조 제2호(이하 '심판대상조항')가 죄형법정주의 명확성원칙을 위반하지 않는다.
② 심판대상조항이 과잉금지원칙을 위반하여 감염인의 사생활의 자유 및 일반적 행동자유권을 침해하지 않는다.**

해설 (1) 인체면역결핍바이러스 감염을 예방하고자 하는 심판대상조항의 입법취지를 고려하면 심판대상조항이 규정하는 '체액'이란 타인에게 감염을 일으킬 만한 인체면역결핍바이러스를 가진 체액으로 한정되고, '전파매개행위'는 체액이 전달되는 성행위 등과 같이 인체면역결핍바이러스 감염가능성이 있는 행위에 국한될 것임을 예측할 수 있다.

한편, 감염인이 치료를 받아 체내의 인체면역결핍바이러스가 검출한계치 미만으로 억제된 상태에 있으면, 별다른 예방조치가 없더라도 그와 성행위를 한 상대방이 바이러스에 감염된 사례가 없다는 것이 다수의 대규모 임상연구의 공통된 결과이다. 이러한 연구결과를 반영한 국제연합(UN) 소속 에이즈 예방 활동기구인 유엔에이즈계획(UNAIDS)의 'U=U' 캠페인은 '인체면역결핍바이러스 미검출 = 미전파'(Undetectable = Untransmittable)를 내용으로 한다.

이러한 현재의 의학수준과 국민의 법의식을 반영한 규범적 재평가의 필요성을 고려하면서도 비감염인의 건강권을 효과적으로 보장하기 위해서는 감염인과 성행위를 하는 상대방의 자기결정권 보장이 전제되어야 한다는 점 때문에, 심판대상조항은 '의학적 치료를 받아 인체면역결핍바이러스의 전파가능성이 현저히 낮은 감염인이 상대방에게 자신이 감염인임을 알리고 한 행위'에는 적용되지 않는 것으로 해석함이 타당하다. 그러한 보충적 해석을 통해, 의학적 치료를 받아 타인을 인체면역결핍바이러스에 감염시킬 가능성이 현저히 낮은 감염인이라 하더라도 상대방에게 자신이 감염인임을 알리지 않고 예방조치 없이 성행위를 한 경우에는, 심판대상조항에서 금지 및 처벌대상으로 규정한 '전파매개행위'에 해당할 것임을 예측할 수 있다.

따라서 심판대상조항은 죄형법정주의 명확성원칙을 위반하지 않는다.

(2) 심판대상조항에 대한 앞서 본 바와 같은 해석을 전제로, 의학적 치료를 받아 인체면역결핍바이러스의 전파가능성이 현저히 낮은 감염인은, 상대방에게 자신이 감염인이라는 사실을 알리고 그의 동의를 받은 경우 예방조치 없이도 성행위를 할 수 있다.

심판대상조항에 따라 처벌 가능한 법정형의 종류에는 벌금형이 없으나, 1월부터 3년까지 다양한 기간의 징역형, 또는 징역형의 집행유예나 선고유예를 선고할 수 있으므로, 책임에 비례한 형을 선고하는 것이 가능하다.

심판대상조항으로 인하여 감염인에게는 감염사실을 고지해야 하거나 예방조치를 사용해야 하는 등 자유로운 방식의 성행위가 금지되므로 그의 사생활의 자유 및 일반적 행동자유권이 제한되나, 상대방은 감염인과의 성행위로 인하여 완치가 불가능한 바이러스에 감염되어 평생 매일 약을 복용하여야 하는 등 심각한 위험에 처하게 될 수 있다. 감염인의 제한 없는 방식의 성행위 등과 같은 사생활의 자유 및 일반적 행동자유권이 제약되는 것에 비하여 국민의 건강 보호라는 공익을 달성하는 것은 더욱 중대하다.

따라서 심판대상조항은 과잉금지원칙을 위반하여 감염인의 사생활의 자유 및 일반적 행동자유권을 침해하지 아니한다(헌법재판소 2023. 10. 26. 선고 2019헌가30 전원재판부 결정).

▶심판대상조항에 대한 합헌의견이 재판관 4인, 심판대상조항 중 '의료인의 처방에 따른 치료법을 성실히 이행하는 감염인의 전파매개행위를 금지 및 처벌하는 부분'은 위헌이라는 일부위헌의견이 재판관 5인으로, 일부위헌의견이 다수이기는 하나 위헌결정을 위한 심판정족수에는 이르지 못하여 합헌을 선고한 사례

정답

2. 개인정보자기결정권

◦판례 61 ★★

코로나19의 확산을 예방하기 위해 정부가 서울 이태원의 휴대전화 기지국 접속자들의 통신 정보 등을 수집할 수 있는 근거가 된 감염병의 예방 및 관리에 관한 법률(감염예방법) 조항은 헌법에 어긋나지 않는다

해설 신종 감염병의 경우 그 감염 경로, 증상 및 위험성, 전파를 방지하기 위해 필요할 방역조치의 형태, 범위, 강도 등을 예측하기 어려워 다양한 상황에 적합한 방역조치를 보건당국이 전문적 판단 재량을 가지고 신속하고 적절하게 취할 수 있도록 해야 한다. 심판대상조항은 보건당국이 전문성을 가지고 감염병의 성질과 전파 정도, 유행 상황이나 위험 정도, 예방 백신이나 치료제의 개발 여부 등

에 따라 정보 수집이 필요한 범위를 판단해 정보를 요청할 수 있도록 하여 유연한 대처를 통해 효과적인 방역을 달성할 수 있도록 한다. 심판대상조항은 인적사항에 관한 정보의 수집을 감염병 예방 및 감염 전파의 차단을 위해 필요한 범위 내에서만 허용해 그 목적과 대상을 제한하고 있고, 정보수집에 관한 사후통지 등 절차적 통제장치가 마련돼 있다. 특수한 상황에서 일시적으로 허용된다는 점에서 개인정보자기결정권 제한의 효과는 제한적이나, 인적사항에 관한 정보를 이용한 적시의 방역대책은 국민의 건강을 보호하기 위해 필요할 뿐 아니라, 사회·경제적인 손실 방지를 위해 필요한 것인 점에서 그 공익의 혜택 범위와 효과가 광범위하고 중대한 만큼 심판대상조항은 과잉금지원칙에 반하여 청구인의 개인정보자기결정권을 침해하지 않는다(헌법재판소 2024. 4. 25. 선고 2020헌마1028 전원재판부 결정).

정답

○ 판례 62 ★★

주민등록증에 지문을 수록하도록 한 주민등록법 조항은 헌법에 어긋난다.

해설 앞서 헌재는 2005년과 2015년 결정(99헌마513 등, 2011헌마731)에서 이 사건 시행령 조항과 같은 내용의 구 시행령 조항과 경찰청장이 주민등록증 발급신청서에 날인되어 있는 지문정보를 보관하고 이를 전산화해 범죄수사목적에 이용하는 행위가 과잉금지원칙에 위반되지 않는다고 판단했다. 앞선 결정에서는 이 사건 법률 조항이 과잉금지원칙에 위반되는지는 판단하지 않았지만 선례가 지적하듯 시행령 조항과 보관 등 행위는 불가분의 일체를 이뤄 지문정보의 수집·보관·전산화·이용이라는 넓은 의미의 지문날인제도를 구성하는 것이므로 시행령 조항과 보관 등 행위의 법률상 근거가 되는 이 사건 법률 조항 역시 넓은 의미의 지문날인제도를 구성한다.

이 사건 법률 조항은 열 손가락 지문을 요구하지 않는다는 점을 제외하고는 시행령 조항과 기본권 제한의 내용에 큰 차이가 없어 시행령 조항과 보관 등 행위가 과잉금지원칙에 위반되지 않는다고 본 선례의 설시는 이 사건 법률조항에 대해서도 그대로 타당하다. 선례들과 달리 판단해야 할 특별한 사정변경이나 필요성이 인정되지 않아 이 사건 법률 조항·시행령 조항·보관 등 행위는 청구인의 개인정보 자기결정권을 침해하지 않는다(헌법재판소 2024. 4. 25. 선고 2020헌마542 전원재판부 결정).

정답 ×

○ 판례 63 ★★

회비모금 목적으로 대한적십자사의 요청을 받은 국가나 지방자치단체는 특별한 사유가 없으면 세대주의 이름과 주소 자료를 제공하도록 한 대한적십자사 조직법은 헌법에 어긋나지 않는다

해설 국가가 적십자사에 제공하는 자료 범위를 미리 법률에 상세하게 규정하는 것은 입법기술상 어렵고 구체적 내용은 하위법령에 위임할 필요가 있다. 관련 법령을 종합해보면 세대주 인적사항이 포함된다고 예측할 수 있어 자료제공조항이 명확성원칙에 위반해 A 씨 등의 개인정보자기결정권을 침해한다고 볼 수 없다.

자료제공 목적은 회비모금으로 한정되고 정보 범위는 세대주 성명과 주소로 한정된다. 주소는 지로통지서 발송을 위해 필수적인 정보이며 성명은 사회생활 영역에서 노출되는 것이 자연스러운 정보로서 그 자체로 언제나 엄격한 보호 대상이 된다고 하기 어렵다(헌법재판소 2023. 2. 23. 선고 2019헌마1404, 2019헌마1460(병합), 2020헌마315(병합) 전원재판부 결정)

정답

○ 판례 64 ★★★

수사기관 등에 의한 통신자료 제공요청에 대하여 적법절차원칙에 따른 절차적 요청인 사후통지 절차를 마련하지 않은 부분이 개인정보자기결정권을 침해한다.

해설

가. 영장주의 위배 여부 — 위배 ✕
 헌법상 영장주의는 체포·구속·압수·수색 등 기본권을 제한하는 강제처분에 적용되므로, 강제력이 개입되지 않은 임의수사에 해당하는 수사기관 등의 통신자료 취득에는 영장주의가 적용되지 않는다.

나. 명확성원칙 위배 여부 — 위배 ✕
 청구인들은 이 사건 법률조항 중 '국가안전보장에 대한 위해'의 의미가 불분명하다고 주장한다. 그런데 '국가안전보장에 대한 위해를 방지하기 위한 정보수집'은 국가의 존립이나 헌법의 기본 질서에 대한 위험을 방지하기 위한 목적을 달성함에 있어 요구되는 최소한의 범위 내에서의 정보수집을 의미하는 것으로 해석되므로, 명확성원칙에 위배되지 않는다.

다. 과잉금지원칙 위배 여부 — 위배 ✕
 이 사건 법률조항은 범죄수사나 정보수집의 초기단계에서 수사기관 등이 통신자료를 취득할 수 있도록 함으로써 수사나 형의 집행, 국가안전보장 활동의 신속성과 효율성을 도모하고, 이를 통하여 실체적 진실발견, 국가 형벌권의 적정한 행사 및 국가안전보장에 기여하므로, 입법목적의 정당성 및 수단의 적합성이 인정된다.
 이 사건 법률조항은 수사기관 등이 통신자료 제공요청을 할 수 있는 정보의 범위를 성명, 주민등록번호, 주소 등 피의자나 피해자를 특정하기 위한 불가피한 최소한의 기초정보로 한정하고, 민감정보를 포함하고 있지 않으며, 그 사유 또한 '수사, 형의 집행 또는 국가안전보장에 대한 위해를 방지하기 위한 정보수집'으로 한정하고 있다. 더불어 전기통신사업법은 통신자료 제공요청 방법이나 통신자료 제공현황 보고에 관한 규정 등을 두어 통신자료가 수사 등 정보수집의 목적 달성에 필요한 최소한의 범위 내에서 이루어지도록 하고 있다. 따라서 침해의 최소성 및 법익균형성에 위배되지 않는다.

라. 적법절차원칙 위배 여부 — 위배 ○
 이 사건 법률조항에 의한 통신자료 제공요청이 있는 경우 통신자료의 정보주체인 이용자에게는 통신자료 제공요청이 있었다는 점이 사전에 고지되지 아니하며, 전기통신사업자가 수사기관 등에게 통신자료를 제공한 경우에도 이러한 사실이 이용자에게 별도로 통지되지 않는다.
 그런데 당사자에 대한 통지는 당사자가 기본권 제한 사실을 확인하고 그 정당성 여부를 다툴 수 있는 전제조건이 된다는 점에서 매우 중요하다. 효율적인 수사와 정보수집의 신속성, 밀행성 등의 필요성을 고려하여 사전에 정보주체인 이용자에게 그 내역을 통지하도록 하는 것이 적절하지 않다면 수사기관 등이 통신자료를 취득한 이후에 수사 등 정보수집의 목적에 방해가 되지 않는 범위 내에서 통신자료의 취득사실을 이용자에게 통지하는 것이 얼마든지 가능하다.
 그럼에도 이 사건 법률조항은 통신자료 취득에 대한 사후통지절차를 두지 않아 적법절차원칙에 위배되어 개인정보자기결정권을 침해한다(헌법재판소 2022. 7. 21. 선고 2016헌마388, 2022헌마126(병합), 2022헌마105, 110(병합) 전원재판부 결정).

MGI Point **통신제한조치관련 판례**

- 통신자료 제공요청 자체: 합헌
- 당사자에 대한 통지 절차를 두지 않은 것 : 위헌 ∵ 적법적차원칙 反

정답 ○

3. 거주·이전의 자유
4. 통신의 자유

○판례 65 ★★

방송통신심의위원회가 정보통신서비스제공자 등에 대해 SNI 차단 방식을 적용해 불법 웹사이트에 대한 이용자들의 접속을 차단하도록 시정을 요구한 행위는 헌법에 어긋나지 않는다.

해설 이 사건 시정 요구는 그 목적이 정당하고, 보안접속 프로토콜을 사용하는 경우에도 접근을 차단할 수 있도록 SNI를 확인해 불법정보 등을 담고 있는 특정 웹사이트에 대한 접속을 차단하는 것은 수단의 적합성이 인정된다. 보안접속 프로토콜이 일반화되어 기존의 방식으로는 차단이 어렵기 때문에 SNI 차단 방식을 동원할 필요가 있고, 인터넷을 통해 유통되는 정보는 복제성, 확장성, 신속성을 가지고 있어 사후적 조치만으로는 이 사건 시정요구의 목적을 동일한 정도로 달성할 수 없다. 시정요구의 상대방인 정보통신서비스제공자 등에 대해서는 의견진술과 이의신청의 기회가 보장되어 있고, 해외에 서버를 둔 웹사이트의 경우 다른 조치에 한계가 있어 접속을 차단하는 것이 현실적인 방법으로 침해의 최소성 및 법익의 균형성도 인정된다(헌법재판소 2023. 10. 26. 선고 2019헌마158, 2019헌마232(병합) 전원재판부 결정 (웹사이트 차단 위헌확인, 불법 해외사이트 차단결정취소)).

▶ 방통위의 시정요구는 과거부터 사용되던 DNS 차단 방식, URL 차단 방식 외에 보다 기술적으로 고도화된 SNI 차단 방식을 함께 적용하는 것을 전제로 하더라도, 이용자들의 통신의 비밀과 자유 및 알 권리를 침해하지 않는다고 판단한 결정이다.

정답

○판례 66 ★★

① 장교는 군무와 관련된 고충사항을 집단으로 진정 또는 서명하는 행위를 하여서는 아니 된다고 규정한 '군인의 지위 및 복무에 관한 기본법' 제31조 제1항 제5호 중 '장교'에 관한 부분은 과잉금지원칙에 위반하여 청구인의 표현의 자유를 침해하지 아니한다.
② 헌법은 제5조 제2항을 통하여 국군의 정치적 중립을 요구하고 있으며, 국군은 '국가의 안전보장과 국토방위'라는 목적을 달성하기 위하여 그 본연의 임무에 집중하여야 하므로, 특수한 신분과 지위에 있는 군인의 집단행위에 대하여는 보다 강화된 기본권 제한이 가능하다

해설 ● 제한되는 기본권

○ 심판대상조항은 군무와 관련된 고충사항을 집단으로 진정 또는 서명하는 행위를 금지하여 장교의 집단적인 표현행위를 제한하고 있다. 따라서 이 사건에서는 심판대상조항이 과잉금지원칙을 위반하여 장교인 청구인의 표현의 자유를 침해하는지 여부가 문제된다.

● 표현의 자유 침해 여부 – 소극

○ 목적의 정당성 및 수단의 적합성

– 심판대상조항이 군무와 관련된 고충사항을 집단으로 진정 또는 서명하는 행위를 금지하고 있는 것은 군조직의 질서 및 통수체계를 확립하여 군의 전투력을 유지, 강화하고 이를 통하여 국가의 안전보장과 국토방위를 달성하기 위한 것이므로, 목적의 정당성 및 수단의 적합성이 인정된다.

○ 침해의 최소성

- 헌법은 제5조 제2항을 통하여 국군의 정치적 중립을 요구하고 있으며, 국군은 '국가의 안전보장과 국토방위'라는 목적을 달성하기 위하여 그 본연의 임무에 집중하여야 하므로, 특수한 신분과 지위에 있는 군인의 집단행위에 대하여는 보다 강화된 기본권 제한이 가능하다.

- 단순한 진정 또는 서명행위라 할지라도 각종 무기와 병력을 동원할 수 있는 군대 내에서 이루어지는 집단행위는 예측하기 어려운 분열과 갈등을 조장할 수 있고, 이는 자칫 군조직의 위계질서와 통수체계를 파괴하여 국가 안보의 위협으로 이어질 수 있다.

- 군무와 관련된 고충사항이 있는 경우 집단으로 진정 또는 서명하지 않고 다른 방식으로 문제를 제기할 수 있는 방법들이 이미 마련되어 있다.

- 이처럼 장교는 군대 내부의 절차는 물론, 국가인권위원회 등을 통한 군대 외부의 절차를 통하여 군무와 관련된 고충사항을 해결할 수 있고, 이와 같은 행위는 군인복무기본법에서 폭넓게 보호되고 있다. 이러한 사정을 고려하면 심판대상조항은 필요한 범위 내에서 최소한의 제한을 하는 것이라고 볼 수 있다. 따라서 심판대상조항은 침해의 최소성에 반하지 않는다.

○ 법익의 균형성

- 심판대상조항을 통하여 군조직의 고도의 질서 및 규율을 유지하고 장교가 국민 전체의 봉사자로서 공공의 이익을 위하여 근무하도록 하여 군에 대한 국민의 신뢰를 얻고 국가 안전보장과 국토방위에 기여한다는 공익은, 심판대상조항에 따라 장교가 제한받게 되는 사익보다 작지 아니하므로 심판대상조항은 법익의 균형성에 반하지 않는다.

○ 결론

- 이상에서 살펴본 내용을 종합하면, 심판대상조항은 과잉금지원칙을 위반하여 청구인의 표현의 자유를 침해하지 않는다(헌법재판소 2024. 4. 25. 선고 2021헌마1258 전원재판부 결정).

정답

제4절 ▶ 정신적 자유권

1. 양심의 자유

○판례 67 ★★

대체복무기관을 '교정시설'로 한정한 '대체역의 편입 및 복무 등에 관한 법률' 시행령 제18조(이하 '복무기관조항'), 대체복무요원의 복무기간을 '36개월'로 한 대체역법 제18조 제1항(이하 '기간조항'), 대체복무요원으로 하여금 '합숙'하여 복무하도록 한 대체역법 제21조 제2항(이하 '합숙조항')이 청구인들의 양심의 자유를 침해하지 않는다.

해설 1. 쟁점의 정리

대체복무기관을 '교정시설'로 한정한 복무기관조항, 대체복무요원의 복무기간을 '36개월'로 한 기간조항, 대체복무요원으로 하여금 '합숙'하여 복무하도록 한 합숙조항이 대체복무요원에게 과도한 복무 부담을 주고 대체역을 선택하기 어렵게 만드는 것으로서, 이들의 양심의 자유를 침해하는지 여부를 판단하기로 한다.

2. 심판대상조항들의 양심의 자유 침해 여부

(1) 입법목적의 정당성

심판대상조항들은 헌법상 의무인 국방의 의무와 헌법상 기본권인 양심의 자유를 조화시키고, 국민 개병 제도와 징병제를 근간으로 하는 병역 제도하에서 현역복무와 대체복무 간에 병역부담의 형평을 기하여, 궁극적으로 우리나라의 병역 체계를 유지하고 국가의 안전보장과 국민의 기본권 보호라는 헌법적 법익을 실현하고자 하는 것이므로, 위와 같은 입법목적은 정당하다.

(2) 수단의 적합성

대체역법 제16조에 따라 교정시설에서 복무하는 것은 집총 등 군사훈련이 수반되지 않고, 현역병은 원칙적으로 합숙복무를 하며, 대체복무요원 외에도 복무기간이 36개월인 병역들이 있는 점 등을 고려할 때, 심판대상조항들이 대체복무요원으로 하여금 교정시설에서 36개월동안 합숙하여 복무하도록 하는 것은 위와 같은 입법목적을 달성하는 데 일응 기여하고 있는바, 그 수단의 적합성을 인정할 수 있다.

(3) 침해의 최소성

(가) 복무기관조항

- 대체복무에는 군사적 역무와 관련한 것이 모두 제외되어 있으므로, 반드시 신체등급을 고려하여 복무기관을 달리하여야 한다고 보기는 어렵고, 현역병의 경우 자격·면허·전공분야 등을 고려하여 병과를 부여하는 경우가 있으나, 이는 최대한 적성에 적합한 병과를 부여함으로써 군조직을 효율적으로 운영하기 위한 것일 뿐, 병역의무자에게 희망하는 병과에서 특정 직무를 수행하는 방법으로 병역의무를 이행하게 해 줄 것을 요구할 구체적 권리가 존재하는 것은 아니다.

- 대체복무요원이 수행하는 구체적인 업무 내용을 살펴보면, 복무 장소가 교정시설에 국한되었을 뿐, 청구인들이 주장하는 사회복지시설, 병원, 응급구조시설, 공공기관 등 다른 기관에서 대체복무요원이 복무를 하게 된다 하더라도 부여될 수 있는 다양한 업무들을 수행하고 있다(대체역 복무관리 규칙 제53조).

- 따라서 교정시설에서 근무한다는 이유만으로 징벌적인 처우를 하는 것이라고 보기는 어렵다.

(나) 기간조항

- 현역병 가운데 육군의 복무기간이 18개월로 단축된 것은 병역법 제19조 제1항 제3호에 따른 것이다. 병역법 제18조 제2항에 따르면 현역 육군의 복무기간은 2년, 해군은 2년 2개월, 공군은 2년 3개월이 원칙이다. 이러한 현역병의 복무기간과 비교하였을 때 기간조항이 설정한 36개월의 복무기간은 1.5배에서 1.33배 사이에 해당한다.

- 대체복무요원은 공익 분야에 복무하지만 군사적 역무는 복무 분야에서 배제된다(대체역법 제16조 제2항 참조). 반면 현역병은 군사적 역무를 기본으로 하므로 사격, 화생방, 각개전투, 완전군장행군 등 기본전투기술을 습득하여야 할 뿐만 아니라, 보직에 따라 육체적·정신적으로 크나큰 수고와 인내력이 요구되기도 하며, 군사 훈련에 수반되는 각종 사고와 위험에 노출된다. 전시 등 국가비상사태 시에는 더욱 현격한 차이가 발생한다. 현역병 및 병력동원소집 대상이 된 예비역은 무엇보다도 소중한 생명에 대한 위험을 무릅쓰면서 국가를 위해 희생을 각오하고 전장에 나서게 되지만, 대체복무요원은 병력동원이나 전시근로소집 대상이 되지 아니하고(병역법 제44조, 제53조 제1항 제2호의2 참조), 대체복무요원의 복무를 마친 대체역은 전시근로소집 대상이 될 수는 있으나 무기·흉기를 사용하거나 이를 관리·단속하는 행위, 인명살상 또는 시설파괴가 수반되거나 그러한 능력 향상을 위한 행위 등에서 배제되는 특별한 배려를 받게 된다(병역법 제54조 제2항).

- 이와 같은 군사업무의 특수성과 이러한 군사적 역무가 모두 배제된 대체복무요원의 복무 내용을 비교해 볼 때, 기간조항이 설정한 복무기간이 현역병의 복무기간과 비교하여 도저히 대체역을 선택하기 어렵게 만든다거나 대체역을 선택하였다는 이유로 어떠한 징벌을 가하는 것이라고 보기 어렵다.

(다) 합숙조항

- 합숙조항이 대체복무요원의 복무형태를 합숙복무로 규정한 것은 현역병이 원칙적으로 군부대 안에서 합숙복무를 하고 있고 이들과의 형평성 등을 고려했기 때문으로 보인다.

- 군인은 엄격한 기강과 상명하복의 위계질서가 요구되므로 경례요령, 군대예절 등을 포함한 제식훈련이 병행될뿐더러, 군형법의 적용대상이 된다. 이에 따라 현역병의 합숙복무는 단지 근무지를 이탈할 수 없고 숙소를 함께 한다는 개념을 넘어서는 특수하고 엄격한 복무형태를 띠게 된다. 현역병은 이와 같은 군인의 신분으로 내무생활을 하면서 전투 준비와 훈련을 위하여 사실상 24시간 내내 대기 상태에 있어야 하고, 군부대를 방어하는 데에는 밤낮을 달리할 수 없으므로 군인들은 초병으로서 취침 중간에 각 초소와 부대를 방어하는 역할까지 병행하여야 하는바(헌법재판소 2021. 11. 25. 2020헌마413 참조), 현역병의 합숙복무는 군사적 역무의 연장으로서의 의미를 가지고 있다.

- 비록 대체복무요원의 복무는 원칙적으로 개별적 사정이 고려되지 못하고 합숙복무를 하면서 그 복무기간이 현역병보다 길다는 사정은 인정되나, 위와 같은 현역병 합숙복무의 실질적 강도와 현역 등의 복무를 대신하여 병역을 이행한다는 대체복무제의 목적에 비추어 볼 때(대체역법 제1조), 합숙조항이 기본권의 지나친 제한이라고 보기는 어렵다.

(4) 법익의 균형성

- 심판대상조항들로 인하여 대체복무요원들은 교정시설 외의 시설에서는 복무할 수 없고, 36개월

의 비교적 긴 기간 동안 출퇴근이 불가능한 상태로 병역의무를 이행하게 되는 사익 제한이 발생한다.
- 그러나 심판대상조항들이 설정한 대체복무요원의 복무 장소, 기간 및 형태는, 교정시설에서의 근무 자체가 대체복무제도의 취지에 반하지 않는 점, 현역병도 복무 장소에 대한 선택권이 없는 점, 현역병의 군사적 역무와 군부대 안에서의 합숙복무는 특수하고 엄격한 사정이 있는 점 등을 고려한 것이다. 이를 통해 심판대상조항들은 대체복무제를 도입하여 국방의 의무와 양심의 자유를 조화시키고, 현역복무와 대체복무 간에 병역 부담의 형평을 기하여, 궁극적으로 국가의 안전보장과 국민의 기본권 보호라는 헌법적 법익을 실현하려는 목적을 가지고 있으므로, 이러한 공익이 심판대상조항들로 인한 대체복무요원의 불이익에 비하여 작다고 보기는 어렵다.

- 따라서 심판대상조항들은 법익의 균형성에 반한다고 할 수 없다.

(5) 이상에서 심판대상조항들이 과잉금지원칙을 위반하여 양심의 자유를 침해한다고 볼 수 없다.
(전원재판부 2024. 5. 30. 선고 헌법재판소 2021헌마117등)

판례 68 ★★★

가해학생에 대한 조치로 피해학생에 대한 서면사과를 규정한 구'학교폭력예방 및 대책에 관한 법률' 제17조 제1항 제1호가 가해학생의 양심의 자유와 인격권을 침해한다.

해설 1. 이 사건 서면사과 조항이 가해학생의 양심의 자유와 인격권을 침해하는지 여부(소극)

○ 이 사건 서면사과 조항은 가해학생에게 반성과 성찰의 기회를 제공하고 피해학생의 피해 회복과 정상적인 학교생활로의 복귀를 돕기 위한 것이다. 학교폭력은 여러 복합적인 원인으로 발생하고, 가해학생도 학교와 사회가 건전한 사회구성원으로 교육해야 할 책임이 있는 아직 성장과정에 있는 학생이므로, 학교폭력 문제를 온전히 응보적인 관점에서만 접근할 수는 없고 가해학생의 선도와 교육이라는 관점도 함께 고려하여야 한다.

○ 학교폭력의 가해학생과 피해학생은 모두 학교라는 동일한 공간에서 생활하므로, 가해학생의 반성과 사과 없이는 피해학생의 진정한 피해회복과 학교폭력의 재발방지를 기대하기 어렵다. 서면사과 조치는 단순히 의사에 반한 사과명령의 강제나 강요가 아니라, 학교폭력 이후 피해학생의 피해회복과 정상적인 교우관계회복을 위한 특별한 교육적 조치로 볼 수 있다. 가해학생은 서면사과를 통해 자신의 잘못된 행위에 대하여 책임을 지는 방법과 피해학생의 피해를 회복하는 방법을 배우고, 이를 통해 건전한 사회구성원으로 성장해나갈 수 있다.

○ 서면사과 조치는 내용에 대한 강제 없이 자신의 행동에 대한 반성과 사과의 기회를 제공하는 교육적 조치로 마련된 것이고, 가해학생에게 의견진술 등 적정한 절차적 기회를 제공한 뒤에 학교폭력 사실이 인정되는 것을 전제로 내려지는 조치이며, 이를 불이행하더라도 추가적인 조치나 불이익이 없다. 그리고 이러한 서면사과의 교육적 효과는 가해학생에 대한 주의나 경고 또는 권고적인 조치만으로는 달성하기 어렵다.

○ 따라서 이 사건 서면사과 조항이 가해학생의 양심의 자유와 인격권을 과도하게 침해한다고 보기 어렵다.

2. 이 사건 의무화 규정이 가해학생의 양심의 자유, 인격권 및 일반적 행동자유권을 침해하는지 여부 (소극)

○ 이 사건 의무화 규정은 학교폭력의 축소·은폐를 방지하고 피해학생의 보호 및 가해학생의 선도교육을 위하여, 학부모들의 자치위원회 참여를 확대 보장하고 자치위원회의 회의소집과 가해학생에 대한 조치 요청, 학교의 장의 가해학생에 대한 조치를 모두 의무화한 것이다.

○ 학부모들의 참여는 학교폭력의 부당한 축소·은폐를 방지하고 안전한 교육환경 조성에 기여할 수 있으며, 학부모 대표의 공정성 확보나 부족한 전문성을 보완할 수 있는 제도도 마련되어 있다. 또한 자치위원회의 가해학생에 대한 조치 요청이나 학교장의 조치는 모두 학교폭력 사실이 인정되는 것을 전제로 의무화된 것이고, 의무화 규정 도입 당시 학교 측의 불합리한 처리나 은폐가능성을 차단하고 학교폭력에 대한 교사와 학교의 책임을 강화하려는 사회적 요청이 있었으며, 가해학생 측에 의견진술 등 적정한 절차가 보장되고, 가해학생 측이 이에 불복하는 경우 민사소송이나 행정소송 등을 통하여 다툴 수 있다는 점 등을 고려하면, 이 사건 의무화 규정이 가해학생의 양심의 자유나 인격권, 일반적 행동자유권을 침해한다고 보기 어렵다(헌법재판소 2023. 2. 23. 선고 2019헌바93, 2019헌바254(병합) 전원재판부 결정).

point ▶ ○ 헌법재판소는 사죄광고나 사과문 게재를 명하는 조항에 대하여 양심의 자유와 인격권 침해를 인정하여 왔으나(헌법재판소 1991. 4. 1. 89헌마160, 헌법재판소 2012. 8. 23. 2009헌가27, 헌법재판소 2015. 7. 30. 2013헌가8), 이 사건에서는 가해학생의 선도와 피해학생의 피해회복 및 정상적인 교육관계회복을 위한 특별한 교육적 조치로 보아 피해학생에 대한 서면사과 조치가 가해학생의 양심의 자유와 인격권을 침해하지 않는다고 판단하였다.

○ 이 사건에서는 가해학생에 대한 서면사과조치 외에도 피해학생과 신고·고발한 학생에 대한 접촉 등 금지 조항, 학급교체 조항 등에 대해서도 판단되었는데, 모두 피해학생 등을 보호하기 위하여 필요한 조치로서 가해학생의 일반적 행동자유권을 침해하지 않는다고 보았다.

○ 학교폭력예방법은 2019. 8. 20. 법률 제16441호로 개정되면서 개별 학교에 두었던 자치위원회를 폐지하고 교육지원청에 학교폭력대책심의위원회(이하 '심의위원회'라 한다)를 설치하는 것으로 변경되었고, 경미한 사안으로서 피해학생 및 그 보호자가 심의위원회의 개최를 원하지 않는 경우 학교의 장이 자체적으로 해결할 수 있는 제도도 도입하였다. 그러나 헌법재판소는 이 사건 의무화 규정을 도입할 당시의 사회적 요청 등을 고려하여 이 사건 의무화 규정이 헌법에 위반되지 않는다고 판단하였다.

정답 ○

2. 종교의 자유

○ 판례 69 ★★★

피청구인 육군훈련소장이 2019. 6. 2. 청구인들에 대하여 육군훈련소 내 종교 시설에서 개최되는 개신교, 불교, 천주교, 원불교 종교행사 중 하나에 참석하도록 한 행위가 청구인들의 종교의 자유를 침해하지 않는다.

::해설 타인에 대한 종교나 신앙의 강제는 결국 종교적 행위, 즉 신앙고백, 기도, 예배 참석 등 외적 행위를 통하여만 가능하다. 따라서 이 사건 종교행사 참석조치로 인하여 청구인들의 내심이나 신앙에 실제 변화가 있었는지 여부와는 무관하게, 종교시설에서 개최되는 종교행사에의 참석을 강제한 것만으로 청구인들이 신앙을 가지지 않을 자유와 종교적 집회에 참석하지 않을 자유를 제한하는 것이다.

이 사건 종교행사 참석조치는 피청구인 육군훈련소장이 위 4개 종교를 승인하고 장려한 것이자, 여타 종교 또는 무종교보다 이러한 4개 종교 중 하나를 가지는 것을 선호한다는 점을 표현한 것이라고 보여질 수 있으므로 국가의 종교에 대한 중립성을 위반하여 특정 종교를 우대하는 것이다. 또한, 이 사건 종교행사 참석조치는 국가가 종교를, 군사력 강화라는 목적을 달성하기 위한 수단으로 전락시키거나, 반대로 종교단체가 군대라는 국가권력에 개입하여 선교행위를 하는 등 영향력을 행사할 수 있는 기회를 제공하므로, 국가와 종교의 밀접한 결합을 초래한다는 점에서 정교분리원칙에 위배된다. 이 사건 종교행사 참석조치는 군에서 필요한 정신전력을 강화하는 데 기여하기보다 오히려 해당 종교와 군 생활에 대한 반감이나 불쾌감을 유발하여 역효과를 일으킬 소지가 크고, 훈련병들의 정신전력을 강화할 수 있는 방법으로 종교적 수단 이외에 일반적인 윤리교육 등 다른 대안도 택할 수 있으며, 종교는 개인의 인격을 형성하는 가장 핵심적인 신념일 수 있는 만큼 종교에 대한 국가의 강제는 심각한 기본권 침해에 해당하는 점을 고려할 때, 이 사건 종교행사 참석조치는 과잉금지원칙을 위반하여 청구인들의 종교의 자유를 침해한다(헌법재판소 2022. 11. 24. 선고 2019헌마941 전원재판부 결정).

정답 ×

○판례 70 ★★

코로나19 유행 시기 종교시설 대면예배 전면 금지 처분은 종교의 자유를 침해하지 않는다.

코로나19의 확산을 차단하기 위한 방법으로 교인들의 대면 예배라는 집합 자체의 금지를 선택한 것은 위와 같은 행정목적을 달성하기 위한 유효·적절한 수단이 된다. 광주시의 처분으로 인한 종교의 자유 제한의 효과가 일시적이고 한시적으로 적용되는 점과 과학적 불확실성이 높고 질병과 관련한 환경이 빠르게 변화하는 팬데믹 상황의 특수성을 고려할 때, 이 사건 처분으로 제한된 종교의 자유가 이를 통해 달성하고자 하는 공익보다 중하다고 보기 어렵다.

종교시설을 비말 발생이 많은 활동이 주로 이뤄지거나 이용자의 체류시간이 비교적 길게 나타나는 등의 특징을 가진 시설과 함께 분류한 것으로 보이고, 위와 같은 피고의 판단이 객관적이고 합리적인 범위를 벗어난 것이라고 보기 어렵다. 위와 같은 사실관계 및 원심이 적법하게 채택한 증거 등에 따라 알 수 있는 여러 사정을 앞서 본 법리에 비추어 살펴보면, 피고가 이 사건 처분을 함에 있어 평등의 원칙을 위반하여 원고들의 종교의 자유를 침해하였다고 보기 어렵다(대법원 2024. 7. 18. 선고 2022두43528 전원합의체 판결).

정답

3. 언론·출판의 자유

○판례 71 ★★★

신문의 편집인·발행인 또는 그 종사자, 방송사의 편집책임자, 그 기관장 또는 종사자, 그 밖의 출판물의 저작자와 발행인으로 하여금 아동보호사건에 관련된 '아동학대행위자'를 특정하여 파악할 수 있는 인적 사항이나 사진 등을 신문 등 출판물에 싣거나 방송매체를 통하여 방송할 수 없게 금지하는 '아동학대범죄의 처벌 등에 관한 특례법' 제35조 제2항 중 '아동학대행위자'에 관한 부분이 헌법에 위반된다.

해설 성인에 의한 학대로부터 아동을 특별히 보호하여 그들의 건강한 성장을 도모하는 것은 이 사회가 양보할 수 없는 중요한 법익이다(헌법재판소 2021. 3. 25. 2018헌바388 전원재판부 결정). 이에는 아동학대 자체로부터의 보호뿐만 아니라 사건처리 과정에서 발생할 수 있는 사생활 노출 등 2차 피해로부터의 보호도 포함된다. 아동학대행위자의 대부분은 피해아동과 평소 밀접한 관계에 있으므로 행위자를 특정하여 파악할 수 있는 인적 사항 등(이하 '식별정보'라 한다)을 신문의 편집인 등이 보도하는 것은 피해아동의 2차 피해로 이어질 가능성이 매우 높다.

정보통신 기술과 매체의 높은 발전 수준을 감안할 때, 아동학대행위자의 식별정보가 보도된 후에는 2차 피해를 차단하기 어려울 수 있다. 이러한 상황에서 아동학대행위자에 대한 식별정보 보도를 허용할 경우, 학대범죄의 피해자로서 대중에 알려질 가능성을 두려워하는 피해아동들로 하여금 진술 또는 신고를 자발적으로 포기하게 만들 우려도 있다. 따라서 일률적 보도금지는 불가피한 측면이 있다. 심판대상조항은 아동을 특별히 보호하여 건강한 성장을 도모하는데 취지가 있으므로 보도 여부를 그 피해아동의 의사에 맡길 수는 없다. 한편 수사기관의 피의자 신상공개 제도는 심판대상조항과 보호대상 및 목적을 전혀 달리하므로 동일선상에서 비교할 수 있는 성질의 것이 아니다. 심판대상조항은 아동학대사건에 대한 보도를 전면적으로 금지하는 것이 아니고 아동학대행위자의 식별정보에 대한 보도를 금지하고 있을 뿐이다. 따라서 국민적 관심의 대상이 된 사건에서 재발 방지를 위한 보도의 필요성이 큰 경우라도, 익명화된 형태로 사건을 보도하는 방법을 통해 언론기능을 충실히 수행하는 동시에 국민의 알 권리도 충족시킬 수 있다. 심판대상조항에 의해 제한되는 사익은 아동학대행위자의 식별정보를 보도하는 자극적인 보도가 금지되는 것에 지나지 않는다. 반면 심판대상조항을 통해 보호하려는 아동의 건강한 성장이라는 공익은 매우 중요하다. 그렇다면 심판대상조항은 과잉금지원칙에 반하여 언론·출판의 자유와 국민의 알 권리를 침해하지 않는다(헌법재판소 2022. 10. 27. 선고 2021헌가4 전원재판부 결정).

정답 ×

4. 집회·결사의 자유

판례 72 ★★★

대통령 관저의 경계 지점으로부터 100미터 이내의 장소에서는 옥외집회 또는 시위를 금지하고 위반시 형사처벌하는 집시법 조항이 집회의 자유를 침해한다.

해설 ○ 심판대상조항은 대통령과 그 가족의 신변 안전 및 주거 평온을 확보하고, 대통령과 그 가족, 대통령 관저 직원과 관계자 등(이하 '대통령 등'이라 한다)이 자유롭게 대통령 관저에 출입할 수 있도록 하며, 경우에 따라서는 대통령의 원활한 직무수행을 보장함으로써, 궁극적으로는 대통령의 헌법적 기능 보호를 목적으로 한다. 이러한 심판대상조항의 입법목적은 정당하고, 대통령 관저 인근에 옥외집회 및 시위(이하 '옥외집회 및 시위'를 통틀어 '집회'라 한다) 금지장소를 설정하는 것은 입법목적 달성을 위한 적합한 수단이다.

○ 심판대상조항은 대통령 관저 인근 일대를 광범위하게 집회금지장소로 설정함으로써, 집회가 금지될 필요가 없는 장소까지도 집회금지장소에 포함되게 한다. 대규모 집회 또는 시위로 확산될 우려가 없는 소규모 집회(이하 '소규모 집회'라고만 한다)의 경우, 심판대상조항에 의하여 보호되는 법익에 대해 직접적인 위험이 발생할 가능성은 상대적으로 낮다. 나아가 '대통령 등의 안전이나 대통령 관저 출입과 직접적 관련이 없는 장소'에서 '소규모 집회'가 열릴 경우에는, 이러한 위험성은 더욱 낮아진다. 결국 심판대상조항은 법익에 대한 위험 상황이 구체적으로 존재하지 않는 집회까지도 예외 없이 금지하고 있다.

○ 집시법은 폭력적이고 불법적인 집회에 대처할 수 있도록, 공공의 안녕질서에 직접적인 위협을 끼칠 것이 명백한 집회의 주최 금지(제5조 제1항) 등 다양한 규제수단을 두고 있고, 집회 과정에서의 폭력행위 등은 형사법상의 범죄행위로서 처벌된다. 또한, '대통령 등의 경호에 관한 법률'은 경호구역의 지정(제5조 제1항) 등 이러한 상황에 대처할 수 있는 조항을 두고 있다. 그렇다면 대통령 관저 인근에서의 일부 집회를 예외적으로 허용한다고 하더라도, 위와 같은 수단들을 통하여 대통령의 헌법적 기능은 충분히 보호될 수 있다. 따라서 막연히 폭력·불법적이거나 돌발적인 상황이 발생할 위험이 있다는 가정만을 근거로 하여 대통령 관저 인근에서 열리는 모든 집회를 금지하는 것은 정당화되기 어렵다. 심판대상조항은 침해의 최소성에 위배된다.

○ 국민이 집회를 통해 대통령에게 의견을 표명하고자 하는 경우, 대통령 관저 인근은 그 의견이 가장 효과적으로 전달될 수 있는 장소이다. 따라서 대통령 관저 인근에서의 집회를 전면적·일률적으로 금지하는 것은 집회의 자유의 핵심적인 부분을 제한한다. 심판대상조항을 통한 대통령의 헌법적 기능 보호라는 목적과 집회의 자유에 대한 제약 정도를 비교할 때, 심판대상조항은 법익의 균형성에도 어긋난다.

○ 따라서 심판대상조항은 과잉금지원칙에 위배되어 집회의 자유를 침해한다(헌법재판소 2022. 12. 22. 2018헌바48 등, 헌법불합치).

MGI Point 인근 집회금지 헌법불합치 판례

■ 종래 헌법재판소는 국내주재 외국의 외교기관 인근(헌재 2003. 10. 30. 2000헌바67등)에서의 집회를 금지하는 집시법 조항에 대해 위헌 결정을, 국회의사당 인근(헌재 2018. 5. 31. 2013헌바322등), 국무총리 공관 인근(헌재 2018. 6. 28. 2015헌가28등), 각급 법원 인근(헌재 2018. 7. 26. 2018헌바137)에서의 집회를 금지하는 집시법 조항에 대해서도 각 헌법불합치결정을 내린 바 있다.

○ **판례 73** ★★★

누구든지 각급 법원의 경계 지점으로부터 100미터 이내의 장소에서 옥외집회 또는 시위를 할 경우 형사처벌한다고 규정한 '집회 및 시위에 관한 법률' 제11조 제1호 중 '각급 법원' 부분 및 제23조 제1호 중 제11조 제1호 가운데 '각급 법원'에 관한 부분은 집회의 자유를 침해한다.

 ● 법률유보원칙 위반 여부에 대한 판단(소극)

· 이 사건 조례는 지방자치법 등에 근거하여 인천광역시 소유의 공유재산이자 공공시설인 인천애뜰의 사용 및 관리에 필요한 사항을 규율하기 위하여 제정된 것이다.

· 따라서 심판대상조항은 법률의 위임 내지는 이에 근거하여 규정된 것이므로, 법률유보원칙에 위배되는 것으로 볼 수 없다.

● 과잉금지원칙 위반 여부에 대한 판단(적극)

· 잔디마당에서 집회·시위가 평화적으로 이루어지지 않을 경우 이와 근접한 시청사의 안전과 기능 유지에 직접적인 위협이 되므로, 심판대상조항은 시청사의 안전과 기능을 확보하기 위한 것이다. 또

한, 심판대상조항은 집회·시위 참여자의 잔디마당에 대한 독점적·배타적 사용을 차단하여, 집회·시위에 참여하지 않는 시민이 자유롭게 잔디마당을 산책, 운동, 휴식 등의 장소로 이용할 수 있도록 하기 위한 것이기도 하다. 이러한 입법목적은 정당하고, 집회·시위를 위한 잔디마당 사용허가를 전면적·일률적으로 제한하는 것은 이에 적합한 수단이다.

· 잔디마당은 도심에 위치하고 일반인에게 자유롭게 개방된 공간이며, 접근하기 편리하고 다중의 이목을 집중시키기에 유리하여, 인천광역시 또는 그 인근 지역에 거주하거나 생활근거지를 둔 다수인이 모여 공통의 의견을 표명하기에 적합하다. 특히 잔디마당을 둘러싸고 인천광역시, 시의회 청사 등이 자리 잡고 있으므로, 지방자치단체의 행정사무에 대한 의견을 표명하려는 목적이나 내용의 집회를 여는 경우에는 장소와의 관계가 매우 밀접하여 상징성이 큰 곳이다. 이러한 장소적 특성을 고려하면, 집회 장소로 잔디마당을 선택할 자유는 원칙적으로 보장되어야 하고, 공유재산의 관리나 공공시설의 설치·관리 등의 명목으로 일방적으로 제한되어서는 안 된다.

· 잔디마당에서 집회·시위가 개최되는 경우 시청사의 안전과 기능 유지에 위협이 될 수도 있으나, 인천광역시가 스스로 결단하여 시청사에 인접한 곳까지 개방된 공간을 조성한 이상, 이는 불가피한 측면이 있다. 인천광역시로서는 시청사 보호를 위한 방호인력을 확충하는 등의 대안 마련을 통하여, 잔디마당에서의 집회·시위를 전면적으로 제한하지 않고도 시청사의 안전과 기능 유지라는 입법목적을 달성할 수 있다.

· 잔디마당이 현재 일반인에게 널리 개방되어 자유로운 통행과 휴식 등 공간으로 활용되고 있는 이상, 이곳이 여전히 국토계획법상 공공청사 부지에 속하고, 집회·시위를 목적으로 한 분수광장의 사용이 용이하다는 점만으로, 심판대상조항에 따른 제한이 정당화될 수 없다. 따라서 심판대상조항은 침해의 최소성 요건을 갖추지 못하였다.

· 심판대상조항을 통하여 시청사의 안전과 기능을 확보하고, 공무원이 외부로부터의 심리적 압력을 받지 않고 공무에 집중할 수 있는 환경이 조성되며, 집회·시위의 영향을 받지 않고 잔디마당을 산책, 운동, 휴식을 위한 공간으로 사용하려 하는 사람의 편익이 증진될 여지가 있는 반면, 잔디마당을 집회 장소로 선택할 자유는 완전히 제한되는바, 공공에 위험을 야기하지 않고 시청사의 안전과 기능에도 위협이 되지 않는 집회나 시위까지도 예외 없이 금지되는 불이익이 발생하게 된다. 그렇다면 심판대상조항으로 인하여 제한되는 사익이 위 공익보다 중대하여, 심판대상조항은 법익의 균형성 요건도 갖추지 못하였다.

· 그렇다면 심판대상조항은 과잉금지원칙에 위배되어 청구인들의 집회의 자유를 침해한다(헌법재판소 2023. 9. 26. 선고 2019헌마1417 전원재판부 결정)
▶ ○ 헌법재판소 선례는, '집회 장소가 집회의 목적과 효과에 대하여 중요한 의미를 가지기 때문에, 누구나 '어떤 장소에서' 자신이 계획한 집회를 할 것인가를 원칙적으로 자유롭게 결정할 수 있어야만 집회의 자유가 비로소 효과적으로 보장된다'는 점을 강조한 바 있다(헌법재판소 2003. 10. 30. 2000헌바67등 참조).

○ 잔디마당은 인천광역시 스스로 결단하여 종래의 시청사 외벽 등을 철거하고 새롭게 조성한 공간으로, 평소 일반인에게 자유롭게 개방되어 있으며, 도심에 위치하여 도보나 대중교통으로 접근하기

편리하고 다중의 이목을 집중시키기에 유리하며, 주변에 지방자치단체 주요 행정기관들의 청사가 있다.

○ 헌법재판소는 위와 같은 잔디마당의 장소적 특성과 현황을 고려할 때, 집회 장소로 잔디마당을 선택할 자유는 원칙적으로 보장되어야 하고, 공유재산의 관리나 공공시설의 설치·관리 등의 명목으로 일방적으로 제한되어서는 안 되는바, 집회·시위를 목적으로 하는 경우에는 잔디마당의 사용을 전면적·일률적으로 제한하는 심판대상조항이 과잉금지원칙에 위배된다고 판단하였다.

정답 ○

5. 학문과 예술의 자유

제4장 | 경제적 기본권

제1절 ▶ 경제질서와 경제적 기본권
제2절 ▶ 재산권

판례 74 ★★★

① 피상속인의 형제자매의 유류분을 규정한 민법 제1112조 제4호는 재산권을 침해하지 않는다.
② 유류분 상실사유를 규정하지 아니한 민법 제1112조 제1호부터 제3호는 헌법에 합치하지 아니한다.
③ 기여분에 관한 민법 제1008조의2를 준용하는 규정을 두지 아니한 민법 제1118조가 재산권을 침해하여 헌법에 위반된다.

해설 가. 민법상 유류분제도의 개관
○ 유류분제도란, 피상속인이 증여 또는 유증으로 자유로이 재산을 처분하는 것을 제한하여 법정상속인 중 일정한 범위의 근친자에게 법정상속분의 일부가 귀속되도록 법률상 보장하는 민법상 제도를 말한다(민법 제1112조 ~ 제1118조).

○ 현행 유류분제도는 민법이 1977. 12. 31. 법률 제3051호로 개정되면서 신설되었고, 현재까지 그대로 유지되고 있다. 유류분제도를 처음으로 도입한 입법자의 의도는 공동상속인 사이의 공평한 이익이 피상속인의 증여나 유증으로 인하여 침해되는 것을 방지하고, 나아가 피상속인의 재산처분의 자유, 거래의 안전과 가족생활의 안정, 상속재산의 공정한 분배라는 대립되는 이익을 합리적으로 조정하기 위한 것이었다.

○ 그러나 오늘날 사회구조가 변하고 가족제도의 모습 등이 크게 달라지면서 유류분제도의 본래 목적과 기능이 퇴색되고 있다는 비판이 꾸준히 제기되고 있다.
나. 제한되는 기본권 – 재산권
○ 심판대상조항에 따른 유류분제도는 그 구체적 내용에 비추어 볼 때, 피상속인의 증여나 유증에 의한 자유로운 재산처분을 제한하고, 피상속인으로부터 증여나 유증을 받았다는 이유로 유류분반환청구의 상대방이 되는 자의 재산권을 역시 제한한다(헌법재판소 2010. 4. 29. 2007헌바144; 헌법재판소 2013. 12. 26. 2012헌바467 참조).

다. 심판대상조항에 따른 유류분제도의 위헌 여부
(1) 목적의 정당성 및 수단의 적합성 - 긍정
○ 심판대상조항에 따른 유류분제도는 피상속인의 재산처분행위로부터 유족들의 생존권을 보호하고, 법정상속분의 일정비율에 상당하는 부분을 유류분으로 산정하여 상속재산형성에 대한 기여, 상속재산에 대한 기대를 보장하려는 데에 그 취지가 있고(헌법재판소 2010. 4. 29. 선고 2007헌바144 전원재판부), 가족의 연대가 종국적으로 단절되는 것을 저지하는 기능을 갖는다(헌법재판소 2013. 12. 26. 2012헌바467).

○ 오늘날 사회구조가 산업화·정보화 사회로 변화하고, 가족의 모습과 기능이 핵가족으로 바뀌었으며, 남녀평등이 점차로 실현되고 있지만, 가족의 역할은 오늘날에도 중요한 의미를 가지고, 상속인들은 유류분을 통해 긴밀한 연대를 유지하고 있으며, 유류분이 공동상속인들 사이의 균등상속에 대한 기대를 실현하는 기능을 여전히 수행하고 있다.

(2) 개별 조항의 합리성 여부

(가) 민법 제1112조

○ 유류분에 관한 다양한 사례에 맞추어서 유류분권리자와 각 유류분을 적정하게 정하는 입법을 하는 것이 현실적으로 매우 어려운 점, 법원이 재판에서 구체적 사정을 고려하여 유류분권리자와 각 유류분을 개별적으로 정할 수 있도록 하는 것은 심리의 지연 및 재판비용의 막대한 증가 등을 초래할 수 있는 점 등을 고려하면, 민법 제1112조가 유류분권리자와 각 유류분을 획일적으로 규정한 것이 매우 불합리하다고 단정하기 어렵다. ☞ 합리

○ 피상속인을 장기간 유기하거나 정신적·신체적으로 학대하는 등의 패륜적인 행위를 일삼은 상속인의 유류분을 인정하는 것은 일반 국민의 법감정과 상식에 반한다고 할 것이므로, 민법 제1112조에서 유류분상실사유를 별도로 규정하지 아니한 것은 불합리하다고 아니할 수 없다. ☞ 불합리

○ 피상속인의 형제자매는 상속재산형성에 대한 기여나 상속재산에 대한 기대 등이 거의 인정되지 않음에도 불구하고 유류분권을 부여하는 것은 그 타당한 이유를 찾기 어렵다(독일·오스트리아·일본 등은 형제자매 제외).☞ 불합리

(나) 민법 제1113조 및 제1114조 전문 ☞ 합리
○ 유류분제도는 피상속인의 증여나 유증으로 인해 법정상속분이 침해된 경우 유류분권리자로 하여금 상속재산의 일정 부분에 대해서만큼은 법적으로 취득할 수 있도록 함으로써 유류분권리자를 보호하고자 하는 데에 그 의의가 있다. 따라서 유류분권리자의 보호를 위해 증여재산의 가액을 산입하여 유류분을 산정하도록 하는 것은 어느 정도 불가피한 측면이 있다(헌법재판소 2013. 12. 26. 2012헌바467 참조).
○ 피상속인이 상속재산을 공익적 목적으로 증여(기부)하거나 가업승계를 위하여 자신의 지분을 특정상속인에게 증여하는 것을 제한할 수 있으나, '피상속인의 재산처분으로부터 유족들의 생존권 보호'와 '가족제도의 종국적 단절의 저지'라는 유류분제도의 입법목적을 고려하면 크게 부당하거나 불합리하다고 보기 어렵다.

○ 민법 제1114조 전문은 유류분 산정 기초재산에 산입되는 증여의 범위를 한정하여 선의의 수증자

를 보호하고 거래의 안전을 유지하고 있다.

(다) 민법 제1114조 후문 및 민법 제1118조 중 제1008조를 준용하는 부분 ☞ 합리

○ 민법 제1114조 후문에서 당사자 사이에 유류분권리자에 대하여 손해를 가할 의사(이하 '해의'라 한다)로 증여가 이루어진 경우에는 그 시기를 불문하고 유류분 산정 기초재산에 산입하도록 한 것은, 그러한 증여는 더 이상 보호할 필요가 없으므로 거래의 안전보다는 유류분권리자를 두텁게 보호하려는 입법자의 의사에 따른 것으로 합리적이다.☞ 대법원은 해의의 요건을 엄격하게 해석(대법원 2022. 8. 11. 선고 2020다247428 판결)

○ 민법 제1118조 중 공동상속인 중 특별수익자의 상속분에 관한 제1008조를 준용하는 부분으로 인하여 피상속인의 공동상속인에 대한 특별수익으로서의 증여는 그 시기를 불문하고 모두 유류분 산정 기초재산에 산입된다. 이는 공동상속인들 사이의 공평을 기하기 위하여 그 수증재산을 상속분의 선급으로 다루어 구체적인 상속분이나 유류분을 산정함에 있어 이를 참작하도록 하려는 데 그 취지가 있다(대법원 1996. 2. 9. 선고 95다17885 판결 등 참조).☞ 대법원은 특별수익에 해당하는 증여의 범위를 종합적인 사정을 고려하여 해석(대법원 1998. 12. 8. 선고 97므513, 520, 97스12 판결)

○ 유류분권 또는 유류분권리자로서의 지위는 피상속인이 사망하여 상속이 개시되는 시점에서 비로소 발생하는 점, 유류분을 산정 기초재산의 평가시기를 일률적으로 정해 놓는 것이 유류분권리자나 수증자의 입장에서도 합리적인 면이 있는 점, 유류분 산정의 기초재산에 산입되는 증여재산의 평가시기는 특별수익자의 상속분이나 구체적 상속분 산정을 위한 기여분의 평가시기와 동일하여야 하는 점, 대법원은 수증자가 증여재산을 처분한 경우 물가변동률을 고려한 공정한 평가를 추구하고 있는 점(대법원 2023. 5. 18. 선고 2019다222867 참조) 등을 고려하면, 증여재산의 평가시기를 상속개시시로 하는 것은 합리적이다.

(라) 민법 제1115조 및 제1116조 ☞ 합리

○ 민법 제1115조 제1항은, 유류분의 부족분에 한하여 유류분반환을 청구할 수 있도록 함으로써 유류분권리자의 보호와 함께 상대방인 수증자(또는 수유자)와의 이해관계 및 거래의 안전을 모두 합리적으로 고려한 것이다. ☞ 원물반환이 원칙, 예외적 가액반환(대법원 2005. 6. 23. 선고 2004다51887 참조)

○ 민법 제1116조는 수증자의 신뢰보호의 필요성이 수유자보다 더 크다는 점을 고려하고, 거래의 안전을 최대한 보호하기 위한 것으로 합리적이다.

(마) 민법 제1118조 중 제1001조와 제1010조를 준용하는 부분 ☞ 합리

○ 대습상속인의 상속에 대한 기대를 보호하고 상속에서의 공평을 실현하고자 하는 이념을 유류분에도 적용하기 위한 것으로 합리성이 인정된다.

(바) 제1008조의2를 준용하는 규정을 두지 아니한 민법 제1118조 ☞ 불합리

○ 민법 제1118조는 기여분에 관한 민법 제1008조의2를 유류분에 준용하는 규정을 두고 있지 않아서, 피상속인을 오랜 기간 부양하거나 상속재산형성에 기여한 기여상속인이 그 보답으로 피상속인으로부터 재산의 일부를 증여받더라도, 해당 증여 재산은 유류분 산정 기초재산에 산입되므로, 기여상속인은 비기여상속인의 유류분반환청구에 응하여 위 증여재산을 반환하여야 하는 부당하고 불합리한 상황이 발생하게 된다(대법원 1994. 10. 14. 선고 94다8334 판결 참조).

○ 최근 대법원은 기여상속인이 피상속인으로부터 기여에 대한 대가로 받은 생전 증여를 특별수익에서 제외할 수 있다고 판시하여(대법원 2022. 3. 17. 선고 2021다230083, 230090 판결), 기여상속인이 기여에 대한 대가로 피상속인으로부터 받은 증여가 유류분 산정 기초재산에 산입되지 않을 수 있는 가능성을 열어 놓기는 하였으나, 위 판결만으로는 기여분에 관한 민법 제1008조의2를 유류분에 준용하는 효과를 거두고 있다고 평가하기는 어렵다.

(3) 법익의 균형성

○ 심판대상조항에 따른 유류분제도가 추구하는 유족의 생존권 보호, 상속재산형성에 대한 기여, 상속재산에 대한 기대보장 및 가족 간의 연대라는 공익은 매우 중요하다.

○ 유류분상실사유를 별도로 두지 않고, 형제자매까지 유류분권리자로 규정하고 있는 민법 제1112조 및 기여분에 관한 제1008조의2를 유류분에 준용하는 규정을 두지 아니한 민법 제1118조는 불합리하고 부당하여 이로 인하여 피상속인과 수증자(수유자)가 받는 재산권의 침해가 위 공익보다 더 중대하고 심각하다고 할 것이다. ☞ 법익균형성 불충족

○ 유류분권리자와 각 유류분을 획일적으로 정하고 있는 민법 제1112조, 유류분 산정 기초재산을 규정한 민법 제1113조, 유류분 산정 기초재산에 산입되는 증여의 범위를 규정한 민법 제1114조, 유류분의 반환을 규정한 민법 제1115조, 유증을 증여보다 먼저 반환하도록 규정한 민법 제1116조, 그리고 대습상속에 관한 제1001조 및 제1010조와 공동상속인 중 특별수익자의 상속분에 관한 제1008조를 각 준용한 민법 제1118조는 모두 합리적이어서 이들로 인하여 침해되는 사익이 공익보다 더 크다고 보기 어렵다. ☞ 법익균형성 충족

라. 소결
○ 심판대상조항에 따른 유류분제도 자체의 입법목적의 정당성은 인정된다.

○ 민법 제1112조: ① 유류분권리자와 각 유류분을 획일적으로 정한 부분 ☞ 합헌 ② 유류분상실사유를 별도로 정하고 있지 않은 부분(제1호부터 제3호)과 피상속인의 형제자매를 유류분권리자에 포함시키는 부분(제4호) ☞ 헌법 제37조 제2항의 기본권제한의 입법한계를 일탈하여 재산권을 침해하므로 위헌
○ 민법 제1118조: ① 민법 제1118조가 대습상속에 관한 제1001조 및 제1010조와 공동상속인 중 특별수익자의 상속분에 관한 제1008조를 유류분에 준용하는 부분 ☞ 합헌

② 기여분에 관한 민법 제1008조의2를 유류분에 준용하는 규정을 두지 아니한 민법 제1118조 ☞ 헌법 제37조 제2항의 기본권제한의 입법한계를 일탈하여 재산권을 침해하므로 위헌

○ 그 외 조항들: ① 유류분 산정 기초재산을 규정하고 조건부권리 또는 불확정한 권리에 대한 가격을 감정인이 정하도록 한 민법 제1113조, ② 유류분 산정 기초재산에 산입되는 증여의 범위를 피상속인이 상속개시 전 1년간에 행한 증여로 한정하면서 예외적으로 당사자 쌍방이 해의를 가지고 증여한 경우에는 상속개시 1년 전에 행한 증여도 유류분 산정 기초재산에 산입하도록 하는 민법 제1114조, ③ 유류분 부족분을 원물로 반환하도록 하고 증여 및 유증을 받은 자가 수인인 경우 각자가 얻은 각각의 가액에 비례하여 유류분을 반환하도록 한 민법 제1115조 및 ④ 유류분반환시 유증을 증여보다 먼저 반환하도록 한 민법 제1116조 ☞ 모두 헌법 제37조 제2항에 따른 기본권제한의 입법한계를 일탈하지 아니하므로 합헌

마. 민법 제1112조 제1호부터 제3호 및 제1118조에 대한 헌법불합치결정
○ 피상속인의 형제자매의 유류분을 규정한 민법 제1112조 제4호는 피상속인 및 유류분반환청구의 상대방인 수증자 및 수유자의 재산권을 침해하므로 헌법에 위반된다. 따라서 민법 제1112조 제4호는 위헌선언을 통하여 재산권에 대한 침해를 제거함으로써 합헌성이 회복될 수 있다.☞ 단순위헌 결정

○ 민법 제1112조 제1호부터 제3호는 유류분의 핵심적 사항을 규정하고 있고, 민법 제1118조는 기본적인 사항을 규정하고 있다. 따라서 위 조항들에 대하여 위헌결정을 선고하여 효력을 상실시키면, 법적 혼란이나 공백이 발생할 우려가 있을 뿐 아니라, 심판대상조항에 따른 유류분제도 자체가 헌법에 위반된다는 것이 아니라 이를 구성하는 유류분 조항들 중 일부의 내용이 헌법에 위반된다는 이 사건 결정의 취지에도 반하게 된다.☞ (계속적용) 헌법불합치 결정

[심판대상조항]

민법(1977. 12. 31. 법률 제3051호로 개정된 것)

제1112조(유류분의 권리자와 유류분) 상속인의 유류분은 다음 각 호에 의한다.

1. 피상속인의 직계비속은 그 법정상속분의 2분의 1

2. 피상속인의 배우자는 그 법정상속분의 2분의 1

3. 피상속인의 직계존속은 그 법정상속분의 3분의 1

4. 피상속인의 형제자매는 그 법정상속분의 3분의 1

제1113조(유류분의 산정) ① 유류분은 피상속인의 상속개시시에 있어서 가진 재산의 가액에 증여재산의 가액을 가산하고 채무의 전액을 공제하여 이를 산정한다.
② 조건부의 권리 또는 존속기간이 불확정한 권리는 가정법원이 선임한 감정인의 평가에 의하여 그 가격을 정한다.

제1114조(산입될 증여) 증여는 상속개시전의 1년간에 행한 것에 한하여 제1113조의 규정에 의하여 그 가액을 산정한다. 당사자 쌍방이 유류분권리자에 손해를 가할 것을 알고 증여를 한 때에는 1년 전에 한 것도 같다.

제1115조(유류분의 보전) ① 유류분권리자가 피상속인의 제1114조에 규정된 증여 및 유증으로 인하여 그 유류분에 부족이 생긴 때에는 부족한 한도에서 그 재산의 반환을 청구할 수 있다.

② 제1항의 경우에 증여 및 유증을 받은 자가 수인인 때에는 각자가 얻은 유증가액의 비례로 반환하여야 한다.

제1116조(반환의 순서) 증여에 대하여는 유증을 반환받은 후가 아니면 이것을 청구할 수 없다.

제1118조(준용규정) 제1001조, 제1008조, 제1010조의 규정은 유류분에 이를 준용한다.

MGI Point 유류분

- 민법 제1112조 제4호 형제자매의 유류분 규정 ☞ 위헌
- 민법 제1112조 제1호부터 제3호 및 제1118조 유류분 상실사유 규정X 기여분에 관한 민법 1008조의2 준용 규정X ☞ (계속적용) 헌법불합치
- 민법 제1113조, 제1114조, 제1115조, 제1116조 ☞ 합헌

정답 X,O,O

◦판례 75 ★★★

군인연금법상 퇴역연금 수급자가 지방의회의원에 취임한 경우, 연금 전부를 지급 정지하도록 한 구 군인연금법 제27조 제1항 제2호 중 '지방의회의원'에 관한 부분이 지방의회의원에 취임한 퇴역연금 수급자의 재산권을 침해하지 않는다.

 (1) 헌법재판소는 2022. 1. 27. 2019헌바161 결정에서, 공무원연금법상 퇴직연금 수급자가 지방의회의원에 취임한 경우 연금 전부를 지급 정지하도록 한 구 공무원연금법상 지급정지 조항에 대해, 일률적으로 연금전액의 지급을 정지하도록 하여 지급정지제도의 본질 및 취지와 어긋나는 결과를 초래하고 있으며, 재취업소득액에 대한 고려 없이 퇴직연금 전액을 지급 정지할 경우 재취업 유인을 제공하지 못하여 목적 달성에 실패할 가능성이 큰 반면, 보수 수준과 연계하여 연금의 일부만 감액하거나 적어도 연금과 보수의 합계액이 취임 전 퇴직연금보다 적지 않은 액수로 유지되도록 하여 생활보장에 불이익이 발생하지 않도록 할 수 있는 점을 고려할 때, 과잉금지원칙에 반하여 지방의회의원에 취임한 퇴직연금 수급자의 재산권을 침해한다고 보았다.
공무원연금법상 퇴직연금과 군인연금법상 퇴직연금은 그 주된 취지가 동일하고, 지방자치단체의 지방의회의원으로 취임한 퇴직연금 수급자와 퇴역연금 수급자는 지급받는 의정비가 동일하며, 연금이 전부 지급 정지된다는 사정이 동일한 점 등을 고려하면, 위 선례의 취지는 이 사건에도 그대로 타당하다. 따라서 심판대상조항은 과잉금지원칙에 반하여 지방의회의원에 취임한 퇴역연금 수급자의 재산권을 침해한다.
(2) 심판대상조항의 위헌성은 선출직 공무원으로서 받는 보수가 기존의 연금에 미치지 못하는 경우에도 연금을 전액 지급 정지하는 것에 있으므로, 입법자로 하여금 위헌성을 제거하도록 하는 것이 더 바람직하다. 한편, 심판대상조항은 2023. 7. 11. 개정되었으나, 개정조항은 소급 적용되지 아니하므로, 심판대상조항은 당해사건에 여전히 적용된다. 따라서 심판대상조항에 대하여 헌법불합치결정을 선고하되, 그 적용을 중지하기로 한다. 당해사건에서는 개정된 신법을 적용하여야 할 것이다. (헌법재판소 2024. 4. 25. 선고 2022헌가33 전원재판부 결정)

정답 X

◦판례 76 ★★★

비용보상청구권의 제척기간을 '무죄판결이 확정된 날부터 6개월'로 정하는 구 군사법원법 제227조의12 제2항이 헌법에 위반되지 않는다.

해설 심판대상조항은 군사법원에서 무죄판결이 확정된 경우 피고인이 비용보상청구권을 '무죄판결이 확정된 날부터 6개월 이내'에 재판상 청구해야 한다고 정하면서, 비용보상청구권자의 재판청구권과 재산권을 제한하고 있다.

권리관계를 조속히 확정하기 위하여 제척기간을 단기로 규정하는 것은 권리의 행사가 용이하고 일상적으로 빈번히 발생하는 것이거나 법률관계를 보다 신속히 확정하여 분쟁을 방지할 필요가 있는 경우인데, 군사법원법상 비용보상청구권은 이러한 사유에 해당하지 않는다. 비용보상제도의 취지가 국가의 형사사법작용에 내재한 위험성 때문에 불가피하게 비용을 지출한 피고인의 방어권 및 재산권을 보장하려는 데에 있는 점을 고려하면, 비용보상청구권은 일반적인 사법상의 권리보다 더 확실하게 보호되어야 한다. 따라서 그 제척기간을 6개월이라는 단기로 규정해야 할 합리적인 이유가 없다. 군사법원법에서는 피고인이 재정하지 아니한 가운데 재판할 수 있는 예외적인 경우를 상정하고 있고, 재심의 경우 피고인이 아닌 자가 재심청구를 할 수 있어서, 피고인이 재판의 진행이나 무죄판결의 선고 사실을 모르는 경우가 발생할 수 있다. 그런데 심판대상조항은 기산점에 관한 예외를 인정하지 아니한 채 '무죄판결이 확정된 날부터 6개월'이라는 극히 단기의 제척기간을 규정하여 피고인의 비용보상청구를 현저히 곤란하게 한다. 또한 심판대상조항의 제척기간을 합리적인 범위 내에서 장기로 규정하여도 국가재정의 합리적 운영을 저해하거나 그러한 위험을 초래한다고 볼 수 없다. 따라서 심판대상조항은 과잉금지원칙을 위반하여 비용보상청구권자의 재판청구권과 재산권을 침해한다(헌법재판소 전원재판부 2023. 8. 31. 2020헌바252 전원재판부 선고 - 위헌).

[심판대상조항]

구 군사법원법(2009. 12. 29. 법률 제9841호로 개정되고, 2020. 6. 9. 법률 제17367호로 개정되기 전의 것)

제227조의12(비용보상의 절차 등) ② 제1항에 따른 청구는 무죄판결이 확정된 날부터 6개월 이내에 하여야 한다.

정답

판례 77 ★★

① 갱신되는 임대차의 차임과 보증금의 증액한도 및 임대인이 실제 거주를 이유로 갱신 거절 후 정당한 사유 없이 제3자에게 임대한 경우의 손해배상책임을 규정한 주택임대차보호법규정은 명확성원칙에 위배되지 않는다.
② 임차인이 계약갱신을 요구할 경우 임대인이 정당한 사유 없이 이를 거절하지 못하도록 한 주택임대차법 제6조의3 제1항, 제3항 본문(이하 '계약갱신요구 조항'이라 한다), 갱신되는 임대차의 차임과 보증금 증액한도를 규정한 제6조의3 제3항 단서 중 제7조 제2항에 관한 부분(이하 '차임증액한도 조항'이라 한다), 임대인이 실제 거주를 이유로 갱신 거절 후 정당한 사유 없이 제3자에게 임대한 경우의 손해배상책임 및 손해액을 규정한 제6조의3 제5항, 제6항(이하 '손해배상 조항'이라 한다)이 과잉금지원칙에 반하여 계약의 자유와 재산권을 침해한다.
③ 보증금을 월 단위 차임으로 전환하는 경우 그 전환 금액에 곱하는 비율을 대통령령에 위임한 주택임대차법 제7조의2(이하 '월차임전환율 조항'이라 한다)가 포괄위임금지원칙에 반한다.
④ 개정 법률 시행 당시 존속 중인 임대차에도 개정 조항을 적용하도록 한 주택임대차법 부칙(2020. 7. 31. 법률 제17470호) 제2조(이하 '부칙조항'이라 한다)가 신뢰보호원칙에 위반된다.

해설 가. 증액청구의 산정 기준이 되는 '약정한' 차임이나 보증금의 구체적 액수는 임대차계약을 통해 확인 가능하고, 차임과 보증금이 모두 존재할 경우 차임을 보증금으로 환산한 총 보증금을 산정 기준으로 삼는 것이 타당한 점, 임대인이 손해배상책임을 면할 수 있는 '정당한 사유'란, 임대인이 갱신거절 당시에는 예측할 수 없었던 것으로서 제3자에게 목적 주택을 임대할 수밖에 없었던 불가피한 사정을 의미하는 것으로 해석되는 점 등에 비추어 명확성원칙에 반하지 아니한다.

나. 계약갱신요구 조항, 차임증액한도 조항, 손해배상 조항은 임차인 주거안정 보장을 위한 것으로 임차인의 주거이동률을 낮추고 차임 상승을 제한해 임차인의 주거안정을 도모할 수 있으므로 입법목적의 정당성 및 수단의 적합성이 인정된다.
또한 갱신요구권의 행사기간 및 횟수가 제한되고 갱신되는 임대차의 법정 존속기간이 2년인 점, 일정한 경우 임대인이 갱신요구를 거절할 수 있는 점, 차임증액 한도를 정한 것은 갱신요구권 제도의 실효성 확보를 위한 것으로 그 액수를 직접 통제하거나 인상 자체를 금지하지 않는 점, 임대인에게 손해배상책임을 묻는 것은 갱신거절 남용을 방지하고 갱신요구 제도의 실효성을 확보하기 위한 것이고, 정당한 사유가 인정되는 임대인은 손해배상책임을 면할 수 있는 점, 손해액의 입증책임을 완화하여 분쟁을 조기에 해결할 수 있는 점 등에 비추어 피해최소성에도 어긋나지 아니한다.
임차인의 주거안정이라는 공익에 비해 임대인의 계약의 자유와 재산권 제한 정도가 크다고 볼 수 없어 법익 균형성도 인정된다. 따라서 이들 조항은 과잉금지원칙에 반하여 청구인들의 계약의 자유와 재산권을 침해한다고 볼 수 없다.

다. 임대차계약의 보증금, 차임 시세는 임대차의 수요, 공급, 금리변동, 경제상황 등에 따라 변화하여 이에 탄력적으로 대응할 필요가 있고 정책적 고려가 요구되므로, 보증금을 월 단위 차임으로 전환하는 비율을 하위법령에서 정하도록 위임할 필요성이 인정된다. 또한 월차임전환율 조항 중 제7조의2 제2호의 '대통령령에서 정하는 이율'이란, 기준금리, 월세로의 전환 비율, 임차인의 주거비 부담 정도, 주거안정 저해 가능성 등을 고려해 산정됨을 예측할 수 있으므로, 포괄위임금지원칙에 반하지 아니한다.

라. 임차인의 주거안정 확보의 필요성, 갱신요구권과 전월세 상한 제한에 대한 사회적 논의를 토대로 다수의 법안이 제출되어 온 점 등을 고려하면 계약갱신요구권 도입에 대해 전혀 예측할 수 없었다고 보기 어렵고, 개정 법률 시행 당시 존속 중인 임대차계약에 개정조항을 적용하지 않을 경우 임대주택의 공급부족 또는 차임 상승 등의 부작용을 초래될 우려가 있는 점, 임차인의 주거안정 보장이라는 공익이 임대인의 신뢰이익에 비해 큰 점 등에 비추어 볼 때, 부칙조항은 신뢰보호원칙에 반하여 청구인들의 계약의 자유와 재산권을 침해하지 아니한다(헌법재판소 2024. 2. 28. 선고 2020헌마1343·1400·1598, 2021헌마14·792, 2022헌바82·123·140·149· 150·248·300·333, 2023헌바1·433(병합) 전원재판부 결정 (주택임대차보호법 제6조의3 위헌확인 등)).

○ 판례 78 ★★

의료급여기관이 의료법 제33조 제2항을 위반하여 사무장병원인 사실을 수사기관의 수사 결과로 확인한 경우 시장·군수·구청장으로 하여금 의료급여비용의 지급을 보류할 수 있도록 규정한 의료급여법 제11조의5 제1항 중 '의료법 제33조 제2항'에 관한 부분은 과잉금지원칙에 반하여 의료급여기관 개설자의 재산권을 침해한다.

해설 1. 무죄추정의 원칙 위반 여부
○ 심판대상조항은 사후적인 부당이득 환수절차의 한계를 보완하고, 의료급여기금의 재정 건전성이 악화될 위험을 방지하고자 마련된 조항이다. 그렇다면 사무장병원일 가능성이 있는 의료급여기관이

일정 기간 동안 의료급여비용을 지급받지 못하는 불이익을 받더라도 이를 두고 유죄의 판결이 확정되기 전에 죄 있는 자에 준하여 취급하는 것이라고 보기 어렵다. 따라서 심판대상조항은 무죄추정의 원칙에 위반된다고 볼 수 없다.

2. 과잉금지원칙 위반 여부
○ 심판대상조항은 사무장병원의 개설·운영을 보다 효과적으로 규제하여 의료급여기금 재정의 건전성을 확보하기 위한 것이다. 이러한 점을 고려하면, 지급보류처분의 요건이 상당히 완화되어 있는 것 자체는 일응 수긍이 가는 측면이 있다.

○ 그런데 지급보류처분은 잠정적 처분이고, 그 처분 이후 사무장병원에 해당하지 않는다는 사실이 밝혀져서 무죄판결의 확정 등 사정변경이 발생할 수 있으며, 이러한 사정변경사유는 그것이 발생하기까지 상당히 긴 시간이 소요될 수 있다. 이러한 점을 고려하면, 지급보류처분의 '처분요건'뿐만 아니라 위와 같은 사정변경이 발생할 경우 잠정적인 지급보류상태에서 벗어날 수 있는 '지급보류처분의 취소'에 관하여도 명시적인 규율이 필요하고, 그 '취소사유'는 '처분요건'과 균형이 맞도록 규정되어야 한다. 또한 무죄판결이 확정되기 전이라도 하급심 법원에서 무죄판결이 선고되는 경우에는 그때부터 일정 부분에 대하여 의료급여비용을 지급하도록 할 필요가 있다. 나아가, 앞서 본 사정변경 사유가 발생할 경우 지급보류처분이 취소될 수 있도록 한다면, 이와 함께 지급보류기간동안 의료기관의 개설자가 수인해야 했던 재산권 제한상황에 대한 적절하고 상당한 보상으로서의 이자 내지 지연손해금의 비율에 대해서도 규율이 필요하다.

○ 이러한 사항들은, 심판대상조항으로 인한 기본권 제한이 입법목적 달성에 필요한 최소한도에 그치기 위해 필요한 조치들이지만, 현재 이에 대한 어떠한 입법적 규율도 없다. 이러한 점을 종합하면, 심판대상조항은 과잉금지원칙에 반하여 의료급여기관 개설자의 재산권을 침해한다.

○ 다만, 위와 같은 위헌적 요소들을 제거하고, 지급보류처분의 취소 사유나, 지급보류처분에 의하여 발생한 의료급여기관 개설자의 재산권 제한 정도를 완화하기 위한 적절하고 상당한 보상으로서의 이자 내지 지연손해금 등 제도적 대안 등을 어떠한 내용으로 형성할 것인지에 관하여는, 입법자에게 폭넓은 재량이 부여되어 있다.

○ 또한 심판대상조항에 대하여 단순위헌결정을 하여 당장 그 효력을 상실시키는 경우 의료급여기금 재정의 건전성 확보라는 입법목적을 달성하기 어려운 법적 공백이 발생할 수 있다. 따라서 심판대상조항에 대하여 2025. 6. 30.을 시한으로 입법자가 개정할 때까지 계속 적용을 명하는 헌법불합치 결정을 한다(2024.6.27. 2021헌가19).

[심판대상조항]
의료급여법(2015. 12. 29. 법률 제13657호로 개정된 것)
제11조의5(급여비용의 지급 보류) ① 제11조 제3항에도 불구하고 시장·군수·구청장은 급여비용의 지급을 청구한 의료급여기관이 「의료법」 제33조 제2항 또는 「약사법」 제20조 제1항을 위반하였다는 사실을 수사기관의 수사결과로 확인한 경우에는 해당 의료급여기관이 청구한 급여비용의 지급을 보류할 수 있다.

point ▶ 수사기관의 수사 결과만을 이유로 지방자치단체장이 의료기관의 의료급여비용 지급을 보류할 수 있도록 규정한 의료급여법 조항은 헌법에 어긋난다는 판례이다.

정답 ○

○ 판례 79 ★★

축산회사와 위탁 계약을 맺고 가축을 사육하는 농가에 전염병 살처분 보상금을 지급하도록 한 가축전염병 예방법 조항은 가축의 실질적 소유자인 축산계열화사업자의 재산권을 침해해 헌법에 어긋난다.

해설 양돈업을 하는 축산계열화사업자는 양계업처럼 다수의 계약사육농가와 위탁사육계약을 맺은 대기업이 아닌 영세업체인 경우도 많아, 계약사육농가에 비해 우월한 교섭력을 행사한다고 보기 어려운 경우도 많다. 이 사건처럼 살처분된 가축에 대한 사육수수료는 계약사육농가에게 전부 지급됐던 상황임에도 축산계열화사업자는 살처분 보상금을 지급받지 못하는 사례도 있다.

축산계열화사업자가 가축의 소유자라 해서 살처분 보상금을 오직 계약사육농가에만 지급하는 방식은 축산계열화사업자에 대한 재산권의 과도한 부담을 완화하기에 적절한 조정적 보상조치라고 할 수 없다. 살처분 보상금을 가축의 소유자인 축산계열화사업자와 계약사육농가에게 개인별로 지급함으로써 대상 가축의 살처분으로 인한 각자의 경제적 가치의 손실에 비례해 보상하는 것은 입법기술상으로 가능하다.

심판대상조항에 대해 단순위헌결정을 하게 되면 가축소유자인 축산계열화사업자에게 보상금이 전액 지급되는 불합리한 결과가 발생할 수 있으므로 입법자의 법 개정이 있을 때까지 계속 적용을 명하는 헌법불합치 결정을 선고하는게 타당하다(헌법재판소 2024. 5. 30. 선고 2021헌가3 전원재판부 결정).

point ▶ 헌재는 법률상 살처분 보상금 수급권이 계약사육농가에게만 귀속돼 있는 한 축산계열화사업자가 입은 경제적 손실을 회복하는 데 한계가 있다고 판단했다.

정답 ○

○ 판례 80 ★★

임차인이 3기의 차임액에 해당하는 금액에 이르도록 차임을 연체한 사실이 있는 경우 임대인의 권리금 회수 기회 보호 의무가 발생하지 않는 것으로 규정한 상가건물 임대차보호법 조항은 헌법에 어긋난다.

해설 임차인이 3기의 차임액에 해당하는 금액에 이르도록 차임을 연체한 경우에도 임대인은 임차인이 주선하는 신규임차인과 임대차계약을 체결하여야 한다면, 임대인 입장에서 이는 차임지급을 성실히 이행하지 않아 신뢰를 잃은 임차인과 사실상 계약을 갱신하는 것과 크게 다르지 않을 수 있다. 한편, 급격한 경제상황의 변동 등과 같은 사정으로 말미암아 임차인이 귀책사유 없이 차임을 연체하는 경우, 임차인이 심판대상조항으로 인하여 권리금을 회수할 기회를 갖지 못하게 된다면 임차인에게 다소 가혹하다고 볼 여지가 있으나, 기본적으로 경제상황의 변동은 일차적으로 임차인 스스로가 감수하여야 할 위험에 해당한다. 그리고 상가임대차법은 경제 사정의 변동 등으로 인하여 기존의 차임 또는 보증금이 상당하지 아니하게 된 경우 임차인 측에서는 차임의 감액을 청구할 수 있도록 함으로써(제11조 제1항), 애초에 임차인이 차임 연체를 이유로 권리금 회수기회의 보호대상에서 제외되지 않을 수 있는 기회를 부여하고 있다. 이에 더하여 심판대상조항은 임차인이 차임을 단순히 3회 연체하는 경우가 아니라 3기의 차임액에 해당하는 금액에 이르도록 차임을 연체하였을 경우에 한하여 임대인의 권리금 회수기회 보호의무가 발생되지 않도록 규정하고 있는 점 등도 고려해 볼 때, 심판대상조항이 3기 이상의 차임 연체에 임차인의 귀책사유가 있는지 여부를 불문하고 임대인의 권리금 회수기회 보호의무가 발생하지 않는 것으로 정하였다고 해서 임차인에게 일방적으로 가혹하다고 할 수는 없다.

이와 같은 점들을 종합하여보면, 심판대상조항은 임차인의 재산권을 침해한다고 할 수 없으므로 헌법에 위반되지 아니한다(헌법재판소 2023. 6. 29. 선고 2021헌바264 전원재판부 결정).

정답 ×

판례 81 ★★

'감염병의 예방 및 관리에 관한 법률'상 집합제한 조치로 일반음식점 영업이 제한되어 영업이익이 감소되어 발생한 손실을 보상하는 규정을 두지 않은 '감염병의 예방 및 관리에 관한 법률'조항은 재산권을 제한한다.

해설 ● 심판대상조항이 재산권을 제한하는지 여부(소극)

○ 헌법 제23조에서 보장하는 재산권은 사적 유용성 및 그에 대한 원칙적 처분권을 내포하는 재산가치 있는 구체적 권리이므로, 구체적인 권리가 아닌 단순한 이익이나 재화의 획득에 관한 기회 또는 기업활동의 사실적·법적 여건 등은 재산권보장의 대상에 포함되지 아니한다(헌법재판소 1996. 8. 29. 95헌바36; 헌재 1997. 11. 27. 97헌바10 참조).감염병예방법 제49조 제1항 제2호에 근거한 집합제한 조치로 인하여 청구인들의 일반음식점 영업이 제한되어 영업이익이 감소되었다 하더라도, 청구인들이 소유하는 영업 시설·장비 등에 대한 구체적인 사용·수익 및 처분권한을 제한받는 것은 아니므로, 보상규정의 부재가 청구인들의 재산권을 제한한다고 볼 수 없다.

● 심판대상조항이 평등권을 침해하는지 여부(소극)

○ 심판대상조항은 지역사회 전파가 거의 이루어지지 않아 집합제한 또는 금지 조치가 일반적으로 시행되지 않았던 2015년 메르스 사태를 계기로 현행법과 같이 개정되었다. 감염병 예방을 위한 '집합'의 제한 또는 금지 조치는 그 자체로 구체적인 재산상 손실을 초래하는 것이 아니고, 다만 이러한 조치로 인하여 사람의 모임·방문을 전제로 하는 영업이 제한되는 경우 영업손실이 발생한다. 유례없이 높은 전파력과 치명률의 코로나19 유행으로 인하여 집합제한 또는 금지가 장기화되는 상황은 처음 겪는 것이었기 때문에, 장기간의 집합제한 또는 금지 조치로 인하여 중대한 영업상 손실이 발생하리라는 것을 예상하기 어려웠다. 따라서 입법자가 미리 집합제한 또는 금지 조치로 인한 영업상 손실을 보상하는 규정을 마련하지 않았다고 하여 곧바로 평등권을 침해하는 것이라고 할 수 없다.

○ 국가의 방역정책으로 인하여 입은, 재산권의 보호범위에 포함되지 않는 영업상 손실을 보상할지 여부는 국가의 재정상황이나 대상의 범위, 피해 정도 등 여러 사정이 고려되어 정해질 입법정책의 문제이다. 비수도권에서 음식점을 영업하는 청구인들은 영업시간 제한을 받은 기간이 짧고, 영업이 제한된 시간 이외에는 정상적으로 영업이 가능하였으며 영업이 제한된 시간 동안에도 포장·배달을 통한 영업은 가능하였다.그러므로 심판대상조항이 감염병의 예방을 위하여 집합제한 조치를 받은 영업장의 손실을 보상하는 규정을 두고 있지 않다고 하더라도 청구인들의 평등권을 침해한다고 할 수 없다(헌법재판소 2023. 6. 29. 선고 2020헌마1669 전원재판부 결정).

point ▶ ○ 헌법재판소는 구체적인 권리가 아닌 단순한 이익이나 재화의 획득에 관한 기회 또는 기업활동의 사실적·법적 여건 등은 재산권보장의 대상에 포함되지 아니하므로, 코로나19의 예방을 위한 집합제한 조치로 인하여 음식점을 영업하는 청구인들의 영업이익이 감소하였다고 하더라도 그 손실을 보상하지 않는 것이 청구인들의 재산권을 제한하는 것은 아니라고 판단하였다.

○ 나아가 헌법재판소는 심판대상조항의 개정 연혁과 집합제한 조치의 특성, 정부의 집합제한 조치에 대한 보상책 및 청구인들이 받은 영업제한의 정도 등을 고려할 때, 심판대상조항이 청구인들의 평등권을 침해하지 않는다고 판단하였다.

정답 ×

판례 82 ★★

재혼을 유족연금수급권 상실사유로 규정한 구 공무원연금법 제59조 제1항 제2호 중 '유족연금'에 관한 부분이 재혼한 배우자의 인간다운 생활을 할 권리와 재산권을 침해한다.

해설 부부는 민법상 서로 동거하며 부양하고 협조할 의무를 부담하므로, 공무원연금법은 공무원 또는 공무원이었던 자의 사망 당시 그에 의하여 부양되고 있던 배우자를 갑작스러운 소득상실의 위험으로부터 보호해야 할 필요성과 중요성을 인정하여 유족연금수급권자로 규정하고 있다. 또한, 공무원연금법은 법률혼뿐만 아니라 사실혼 배우자도 유족으로 인정하고 있는데, 이는 사실혼 배우자도 법률혼 배우자와 마찬가지로 서로 동거·부양·협조의무가 인정된다는 점을 고려한 것이다. 따라서 심판대상조항이 배우자의 재혼을 유족연금수급권 상실사유로 규정한 것은 배우자가 재혼을 통하여 새로운 부양관계를 형성함으로써 재혼 상대방 배우자를 통한 사적 부양이 가능해짐에 따라 더 이상 사망한 공무원의 유족으로서의 보호의 필요성이나 중요성을 인정하기 어렵다고 보았기 때문이다. 이는 한정된 재원의 범위 내에서 부양의 필요성과 중요성 등을 고려하여 유족들을 보다 효과적으로 보호하기 위한 것이므로, 입법재량의 한계를 벗어나 재혼한 배우자의 인간다운 생활을 할 권리와 재산권을 침해하였다고 볼 수 없다(헌법재판소 2022. 8. 31. 선고 2019헌가31 전원재판부 결정).

정답 ×

판례 83 ★★

공유물분할청구의 소에 있어서 법원이 경매에 의한 대금분할을 명할 수 있는 요건을 정한 민법 제269조 제2항은 명확성원칙에 위배되고 대금분할을 희망하지 않는 공유자의 재산권을 침해한다

해설 ● 명확성원칙 위배 여부 — 소극

이 사건 법률조항에서 정한 대금분할의 첫 번째 요건인 "현물로 분할할 수 없거나"라는 부분은 현물분할이 물리적·유형적으로 불가능한 경우뿐만 아니라, 공유물의 성질 등에 따라 현실적으로 불가능한 경우를 포함하는 것으로 합리적으로 해석할 수 있다. 대금분할의 또 다른 요건인 "분할로 인하여 현저히 가액이 감손될 염려"라는 부분 역시 교환가치의 감손이 불가피한 우려가 존재하는 경우로 비교적 분명하게 의미를 파악할 수 있다. 또한 "현저히"라는 표현은 특정한 법률효과를 발생시키기 위한 가중된 요건으로 우리 법 문언에 널리 통용되고 있는 용어이고, 이 사건 법률조항에서도 법관으로 하여금 "가액이 감손될 우려"에 관하여 엄격한 판단을 요청하는 역할을 하고 있다.

재판상 공유물분할에 있어서는 다양한 기초사실이 존재할 수밖에 없으므로 그 요건을 정할 때에는 어느 정도 추상적 표현의 사용이 불가피하다. 그럼에도 대금분할 여부에 관한 판단을 법관의 주관적 판단에 좌우되지 않도록 해야 하는데, 대법원이 '대금분할을 할 수밖에 없는 요건에 관한 객관적·구체적인 심리 없이 주관적·추상적인 사정을 기초로 함부로 대금분할을 명하는 것은 허용될 수 없다'며 법관에게 허용된 재량의 한계를 제시하고 있는 점을 고려하면, 이 사건 법률조항에 관하여 법관의 자의적 해석의 위험성이 있다고 볼 수 없다. 따라서 이 사건 법률조항은 명확성원칙에 위배되지 아니한다.

● 재산권 침해 여부 — 소극

공유물분할청구권자를 비롯한 공유자들의 재산권을 보장하고 이해관계를 합리적으로 조율하여 공유물분할을 둘러싼 다툼을 공평하고 신속하게 해결하기 위한 이 사건 법률조항의 입법목적은 정당하고, 중립성이 보장되는 법원으로 하여금 현물분할이 불가능하거나 어려운 때에 대금분할을 명하도록 함으로써 위와 같은 입법목적을 달성할 수 있으므로 수단의 적합성도 인정된다.

이 사건 법률조항에 따라 법원이 대금분할을 명하게 되면, 대금분할을 희망하지 않는 공유자는 자신의 의사와 무관하게 공유지분을 강제로 처분하게 되는 상황이 발생하고, 여기에 대금분할을 통한 경매가격이 시장가격에 비하여 저렴하게 형성될 수 있다는 점에서 현실적인 손해가 발생할 수도 있다. 그러나 이 사건 법률조항이 예정하고 있는 공유물분할의 원칙적인 형태는 어디까지나 현물분할이고 대금분할은 보충적·예외적인 점, 여기에 대금분할을 희망하지 않는 공유자의 기본권을 덜 제한하면서 동일한 정도로 입법목적을 달성하는 다른 대안을 상정하기 어려운 점을 고려하면, 침해의 최소성 역시 충족한다.

이 사건 법률조항이 정하는 것과 달리 공유물분할방법으로 현물분할만을 규율하거나 대금분할 요건을 지금보다 엄격하게 제한할 경우에는, 그 요건이 엄격해지는 것에 비례하여 공유물분할은 더 어려워질 수밖에 없고, 공유물분할을 둘러싼 다툼의 공평하고 신속한 해결은 상당히 저해된다. 이 경우 공유지분을 계속해서 유지하고 그 처분을 희망하지 않는 공유자의 권리와 지위는 보장될 수는 있지만, 공유관계의 해소를 원하는 다른 공유자들의 권리 실현에는 제약이 있을 수밖에 없다. 따라서 이 사건 법률조항에 의하여 달성되는 입법목적의 구체적인 가치를 가볍게 평가할 수 없다.

이 사건 법률조항에 따라 법원의 판결로 공유지분을 상실하게 되는 현상 자체만 놓고 본다면 그로 인하여 제한되는 사익 또한 상당하다고 볼 수 있다. 그러나 이 사건 법률조항에 의하여 제한되는 사익인 재산권의 구체적인 가치를 평가하는 데 있어서는, 대금분할이 최후의 방법인 점, 법원이 인정하는 현물분할에는 지분비율에 따라 물리적으로 공유물을 분할하는 방법뿐만 아니라 다른 대안[이른바 '부분적 가액보상'(공유지분 가액을 초과하여 현물을 취득하는 공유자로 하여금 그렇지 아니한 공유자에게 금전을 지급하도록 하는 방안), '전면적 가액보상'(일부 공유자가 공유물 전부를 취득하고 나머지 공유자에게는 금전을 지급하는 방안)]이 실행되고 있는 점, 모든 공유자가 대금분할에 따른 경매절차에서 매수인으로 참여할 수 있는 길이 열려있는 점을 고려하여야 한다.

이 사건 법률조항에 따라 공유물분할절차를 둘러싼 다툼의 공평하고 신속한 해결이라는 공익을 효과적이고 실질적으로 달성할 수 있는 반면, 그에 따른 재산권의 제한 정도는 공유물분할에 관한 법원의 공정한 재판권 행사와 절차적 보장에 의해 상당 부분 완화되므로, 이 사건 법률조항은 법익의 균형성도 충족한다. 따라서 이 사건 법률조항은 재산권을 침해하지 아니한다(헌법재판소 2022. 7. 21. 선고 2020헌바205 전원재판부 결정)

point▶ ①공유물분할소송에서 법관에게 경매에 의한 대금분할을 명할 수 있도록 정한 민법 제269조 제2항의 입법 목적과 문언을 전체적으로 살펴볼 때, 법관의 자의적 해석 위험성이 있다거나 내용이 불명확하다고 볼 수 없음

② 민법 제269조 제2항에 따라 공유물분할절차를 둘러싼 다툼의 공평하고 신속한 해결이라는 공익을 효과적이고 실질적으로 달성할 수 있는 반면, 그에 따른 재산권의 제한 정도는 공유물분할에 관한 법원의 공정한 재판권 행사와 절차적 보장에 의해 상당 부분 완화될 수 있으므로, 위 법률조항이 공유자의 재산권을 침해하지 아니함

정답 ×

◦ 판례 84 ★★

① 보이스피싱 등 전기통신금융사기에 이용된 계좌를 지급정지하도록 한 통신사기피해환급법 조항은 재산권을 침해하지 않는다.
② 지급정지가 이뤄진 사기이용계좌 명의인의 전자금융거래를 제한하도록 한 통신사기피해환급법 조항은 일반적행동자유권을 침해하지 않는다.

해설 1. 지급정지조항에 대한 판단

전기통신금융사기의 범인이 피해자의 자금이 송금·이체된 계좌 및 해당 계좌로부터 자금의 이전에 이용된 계좌(이하 '사기이용계좌'라 한다)에서 피해금을 먼저 인출한다면 피해자는 전기통신금융사기로 인한 피해를 실질적으로 회복하기 어려우므로, 사기이용계좌에 대하여 피해자의 피해구제 신청에 따라 신속히 지급정지를 할 필요가 있다.

전기통신금융사기는 범행 이후 피해금 인출이 신속히 이루어지고 전기통신금융사기의 범인은 동일한 계좌를 이용하여 다수의 피해자를 상대로 여러 차례 범행을 저지를 가능성이 있으므로, 어느 한 피해자의 피해구제 신청으로 사기이용계좌라는 점이 드러난 경우 전기통신금융사기로 인한 피해를 실효적으로 구제하기 위하여는 피해금 상당액을 넘어 사기이용계좌 전부에 대하여 지급정지를 하는 것이 불가피하다.

피해자는 피해구제 신청을 하기 위하여 범죄 신고를 한 후 수사기관의 피해신고확인서와 신분증 사본을 첨부한 피해구제 신청서를 금융회사에 제출하여야 하며, 거짓으로 피해구제 신청을 하면 형사 처벌을 받으므로(통신사기피해환급법 제16조 제1호 참조), 거짓으로 피해구제 신청을 하거나 피해자가 전기통신금융사기의 범인과 공모하여 피해구제 신청을 함으로써 계좌 명의인이 부당한 지급정지 조치로 인한 손해를 입을 가능성은 낮다.

전기통신금융사기 범인이 피해자에게 그 범죄와 무관한 사람의 계좌에 피해금을 입금하도록 하고 범인은 그 계좌 명의인으로부터 재화 또는 용역을 제공받는 경우, 통신사기피해환급법은 계좌 명의인이 입금 받은 금원이 재화 또는 용역 공급의 대가 기타 정당한 권원에 의하여 취득한 것임을 객관적인 자료로 소명하여 이의제기를 하면 지급정지 조치가 해제될 수 있도록 규정하여(통신사기피해환급법 제7조 제1항 제2호, 제8조 제1항 제2호, 제2항 제2호 단서 참조), 계좌 명의인의 재산권 제한을 완화하는 규정을 마련하고 있다. 또한 계좌 명의인이 소명자료를 갖추어 이의제기를 하였음에도 금융회사가 부당하게 지급정지 조치의 종료를 지연함으로써 계좌 명의인이 손해를 입는다면, 계좌 명의인은 금융회사를 상대로 불법행위로 인한 손해배상을 청구할 수도 있을 것이다. 다만 피해자의 지급정지 신청 후 계좌 명의인의 이의제기가 있기 전까지는 피해금이 입금된 계좌가 범인이 지배하여 범행에 이용한 계좌인지 아니면 범행과 무관한 자 명의의 계좌인지를 구별할 방법이 없으므로, 위와 같은 통신사기피해환급법 및 민법상의 구제수단 이외에, 이의제기 결과 사후적으로 전기통신금융사기와 무관함이 밝혀진 사기이용계좌의 명의인에게 지급정지 조치를 하였다는 사정만을 이유로 한 손해배상에 관한 별도의 규정을 두지 않았다고 하더라도 재산권에 대한 과도한 제한으로 볼 수 없다.

지급정지조항으로 인하여 사후적으로 전기통신금융사기와 무관함이 밝혀진 계좌 명의인의 재산권이 일시적으로 제한될 수는 있으나, 그 제한의 정도가 전기통신금융사기 피해자를 실효적으로 구제하려는 공익에 비하여 결코 중하다고 볼 수 없다.

따라서 지급정지조항은 과잉금지원칙을 위반하여 청구인의 재산권을 침해하지 않는다.

2. 전자금융거래제한조항에 대한 판단

전기통신금융사기의 범인은 동일인 명의의 복수 계좌를 확보하여 범행에 나서는 경우가 적지 않으므로, 전기통신금융사기로 인한 피해를 예방하기 위하여는 피해구제 신청에 따라 전기통신금융사기에 관련된 것으로 드러난 계좌 명의인이 보유한 다른 계좌의 전자금융거래를 제한하는 것은 불가피하다.
전자금융거래 제한 조치가 이루어지더라도 계좌 명의인은 영업점에 방문하여 거래를 할 수 있고, 통신사기피해환급법은 거짓의 피해구제 신청으로 인한 부당한 전자금융거래 제한 조치가 이루어져 계좌명의인이 손해를 입는 것을 예방하는 장치를 마련하고 있으며, 범행과 무관한 계좌 명의인은 정당한 권원에 의하여 입금받은 것이라는 점을 소명하여 이의제기를 하고 전자금융거래 제한 조치를 종료시킬 수 있다.
따라서 전자금융거래제한조항은 과잉금지원칙을 위반하여 청구인의 일반적 행동자유권을 침해하지 않는다(헌법재판소 2022. 6. 30. 선고 2019헌마579 전원재판부 결정)
point▶ 전기통신금융사기 범인이 피해자에게 그 범죄와 무관한 사람의 계좌에 피해금을 입금하도록 하고 범인은 그 계좌 명의인으로부터 재화 또는 용역을 제공받는 경우 그 계좌 명의인은 범죄에 가담하지 않았음에도 지급정지 및 전자금융거래의 제한을 받게 되나, 헌법재판소는 '전기통신금융사기 피해방지 및 피해금 환급에 관한 특별법'상 이의제기를 통하여 지급정지 및 전자금융거래 제한을 종료시킬 수 있고 금융회사가 이의제기를 받고도 부당히 지급정지 및 전자금융거래 제한의 종료를 지연한다면 손해배상책임을 지게 되는 점을 고려하여, 심판대상조항이 재산권 및 일반적 행동자유권을 침해하지 않는다고 판단하였다.

 정답 O,O

판례 85 ★★

경유차 소유자로부터 환경개선부담금을 부과·징수하도록 정한 환경개선비용 부담법 제9조 제1항이 재산권을 침해하지 아니한다.

🔖 해설 ○ 입법목적의 정당성 및 수단의 적합성
이 사건 법률조항의 입법목적은 경유차가 유발하는 대기오염으로 인해 발생하는 경제적 비용을 환경오염 원인자인 경유차 소유자에게 부과함으로써 경유차 소유 및 운행의 자제를 유도하는 한편, 징수된 부담금으로 환경개선을 위한 투자재원을 합리적으로 조달하여, 궁극적으로 국가의 지속적인 발전의 기반이 되는 쾌적한 환경을 조성하는 데 이바지하기 위한 것이다(법 제1조 참조). 이러한 입법목적은 헌법 제35조 제1항에 따라 국가에게 부여된 환경보전이라는 헌법적 과제실현을 위한 것이므로 그 입법목적의 정당성이 인정된다.
경유차 운행의 책임자에 해당하는 경유차 소유자들에게 환경개선부담금을 부과하는 것은 위와 같은 입법목적 내지 정책목적을 실현하기 위한 적합한 수단이다.

○ 침해의 최소성
개별 경유차의 차량관리상태 측정 및 주행거리 확인을 위해 소요되는 시간적·경제적 비용 등을 고려할 때, 부담금 부과 시마다 개별 경유차 차량관리 상태를 정확히 측정하고, 주행거리를 일일이 확인하여 그에 비례하는 부과금을 산정하는 것은 현실적으로 어렵다. 따라서 대기오염물질 배출량을 반영할 수 있는 일정한 기준들을 통해 일률적으로 부과금을 산정하는 것은 어느 정도 불가피한 측면이 있다. 환경개선부담금은 교통·에너지·환경세가 규율하지 못하는 별도의 정책적 목적도 수행한다고 볼 수 있다. 그렇다면, 경유차 소유자가 교통·에너지·환경세 외 환경개선부담금을 추가 부담한다고 하더라도 그 부담이 지나치다고 보기 어렵다.

○ 법익균형성

환경개선부담금은 대기오염물질을 다량 배출하는 경유차의 소유·운행을 직접 규제하지 아니하고 경제적 유인수단을 통해 간접적으로 규제하는 것에 그치고 있다. 또한 그 간접적 규제로 부과되는 경제적 부담이 사실상 경유차의 소유·운행을 직접 규제한다고 볼 수 있을 정도로 과도한 액수라고 보기도 어렵다. 반면, 국가의 지속적인 발전의 기반이 되는 쾌적한 환경 조성이라는 공익은 경유차 소유자가 받는 위와 같은 불이익에 비해 결코 작다고 할 수 없다. 따라서 이 사건 법률조항은 법익의 균형성에 반한다고 할 수 없다.

그렇다면, 이 사건 법률조항이 과잉금지원칙을 위반하여 청구인의 재산권을 침해한다고 볼 수 없다 (헌법재판소 2022. 6. 30. 선고 2019헌바440 전원재판부 결정).

정답

판례 86 ★★★

① 통일부장관이 발표한 북한에 대한 신규투자 불허 및 투자확대 금지를 내용으로 하는 대북조치는 헌법 제23조 제3항의 공용제한에 해당한다.
② 통일부장관이 발표한 북한에 대한 신규투자 불허 및 투자확대 금지를 내용으로 하는 대북조치로 인하여 개성공업지구의 토지이용권을 사용·수익할 수 없게 됨에 따라 재산상 손실을 입은 경제협력사업자가 제기한 보상입법을 마련할 작위의무가 인정된다.

해설 1. 진정입법부작위에 대한 헌법소원심판청구의 적법요건
진정입법부작위에 대한 헌법소원심판청구는 헌법에서 기본권 보장을 위하여 법률에 명시적으로 입법위임을 하였음에도 입법자가 이를 이행하지 아니한 경우이거나, 헌법 해석상 특정인에게 구체적인 기본권이 생겨 이를 보장하기 위한 국가의 행위의무 내지 보호의무가 발생하였음이 명백함에도 불구하고 입법자가 아무런 입법조치를 취하지 아니한 경우에 한하여 허용된다(헌법재판소 2003. 6. 26. 2000헌마509등 참조).

2. 이 사건 대북조치가 헌법 제23조 제3항의 공용제한에 해당하는지 여부(소극)
이 사건 대북조치는 개성공단 내에 존재하는 토지나 건물, 설비, 생산물품 등에 직접 공용부담을 가하여 개별적, 구체적으로 이용을 제한하고자 하는 것이 아니다. 이 사건 대북조치가 개성공단에서의 신규투자와 투자확대를 불허함에 따라 청구인이 이 사건 토지이용권을 사용·수익하지 못하게 되는 제한이 발생하기는 하였으나, 이는 개성공단이라는 특수한 지역에 위치한 사업용 재산이 받는 사회적 제약이 구체화된 것일 뿐이므로, 공익목적을 위해 이미 형성된 구체적 재산권을 개별적, 구체적으로 제한하는 헌법 제23조 제3항 소정의 공용 제한과는 구별된다(헌법재판소 2022. 1. 27. 2016헌마364 참조).

3. 헌법 제23조 제1항, 제2항에 근거한 재산권의 제한으로서 이 사건 대북조치에 대한 보상입법의무가 발생하는지 여부(소극)

○ 이 사건 대북조치로 인한 토지이용권의 제한은 헌법 제23조 제1항, 제2항에 따라 재산권의 내용과 한계를 정한 것인 동시에 재산권의 사회적 제약을 구체화하는 것으로 볼 수 있는데, 헌법 제23조 제1항, 제2항은 '모든 국민의 재산권은 보장된다. 그 내용과 한계는 법률로 정한다. 재산권의 행사는 공공복리에 적합하도록 하여야 한다.'고 규정하고 있을 뿐이고, 이 사건 대북조치로 인한 재산권 제한에 대하여 보상하도록 하는 내용의 법률을 제정하여야 할 명시적이고 구체적인 입법의무를 부여하고 있지는 아니하다.

○ 그렇다면 헌법 해석상으로 보상입법 의무가 도출되는 경우인지 여부가 문제된다.

- 북한에 대한 투자는 그 본질상 다양한 요인에 의하여 변화하는 남북관계에 따라 불측의 손해가 발생할 가능성이 당초부터 있었고, 경제협력사업을 하고자 하는 자들은 이러한 사정을 모두 감안하여 자기 책임 하에 스스로의 판단으로 사업 여부를 결정하였다고 볼 것이다. 재산상 손실의 위험성이 이미 예상된 상황에서 발생한 재산상 손실에 대해 헌법 해석상으로 어떠한 보상입법의 의무가 도출된다고까지 보기는 어렵다.

- 나아가 정부는 남북협력기금을 재원으로 교역 및 경제 분야 협력사업 추진 중 경영 외적인 사유로 인하여 발생하는 손실을 보상하기 위한 보험제도를 운영하여(남북협력기금법 제8조 제4호 참조), 예기치 못한 정치적 상황 변동으로 경제협력사업자에게 손실이 발생한 경우 그 손실을 보전할 수 있는 방안을 마련하고 있다. 그 밖에도 남북 당국의 조치로 개성공단 사업이 상당기간 중단되는 경우 정부는 개성공업지구 투자기업의 경영정상화를 지원하기 위하여 경영 안정을 위한 자금지원, 투자기업의 국내 이전이나 대체생산시설 설치에 대한 자금지원 등 필요한 조치를 할 수 있다(개성공업지구 지원에 관한 법률 제12조의2 내지 제12조의4).

○ 이러한 사정을 종합하면 헌법 해석상으로도 청구인의 재산상 손실에 대하여 보상입법을 마련할 의무가 도출된다고 할 수 없다(헌법재판소 2022. 5. 26. 선고 2016헌마95 전원재판부 결정)
point ▶ 헌법재판소는 2022. 1. 27. 선고한 2016헌마364 결정에서는 대통령이 2016. 2. 10.경 개성공단을 전면중단하기로 결정하고 2016. 2. 11.까지 남측 인원 전원을 철수시킨 일련의 행위에 대하여 그 위헌성 여부를 판단한 바 있다.
이 사건은 그보다 전에 이루어진 2010. 5. 24. 통일부장관이 발표한 개성공단에서의 신규투자 불허 및 투자확대 금지 조치에 대한 것이다.

판례 87 ★★

민법에 따라 부동산의 소유권이전 등기를 하지 않았더라도 매매 대금 거의 모두를 지급한 경우 부동산을 사실상 취득한 것으로 보고 부동산의 소유자나 양수인에게 취득세를 부과하도록 하는 지방세법 조항 중 '부동산의 사실상 취득'에 관한 부분은 과세요건 명확주의에 위배되고 과잉금지원칙에 반하여 재산권을 침해한다.

해설 ● 과세요건 명확주의 위배 여부(소극)
취득세의 목적, 성격과 심판대상조항의 규정내용 등을 종합하면, 심판대상조항에서 말하는 '부동산의 사실상 취득'이라 함은 등기와 같은 소유권 취득의 형식적 요건을 갖추지는 못하였으나 대금의 지급과 같은 소유권 취득의 실질적 요건을 갖춘 경우를 말하고, 매매에 있어서는 사회통념상 대금의 거의 전부가 지급되었다고 볼 만한 정도의 대금지급이 이행된 경우를 의미하는 것임을 충분히 예측할 수 있다. 따라서 심판대상조항은 과세요건 명확주의에 위배된다고 볼 수 없다.

● 과잉금지원칙 위반 여부(소극)
심판대상조항이 부동산을 사실상 취득한 양수인에게 취득세를 부과하는 것은 조세공평과 조세정의를 실현하기 위한 것으로서, 심판대상조항에 의하더라도 양수인이 등기를 마치지 아니한 모든 경우가 아니라 사회통념상 대금의 거의 전부가 지급되었다고 볼 수 있는 경우에만 취득세를 부과하므로,

입법목적의 달성에 필요한 정도를 벗어났다고 보기 어렵다. 따라서 심판대상조항은 과잉금지원칙에 반하여 재산권을 침해한다고 볼 수 없다(헌법재판소 2022. 3. 31. 선고 2019헌바107 전원재판부 결정 (지방세법 제7조 제2항 위헌소원)).

정답 ✕

판례 88 ★★

주택법상 사업주체가 공급질서 교란행위를 이유로 주택공급계약을 취소한 경우 선의의 제3자 보호규정을 두고 있지 않는 구 주택법 제39조 제2항이 재산권을 침해하여 헌법에 위반된다.

해설 입법자는 헌법 제23조 제1항 제2문에 따라 소유권의 내용과 한계를 구체적으로 형성할 권한이 있고, 소유권을 취득할 수 있는 범위와 예외를 설정하는 것은 입법자의 구체적 입법형성권에 속하므로, 심판대상조항이 입법형성권의 한계를 일탈한 것인지를 살펴볼 필요가 있다.

심판대상조항의 입법취지는 주택이 최초로 공급되는 단계부터 투기적 행위 등 공급질서를 교란시키는 행위를 차단함으로써 투명하고 공정한 주택공급 절차를 확립하고, 이를 통해 실수요자 위주의 건전한 주택공급체계의 토대를 형성하는 것이다. 우리나라에서 주택의 공급량은 수요에 비해 부족한 것이 현실이고, 주택법 등이 정한 절차에 따라 공급되는 주택의 가격은 보통 시장가보다 저렴하기 때문에 주택에 대한 투기수요가 상존하고 있다. 실수요자인 무주택 서민들에게 주택이 우선적으로 공급되는 것을 목적으로 하는 주택공급제도의 목표를 달성하기 위해서는, 주택 분양단계에서 그 절차 및 과정이 투명하고 공정하게 운영되는 것이 특히 중요하다. 사업주체가 공급질서 교란자와 체결한 주택공급계약을 취소할 수 있도록 하는 것은 이를 위해 필요하고 적절한 조치이다.

공급질서 교란행위에도 불구하고 선의의 제3자를 보호한다면 거래의 안전성 증진에는 긍정적인 효과를 기대할 수 있지만, 분양단계에서 훼손된 투명성과 공정성을 회복하지 못한다는 점에서 심판대상조항의 입법취지에 부합하지 않는 면이 있다. 한편 심판대상조항은 '주택공급계약을 취소할 수 있다'고 규정하여 사업주체가 선의의 제3자 보호의 필요성 등을 고려하여 주택공급계약의 효력을 유지할 수 있는 가능성을 열어두고 있다. 따라서 심판대상조항은 입법형성권의 한계를 벗어났다고 보이지 않으므로 재산권을 침해하지 않는다(헌법재판소 2022. 3. 31. 선고 2019헌가26 전원재판부 결정).

▶ 2021. 3. 9. 법률 제17921호로 개정된 주택법은 사업주체의 취소권 행사를 기속행위로 하고(제65조 제2항), 선의의 제3자 보호규정을 신설하였다(제65조 제6항). 그러나 위 개정규정은 2021. 9. 10. 이후 공급질서 교란행위를 한 자부터 적용되므로(부칙 제2조 제1항), 당해사건을 포함하여 2021. 9. 10. 이전의 공급질서 교란행위가 문제된 사안에는 적용되지 아니한다.

정답

판례 89 ★★★

**① 퇴직한 공무원이 지방의회의원에 당선되면 재직기간 동안 퇴직연금을 받지 못하도록 한 공무원연금법 조항은 신뢰보호원칙에 반하여 재산권을 침해한다고 볼 수 없다.
② 선출직 공무원으로서 받게 되는 보수가 기존의 연금에 미치지 못하는 경우에도 연금 전액의 지급을 정지하도록 정한 구 공무원연금법은 과잉금지원칙에 위배되어 재산권을 침해한다.(2023년 법원행시 기출지문)**

해설 심판대상조항은 악화된 연금재정을 개선하여 공무원연금제도의 건실한 유지·존속을 도모하고 연금과 보수의 이중수혜를 방지하기 위한 것이다. 퇴직공무원의 적정한 생계 보장이라는 공무원연금제도의 취지에 비추어, 연금 지급을 정지하기 위해서는 '연금을 대체할 만한 소득'이 전제되어야 한다. 지방의회의원이 받는 의정비 중 의정활동비는 의정활동 경비 보전을 위한 것이므로, 연금을 대체할 만한 소득이 있는지 여부는 월정수당을 기준으로 판단하여야 하는데, 월정수당은 지방자치단체에 따라 편차가 크고 안정성이 낮음에도 불구하고 심판대상조항은 연금을 대체할 만한 적정한 소득이 있다고 할 수 없는 경우에도 일률적으로 연금전액의 지급을 정지하여 지급정지제도의 본질 및 취지와 어긋나는 결과를 초래한다. 심판대상조항과 같이 재취업소득액에 대한 고려 없이 퇴직연금 전액의 지급을 정지할 경우 재취업 유인을 제공하지 못하여 정책목적 달성에 실패할 가능성이 크다. 연금과 보수 중 일부를 감액하는 방식으로 선출직에 취임하여 보수를 받는 것이 생활보장에 더 유리하도록 하는 등 기본권을 덜 제한하면서 입법목적을 달성할 수 있는 다양한 방법이 있다 따라서 심판대상조항은 과잉금지원칙에 위배되어 재산권을 침해한다(헌법재판소 2022. 1. 27. 선고 2019헌바161 전원재판부 결정).

point ▶ 종래 이와 견해를 달리하여 이 사건 구법 조항이 헌법에 위반되지 아니한다고 판시한 헌법재판소 결정(헌법재판소 2017. 7. 27. 2015헌마1052 결정)은 이 결정 취지와 저촉되는 범위 안에서 이를 변경한다.

이 사건은 지방의회의원으로서 받게 되는 보수가 연금에 미치지 못하는 경우에도 연금 전액의 지급을 정지하는 것이 재산권을 과도하게 제한하여 헌법에 위반된다고 한 결정이다.

정답 X, O

○ 판례 90 ★★

비(非)의료인의 문신 시술 행위를 처벌하도록 한 의료법조항은 직업선택의 자유를 침해한다.

해설 가문신시술은, 바늘을 이용하여 피부의 완전성을 침해하는 방식으로 색소를 주입하는 것으로, 감염과 염료 주입으로 인한 부작용 등 위험을 수반한다. 이러한 시술 방식으로 인한 잠재적 위험성은 피시술자 뿐 아니라 공중위생에 영향을 미칠 우려가 있고, 문신시술을 이용한 반영구화장의 경우라고 하여 반드시 감소된다고 볼 수도 없다. 심판대상조항은 의료인만이 문신시술을 할 수 있도록 하여 그 안전성을 담보하고 있다.

외국의 입법례처럼 별도의 문신시술 자격제도를 통하여 비의료인의 문신시술을 허용할 수 있다는 대안이 제시되기도 한다. 그러나 문신시술에 한정된 의학적 지식과 기술만으로는, 현재 의료인과 동일한 정도의 안전성과 사전적·사후적으로 필요할 수 있는 의료조치의 완전한 수행을 보장할 수 없으므로, 이러한 대안의 채택은 사회적으로 보건위생상 위험의 감수를 요한다.

또한, 문신시술 자격제도와 같은 대안은 문신시술인의 자격, 문신시술 환경 및 절차 등에 관한 규제와 관리를 내용으로 하는 완전히 새로운 제도의 형성과 운영을 전제로 하므로 상당한 사회적·경제적 비용을 발생시킨다. 따라서 문신시술 자격제도와 같은 대안의 도입 여부는 입법재량의 영역에 해당한다. 입법부가 위와 같은 대안을 선택하지 않고 국민건강과 보건위생을 위하여 의료인만이 문신시술을 하도록 허용하였다고 하여 헌법에 위반된다고 볼 수 없다.

따라서 심판대상조항은 과잉금지원칙을 위반하여 청구인들의 직업선택의 자유를 침해하지 않는다 (헌법재판소 2022. 3. 31. 선고 2017헌마1343, 2019헌마993, 2020헌마989, 1486, 2021헌마1213, 1385(병합) 전원재판부 결정).

point ▶ 헌법재판소는 이 사건에서 의료법 제27조 제1항 본문 전단과 '보건범죄 단속에 관한 특별조치법' 제5조 제1호 중 의료법 제27조 제1항 본문 전단에 관한 부분에 대한 합헌 선례(헌법재판소 2016. 10. 27. 2016헌바322 등, 7:2 합헌)의 입장을 유지하였다.

정답 X

판례 91 ★★

게임머니 환전업을 금지하고 이를 위반할 경우 처벌하는 게임산업법은 직업수행의 자유를 침해한다.

해설 게임물의 유통 및 이용과 관련하여 게임산업의 기반 또는 건전한 게임문화를 훼손하는 행위를 방지하는 것은 목적의 정당성이 인정되고, 이를 위해 위법한 게임물 이용을 조장하는 게임결과물 환전업 등을 금지하고 처벌하는 것은 수단의 적합성이 인정된다. 수범자를 모든 국민으로 하여 게임결과물의 환전 등을 '업으로 하는 행위'만을 금지하고, 그 대상물은 온라인 게임을 포함하는 모든 유형의 게임의 결과물이 포함될 수 있도록 하되, 현금 거래를 반복적으로 계속하면 게임산업법 및 기타 관련법상 위법한 게임물 이용을 조장하는 경우로 구체적인 범위를 한정한 것, 그리고 이에 해당하는 게임결과물에 대한 환전업 등 금지를 위반한 경우 형벌의 제재를 가하는 것은, 입법목적의 달성에 필요한 정도를 벗어났다고 보기 어려우므로, 침해의 최소성이 인정된다. 게임물의 유통질서를 저해하는 행위를 방지하는 것은 게임산업의 진흥 및 건전한 게임문화의 확립에 필요한 기초가 되는 공익이며, 이에 비하여 청구인들의 직업수행의 자유가 제한되는 정도가 결코 중하다고 볼 수 없으므로, 법익의 균형성도 인정된다. 따라서 이 사건 법률조항들은 과잉금지원칙을 위반하여 직업수행의 자유를 침해하지 아니한다(헌법재판소 2022. 2. 24. 선고 2017헌바438, 2020헌바91(병합) 전원재판부 결정).

point ▶ 이 사건 법률조항들은 2006년경의 이른바 '바다이야기' 사태로 대표되는 게임물의 사행기구화 현상을 배경으로 입법되었고, 이에 대해 헌법재판소는 2009. 6. 25. 2007헌마451 결정 및 2010. 2. 5. 2009헌바38 결정에서 합헌결정을 선고한 바 있다.

게임산업의 환경이 다양하고 빠르게 변화하면서 게임물의 유통질서를 저해하는 게임물 이용의 형태도 게임물의 사행기구화 현상뿐만 아니라, 위법한 자동게임 프로그램의 확산 등 다양한 모습으로 나타나게 되었는데, 헌법재판소는 이 사건 법률조항들은 이와 같이 게임물의 유통질서를 저해하는 위법한 게임물 이용을 조장하는 경우에 해당하는 게임결과물 환전업 등을 차단하는 조항들임을 확인하고, 헌법에 위반되지 않는다고 결정하였다.

 정답 ×

판례 92 ★★

해외 파생상품 거래에 대한 양도소득의 범위를 정하고 있는 구 소득세법 제118조의2 제4호 중 '대통령령으로 정하는 파생상품 등의 거래 또는 행위로 발생하는 소득' 부분 및 해외 파생상품의 범위에 대하여 정하고 있는 자본시장과 금융투자업에 관한 법률 제5조 제2항 제2호 중 '파생상품시장과 유사한 시장으로서 해외에 있는 시장' 부분이 헌법에 위반되지 않는다

해설 가. 국외자산 양도소득 조항에 대한 판단 - 포괄위임금지원칙 위반여부
새로운 파생상품의 발생과 그에 대한 규율의 필요성 및 금융환경의 급격한 변화 등에 맞추어 탄력적이고 효과적으로 대처하기 위해서는 과세대상이 되는 파생상품의 범위를 하위법규에 위임할 필요성이 있다. 구 소득세법 제118조의2의 각 호의 규정과 국외자산 양도소득 조항의 관계 등을 유기적·체계적으로 종합하여 보면, 하위법령에 규정될 해외 파생상품의 범위에 관한 대강의 기준을 충분히 예측할 수 있다. 따라서 국외자산 양도소득 조항은 포괄위임금지원칙에 위반되지 않는다.

나. 해외 파생상품 조항에 대한 판단 - 과세요건명확주의 위반여부
이처럼 자본시장법은 파생상품과 장내파생상품, 파생상품시장에 관하여 상세한 규정을 두고 있고 관련 조항과 해외 파생상품 조항의 문언을 체계적으로 해석하면, '파생상품시장과 유사한 시장으로

서 해외에 있는 시장'이란 '해외에서 파생상품이 매매되는 시장'이라고 충분히 파악할 수 있고, 여기서 '해외' 또는 '유사한 시장'이라는 용어 또한 일반인의 관점에서 위 규정에 해당하는 시장을 무엇인지 판단하기 어려울 정도로 불확정적이라고 보기 어렵다. 따라서 해외 파생상품 조항은 과세요건 명확주의에 위반되지 않는다(2024.7.18. 2020헌바487등).

정답 ○

판례 93 ★★

① 2021년 귀속 종합부동산세 부과의 근거가 된 구 종합부동산세법 제8조 제1항, 종합부동산세법 제13조 제1항, 제2항 중 각 '공시가격' 부분, 각 '공정시장가액비율' 부분, 같은 법 제9조 제1항 각호 및 제2항 각호 중 각 '조정대상지역' 부분의 조세법률주의에 위반되지 않는다.
② 주택 수 계산, 주택분·토지분 재산세로 부과된 세액의 공제 등에 관하여 필요한 사항을 대통령령에 위임한 종부세법 제9조 제4항, 제14조 제7항의 포괄위임금지원칙 위반되지 않는다.
③ 주택분 및 토지분 종합부동산세에 관한 종부세법 제8조 제1항, 제9조, 제10조, 제13조 제1항, 제2항, 제14조 제1항, 제3항, 제4항, 제6항, 제7항, 제15조(이하 합하여 '심판대상조항')의 재산권을 침해하지 않는다.
④ 심판대상조항의 조세평등주의에 위반되지 않는다.
⑤ 심판대상조항의 신뢰보호원칙에 위반되지 않는다.

해설 (1) 조세법률주의, 포괄위임금지원칙 위반여부
종부세법, 지방세법, 주택법 등 관련규정에 비추어 보면, 국토교통부장관 등에 의해 공시가격이 자의적으로 결정된다고 할 수 없고, 종부세법은 공정시장가액비율을 일정 범위에서 정하도록 하고 있으며, '조정대상지역'의 의미, 지정·해제 절차는 법률에 직접 규정되어 있으므로, 위 부분들은 모두 조세법률주의, 포괄위임금지원칙에 위반되지 않는다.
(2) 포괄위임금지원칙 위반여부
주택 수 계산 등에 대해서는 탄력적 규율의 필요성이 인정되고, 주택법 등 관련규정에 비추어 보면, 대통령령에 규정될 내용이 예측가능하므로 종부세법 제9조 제4항, 제14조 제7항은 포괄위임금지원칙에 위반되지 않는다.
(3) 과잉금지원칙 위반여부
종부세는 부동산 가격 안정, 실수요자 보호를 위한 것으로, 종부세익 초과누진세율체계, 1세대 1주택자에 대한 과세표준 추가공제 및 고령·장기보유자에 대한 세액공제, 법인의 주택 보유를 규제해야 할 공익적 요청, 부족한 가용 토지 면적 등을 종합해 보면, 심판대상조항은 과잉금지원칙을 위반하여 재산권을 침해하지 않는다.
(4) 조세평등주의 위반여부
심판대상조항에 의한 차별 취급은 주거공간의 의미, 투기 목적 주택보유 규제, 담세능력, 부동산 현황 등을 고려한 것으로서 합리적 이유가 있으므로, 조세평등주의에 위반되지 않는다.
(5) 신뢰보호원칙 위반여부
조세의 정책적 기능 등을 고려할 때 청구인들의 신뢰가 특별히 보호가치가 크다고 보기 어려운 반면 부동산 투기 억제를 통한 실수요자 보호라는 정책 목적의 실현은 중대한 공익에 해당하므로, 심판대상조항은 신뢰보호원칙에 위반되지 않는다(전원재판부 2024. 5. 30. 선고 헌법재판소 2022헌바238 등).

정답 ○,○,○,○,○

○ 판례 94 ★★

아파트 등 집합건물 공유부분에 발생한 경미한 하자(건물의 주요구조부 및 지반공사의 하자 이외의 하자)의 경우 하자담보청구권을 행사할 수 있는 제척기간을 '사용검사일 등부터 5년 이하'로 제한한 집합건물의 소유 및 관리에 관한 법률은 헌법에 어긋나지 않는다

해설 ● 심사기준
집합건물법은 분양자 및 시공자(이하 '분양자 등'이라 한다)가 현재의 구분소유자에 대하여 고의·과실 등 귀책사유와 무관하게 하자담보책임을 부담하도록 하면서, 심판대상조항에 구분소유자의 하자담보청구권 행사기간을 규정함으로써 재산권의 내용 내지 제한을 정하고 있다.
이때 권리의 행사기간을 제척기간으로 할 것인지, 소멸시효로 할 것인지, 행사기간의 기산점과 그 기간을 어느 정도로 할 것인지의 문제는 하자담보청구권에 대한 보호와 집합건물의 하자를 둘러싼 법률관계를 안정시킨다는 이익을 어떻게 조화시킬지의 문제로서, 원칙적으로 입법자의 재량사항에 속한다. 다만, 행사기간의 기산점을 불합리하게 정하였다거나 행사기간이 지나치게 단기간이어서 그 권리행사를 현저히 곤란하게 하거나 사실상 불가능하게 하면 재산권의 본질을 침해하는 것으로 허용될 수 없다.

● 재산권 침해 여부
공용부분에 발생한 주요구조부와 지반공사의 하자 외의 비교적 경미한 하자와 관련한 하자담보청구권에 대하여 사용검사일 또는 사용승인일(이하 '사용검사일 등'이라 한다)부터 5년 이하의 제척기간을 둔 것은 집합건물의 하자를 둘러싼 분쟁의 증가 및 장기화를 방지하여 법적 불안정성을 조기에 해소하기 위한 것으로 그 입법목적이 정당하고, 위와 같은 권리 행사기간의 제한은 입법목적 달성을 위한 적절한 수단이다.
공용부분은 원칙적으로 구분소유자 전원의 공유에 속하므로, 통일적인 분쟁해결을 도모하려면 하나의 집합건물에 공통되는 제척기간의 기산점을 정할 필요가 있다. 공용부분 하자에 개별적으로 제척기간이 진행되도록 하면 분양자 등이 지나치게 장기간 담보책임을 부담하게 된다. 비록 미분양 집합건물, 분양전환된 임대주택 등은 사용검사일 등과 구분소유자에 대한 인도일이 근접하지 않을 수 있으나, 위 경우는 일반적인 선분양과 달리 건물 완성 후 분양계약을 체결하므로 하자를 확인하고 하자의 보수비용이나 그로 인한 손해를 반영하여 분양가격을 결정할 수 있다. 또한, 이 사건 아파트와 같이 분양전환된 임대주택의 경우 임차인이 임대인에게 공용부분의 수선·보수를 요청할 수 있는 제도적 장치도 마련되어 있다. 따라서 사용검사일 등을 공용부분 하자에 관한 제척기간의 기산점으로 정한 것이 불합리하다고 할 수 없다.
주요구조부와 지반공사의 하자 외의 하자는 표면적이고 소모되기 쉬운 부분에 해당하여 하자가 일찍 발현되고 그 하자를 인식하기도 비교적 용이하므로, 사용검사일 등부터 5년 이하의 제척기간이 지나치게 단기간이라고 할 수 없다. 따라서 심판대상조항은 청구인의 재산권을 침해하지 않는다 (헌법재판소 2022. 10. 27. 선고 2020헌바368 전원재판부 결정).

정답

○ 판례 95 ★★★

① 개성공단에서 영업을 계속하지 못하여 발생한 영업 손실이나 주식 등 권리의 가치 하락은 헌법 제23조의 재산권보장의 범위에 속한다
② 대통령의 개성공단 운영 전면중단 결정과, 피청구인 통일부장관의 개성공단 철수계획 마련, 관련 기업인들에 대한 통보, 개성공단 전면중단 성명 발표 및 집행 등 일련의 행위로 이루어진 개성공단 운영 전면중단 조치는 과잉금지원칙과 신뢰보호원칙에 위배되어 영업의 자유와 재산권을 침해한다.

해설 가. 과잉금지원칙 위반 여부

○ 이 사건 중단조치는 북한의 핵무기 개발 시도를 경제적 제재조치를 통해 저지하려는 국제적 합의에 이바지하고, 북한 핵 위기의 핵심 당사국으로 독자적인 경제제재 조치를 실행함으로써 보다 강력한 국제적 공조를 유도하여 종국적으로 한반도와 세계평화에 기여함을 목적으로 하며, 동시에 경제제재 조치와 관련된 영역에서 사업 활동을 하는 우리 국민의 신변안전 확보를 목적으로 하므로, 목적의 정당성이 인정된다. 그리고 개성공단의 운영 중단은 경제제재 조치로서 북한의 핵개발에 대응하는 국제사회의 제재 방식에 부합하고, 개성공단 현지 체류 근로자 등의 철수조치를 통해 북한의 보복적 대응에 노출되는 우리 국민의 수를 최소화할 수 있으므로 그 수단의 적합성도 인정된다.

○ 이 사건 중단조치는 남북관계, 북미관계, 국제관계가 복잡하게 얽혀 있는 상황에서 단계적 중단만으로는 일괄 중단의 경우와 동일한 정도로 경제제재 조치를 통해 달성하고자 하는 목적을 달성하기 어렵다는 정치적 판단 하에 채택된 것이고, 그러한 판단이 현저히 비합리적이라고는 보이지 않는다. 북한의 태도 변화를 쉽사리 예상할 수 없는 상황에서 중단 기간을 미리 한정하기 어렵고, 체류인원 제한 조치 역시 설비나 생산 물품 반출에 대한 북한 당국의 협조 여하에 따라 일부는 변경도 가능한 임시조치의 성격을 가진다. 따라서 이 사건 중단조치는 피해의 최소성 원칙에도 부합한다.

○ 개성공단에서의 협력사업과 투자자산에 대한 보호는 지역적 특수성과 여건에 따른 한계가 있을 수밖에 없으며, 관련 개성공업지구 지원에 관한 법령은 그러한 특수성 등으로 인해 개성공단 투자기업에게 피해가 발생한 경우 각종 지원을 할 수 있도록 정하고 있다. 이 사건 중단조치는 그러한 법령에 따른 피해지원을 전제로 한 조치였고, 실제 그 예정된 방식에 따라 상당 부분 지원이 이루어졌다. 이 사건 중단조치로 투자기업인 청구인들이 입은 피해가 적지 않지만, 그럼에도 불구하고 북한의 핵개발에 맞서 개성공단의 운영 중단이라는 경제적 제재조치를 통해, 대한민국의 존립과 안전 및 계속성을 보장할 필요가 있다는 피청구인 대통령의 판단이 명백히 잘못된 것이라 보기도 어려운바, 이는 헌법이 대통령에게 부여한 권한 범위 내에서 정치적 책임을 지고 한 판단과 선택으로 존중되어야 한다. 따라서 이 사건 중단조치는 법익의 균형성 요건도 충족하는 것으로 보아야 한다.

○ 따라서 이 사건 중단조치는 과잉금지원칙에 위반되어 투자기업인 청구인들의 영업의 자유와 재산권을 침해하지 아니한다.

나. 신뢰보호원칙 및 헌법 제23조 제3항 위반 여부

○ 2013. 8. 14. 채택된 '개성공단의 정상화를 위한 합의서'는 투자기업인 청구인들에 대하여 직접적으로 그 효력과 존속에 대한 신뢰를 부여하였다고 인정하기 어렵고, 과거 사례에 비추어 이 사건 중단조치가 신뢰이익을 침해하는 정도는 비교적 낮은 수준에 불과하며, 이 사건 중단조치를 통해 달성하려는 공익은 그와 같은 신뢰의 손상을 충분히 정당화할 수 있다. 따라서 이 사건 중단조치는 신뢰보호원칙을 위반하여 투자기업인 청구인들의 영업의 자유와 재산권을 침해하지 아니한다.

○ 이 사건 중단조치에 의해 개별적, 구체적으로 이미 형성된 구체적 재산권이 공익목적을 위해 제한되는 공용 제한이 발생한 것이 아니고, 개성공단에서 영업을 계속하지 못하여 발생한 영업 손실이나 주식 등 권리의 가치 하락은 헌법 제23조의 재산권보장의 범위에 속한다고 보기 어렵다. 따라서 그와 같은 재산권 제한이나 손실에 대하여 정당한 보상이 지급되지 않았더라도, 이 사건 중단조치가 헌법 제23조 제3항을 위반하여 투자기업인 청구인들의 재산권을 침해한 것으로 볼 수 없다(헌법재판소 2022. 1. 27. 선고 2016헌마364 전원재판부 결정).

정답 ×, ×

제3절 ▶ 직업의 자유

○판례 96 ★★★

① 변호사법의 위임을 받아 대한변호사협회에서 정한 '변호사 광고에 관한 규정' 중 '변호사 또는 소비자로부터 대가를 받고 법률상담 또는 사건 등을 소개·알선·유인하기 위하여 변호사등을 광고·홍보·소개하는 행위'를 금지하고 있는 규정은 표현의 자유와 직업의 자유를 침해한다. (23년 변호사시험 기출지문)
② 대가수수 직접 연결 금지규정은 과잉금지원칙에 위반되어 표현의 자유, 직업의 자유를 침해한다.

해설 ○ 유권해석위반 광고금지규정이 법률유보원칙에 위반되는지 - 적극

- 이 사건 규정 제4조 제14호 중 '협회의 유권해석에 반하는 내용의 광고' 부분, 제8조 제2항 제4호 중 '협회의 유권해석에 위반되는 행위를 목적 또는 수단으로 하여 행하는 경우' 부분은(이하 '유권해석위반 광고금지규정'이라 한다), 변호사가 변협의 유권해석에 위반되는 광고를 할 수 없도록 금지하고 있다.

- 위 규정은 '협회의 유권해석에 위반되는'이라는 표지만을 두고 그에 따라 금지되는 광고의 내용 또는 방법 등을 한정하지 않고 있고, 이에 해당하는 내용이 무엇인지 변호사법이나 관련 회규를 살펴보더라도 알기 어렵다. 유권해석위반 광고금지규정 위반이 징계사유가 될 수 있음을 고려하면 적어도 수범자인 변호사는 유권해석을 통해 금지될 수 있는 내용들의 대강을 알 수 있어야 함에도, 규율의 예측가능성이 현저히 떨어지고 법집행기관의 자의적인 해석을 배제할 수 없는 문제가 있다.

- 따라서 유권해석위반 광고금지규정은 수권법률로부터 위임된 범위 내에서 명확하게 규율 범위를 정하고 있다고 보기 어려우므로, 법률유보원칙에 위반되어 청구인들의 표현의 자유, 직업의 자유를 침해한다.

○ 대가수수 광고금지규정이 과잉금지원칙에 위반되는지 - 적극

- 이 사건 규정 제5조 제2항 제1호 중 '변호사등을 광고·홍보·소개하는 행위' 부분(이하 '대가수수 광고금지규정'이라 한다)의 규율 대상은 이 사건 규정의 수범자인 변호사이고, 규제 대상이 되는 상대방의 행위는 '변호사 또는 소비자로부터 대가를 받고 법률상담 또는 사건 등을 소개·알선·유인하기 위하여 변호사등을 광고·홍보·소개하는 행위'이다.

- 위 규정이 규제하는 광고·홍보·소개행위의 목적으로 소개·알선·유인을 정하면서도 그 대상을 특정 변호사로 제한하고 있지 아니한 점과 광고·홍보·소개행위의 목적이 소비자를 설득하여 구매를 유도하는 데 있는 점을 고려하면, 대가수수 광고금지규정이 단순히 변호사법이 금지하는 소개·알선·유인행위를 다시 한 번 규제하는 것에 불과하다고 보기 어렵다. 즉, 법률상담 또는 사건 등을 소개하거나 유인할 목적으로 불특정 다수의 변호사를 동시에 광고·홍보·소개하는 행위도 위 규정에 따라 금지되는 범위에 포함된다고 해석된다.

- 변호사광고에 대한 합리적 규제는 필요하지만, 광고표현이 지닌 기본권적 성질을 고려할 때 광고의 내용이나 방법적 측면에서 꼭 필요한 한계 외에는 폭넓게 광고를 허용하는 것이 바람직하다. 각

종 매체를 통한 변호사 광고를 원칙적으로 허용하는 변호사법 제23조 제1항의 취지에 비추어 볼 때, 변호사등이 다양한 매체의 광고업자에게 광고비를 지급하고 광고하는 것은 허용된다고 할 것인데, 이러한 행위를 일률적으로 금지하는 위 규정은 수단의 적합성을 인정하기 어렵다.

- 대가수수 광고금지규정이 아니더라도 변호사법이나 다른 규정들에 의하여 입법목적을 달성할 수 있고, 공정한 수임질서를 해치거나 소비자에게 피해를 줄 수 있는 내용의 광고를 특정하여 제한하는 등 완화된 수단에 의해서도 입법목적을 같은 정도로 달성할 수 있다. 나아가, 위 규정으로 입법목적이 달성될 수 있을지 불분명한 반면, 변호사들이 광고업자에게 유상으로 광고를 의뢰하는 것이 사실상 금지되어 청구인들의 표현의 자유, 직업의 자유에 중대한 제한을 받게 되므로, 위 규정은 침해의 최소성 및 법익의 균형성도 갖추지 못하였다.

- 따라서 대가수수 광고금지규정은 과잉금지원칙에 위반되어 청구인들의 표현의 자유와 직업의 자유를 침해한다(헌법재판소 2022. 5. 26.자 2021헌마619 결정).

정답 O,O

○ 판례 97 ★★

간행물 판매자에게 정가 판매 의무를 부과하고, 가격할인의 범위를 가격할인과 경제상의 이익을 합하여 정가의 15퍼센트 이하로 제한하는 출판문화산업 진흥법 제22조 제4항, 제5항이 청구인의 직업의 자유를 침해하지 않는다.

해설 지나친 가격경쟁으로 인한 간행물 유통질서의 혼란을 방지함으로써 저자와 출판사를 안정적으로 보호 육성하며, 다양한 서점 또는 플랫폼을 유지·장려하여 소비자인 독자의 도서접근권을 확대하고 문화적으로 다양하고 풍부한 내용의 간행물을 제공함으로써 출판산업과 독서문화가 상호작용하여 선순환하는 출판문화산업 생태계를 보호·조성하려는 심판대상조항의 입법목적은 정당하다. 심판대상조항의 시행 이후 종이책의 매출이 감소하고 지역서점의 매장 수가 줄어들었으나 이는 인터넷의 발달과 같은 사회 경제적 환경의 변화가 초래한 결과로 볼 여지가 있고, 만약 심판대상조항과 같은 독과점을 방지하기 위한 장치가 없었다면 이와 같은 현상이 더욱 가속화되었을 것이라는 점을 부인하기는 어려우며, 또한 이러한 상황에서도 출판사의 수와 신간 도서발행 종수가 증가하였으므로, 수단의 적합성이 인정된다.
종이출판물 시장에서 자본력, 협상력 등의 차이를 그대로 방임할 경우 지역서점과 중소형출판사 등이 현저히 위축되거나 도태될 개연성이 매우 높고 이는 우리 사회 전체의 문화적 다양성 축소로 이어지므로 가격할인 등을 제한하는 입법자의 판단은 합리적일 뿐만 아니라 필요하다고 인정된다. 반면 신간도서에 대하여만, 또는 대형서점 서점에게만 가격할인 등에 관한 제한을 부과하는 것은 실효적인 대안이라고 보기 어렵다.
한편 전자출판물의 경우 종이출판물과 구분되는 특성이 있는 것은 사실이나, 양자는 상호보완적인 관계에 있는데, 전자출판물에 대해서만 심판대상조항을 적용하지 않을 경우 종이출판산업이 쇠퇴하고 그로 인하여 양자의 상호보완적 관계가 더 이상 유지되기 어렵게 될 우려가 있다. 또한 전자출판물 시장에서도 소수의 대형플랫폼이 경제력을 남용하는 것을 방지함으로써 문화적 다양성을 보존할 필요성이 충분히 인정된다.
간행물 판매자는 심판대상조항에 의해 영업상 가격을 자유롭게 책정할 수 없는 기본권의 제한을 받으나, 비가격적 서비스경쟁을 여전히 할 수 있고, 단기적 측면 및 가격 책정의 측면에서는 직업의 자유가 축소되는 면이 있으나 장기적 측면 및 시장 전체의 측면으로는 직업의 자유를 보장·확대하는 효과를 기대할 수 있으며, 심판대상조항이 적용되지 않는 전자출판물 제공 방식을 선택할 수 있으므로, 심판대상조항으로 인한 제한의 정도가 크지는 않다.
지식문화 상품인 간행물에 관한 소비자의 후생이 단순히 저렴한 가격에 상품을 구입함으로써 얻는 경제적 이득에만 한정되지는 않고 다양한 관점의 간행물을 선택할 권리 및 간행물을 선택함에 있어 필요한 지식 및 정보를 용이하게 제공받을 권리도 포괄하므로, 심판대상조항으로 인하여 전체적인 소비자후생이 제한되는 정도는 크지 않다.
따라서 심판대상조항은 과잉금지원칙에 위배되어 청구인의 직업의 자유를 침해한다고 할 수 없다 (헌법재판소 2023. 7. 20. 2020헌마104 전원재판부).
point ▶ ○ 이 결정은 이른바 도서정가제가 합헌이라고 판단한 사례이다. 헌법재판소는 출판문화산업에서 존재하고 있는 자본력, 협상력 등의 차이를 간과하고 이를 그대로 방임할 경우 우리 사회 전체의 문화적 다양성 축소로 이어지게 되고, 지식문화 상품인 간행물에 관한 소비자의 후생이 단순히 저렴한 가격에 상품을 구입함으로써 얻는 경제적 이득에만 한정되지는 않는 점 등에 비추어 이 사건 심판대상조항이 청구인의 직업의 자유를 침해하지 않는다고 판단하였다.

정답

판례 98 ★★

① 의료인이 아닌 사람도 문신시술을 업으로 행할 수 있도록 그 자격 및 요건을 법률로 정할 입법의무가 있다.
② 의료인이 아닌 자의 문신시술업을 금지하고 처벌하는 의료법 제27조 제1항 본문 전단과 '보건범죄 단속에 관한 특별조치법' 제5조 제1호 중 의료법 제27조 제1항 본문 전단에 관한 부분이 청구인들의 직업선택의 자유를 침해한다.

해설 1. 의료인이 아닌 사람도 문신시술을 업으로 행할 수 있도록 그 자격 및 요건을 법률로 제정하도록 하는 내용의 명시적인 입법위임은 헌법에 존재하지 않으며, 문신시술을 위한 별도의 자격제도를 마련할지 여부는 여러 가지 사회적·경제적 사정을 참작하여 입법부가 결정할 사항으로, 그에 관한 입법의무가 헌법해석상 도출된다고 보기는 어렵다. 따라서 이 사건 입법부작위에 대한 심판청구는 입법자의 작위의무를 인정할 수 없어 부적법하다.
2. 의료법의 입법목적, 의료인의 사명에 관한 의료법상의 여러 규정 및 의료행위의 개념에 관한 대법원 판례 등을 종합적으로 고려해 보면, 심판대상조항 중 '의료행위'는, 의학적 전문지식을 기초로 하는 경험과 기능으로 진찰, 검안, 처방, 투약 또는 외과적 시술을 시행하여 하는 질병의 예방 또는 치료행위 이외에도 의료인이 행하지 아니하면 보건위생상 위해가 생길 우려가 있는 행위로 분명하게 해석된다.
문신시술은, 바늘을 이용하여 피부의 완전성을 침해하는 방식으로 색소를 주입하는 것으로, 감염과 염료 주입으로 인한 부작용 등 위험을 수반한다. 이러한 시술 방식으로 인한 잠재적 위험성은 피시술자 뿐 아니라 공중위생에 영향을 미칠 우려가 있고, 문신시술을 이용한 반영구화장의 경우라고 하여 반드시 감소된다고 볼 수도 없다. 심판대상조항은 의료인만이 문신시술을 할 수 있도록 하여 그 안전성을 담보하고 있다.
외국의 입법례처럼 별도의 문신시술 자격제도를 통하여 비의료인의 문신시술을 허용할 수 있다는 대안이 제시되기도 한다. 그러나 문신시술에 한정된 의학적 지식과 기술만으로는, 현재 의료인과 동일한 정도의 안전성과 사전적·사후적으로 필요할 수 있는 의료조치의 완전한 수행을 보장할 수 없으므로, 이러한 대안의 채택은 사회적으로 보건위생상 위험의 감수를 요한다. 또한, 문신시술 자격제도와 같은 대안은 문신시술인의 자격, 문신시술 환경 및 절차 등에 관한 규제와 관리를 내용으로 하는 완전히 새로운 제도의 형성과 운영을 전제로 하므로 상당한 사회적·경제적 비용을 발생시킨다. 따라서 문신시술 자격제도와 같은 대안의 도입 여부는 입법재량의 영역에 해당하고, 입법부가 위와 같은 대안을 선택하지 않고 국민건강과 보건위생을 위하여 의료인만이 문신시술을 하도록 허용하였다고 하여 헌법에 위반된다고 볼 수 없다.

그러므로 심판대상조항은 명확성원칙이나 과잉금지원칙을 위반하여 청구인들의 직업선택의 자유를 침해하지 않는다(헌법재판소 2022. 3. 31. 2017헌마1343등).

정답 ×, ×

판례 99 ★★

안경사가 전자상거래 등을 통해 콘택트렌즈를 판매하는 행위를 금지하고 있는 '의료기사 등에 관한 법률' 조항은 헌법에 어긋나지 않는다.

해설 전자상거래 등으로 콘택트렌즈가 판매된다면 착용자의 눈 건강상태를 고려하지 않은 무분별한 콘택트렌즈 착용이 이뤄질 가능성이 있어 국민보건의 향상·증진이라는 심판대상조항의 입법목적이 달성되기 어려울 수 있다. 또 안경사가 콘택트렌즈를 전자상거래 등을 통해 판매할 수 있다면 안경사가 개설할 수 있는 안경업소의 수를 1개로 제한하는 의료기사법 제12조 제2항의 취지에 어긋날 뿐 아니라 안경사 아닌 자에 의한 콘택트렌즈 판매행위를 규제하기 사실상 어려워진다.

우리나라의 인구 1만 명당 안경업소 수와 안경사 수, 국가 면적당(1000㎢) 안경업소 수 모두 높은 수준이어서 소비자의 접근권이 상당히 보장되어 있어 심판대상조항으로 인한 소비자의 불편이 과도하다고 보기도 어렵다. 심판대상조항에 따른 직업 수행의 자유 제한이 그 입법목적 달성을 위해 필요한 정도를 넘어선 과도한 제한이라 보기는 어렵다(2024.3.28. 2020헌가10).

정답 ○

판례 100 ★★

국민권익위원회 심사보호국 소속 6급 공무원에게 퇴직 후 일정 기간 재취업을 제한하는 것은 직업선택의 자유를 침해하지 않는다.

해설 권익위 심사보호국은 부패와 관련한 각종 신고를 접수해 처리하는 부서로 소속 공무원은 취업을 목적으로 특정 사기업체에 특혜를 주는 등 직무를 불공정하게 수행할 가능성이 크다. 일정 기간 법에서 규정한 기관에 취업하는 것을 원칙적으로 제한할 필요가 있다. 이들이 관할 공직자윤리위원회로부터 '퇴직 전 5년간 업무와 밀접한 관련성이 없다'는 확인을 받으면 해당 기관에 취업할 수 있다는 점에서 침해 최소성도 충족한다(헌법재판소 2024. 3. 28. 선고 2020헌마1527 전원재판부 결정).

정답 ○

판례 101 ★★

사업주로부터 위임을 받아 고용보험 및 산업재해보상보험에 관한 보험사무를 대행할 수 있는 기관의 자격을 일정한 기준을 충족하는 단체 또는 법인, 공인노무사 또는 세무사로 한정한 '고용보험 및 산업재해보상보험의 보험료징수 등에 관한 법률' 제33조 제1항 전문 및 같은 법 시행령 제44조가 과잉금지원칙에 위배되어 공인회계사인 청구인들의 직업수행의 자유를 침해한다.

■해설 심판대상조항은 보험사무대행기관의 자격을 규정함으로써 보험사무대행업무의 품질을 유지하고 보험사무를 효율적으로 관리하며 사업주의 보험사무 관련 행정처리 부담을 효과적으로 덜어주고자 하는 것이다. 심판대상조항이 규정하고 있는 단체, 법인이나 개인들은 사업주들의 접근이 비교적 용이하거나, 그 공신력과 신용도를 일정 수준 이상 담보할 수 있거나, 그 직무상 보험사무대행업무의 전문성이 있거나, 이미 상당수의 영세 사업장에서 사실상 보험사무대행업무를 수행하여 와서 보험사무대행기관으로 추가할 현실적 필요성이 있었다는 점에서 보험사무대행기관의 범위에 포함될 나름의 합리적인 이유를 갖고 있다고 볼 수 있다. 반면 개인 공인회계사의 경우는 그 직무와 보험사무대행업무 사이의 관련성이 높다고 보기 어렵고, 사업주들의 접근이 용이하다거나 보험사무대행기관으로 추가해야 할 현실적 필요성이 있다고 보기도 어렵다. 게다가 상당수의 공인회계사들이 소속되어 있는 회계법인은 보험사무대행기관이 될 수 있어 개인 공인회계사를 보험사무대행기관에 별도로 추가할 실익이 상대적으로 적은 점까지 고려하면, 심판대상조항이 보험사무대행기관에 개인 공인회계사를 포함시키지 않은 것이 입법자의 형성재량을 벗어나 불합리하다고 보기는 어렵다. 따라서 심판대상조항은 과잉금지원칙에 위배되어 청구인들의 직업수행의 자유를 침해한다고 볼 수 없다 (헌법재판소 2024. 2. 28. 선고 2020헌마139 전원재판부 결정).
▶현행 고용산재보험료징수법은 사업주의 위임을 받아 보험 사무를 대행할 수 있는 자격을 단체 또는 법인, 공인노무사, 세무사로 한정한다. 즉 회계법인은 대행 사무를 할 수 있지만 개인 공인회계사는 불가능하다. 이에 개인 공인회계사가 헌법소원을 제기한 사안이다.

정답

◦판례 102 ★★

장기일반민간임대주택 중 아파트 민간매입임대주택과 단기민간임대주택의 임대의무기간이 종료한 날 그 등록이 말소되도록 하는 구 '민간임대주택에 관한 특별법'제6조 제5항이 신뢰보호원칙에 반하여 임대사업자인 청구인들의 직업의 자유를 침해하지 않는다.

■해설 정부가 임대주택 등록을 적극 유도한 이후 부동산시장 과열 및 투기수요 가세로 시장불안이 가중되자 임대사업자에 대한 과도한 세제혜택을 조정하고 이들에 대한 대출을 규제하는 방식으로 정책 방향을 변경하였음에도 종전 임대주택 등록활성화 방안이 다주택자에게 특혜를 주는 제도로 악용되었던 점, 주택 임대차에서의 전월세 상한제와 계약갱신요구권 도입 논의에 따라 단기민간임대주택의 폐지 등과 같은 주택임대차 관련 제도의 정합성 확보를 위한 기존 제도의 개편 필요성이 제기되었던 점 등을 고려할 때, 정부가 단기민간임대주택 및 아파트 장기일반민간임대주택을 폐지하고 임대의무기간을 연장하는 등 종전 임대사업자 제도의 개편을 단행하고, 이와 관련한 후속 입법이 이루어질 수 있다는 점에 대하여 임대사업자를 포함한 일반 국민이 전혀 예측할 수 없었다고 보기 어렵다. 나아가 정부는 종전 임대사업자의 신뢰 손상의 정도를 완화하는 세제지원 보완조치를 마련하기도 하였다. 따라서 임대사업자의 신뢰가 침해받는 정도는 임대주택제도의 개편 필요성, 주택시장 안정화 및 임차인의 장기적이고 안정적인 주거 환경 보장과 같은 공익에 비하여 크다고 할 수 없으므로, 등록말소조항은 신뢰보호원칙에 반하여 청구인들의 직업의 자유를 침해하지 아니한다 (헌법재판소 2024. 2. 28. 선고 2020헌마1482 전원재판부 결정).
▶ 문재인 정부 시절 '7·10 부동산 대책'에 따른 4년 단기 임대사업자 및 아파트 장기 임대사업자 폐지가 헌법에 어긋나지 않는다는 헌법재판소 판단이다.

정답 ○

○ 판례 103 ★★

생활폐기물 수집·운반 대행계약(이하 '대행계약'이라 한다)과 관련하여 뇌물공여, 사기 등 범죄를 범하여 일정한 형을 선고받은 자를 3년 간 대행계약 대상에서 제외하도록 규정한 폐기물관리법 제14조 제8항 제7호가 과잉금지원칙에 위배되어 청구인의 직업수행의 자유를 침해하지 않는다.

해설 심판대상조항은 생활폐기물 수집·운반 업무의 공정성, 적정성을 확보하고 대행계약의 성실한 이행을 담보하며 생활폐기물 수집·운반 대행자(이하 '대행자'라 한다)의 독과점, 지방자치단체와의 유착 등 문제를 해소하고자 한 것이다.
대행계약과 관련하여 뇌물공여죄 등을 범하여 벌금 이상의 형을 선고받았거나, 사기죄 등을 범하여 벌금 300만 원 이상의 형을 선고받은 경우라면, 생활폐기물 수집·운반 업무의 공정성 및 적정성을 매우 중대하게 침해하였다고 볼 수 있다. 나아가 생활폐기물 수집·운반 업무의 공공성이 높은 점, 대행자에게 지급되는 비용은 지방자치단체의 예산에서 지출되는 점, 그 동안 지방자치단체와 대행자 간의 유착비리 등 문제점이 발생하였던 점 등을 고려하면, 심판대상조항이 재량의 여지없이 3년간 계약대상에서 제외되도록 규정하고 있다고 하더라도 이를 과도한 제재라고 보기는 어렵다.
심판대상조항은 생활폐기물 수집·운반 업무의 공정성 및 적정성을 저하할 수 있는 일부 범죄만을 특정하여 계약제외 대상으로 삼고 있고, 경미한 범행의 경우에는 계약제외 대상이 되지 않도록 하고 있으며, 그러한 범행이 대행계약과 관련성이 있는 경우에만 계약제외 대상이 되도록 하고 있다. 그리고 계약대상 제외도 3년의 기간 동안 한시적으로 이루어진다.
따라서 심판대상조항은 과잉금지원칙에 위배되어 청구인의 직업수행의 자유를 침해한다고 볼 수 없다(헌법재판소 2023. 12. 21. 선고 2020헌바189 전원재판부 결정).

정답

○ 판례 104 ★★

대형트롤어업의 동경 128도 이동(以東)수역 조업 금지 규정이 과잉금지원칙에 반하여 청구인들의 직업수행의 자유를 침해한다.

해설 1. 법률유보원칙 위반 여부
심판대상조항은 위 구 수산업법 제41조 제1항의 위임에 따라 대형트롤어업의 어업허가 시 붙여야 할 조업구역에 관한 조건을 해양수산부령으로 규정한 것이므로, 법률상 근거가 있다.
구 수산업법 시행령(2013. 12. 17. 대통령령 제25014호로 개정되고, 2023. 1. 10. 대통령령 제33225호로 전부개정되기 전의 것) 제40조 제1항 본문은 '근해어업의 조업구역과 허가정수는 별표 3과 같다'고 규정하고 [별표 3]은 대형트롤어업의 조업구역을 '전국 근해'라고 명시하고 있으나, 위 조항이 반드시 전국 근해에서 아무런 제한 없이 대형트롤어업 허가를 하여야 한다는 의미라고 보기는 어려우므로, 심판대상조항이 위 조항에 위반된다고 볼 수 없다.
그러므로 심판대상조항이 법률유보원칙에 반하여 청구인들의 직업수행의 자유를 침해한다고 볼 수 없다.
2. 직업수행의 자유 침해 여부
가. 목적의 정당성 및 수단의 적합성
심판대상조항은 수산자원을 보호하는 한편, 다른 어업과의 이해관계를 조정하기 위한 규정으로서 목적의 정당성이 인정된다. 심판대상조항은 대형트롤어업의 동경 128도 이동수역에서의 조업을 금지함으로써 동해안에서 어업을 영위하고 있는 어업인과의 갈등을 방지하는 한편, 살오징어 생산량 감소의 원인 중 하나로 지목되는 남획의 가능성을 감소시키는 데 기여할 수 있다. 그러므로 심판대상조항은 그 수단의 적합성이 인정된다.

나. 침해의 최소성
이와 같이 연안어업이나 근해채낚기어업 등 다른 어업과의 상생 문제에 대한 사회적 합의가 부족한 상황에서 심판대상조항을 유지하기로 하는 행정청의 판단이 현저히 불합리하다고 보기는 어렵다. 총허용어획량 제도만으로는 수산자원의 보호나 감소된 수산자원의 회복이라는 입법목적을 달성하는 데에 한계가 있다. 이상의 내용을 종합하면, 심판대상조항은 침해의 최소성을 갖추었다.

다. 법익의 균형성
청구인들이 영위하는 대형트롤어업이 근래 급변하는 어장환경 등으로 인하여 어려운 상황에 직면하여 있는 것은 사실이지만, 심판대상조항으로 인하여 대형트롤어업 자체를 영위할 수 없게 되는 것은 아닌 점, 대형트롤어업의 어획량 감소 원인은 매우 복합적이어서 반드시 심판대상조항에만 기인한 것이라고 보기 어려운 점 등을 고려하면, 청구인들이 입는 불이익이 수산자원 보호나 국내 어업의 이해관계 조정이라는 공익보다 크다고 볼 수 없다. 그러므로 심판대상조항은 법익의 균형성을 갖추었다.

라. 소결
따라서 심판대상조항은 과잉금지원칙에 반하여 청구인들의 직업수행의 자유를 침해한다고 보기 어렵다(2024.7.18. 2021헌마 533).

판례 105 ★★

수의사나 수산질병관리사의 처방 없이 동물약국 개설자가 판매할 수 없는 동물용 의약품을 규정한 '처방 대상 동물용 의약품 지정에 관한 규정'은 헌법에 어긋나지 않는다

심판대상조항의 입법목적은 수의사 등의 동물용의약품에 대한 전문지식을 통해 동물용의약품 오·남용 및 그로 인한 부작용 피해를 방지하여 동물복지의 향상을 도모함은 물론, 이를 통해 동물용의약품 오·남용에 따른 내성균 출현과 축산물의 약품 잔류 등을 예방하여 국민건강의 증진을 이루고자 함에 있으며 이러한 입법목적은 정당하다(헌법재판소 2023. 6. 29. 선고 2021헌마199 전원재판부 결정).

판례 106 ★★

① 한국방송공사로부터 수신료 징수업무를 위탁받은 자가 수신료를 징수할 때 그 고유업무와 관련된 고지행위와 결합하여 이를 행사하여서는 안 된다고 규정한 방송법 시행령 제43조 제2항은 청구인의 방송의 자유를 침해하지 아니한다.
② 집행명령의 경우 법률의 구체적·개별적 위임 여부 등이 문제되지 않고, 다만 상위법의 집행과 무관한 독자적인 내용을 정할 수 없다는 한계가 있다.

1. 제한되는 기본권
○ 심판대상조항은 청구인의 수신료 징수방법을 제한하는 것으로, 청구인이 방송사 운영에 필요한 재무 관련 사항을 규제함으로써 방송운영의 자유를 제한한다. 따라서 심판대상조항이 청구인의 방송운영의 자유를 침해하는지 여부가 문제된다.

2. 법률유보원칙 위배여부 - 소극

○ 심판대상조항은 수신료의 구체적인 고지방법에 관한 규정인바, 이는 수신료의 부과·징수에 관한 본질적인 요소로서 법률에 직접 규정할 사항이 아니므로 이를 법률에서 직접 정하지 않았다고 하여 의회유보원칙에 위반된다고 볼 수 없다.

○ 심판대상조항은 수신료의 징수를 규정하는 상위법의 시행을 위하여 수신료 납부통지에 관한 절차적 사항을 규정하는 집행명령이다. 집행명령의 경우 법률의 구체적·개별적 위임 여부 등이 문제되지 않고, 다만 상위법의 집행과 무관한 독자적인 내용을 정할 수 없다는 한계가 있다.

○ 심판대상조항은 청구인이 방송법 제65조, 제67조 제2항에 따라 수신료 징수업무를 위탁하는 경우 그 구체적인 시행방법을 규정하고 있을 뿐이라는 점에서 집행명령의 한계를 일탈하였다고 볼 수 없다.

3. 입법재량의 한계 일탈 여부 - 소극
가. 공영방송의 재정적 독립의 요청 (심사기준)
○ 공영방송은 민주주의를 실현하기 위한 필수조건인 다양하고 민주적인 여론을 매개하고, 공적 정보를 제공함으로써 시민의 알 권리를 보장하며, 사회·문화·경제적 약자나 소외계층이 마땅히 누려야 할 문화에 대한 접근기회를 보장하여 인간다운 생활을 할 권리를 실현하는 기능을 수행하므로 우리 헌법상 그 존립가치와 책무가 크다.

○ 청구인이 공영방송사로서 다양한 의견과 정보를 균형 있고 공정하게 방송하는 공적 기능을 수행하면서도 아울러 언론자유의 주체로서 방송의 자유를 향유하기 위하여서는 국가권력 및 특정한 사회 세력으로부터 그 독립성이 보장되어야 한다. 공영방송사의 독립성은 그 조직구성과 재원조달 측면에서 관철되어야 하는바, 특히 재원조달과 관련하여서는 청구인이 그 방송프로그램에 관한 자유를 누리고 국가나 정치적 영향력, 특정 사회세력으로부터 자유로울 수 있도록 적정한 재정적 토대가 확립되어야 한다.

○ 심판대상조항이 입법재량의 한계를 준수하였는지 여부는, 그 내용이 청구인이 공영방송의 헌법적 기능을 수행하기 위하여 필요한 재정적 독립성을 침해하는지 여부에 따라 판단하여야 한다. 즉, 심판대상조항에 따른 수신료의 징수방법으로 인하여 청구인이 적정한 재정적 독립성을 유지할 수 없는 정도에 이른다면, 심판대상조항은 입법재량의 한계를 일탈하였다고 볼 수 있을 것이다.

나. 검토
○ 심판대상조항은 수신료의 통합징수를 금지할 뿐이고, 수신료의 금액이나 납부의무자, 미납이나 연체 시 추징금이나 가산금의 금액을 변경하는 것은 아니므로, 규범적으로 청구인의 수신료 징수 범위에 어떠한 영향을 끼친다고 볼 수 없다.

○ 공법상 의무인 수신료 납부의무와 사법상 의무인 전기요금 납부의무는 분리하여 고지·징수하는 것이 원칙적인 방식이고, 미납이나 연체된 수신료에 대한 추징금 및 가산금의 징수 및 강제가 가능하며, 지난 30년간 수신료 통합징수 시행을 통하여 수상기 등록 세대에 대한 정보가 확보된 점, 30년 전 통합징수가 실시되기 이전과는 달리 현재는 정보통신기술의 발달로 각종 요금의 고지 및 납부 방법이 전산화·다양화된 점 등을 고려할 때 심판대상조항으로 인하여 곧 청구인의 재정적 손실이 초래된다고 단정할 수 없다.

○ 통합징수방식이 공영방송의 재원에 기여한 측면은 있으나, 수신료와 전기요금의 통합징수방식으로 인한 수신료 과오납 사례가 증가함에 따라 이를 시정할 필요가 있고, 청구인은 필요시 수신료 외에도 방송광고수입이나 방송프로그램 판매수익, 정부 보조금 등을 통하여 그 재정을 보충할 수 있는 점을 고려할 때, 심판대상조항은 공영방송의 기능을 위축시킬 만큼 청구인의 재정적 독립에 영향을 끼친다고 볼 수 없다.

○ 다만, 수신료 외의 방송광고수입이나 국가 보조금의 비율이 증가할수록 사인이나 국가에 의한 영향력이 증가하여 공영방송의 독립성이 훼손될 우려가 있는 점에서, 향후 수신료에 의한 재원이 충분하지 않을 경우, 공론화 및 여론의 수렴을 통하여 입법부가 수신료의 증액이나 징수 범위 등을 개선하는 등의 방안을 고려할 필요가 있다.

4. 적법절차원칙 위배 여부 - 소극
○ 심판대상조항의 개정 절차를 살펴보면, '국민 불편을 해소하고 국민의 권리를 보호하기 위해 신속한 개정이 필요'하다는 이유로 방송통신위원회 위원장은 법제처장과 입법예고기간을 10일로 단축할 것을 협의한 사실을 인정할 수 있고, 이는 행정절차법 및 법제업무 운영규정에 따른 것으로 절차상 위법한 내용이 없다.

○ 관련 방송통신위원회의 의결도 재적위원 3인 중 2인의 찬성으로 의결이 된 것으로 '방송통신위원회의 설치 및 운영에 관한 법률'상 절차를 위반한 사실을 인정하기 어렵다.

○ 심판대상조항은 법률에서 정하는 수신료 징수방법의 절차를 구체화하는 것으로서, 규제의 신설이나 강화에 해당한다고 보기 어려워 규제영향분석 대상도 아니므로 적법절차원칙에 위배되지 않는다.

5. 신뢰보호원칙 위배여부 - 소극
○ 개정 전 법령이 전기요금과 수신료를 통합하여 징수하는 방식만을 전제로 하였다거나 그러한 수신료 징수방식에 대한 신뢰를 유도하였다고 볼 수 없으며, 청구인과 한국전력공사 간 TV 방송수신료 징수업무 위·수탁 계약서도 관련 법률의 개정 등 사유를 예정하고 있는 점, 심판대상조항으로 인하여 청구인이 징수할 수 있는 수신료의 금액이나 범위의 변경은 없고 수신료 납부통지 방법만이 변경되는 점 등을 고려할 때 심판대상조항이 신뢰보호원칙에 위배된다고 볼 수 없다(헌법재판소 2024. 5. 30. 선고 2023헌마820, 2023헌마862(병합) 전원재판부 결정)

point ▶ 헌법재판소는 수신료의 분리징수를 규정하는 심판대상조항이 법률유보원칙, 적법절차원칙, 신뢰보호원칙을 위반하지 않고, 입법재량의 한계를 일탈하지 않아 청구인의 방송운영의 자유를 침해하지 않는다고 판단하였다. 심판대상조항에 관하여 수신료 납부통지 방법의 변경은 공영방송의 기능을 위축하거나 축소시킬 만큼 청구인의 재정적 독립에 영향을 끼친다고 볼 수 없다고 판단하였다.

정답 ○,○

○판례 107 ★★
아동학대관련범죄로 처벌을 받은 어린이집 원장 또는 보육교사에 대하여 행정청이 재량으로 자격을 취소할 수 있도록 한 영유아보육법 규정은 헌법에 위반된다.

해설 ○ 심판대상조항은 어린이집의 윤리성과 신뢰성을 높여 영유아를 안전한 환경에서 건강하게 보육하기 위한 것으로 입법목적이 정당하고, 행정청으로 하여금 아동학대관련범죄로 처벌받은 어린이집 원장 또는 보육교사의 자격을 취소할 수 있도록 한 것은 입법목적 달성을 위한 적합한 수단이다.

○ 어린이집 원장 또는 보육교사는 6세 미만의 취학 전 아동인 영유아와 상시적으로 접촉하면서 긴밀한 생활관계를 형성하므로, 이들에 의한 아동학대관련범죄는 영유아의 신체정서 발달에 치명적 영향을 미칠 수 있다. 따라서 어린이집의 안전성에 대한 사회적 신뢰를 지키고 영유아의 완전하고 조화로운 인격 발달을 도모하기 위해서는 아동학대관련범죄로 처벌받은 어린이집 원장 또는 보육교사의 자격을 취소하여 보육현장에서 배제할 필요가 크다. 심판대상조항은 임의적 규정으로서 행정청이 어린이집 원장 또는 보육교사가 저지른 아동학대관련범죄의 죄질과 선고된 형벌의 종류와 정도, 재범 위험성 등을 고려하여 재량으로 자격을 취소할 수 있고, 그 재량권 행사의 당부는 법원에서 사후적으로 판단받을 수도 있다.

○ 심판대상조항으로 실현하고자 하는 공익은 영유아를 건강하고 안전하게 보육하는 것으로서, 이로 인하여 어린이집 원장 또는 보육교사 자격을 취득하였던 사람이 그 자격을 취소당한 결과 자격 재교부 기한이 경과하기 전까지는 어린이집에 근무하지 못하는 제한을 받는다고 하더라도, 그 제한의 정도가 위 공익에 비하여 더 중대하다고 할 수 없다.

○ 따라서 심판대상조항은 과잉금지원칙에 반하여 직업선택의 자유를 침해하지 않는다(헌법재판소 2023. 5. 25. 선고 2021헌바234 전원재판부 결정)
point ▶ 헌법재판소는 영유아를 보호양육하는 어린이집 원장 또는 보육교사의 역할에 비추어 그에 부합하는 자질을 갖추지 못한 사람을 보육현장에서 배제할 필요가 크다는 점, 아동학대관련범죄를 저지른 어린이집 원장 또는 보육교사에 대한 형사처벌만으로는 어린이집의 윤리성과 신뢰성을 높여 영유아를 안전한 환경에서 건강하게 보육한다는 입법목적을 달성하지 못하는 경우가 있다는 점, 법원에서 아동복지법에 따른 아동관련기관에 대한 취업제한명령을 면제한 경우에도 영유아를 직접 대면하여 보육하는 어린이집 원장 또는 보육교사 자격을 취소할 필요는 여전히 존재할 수 있다는 점 등을 고려하여 심판대상조항이 헌법에 위반되지 않는다고 보아 재판관 전원일치의 의견으로 합헌 결정을 하였다.

정답 ×

○판례 108 ★★
허가된 어업의 어획효과를 높이기 위하여 다른 어업의 도움을 받아 조업활동을 하는 행위를 금지한 수산자원관리법 제22조 제2호가 과잉금지원칙에 위배되어 직업수행의 자유를 침해한다.

해설 심판대상조항은 어업허가를 부여할 때 고려한 어획능력을 훨씬 초과하여 매우 적극적인 형태의 어업이 이루어질 경우 발생할 수 있는 어업인들 사이의 분쟁을 예방하고, 어업인들 간의 균등한 자원 배분과 수산자원의 보호를 도모하기 위한 것으로, 수산자원관리법상의 수산자원 포획·채취 금지 기간 또는 금지 체장의 설정, 총허용어획량제도의 실시만으로는 수산자원의 남획을 방지하거나 감소된 수산자원의 회복을 위한 충분한 대책이 될 수 없고, 심판대상조항이 신설된 때로부터 30년이 지났음에도 여전히 지속적·반복적으로 위반행위를 한 사례들이 다수 적발되고 있는 점 등을 고려할 때 과잉금지원칙에 위배되어 직업수행의 자유를 침해하지 아니한다(헌법재판소 2023. 5. 25. 선고 2020헌바604 전원재판부 결정).

정답 ×

○ 판례 109 ★★

① 국가의 형벌권 행사에 따른 기본적 인권의 제약을 내재하고 있는 형사절차와 그 외의 소송절차를 동일하게 취급할 것은 아니고, 본격적인 소송준비는 소송대리인으로 선임된 이후에 이루어지는 점을 고려하면 소송대리인이 되려는 변호사의 수용자 접견을 소송대리인의 접견과 같이 보아야 할 필요성은 크다고 보기 어렵다.
② 접촉차단시설이 설치되지 않은 장소에서 수용자와 접견할 수 있는 예외 대상의 범위에 소송대리인이 되려는 변호사를 포함시키지 않은 구'형의 집행 및 수용자의 처우에 관한 법률 시행령' 제58조 제4항 제2호가 변호사인 청구인의 직업수행의 자유를 침해한다.

해설 소송대리인이 되려는 변호사의 수용자 접견의 주된 목적은 소송대리인 선임 여부를 확정하는 것이고 소송준비와 소송대리 등 소송에 관한 직무활동은 소송대리인 선임 이후에 이루어지는 것이 일반적이므로 소송대리인 선임 여부를 확정하기 위한 단계에서는 접촉차단시설이 설치된 장소에서 접견하더라도 그 접견의 목적을 수행하는데 필요한 의사소통이 심각하게 저해될 것이라고 보기 어렵다. 수용자가 소를 제기하지 아니한 상태에서 소송대리인이 되려는 변호사의 접견을 소송대리인인 변호사의 접견과 같은 형태로 허용한다면 소송제기 의사가 진지하지 않은 수용자가 이를 악용할 우려가 있고, 소송사건이 계속 중인 상태에서 수용자가 소송대리인으로 선임할 의사를 표시하였으나 선임신고가 이루어지지 않았을 뿐인 경우에도 선임신고가 이루어지기까지 특별한 절차나 상당한 시간이 소요된다고 보기 어려워 예외적으로 접촉차단시설이 설치되지 않은 장소에서 접견을 허용해야 할 필요가 있다고 보기 어렵다.
소송대리인이 되려는 변호사의 경우 형사소송의 변호인이 되려는 사람이나 소송사건의 대리인인 변호사와 비교하여 지위, 역할, 접견의 필요성 등에 차이가 있으므로 접견제도의 운영에 있어 이들과 달리 취급할 필요가 있다. 국가의 형벌권 행사에 따른 기본적 인권의 제약을 내재하고 있는 형사절차와 그 외의 소송절차를 동일하게 취급할 것은 아니고, 본격적인 소송준비는 소송대리인으로 선임된 이후에 이루어지는 점을 고려하면 소송대리인이 되려는 변호사의 수용자 접견을 소송대리인의 접견과 같이 보아야 할 필요성은 크다고 보기 어렵다. 소송대리인이 되려는 변호사는 이미 선임된 소송사건의 대리인과 달리 해당 범위가 상당히 넓어 접견의 수요를 예측하기 어려운 점도 양자를 달리 취급하여야 할 사정이 된다.
상소권회복 또는 재심청구 사건은 형 집행의 직접적 원인이 되는 확정판결에 대한 불복절차이고 청구요건과 절차가 까다롭기 때문에 변호사 선임 전이라도 접견상의 제약을 완화하고 있으나, 민사·행정 등 일반적인 소송사건의 경우 형 집행의 원인이 되는 확정판결과 직접 관련되어 있다거나 소송대리인이 되려는 변호사와의 접견 장소나 방법에 특례를 두어야 할 정도로 요건과 절차가 특별히 까다롭다고 볼 수 없다.
위에서 살펴본 사항을 종합하면 심판대상조항은 침해의 최소성에 위배되지 아니한다.
소송대리인이 되려는 변호사의 경우 접촉차단시설이 설치된 장소에서 수용자와 접견하도록 되어 있어 다소 불편을 겪을 가능성이 있다 하더라도 선임 여부의 의사를 확인하는 데 지장을 초래할 정도라 할 수 없고, 접견 외 여러 방법을 통하여 수용자의 의사를 확인할 길이 있으므로 심판대상조항으로 인한 불이익의 정도가 크지 않은 반면, 심판대상조항이 달성하고자 하는 교정시설의 안전과 질서 유지라는 공익은 청구인이 입게 되는 불이익에 비하여 중대하다. 따라서 심판대상조항은 청구인에 대한 기본권 제한과 공익목적의 달성 사이에 법익의 균형성을 갖추었다.
따라서 심판대상조항은 변호사인 청구인의 업무를 원하는 방식으로 자유롭게 수행할 수 있는 자유를 침해한다고 할 수 없다.

▶ 이 사건 심판대상조항에 대하여 재판관 4인이 기각의견을, 재판관 5인이 인용의견을 표시하여 헌법에 위반된다는 의견이 다수이기는 하나, 헌법 제113조 제1항, 헌법재판소법 제23조 제2항 단서 제1호에서 정한 헌법소원 인용결정을 위한 심판정족수에 미달하여 이 사건 심판대상조항에 대한 심판청구는 기각으로 선고되었다.

정답 ○, ×

판례 110 ★★★

시설경비업을 허가받은 경비업자로 하여금 허가받은 경비업무 외의 업무에 경비원을 종사하게 하는 것을 금지하고, 이를 위반한 경비업자에 대한 허가를 취소하도록 정하고 있는 경비업법 제7조 제5항 중 '시설경비업무'에 관한 부분과 경비업법 제19조 제1항 제2호 중 '시설경비업무'에 관한 부분이 헌법에 합치되지 아니한다

해설 심판대상조항은 시설경비업을 허가받은 경비업자로 하여금 허가받은 경비업무 외의 업무에 경비원을 종사하게 하는 것을 금지하고, 이를 위반한 경비업자에 대한 허가를 취소함으로써 시설경비업무에 종사하는 경비원으로 하여금 경비업무에 전념하게 하여 국민의 생명·신체 또는 재산에 대한 위험을 방지하고자 하는 것으로 입법목적의 정당성 및 수단의 적합성은 인정된다.

다만 비경비업무의 수행이 경비업무의 전념성을 직접적으로 해하지 아니하는 경우가 있음에도 불구하고, 심판대상조항은 경비업무의 전념성이 훼손되는 정도를 고려하지 아니한 채 경비업자가 경비원으로 하여금 비경비업무에 종사하도록 하는 것을 일률적·전면적으로 금지하고 있는 점, 경비업자가 허가받은 시설경비업무 외의 업무에 경비원을 종사하게 한 때에는 필요적으로 경비업의 허가를 취소하도록 규정하고 있는 점, 누구든지 경비원으로 하여금 경비업무의 범위를 벗어난 행위를 하게 하여서는 아니된다며 이에 대한 제재를 규정하고 있는 경비업법 제15조의2 제2항, 제19조 제1항 제7호 등을 통해서도 경비업무의 전념성을 충분히 확보할 수 있는 점 등에 비추어 볼 때, 심판대상조항은 침해의 최소성에 위배된다.

또한 경비업무의 전념성을 중대하게 훼손하지 않는 경우에조차 경비원에게 비경비업무를 수행하도록 하기만 하면 허가받은 경비업 전체를 취소하도록 하여 경비업을 전부 영위할 수 없도록 하는 것은 법익의 균형성에도 반한다.

따라서 심판대상조항은 과잉금지원칙에 위반하여 시설경비업을 수행하는 경비업자의 직업의 자유를 침해한다(헌법재판소 2023. 3. 23. 선고 2020헌가19 전원재판부 결정)

정답

판례 111 ★★★

'제10회 변호사시험 일시·장소 및 응시자준수사항 공고'(법무부공고 제2020-360호) 및 '코로나19 관련 제10회 변호사시험 응시자 유의사항 등 알림' 중 코로나19 확진환자의 응시를 금지하고, 자가격리자 및 고위험자의 응시를 제한한 부분은 청구인들의 직업선택의 자유를 침해하여 위헌이다.

해설 시험장 개수가 기존 전국 9개에서 25개로 확대됨으로써 응시자들이 분산되고, 시험장 내에서 마스크를 착용하게 함으로써 대화 등 비말이 전파될 가능성을 최소화할 수 있었으며, 감염 전파의 위험이 있는 자가격리자나 유증상자는 별도의 장소에서 시험에 응시하도록 하는 등 시험장에서의 감염위험을 예방하기 위한 각종 장치가 마련된 사정을 고려할 때, 피청구인으로서는 시험 중에 확진환자가 발생하더라도 그 수가 통제 가능한 범위 내에 머물 수 있는 가능성을 고려하여 청구인들을 비롯한 응시자들의 시험 응시 제한을 최소화하는 방법을 택하여야 할 것이다. 감염병의 유행은 일률적이고 광범위한 기본권 제한을 허용하는 면죄부가 될 수 없고, 감염병의 확산으로 인하여 의료자원이 부족할 수도 있다는 막연한 우려를 이유로 확진환자 등의 시험 응시를 일률적으로 금지하는 것은 청구인들의 기본권을 과도하게 제한한 것이라고 볼 수밖에 없다.

변호사시험은 법학전문대학원의 석사학위를 취득한 달의 말일부터 5년 내에만 응시할 수 있고 질병 등으로 인한 예외가 인정되지 않는데, 이 사건 응시제한으로 인해 확진환자 등은 적어도 1년간 변호사시험에 응시조차 할 수 없게 되므로 그에 따라 입게 되는 불이익은 매우 중대하다.

그러므로 이 사건 응시제한은 과잉금지원칙을 위반하여 청구인들의 직업선택의 자유를 침해한다(헌법재판소 2023. 2. 23. 선고 2020헌마1736 전원재판부 결정).

정답 O

○판례 112 ★★

택시회사가 택시기사들에게 지급하는 기본급을 계산할 때 초과 운송 수입금을 제외하고도 최저임금을 넘기도록 한 최저임금법 조항은 헌법에 어긋나지 않는다

 심판대상조항은 대중교통의 중요한 역할을 담당하고 있음에도 대표적인 저임금·장시간 근로업종에 해당하는 택시운전근로자들의 임금 불안정성을 일부나마 해소하여 생활안정을 보장한다는 사회정책적 배려를 위하여 제정된 규정으로서, 그 입법목적이 정당하고 그 내용은 입법목적을 실현하기 위한 적합한 수단이다.

심판대상조항은 임금의 구성 비율 조정이라는 제한을 부과하고 있다. 이는 완전월급제나 임금의 인상 등에 비하여 택시운송사업자들에게 부담이 덜한 조치로서 입법목적 달성을 위한 상대적으로 가벼운 제한에 해당한다. 또한 생산고의 일부를 최저임금의 적용을 위한 임금에서 제외하는 대안이나 지역에 따라 그 포함 여부와 비율을 달리하는 대안들은 심판대상조항과 입법목적을 같은 정도로 달성하면서도 택시운송사업자들의 기본권을 덜 제한하는 대안으로 볼 수 없다. 따라서 심판대상조항은 침해의 최소성을 충족한다.

택시운전근로자들의 인간다운 생활을 보장하고 헌법이 국가에 명한 근로자의 적정임금의 보장과 최저임금제를 시행할 의무를 이행하는 측면, 과속과 난폭운전 등을 방지하여 국민의 안전을 보장할 국가의 의무 이행이라는 측면에서 심판대상조항이 달성하려는 공익은 중대하다. 한편, 심판대상조항에 따라 제한되는 사익을 살펴보면, 택시운전근로자들에게 고정급으로 지급하여야 할 임금이 늘어남으로써 택시운송사업자들의 고정비용 증가로 인한 경영상의 부담이 늘어날 수 있으나, 심판대상조항에 의해 택시운송사업자들의 계약의 자유나 직업의 자유가 제한되는 정도는 고정급의 비율을 높여 근로계약을 체결하여야 한다는 의무를 수인하는 정도에 그친다. 또한 택시의 공급 과잉, 열악한 근로조건에 따른 택시운전근로자들의 이탈, 적정한 요금 및 서비스체계의 미비 등 택시 산업이 안고 있는 구조적 문제가 택시수요의 감소와 맞물려 경영난에 큰 영향을 준 점에서 심판대상조항이 택시운송사업자들이 겪는 경영난의 주된 원인이라 단정하기도 어렵다. 관련 대법원 판결(대법원 2019. 4. 18. 선고 2016다2451 전원합의체 판결)은 심판대상조항의 입법 취지를 회피한 택시운송사업자들의 탈법행위에 따라 발생한 불가피한 결과이므로, 위 판결을 기초로 일반택시운송사업자들이 부담해야 할 임금은 심판대상조항에 따라 제한되는 사익을 평가함에 있어서 중요한 고려 요소가 될 수 없다. 그렇다면 심판대상조항을 통해 택시운송사업자들의 계약의 자유와 직업의 자유를 다소간 제한하는 것을 감수하고서라도 택시운전근로자들의 생활안정 및 교통안전을 확보하고자 한 입법자의 판단이 공익과 사익 사이의 비례관계를 명백하게 벗어났다고 볼 수 없다.

심판대상조항은 과잉금지원칙에 위배되어 일반택시운송사업자들의 계약의 자유와 직업의 자유를 침해하지 아니한다(헌법재판소 2023.2.23. 선고 2020헌바11 전원재판부 결정).

정답 O

◦ 판례 113 ★★

사회복무요원이 복무기관의 장의 허가 없이 다른 직무를 겸하는 것을 제한하는 병역법 제33조 제2항 본문 제4호 후단이 청구인의 직업의 자유 및 일반적 행동자유권을 침해하지 않는다

해설 ● 직업의 자유 및 일반적 행동자유권 침해 여부 - 소극

사회복무요원은 국가 안보를 위한 병력 자원으로서 병역의무인 자신의 직무를 성실히 수행하여야 하며, 정당한 사유 없이 복무를 이탈하여서는 아니 된다(병역법 제3조 제1항, 제33조 제1항). 또한 사회복무요원은 공무를 수행하는 사람으로서 공무원에 준하는 공적 지위를 가지므로, 공무원에 준하여 그 직무수행의 공정성과 충실성이 담보될 필요가 있다. 심판대상조항이 사회복무요원의 겸직행위를 원칙적으로 금지하고 복무기관의 장으로부터 허가를 받은 경우에만 예외적으로 허용하는 것은, 사회복무요원이 자신의 직무에만 전념하도록 함으로써 그의 공정한 직무 수행과 충실한 병역의무 이행을 담보하기 위한 것이다. 이러한 입법목적은 정당하고, 사회복무요원이 복무기관의 장의 허가 없이 겸직행위를 한 경우 경고처분 및 복무기간 연장이라는 불이익을 부과하는 것은 위와 같은 입법목적을 달성하기 위한 적합한 수단이다.

한편, 다른 직무의 내용과 근무시간의 장단, 사회복무요원이 배치되는 복무기관의 성질이나 담당하는 복무분야, 근무환경 등은 매우 다양하고 상이하므로, 겸직 제한 대상이 되는 직무를 유형화하여 규정하는 등 사회복무요원 일반에 대하여 통일적이고 일관된 규율을 마련하는 것은 현실적으로 매우 어렵다. 그러므로 심판대상조항이 사회복무요원의 겸직행위 일반을 원칙적으로 금지한 다음, 사회복무요원을 지휘·감독할 지위에 있는 각 복무기관의 장으로 하여금 구체적 사안마다 겸직행위가 사회복무요원의 직무전념성, 직무 수행의 공정성을 저해하는지 판단하여 겸직 허가 여부를 결정하도록 한 것이 과도하다고 보기 어렵다. 게다가 심판대상조항에 따르더라도 사회복무요원이 다른 직무를 일절 겸할 수 없는 것은 아니고, 복무기관의 장으로부터 사전에 허가를 받으면 다른 직무를 수행할 수 있으며, 실제로 상당 수의 사회복무요원이 매년 겸직허가를 받아 다른 직무를 수행해오고 있다. 또한 일정한 기간 동안 병역의무 이행으로서 의무복무를 하는 사회복무요원의 특수한 지위를 감안할 때, 사회복무요원이 허가 없이 겸직행위를 한 경우 경고처분 및 복무기간 연장의 불이익을 부과하는 것이 과도한 제재라고 보기도 어렵다. 따라서 심판대상조항은 침해의 최소성 및 법익의 균형성에 위배되지 않는다.

그렇다면 심판대상조항은 과잉금지원칙에 반하여 청구인의 직업의 자유 및 일반적 행동자유권을 침해한다고 볼 수 없다(헌법재판소 2022. 9. 29. 선고 2019헌마938 전원재판부 결정).

정답

◦ 판례 114 ★★★

아동학대 관련 범죄로 벌금형이 확정됐다고 일률적으로 10년간 어린이집 취업을 금지하거나 어린이집을 운영할 수 없도록 한 영유아보육법 조항은 직업선택의 자유를 침해하지 않는다.

해설 심판대상조항은 아동학대관련범죄로 벌금형이 확정된 후 10년이 지나지 아니한 자는 어린이집의 설치·운영 및 어린이집에서의 근무를 하지 못하도록 하여 6세 미만 의 취학 전 아동인 영유아에 대한 학대를 예방함으로써 영유아를 건강하고 안전하게 보육하기 위한 것으로 입법목적은 정당하고, 이를 통해 영유아에 대한 보육이 안전하게 이루어질 수 있으므로 수단의 적합성도 인정된다. 그러나, 아동학대관련범죄전력자에 대해 범죄전력만으로 장래에 동일한 유형의 범죄를 다시 저지를 것이라고 단정하기는 어려움에도 불구하고, 심판대상조항은 오직 아동학대관련범죄전력에 기초해 10년이라는 기간 동안 일률적으로 취업제한의 제재를 부과하는 점, 이 기간 내에는 취업제한 대상자

가 그러한 제재로부터 벗어날 수 있는 어떠한 기회도 존재하지 않는 점, 재범의 위험성에 대한 사회적 차원의 대처가 필요하다 해도 개별 범죄행위의 태양을 고려한 위험의 경중에 대한 판단이 있어야 하는 점 등에 비추어 볼 때, 심판대상조항은 침해의 최소성 요건을 충족했다고 보기 어렵다.

영유아를 아동학대관련범죄로부터 보호하여 영유아를 건강하고 안전하게 보육하고, 어린이집에 대한 윤리성과 신뢰성을 높여 영유아 및 그 관계자들이 어린이집을 믿고 이용하도록 하는 것은 우리 사회의 중요한 공익에 해당한다. 그러나 심판대상조항은 일률적으로 10년의 취업제한을 부과한다는 점에서 죄질이 가볍고 재범의 위험성이 낮은 범죄전력자들에게 지나치게 가혹한 제한이 될 수 있어, 그것이 달성하려는 공익의 무게에도 불구하고 법익의 균형성 요건을 충족하지 못한다. 따라서 심판대상조항은 과잉금지원칙에 위배되어 직업선택의 자유를 침해한다(헌법재판소 2022. 9. 29. 선고 2019헌마813 전원재판부 결정).

비교판례 ▶ 헌법재판소는 2017헌마130등 결정에서 아동학대관련범죄로 형이 확정된 자는 10년간 아동관련기관(체육시설, 학교)에 취업을 제한한 아동복지법 조항을 위헌으로 결정하였고, 이에 따라 아동복지법 제29조의3은 법률에 의한 10년간의 일률적 취업제한에서 법원이 판결 선고 시 10년을 상한으로 하여 취업제한명령을 선고하는 것으로 개정되었다.

정답

◦판례 115 ★★

지역아동센터 시설별 신고정원의 80% 이상을 돌봄취약아동으로 구성하도록 정한 보건복지부 지침 '2019년 지역아동센터 지원 사업안내' 부분이 과잉금지원칙에 위반하여 지역아동센터 운영자의 직업수행의 자유 및 지역아동센터 이용아동의 인격권을 침해한다

해설 지역사회에는 소득이 부족하거나 가구형태가 돌봄에 적합하지 않은 등 다양한 형태로 돌봄에 취약한 환경에 놓여있는 아동들이 있으며, 이들에게 지역아동센터의 돌봄서비스가 우선적으로 제공되도록 한정된 예산과 자원을 적절히 배분하고자 하는 공익은 결코 가볍지 않다.

반면, 이 사건 이용아동규정에 따라 청구인 운영자들이 받는 제약은, 신고정원을 축소하거나 제한하는 것이 아니라 돌봄취약아동의 우선적 이용을 보장하는 것일 뿐이다. 이용아동 구성이 달라진다고 하여 청구인 운영자들의 지역아동센터 운영에 어떠한 본질적인 차이를 가져온다고 보기 어렵고, 청구인 운영자들은 국가의 재정적 지원에 상응하는 공익적 의무를 부담할 수 있다는 것을 충분히 예견할 수 있다. 따라서 이 사건 이용아동규정이 청구인 운영자들의 직업 수행의 자유를 중대하게 제한하고 있다고 할 수 없다.

이 사건 이용아동규정의 취지는 지역아동센터 이용에 있어서 돌봄취약아동과 일반아동을 분리하려는 것이 아니라 돌봄취약아동에게 우선권을 부여하려는 것이다. 돌봄취약아동이 일반아동과 함께 초·중등학교를 다니고 방과 후에도 다른 돌봄기관을 이용할 선택권이 보장되고 있는 이상, 설령 이 사건 이용아동규정에 따라 돌봄취약아동이 일반아동과 교류할 기회가 다소 제한된다고 하더라도 그것만으로 청구인 아동들의 인격 형성에 중대한 영향을 미친다고 보기는 어렵다.

이 사건 이용아동규정은 과잉금지원칙에 위반하여 청구인 운영자들의 직업수행의 자유 및 청구인 아동들의 인격권을 침해하지 않는다(헌법재판소 2022. 1. 27. 선고 2019헌마583 전원재판부 결정).

정답 ✕

제4절 ▶ 소비자의 권리

제5장 | 정치적 기본권

제1절 ▶ 민주정치와 정치적 기본권
제2절 ▶ 참정권

○판례 116 ★★

① 아동에 대한 성적 학대행위로 형을 선고받아 확정된 사람을 공직에 진입할 수 없도록 하는 조항은 입법목적의 정당성이 인정된다. (2023년 법원행시 기출지문)
② 아동에게 성적 수치심을 주는 성희롱 등의 성적 학대행위로 형을 선고받아 그 형이 확정된 사람을 일반직공무원에 임용되는 것을 금지하는 법률조항은 공무담임권을 침해하지 않는다. (2023년 법원행시 기출지문)

해설 심판대상조항들은 아동과 관련이 없는 직무를 포함하여 모든 일반직공무원 및 부사관에 임용될 수 없도록 하여 제한의 범위가 지나치게 넓고 포괄적이며, 영구적으로 임용을 제한하고, 결격사유가 해소될 수 있는 어떠한 가능성도 인정하지 않는다. 아동에 대한 성희롱 등의 성적 학대행위로 형을 선고받은 경우라고 해도 범죄의 종류, 죄질 등은 다양하므로, 개별 범죄의 비난가능성 및 재범위험성 등을 고려하여 상당한 기간 동안 임용을 제한하는 덜 침해적인 방법으로도 입법목적을 충분히 달성할 수 있다. 따라서 심판대상조항들은 과잉금지원칙에 위배되어 공무담임권을 침해한다(헌법재판소 2022. 11. 24. 2020헌마1181, 헌법불합치).

정답

○판례 117 ★★★

선거운동기간을 제한하고 이를 위반한 사전선거운동을 형사처벌하도록 규정한 구 공직선거법 제59조 중 선거운동기간 전에 개별적으로 대면하여 말로 하는 선거운동에 관한 부분, 공직선거법 제254조 제2항 중 '그 밖의 방법'에 관한 부분 가운데 개별적으로 대면하여 말로 하는 선거운동을 한 자에 관한 부분이 정치적 표현의 자유를 침해하지 않는다.

해설 가. 이 사건 선거운동기간조항

○ 이 사건 선거운동기간조항은 선거의 과열경쟁으로 인한 사회·경제적 손실을 방지하고 후보자 간의 실질적인 기회균등을 보장하기 위하여 선거운동기간을 제한하고 있는바, 이러한 입법목적은 정당하고 수단의 적정성 또한 인정된다.

○ 기간 제한 없이 선거운동을 무한정 허용할 경우 후보자 간의 지나친 경쟁이 선거관리의 곤란으로 이어져 부정행위의 발생을 막기 어렵고, 후보자 간의 경제력 차이에 따른 불공평이 생길 우려가 있다. 또한 선거운동기간의 제한을 받지 않는 선거운동방법도 존재하므로, 후보자가 선거권자에게 정보를 자유롭게 전달하거나 선거권자가 후보자의 인물·정견·신념을 파악하는데 현재의 선거운동기간이 부족하다고 보기 어렵다. 그러므로 이 사건 선거운동기간조항이 선거운동기간을 제한하는 것 자체가 정치적 표현의 자유를 과도하게 제한한다고 보기 어렵다.

그러나 선거운동을 어느 정도 규제하는 것에 불가피한 측면이 있더라도, 그 제한의 정도는 정치·사회적 발전단계와 국민의식의 성숙도 등을 종합하여 합리적으로 결정해야 한다. 오늘날, 일부 미흡한 측면이 있더라도 공정한 선거제도가 확립되고 국민의 정치의식이 높아지고 있으며, 입법자도 선거운동의 자유를 최대한 보장할 필요가 있다는 반성적 고려 하에 2020. 12. 29. 공직선거법 개정을 통해 선거과열 등 부작용을 초래할 위험성이 적은 선거운동 방법에 대한 선거운동기간 규제를 완화한 상황이다. 그럼에도 이 사건 선거운동기간조항은 그 입법목적을 달성하는데 지장이 없는 선거운동 방법, 즉 돈이 들지 않는 방법으로서 후보자 간 경제력 차이에 따른 불균형 문제나 사회·경제적 손실을 초래할 위험성이 낮은 개별적으로 대면하여 말로 지지를 호소하는 선거운동까지 포괄적으로 금지함으로써 선거운동 등 정치적 표현의 자유를 과도하게 제한하고 있고, 기본권 제한과 공익목적 달성 사이에 법익의 균형성도 갖추지 못하였다.

○ 결국 이 사건 선거운동기간조항 중 각 선거운동기간 전에 개별적으로 대면하여 말로 하는 선거운동에 관한 부분은 과잉금지원칙에 반하여 선거운동 등 정치적 표현의 자유를 침해한다.

나. 이 사건 처벌조항
○ 개별적으로 대면하여 말로 하는 선거운동을 한 자는 이 사건 선거운동기간조항에서 규정하지 않은 '그 밖의 방법'으로 선거운동을 한 경우에 해당하여 처벌될 것인데, 앞서 살펴본 바와 같이 개별적으로 대면하여 말로 하는 선거운동을 예외적으로 허용하지 않은 것이 선거운동 등 정치적 표현의 자유를 침해하므로, 이 사건 처벌조항 중 '그 밖의 방법'에 관한 부분 가운데 개별적으로 대면하여 말로 하는 선거운동을 한 자에 관한 부분 또한 선거운동 등 정치적 표현의 자유를 침해한다.

3. 결론
○ 이 사건 선거운동기간조항 중 각 선거운동기간 전에 개별적으로 대면하여 말로 하는 선거운동에 관한 부분, 이 사건 처벌조항 중 '그 밖의 방법'에 관한 부분 가운데 개별적으로 대면하여 말로 하는 선거운동을 한 자에 관한 부분은 선거운동 등 정치적 표현의 자유를 침해하여 헌법에 위반된다 (헌법재판소 2022. 2. 24. 2018헌바146, 위헌).

point ▶○ 선거운동기간을 제한하고 이를 위반한 경우 형사처벌하도록 규정한 공직선거법 조항은, 선거의 과열경쟁으로 인해 사회·경제적 손실이 발생하는 것을 방지하고 후보자 간 실질적인 기회균등을 보장하기 위해서 도입된 것이다. 그러나 심판대상조항은 위와 같은 입법목적을 달성하는데 지장이 없는 선거운동방법까지 포괄적으로 금지함으로써, 돈이 들지 않는 방법으로서 후보자 간 경제력 차이에 따른 선거운동기회의 불균형 문제나 선거의 과열경쟁으로 인한 사회·경제적 손실이 초래될 위험성이 낮은 '개별적으로 대면하여 말로 지지를 호소하는 방법의 선거운동'까지 금지하고 처벌한다는 문제점이 발생하였다.

○ 입법부도 이러한 문제점에 대한 반성적 고려의 차원에서 2020. 12. 29. 공직선거법 개정을 통해, '선거일이 아닌 때에 전화(송·수화자 간 직접 통화하는 방식에 한정하며, 컴퓨터를 이용한 자동 송신장치를 설치한 전화는 제외한다)를 이용하거나 말(확성장치를 사용하거나 옥외집회에서 다중을 대상으로 하는 경우를 제외한다)로 선거운동을 하는 경우' 선거운동기간의 제한을 받지 않는 규정을 신설하였다(공직선거법 제59조 단서 제4호).

○ 위와 같은 문제의식을 바탕으로 헌법재판소가 심판대상조항 중 일부를 주문과 같이 위헌으로 결정함에 따라, 심판대상조항 중 그 일부(개별적으로 대면하여 말로 지지를 호소하는 방법의 선거운동에 대한 선거운동기간 제한과 처벌)에 대한 효력은 종전의 합헌결정(헌법재판소 2016. 6. 30. 선고 2014헌바253 결정)이 있었던 날의 다음 날인 2016. 7. 1.로 소급하여 효력을 상실하게 되었다.

정답 ✕

○판례 118 ★★

피성년후견인인 국가공무원은 당연퇴직한다고 정한 국가공무원법 조항이 공무담임권을 침해하지 않는다.

▤해설 심판대상조항은 성년후견이 개시되지는 않았으나 동일한 정도의 정신적 장애가 발생한 국가공무원의 경우와 비교할 때 사익의 제한 정도가 과도하고, 성년후견이 개시되었어도 정신적 제약을 극복하여 후견이 종료될 수 있고, 이 경우 법원에서 성년후견 종료심판을 하고 있다는 사실에 비추어 보아도 사익의 제한 정도가 지나치게 가혹하다. 또한 국가공무원의 당연퇴직사유를 임용결격사유와 동일하게 규정하려면 국가공무원이 재직 중 쌓은 지위를 박탈할 정도의 충분한 공익이 인정되어야 하나, 이 조항이 달성하려는 공익은 이에 미치지 못한다(헌법재판소 2022. 12. 22. 2020헌가8, 위헌).

정답 ×

○판례 119 ★★

국가공무원법 제33조 제6호의4 나목 중 구 '아동·청소년의 성보호에 관한 법률' 제11조 제5항 가운데 '아동·청소년이용음란물임을 알면서 이를 소지한 죄로 형을 선고받아 그 형이 확정된 사람은 국가공무원법 제2조 제2항 제1호의 일반직공무원으로 임용될 수 없도록 한 것'에 관한 부분 및 지방공무원법제31조 제6호의4 나목 중 구 '아동·청소년의 성보호에 관한 법률' 제11조 제5항 가운데 '아동·청소년이용음란물임을 알면서 이를 소지한 죄로 형을 선고받아 그 형이 확정된 사람은 지방공무원법 제2조 제2항 제1호의 일반직공무원으로 임용될 수 없도록 한 것'에 관한 부분(이 청구인들의 공무담임권을 침해한다.

▤해설 1. 심판대상조항은 아동·청소년과 관련이 없는 직무를 포함하여 모든 일반직공무원에 임용될 수 없도록 하므로, 제한의 범위가 지나치게 넓고 포괄적이다. 또한, 심판대상조항은 영구적으로 임용을 제한하고, 결격사유가 해소될 수 있는 어떠한 가능성도 인정하지 않는다. 그런데 아동·청소년이용음란물소지죄로 형을 선고받은 경우라고 하여도 범죄의 종류, 죄질 등은 다양하므로, 개별 범죄의 비난가능성 및 재범 위험성 등을 고려하여 상당한 기간 동안 임용을 제한하는 덜 침해적인 방법으로도 입법목적을 충분히 달성할 수 있다. 따라서 심판대상조항은 과잉금지원칙에 위배되어 청구인들의 공무담임권을 침해한다.
2. 다만, 이 조항들의 위헌성을 해소하는 구체적인 방법은 입법자가 논의를 거쳐 결정해야 할 사항이므로 이 조항들에 대하여 헌법불합치 결정을 선고하되 2024. 5. 31.을 시한으로 입법자가 개정할 때까지 계속 적용을 명하기로 한다(헌법재판소 전원재판부 2023. 6. 29. 선고 헌법재판소 2020헌마1605, 2022헌마1276(병합)).

정답 ○

○판례 120 ★★★

지방공사 상근직원의 선거운동을 금지·처벌하는 공직선거법 조항은 헌법에 어긋난다

▤해설 지방공사 상근직원의 지위와 권한에 비추어 볼 때, 지방공사의 상근직원이 공직선거에서 선거운동을 한다고 하여 그로 인한 부작용과 폐해가 일반 사기업 직원의 경우보다 크다고 보기 어렵다. 또한 공직선거법은 지방공사 상근직원의 영향력이 상근임원보다 적다는 점을 고려하여, 상근직원은 그 직을 유지한 채 공직선거에 입후보할 수 있도록 규정하고 있다. 그럼에도 불구하고 심판대상조항이 지방공사 상근직원에게까지 선거운동을 금지하는 것은 과도하다. 공직선거법은 지방공사의 상근직원이 직무상 행위를 이용하여 선거의 공정성 및 형평성을 해할 수 있는 행위를 금지하고 이에 위반한 경우 처벌하는 규정을 별도로 마련하고 있다. 지방공사의 상근직원은 심판대상조항에 의하지 않더라도 직무상 행위를 이용하여 선거운동을 하거나 하도록 하는 행위 또는 선거에 영향을 미치는

전형적인 행위를 할 수 없다. 또한, 직급에 따른 업무 내용과 수행하는 개별·구체적인 직무의 성격을 고려하여 지방공사 상근직원 중 선거운동이 제한되는 주체의 범위를 최소화하거나, 지방공사 상근직원에 대하여 '그 지위를 이용하여' 또는 '그 직무 범위 내에서' 하는 선거운동을 금지하는 방법으로도 선거의 공정성이 충분히 담보될 수 있다. 결국 심판대상조항은 과잉금지원칙을 위반하여 지방공사 상근직원의 선거운동의 자유를 침해한다(헌법재판소 2024. 1. 25. 선고 2021헌가14 전원재판부 결정).

> **MGI Point** 선거운동을 할 수 없는 자
>
> ■ 선거운동 금지가 위헌인 사례-
>   ① 언론인(2013헌가1) ② 한국철도공사 상근직원 (2015헌바124) ③ 서울교통공사 상근직원 '경선운동금지' (2021헌가24) ④ 광주시설관리공단 상근직원 '경선운동금지' (2019헌가11)
> ■ 선거운동 금지가 합헌이 사례-
>   ① 국민건강보험공단 상근직원 (2002헌마467)
> ■ 판결의 의의 : 선거운동 또는 당내 경선운동을 제한하는 조항 중 개별 기관의 상근직원에 관한 부분으로 심판대상을 한정했던 종전 선례와 달리, '지방공사 상근직원'에 관한 부분을 심판대상으로 삼아 더 광범위한 판단을 한 것

정답 O

판례 121 ★★

'남북관계 발전에 관한 법률' 제24조 제1항 제3호 및 제25조 중 제24조 제1항 제3호에 관한 부분이 청구인들의 표현의 자유를 침해하지 않는다.

해설 심판대상조항은 표현의 내용을 제한하는 결과를 가져오는바, 국가가 표현 내용을 규제하는 것은 원칙적으로 중대한 공익의 실현을 위하여 불가피한 경우에 한하여 허용되고, 특히 정치적 표현의 내용 중에서도 특정한 견해, 이념, 관점에 기초한 제한은 과잉금지원칙 준수 여부를 심사할 때 더 엄격한 기준이 적용되어야 한다.
국가형벌권의 행사는 중대한 법익에 대한 위험이 명백한 경우에 한하여 최후수단으로 선택되어 필요 최소한의 범위에 그쳐야 하는바, 심판대상조항은 전단등 살포를 금지하는 데서 더 나아가 이를 범죄로 규정하면서 징역형 등을 두고 있으며, 그 미수범도 처벌하도록 하고 있어 과도하다고 하지 않을 수 없다. 심판대상조항으로 북한의 적대적 조치가 유의미하게 감소하고 이로써 접경지역 주민의 안전이 확보될 것인지, 나아가 남북 간 평화통일의 분위기가 조성되어 이를 지향하는 국가의 책무 달성에 도움이 될 것인지 단언하기 어려운 반면, 심판대상조항이 초래하는 정치적 표현의 자유에 대한 제한은 매우 중대하다. 그렇다면 심판대상조항은 과잉금지원칙에 위배되어 청구인들의 표현의 자유를 침해한다.
심판대상조항은 북한의 적대적 조치로 초래되는 국민의 생명·신체에 대한 위해나 심각한 위험 발생의 책임을 전단등 살포 행위자에게 전가하는 것이다. 법원이 구체적 사건에서 인과관계와 고의의 존부를 판단하여 범죄성립 여부를 결정할 수 있다고 하더라도, 위와 같은 위해나 심각한 위험의 발생이 전적으로 제3자인 북한에 의하여 초래되고 이에 대한 행위자의 지배가능성이 인정되지 않는 이상, 전단등 살포에 대하여 형벌을 부과하는 것은 비난가능성이 없는 자에게 형벌을 가하는 것과 다름이 없다. 따라서 심판대상조항은 책임주의원칙에도 위배되어 청구인들의 표현의 자유를 침해한다 (헌법재판소 전원재판부 2023. 9. 26. 선고 - 위헌2023. 9. 26. 2020헌마1724, 2020헌마1733(병합)).

정답 ×

○ 판례 122 ★★

목사 등이 종교단체 내 직무상 직위를 이용해 그 구성원에 대해 선거운동을 하는 것을 금지하는 공직선거법 조항은 과잉금지원칙에 위배되어 정치적 표현의 자유를 침해한다.

해설 직무이용 제한조항은 선거의 공정성 확보라는 입법목적을 달성하고자 하는 것이다. 종교단체 내에서 일정한 직무상 행위를 하는 사람이 종교적 신념을 공유하는 신도에게 자신의 지도력, 영향력 등을 기초로 공직선거에서 특정인이나 특정 정당에 대한 맹목적 지지 또는 반대를 끌어내려 하는 경우 대상이 되는 구성원은 그 영향력에 이끌려 왜곡된 정치적 의사를 형성할 가능성이 커지고, 국민의 정치적 의사가 그 형성 단계에서부터 왜곡된다면 선거의 공정성을 확보하기 어렵다.
직무이용 제한조항에 따라 종교단체 내에서의 정치적 표현의 자유가 일정 부분 제한되지만, 공통된 신앙에 기초하여 구성원 상호 간에 밀접한 관계를 형성하는 종교단체의 특성과 성직자 등 종교단체 내에서 일정한 직무를 가지는 사람이 가지는 상당한 영향력을 고려하면, 선거의 공정성을 확보하고 종교단체가 본연의 기능을 할 수 있도록 하며 정치와 종교가 부당한 이해관계로 결합하는 부작용을 방지함으로써 달성되는 공익이 더 크다.
그렇다면 직무이용 제한조항은 과잉금지원칙을 위반하여 선거운동 등 정치적 표현의 자유를 침해하지 않는다(헌법재판소 2024. 1. 25. 선고 2021헌바233, 2023헌바239(병합) 전원재판부 결정).

정답 ✕

○ 판례 123 ★★★

① 공직선거법 제250조 제2항 허위사실공표죄 중 '후보자가 되고자 하는 자에 관하여 허위의 사실을 공표한 자'에 관한 부분은 헌법에 위반되지 아니한다.
② 선거운동 등에 대한 제한이 정치적 표현의 자유를 침해하는지 여부를 판단함에 있어서는 표현의 자유의 규제에 관한 판단기준으로서 엄격한 심사기준을 적용하여야 한다
③ 공직선거법 제251조 후보자비방죄 중 '후보자가 되고자 하는 자'에 관한 부분은 과잉금지원칙에 위배되어 정치적 표현의 자유를 침해하므로 헌법에 위반된다

해설 ● 이 사건 허위사실공표금지 조항 [합헌]
1. 죄형법정주의 명확성원칙 위배 여부
헌법재판소는 헌재 2021. 2. 25. 2018헌바223 결정에서 공직선거법 제250조 제1항 중 '당선될 목적으로 기타의 방법으로 후보자에게 유리하도록 후보자의 행위에 관하여 허위의 사실을 공표한 자'에 관한 부분이 죄형법정주의의 명확성원칙에 위배되지 않는다고 결정하였다. 공직선거법 제250조 제1항 중 '허위의 사실' 부분은 이 사건 허위사실공표금지 조항에도 동일하게 원용되므로, 이 사건 허위사실공표금지 조항은 죄형법정주의의 명확성원칙에 위배되지 아니한다.
2. 정치적 표현의 자유 침해 여부
헌법재판소는 헌재 2023. 7. 20. 2022헌바299 결정에서 이 사건 허위사실공표금지 조항이 과잉금지원칙에 위배되어 정치적 표현의 자유를 침해하지 않는다고 결정하였다. 이 사건에서 선례와 달리 판단해야 할 사정의 변경이나 필요성이 인정된다고 볼 수 없다. 따라서 이 사건 허위사실공표금지 조항은 과잉금지원칙에 위배되어 정치적 표현의 자유를 침해하지 않는다.

● 이 사건 비방금지 조항 [위헌]
1. 죄형법정주의 명확성원칙 위배 여부
헌법재판소는 헌재 2010. 11. 25. 2010헌바53 결정에서, 공직선거법(1994. 3. 16. 법률 제4739호로 제정된 것) 제251조 중 '후보자'에 관한 부분에서 '비방' 부분은 그 의미가 애매모호하거나 불분명하다고 할 수 없으므로 죄형법정주의 명확성원칙에 위배되지 않는다고 결정하였다. 따라서 이 사건 비방금지 조항은 죄형법정주의의 명확성원칙에 위배되지 아니한다.
2. 정치적 표현의 자유 침해 여부
가. 심사기준
선거운동 등에 대한 제한이 정치적 표현의 자유를 침해하는지 여부를 판단함에 있어서는 표현의 자유의 규제에 관한 판단기준으로서 엄격한 심사기준을 적용하여야 한다(헌법재판소 2022. 7. 21. 2017헌바100등).
나. 목적의 정당성과 수단의 적합성
이 사건 비방금지 조항은 후보자가 되고자 하는 자의 인격과 명예를 보호하고 선거의 공정성을 보장하기 위한 것으로 목적의 정당성과 수단의 적합성은 인정된다.
다. 침해의 최소성
정치적 표현의 자유는 우리 헌법상 민주주의의 근간이 되는 핵심적 기본권이므로 최대한 보장되어야 하고, 이에 대한 제한은 입법목적을 달성하는 데에 필요최소한으로 이루어져야 한다.
공직선거법 제110조 제1항이 사생활 비방만을 금지하고 있으나 이 사건 비방금지 조항이 정한 비방의 대상에는 아무런 제한이 없으므로, 남을 헐뜯어 말함으로써 그의 사회적 가치평가를 저하시킬 수 있는 사실이면 허위의 사실인지 진실한 사실인지를 불문하고 모두 해당하게 된다. 그러나 후보자가 되고자 하는 자의 공직 적합성에 관한 부정적 사실을 지적하거나 의혹을 제기하는 것은 그를 헐뜯는 행위일 수밖에 없다.
비방행위가 허위사실에 해당할 경우에는 처벌이 사건 허위사실공표금지 조항으로 처벌하면 족하다. 그러나 후보자가 되고자 하는 자에 대하여 허위가 아닌 사실에 근거하여 문제가 제기되는 경우, 이에 대한 반박을 하도록 하여야 하고, 그 과정을 통해 유권자들이 후보자가 되고자 하는 자의 능력, 자질 및 도덕성을 올바르게 판단할 수 있는 자료를 얻도록 하여야 한다. 그럼에도 이를 이 사건 비방금지 조항으로 처벌하게 되면, 후보자가 되고자 하는 자들 사이에 고소와 고발이 남발하여 선거를 혼탁하게 보이게 하는 결과가 초래될 수 있고, 유권자들의 공직 적합성에 대한 자료를 얻을 수 있는 기회를 제한하게 된다.
이 사건 비방금지 조항이 없더라도 사실을 적시하여 후보자가 되고자 하는 자의 명예를 훼손한 경우에는 형법 제307조 제1항의 사실 적시 명예훼손죄로 처벌하여 그 가벌성을 확보할 수 있다. 일본, 독일, 미국의 입법례를 보더라도 진실한 사실 적시에 의한 후보자 비방을 독자적으로 처벌하는 규정을 발견할 수 없다.
이 사건 비방금지 조항 단서에 "다만, 진실한 사실로서 공공의 이익에 관한 때에는 처벌하지 아니한다."라는 위법성 조각사유가 규정되어 있기는 하다. 그러나 공직후보자는 공적 인물이므로, 진실한 사실에 해당할 경우 공공의 이익에 관한 것인지 여부를 또다시 가릴 필요성이 낮다. 게다가 일단 이 사건 비방금지 조항의 구성요건에 해당되는 경우 그러한 사실을 표현한 사람은 수사나 형사재판에 소추될 위험성에 놓이게 되고, 수사기관 및 재판기관에서 어떠한 기준에 의하여 공익성이 입증되고 판단될 것인지 불확실하므로, 표현의 자유에 대한 위축효과가 발생할 수 있다.
'사실 적시 비방행위'를 형법상 사실 적시 명예훼손죄만으로 처벌하는 것이 충분하지 않고 공직선거법상의 특칙이 필요하다는 의견도 있을 수 있다. 그러나 이 사건 비방금지 조항의 법정형이 형법상 사실 적시 명예훼손죄보다 더 중하고, 공직선거법상 특칙이 적용되는 경우 위반자에게 더 큰 불이익이 부여되는 것인데, 이는 스스로 공론의 장에 뛰어든 사람의 명예를 일반인의 명예보다 더 두텁게 보호하는 것이다. 또한 공직선거법상 특별 규정들이 적용되지 않더라도 수사기관 및 재판기관이 선거결과와 관련이 있다는 점을 고려하여 수사와 재판을 신속하게 진행할 수도 있다.
따라서 이 사건 비방금지 조항은 침해의 최소성에 반한다.

라. 법익의 균형성

선거의 공정이란 선거의 혼탁을 방지하는 것만을 의미하는 것이 아니라 공직 적합성에 관한 정보가 공개되고 이에 근거하여 최선의 사람을 선출할 수 있도록 하는 것을 포함하는 것이다. 따라서 후보자가 되고자 하는 자에 대한 사실을 그것이 허위인지 진실인지를 불문하고 비방이라는 이유로 지나치게 제한하게 되면, 이 사건 비방금지 조항이 추구하는 공익인 선거의 공정을 해하는 결과가 초래될 수 있다.

또한 후보자가 되고자 하는 자는 자발적으로 공론의 장에 뛰어든 사람이므로, 자신에 대한 부정적인 표현을 어느 정도 감수하여야 한다.

그러므로 이 사건 비방금지 조항은 법익의 균형성도 인정되지 않는다.

● 결론

이 사건 허위사실공표금지 조항은 헌법에 위반되지 아니하고, 이 사건 비방금지 조항은 헌법에 위반되므로, 주문과 같이 결정한다. 아울러 종전에 헌법재판소가 이와 견해를 달리하여 이 사건 비방금지 조항이 헌법에 위반되지 아니한다고 판시한 헌재 2013. 6. 27. 2011헌바75 결정은 이 결정과 저촉되는 범위 내에서 변경하기로 한다(2024.6.27.2023헌바78).

[심판대상조항]

공직선거법(1997. 1. 13. 법률 제5262호로 개정된 것)

제250조(허위사실공표죄) ② 당선되지 못하게 할 목적으로 연설·방송·신문·통신·잡지·벽보·선전문서 기타의 방법으로 후보자 (참고로, 제250조 제1항에서, '후보자'는 '후보자가 되고자 하는 자를 포함한다'고 정하고 이하 제250조에서 같다고 규정하고 있다. 이 사건은 '후보자가 되고자 하는 자'에 관한 것이다.) 에게 불리하도록 후보자, 그의 배우자 또는 직계존·비속이나 형제자매에 관하여 허위의 사실을 공표하거나 공표하게 한 자와 허위의 사실을 게재한 선전문서를 배포할 목적으로 소지한 자는 7년 이하의 징역 또는 500만 원 이상 3천만 원 이하의 벌금에 처한다.

공직선거법(1994. 3. 16. 법률 제4739호로 제정된 것)

제251조(후보자비방죄) 당선되거나 되게 하거나 되지 못하게 할 목적으로 연설·방송·신문·통신·잡지·벽보·선전문서 기타의 방법으로 공연히 사실을 적시하여 후보자(후보자가 되고자 하는 자를 포함한다), 그의 배우자 또는 직계존·비속이나 형제자매를 비방한 자는 3년 이하의 징역 또는 500만 원 이하의 벌금에 처한다. 다만, 진실한 사실로서 공공의 이익에 관한 때에는 처벌하지 아니한다.

▶ 이 사건 허위사실공표금지 조항은 헌재 2023. 7. 20. 2022헌바299 결정 및 헌재 2021. 2. 25. 2018헌바223 결정 선례를 원용하여 재판관 전원일치로 합헌 결정을 유지하였다.

이 사건 비방금지 조항에 관하여, 기존 합헌 결정 선례인 헌재 2013. 6. 27. 2011헌바75 결정을 변경하여 해당 조항 중 '후보자가 되고자 하는 자'에 관한 부분이 청구인의 정치적 표현의 자유를 침해하여 위헌이라고 판단하였다.

이 사건 결정에서 헌법재판소는 이 사건 비방금지 조항이 '허위가 아닌 사실'에 근거한 비방행위를 처벌하는 규정이라는 것에서 위헌성을 발견하였다. 즉 후보자가 되고자 하는 자에 대한 비방행위가 진실한 사실이거나 허위사실로 증명되지 아니한 사실에 대한 것이라면, 후보자가 되고자 하는 자는 이러한 문제제기에 대해 스스로 반박을 하고, 이를 통해 유권자들이 후보자가 되고자 하는 자의 능력, 자질 및 도덕성 등 공직 적합성에 관한 정보를 얻어 선거의 공정성을 달성할 수 있어야 한다고 보았다.

선례인 2011헌바75 결정은 이 사건 비방금지 조항이 그 단서에서 "다만, 진실한 사실로서 공공의 이익에 관한 때에는 처벌하지 아니한다."라고 규정하고 있는 점 등을 들어 합헌 결정을 한 반면, 이 사건 결정은 이 사건 비방금지 조항에 근거한 고소·고발, 수사, 형사재판 소추 위험성 등으로 인해 그 자체로 표현의 자유에 대한 위축효과가 발생할 수 있고, 특히 수사기관 및 재판기관에서 어떠한 기준에 의하여 공익성이 입증되고 판단될 것인지 불확실하다는 점을 고려하였다.

또한 이 사건 비방금지 조항이 없더라도 진실한 사실을 적시하여 후보자가 되고자 하는 자의 명예를 훼손한 경우에는 형법 제307조 제1항의 사실적시 명예훼손죄로 처벌이 가능하며, 스스로 공론의 장에 뛰어든 사람의 명예를 일반인의 명예보다 더 두텁게 보호할 필요가 없다고 판단하였다.

정답 ○,○,○

판례 124 ★★★

선거일 180일 전부터 선거에 영향을 미치기 위한 인쇄물 살포를 금지하는 공직선거법 조항은 헌법에 어긋나지 않는다.

해설 ● 심판대상조항이 과잉금지원칙에 위배되어 정치적 표현의 자유를 침해하는지 여부

○ 심판대상조항은 선거일 전 180일부터 선거일까지 선거에 영향을 미치게 하기 위한 인쇄물의 살포행위를 금지·처벌하고 있다. 심판대상조항은 선거에서의 균등한 기회를 보장하고(헌법 제116조 제1항), 선거의 공정성을 확보하기 위한 것으로서 정당한 입법목적 달성을 위한 적합한 수단에 해당한다.

○ 심판대상조항은 후보자의 정치적 표현의 자유를 광범위하게 제한할 뿐 아니라, 후보자에 비하여 선거운동의 허용영역이 상대적으로 좁은 일반 유권자에 대하여는 더욱 광범위하게 정치적 표현의 자유를 제한한다. 또한 선거가 순차적으로 맞물려 돌아가는 현실에 비추어 보면, 선거일 전 180일부터 선거일까지 장기간 동안 선거에 영향을 미치게 하기 위한 인쇄물의 살포행위를 금지·처벌하는 심판대상조항은 당초의 입법취지에서 벗어나 선거와 관련한 국민의 자유로운 목소리를 상시적으로 억압하는 결과를 초래할 수 있다. 인쇄물은 시설물 등과 비교하여 보더라도 투입되는 비용이 상대적으로 적어 경제력 차이로 인한 선거 기회 불균형의 문제가 크지 않고, 그러한 우려도 공직선거법상 선거비용 규제나 인쇄물의 종류 또는 금액 등을 제한하는 수단을 통해 방지할 수 있다. 또한 공직선거법상 후보자 비방 금지나 허위사실공표 금지 규정 등이 이미 존재함에 비추어 보면, 심판대상조항이 선거의 과열로 인한 무분별한 흑색선전, 허위사실유포나 비방 등을 방지하기 위한 불가피한 수단에 해당한다고 보기도 어렵다. 인쇄물에 담긴 정보가 반드시 일방적·수동적으로 전달되거나 수용되는 것은 아니므로, 그 매체의 특성만을 이유로 광범위한 규제를 정당화할 수도 없다. 이상과 같은 점들을 종합하면, 심판대상조항은 목적 달성에 필요한 범위를 넘어 인쇄물 살포 행위와 같은 정치적 표현을 장기간 동안 포괄적으로 금지·처벌하는 것으로서 침해의 최소성을 충족하지 못한다.

○ 심판대상조항은 선거의 공정성을 해치는 것이 명백하다고 볼 수 없는 정치적 표현까지 금지·처벌하고 있어, 그로 인해 유권자나 후보자가 받게 되는 정치적 표현의 자유에 대한 제약은 매우 크다. 한편, 이러한 범위 내에서 심판대상조항으로 인하여 달성되는 공익이 그보다 중대하다고 볼 수 없다. 따라서 심판대상조항은 법익의 균형성에도 위배된다.

○ 그렇다면 심판대상조항은 과잉금지원칙에 반하여 정치적 표현의 자유를 침해한다(헌법재판소 2023. 3. 23. 선고 2023헌가4 전원재판부 결정).

정답 ×

판례 125 ★★★

국회의원을 후원회지정권자로 정하면서 지방의회의원을 후원회지정권자에서 제외하는 정치자금법 조항은 평등권을 침해하지 않는다.

해설 ● 심판대상조항이 평등권을 침해하는지 여부(적극)

후원회 제도는 유권자 스스로 정치인을 후원하도록 함으로써 정치에 대한 신뢰감을 높이고 후원회 활동을 통해 후원회 또는 후원회원이 지향하는 정책적 의지가 보다 효율적으로 구현되도록 하며 정치자금의 투명성을 확보하기 위한 제도이다. 1980년 '정치자금에 관한 법률'이 전부개정되면서 후원회 제도가 도입된 이래 후원회지정권자의 범위는 계속 확대되어왔고, 그에 따라 정치자금의 투명성도 크게 제고되었다. 또한, 지방의회제도가 발전함에 따라 지방의회의원의 역할도 증대되었는데, 지방의회의원의 전문성을 확보하고 원활한 의정활동을 지원하기 위해서는 지방의회의원들에게도 후원회를 허용하여 정치자금을 합법적으로 확보할 수 있는 방안을 마련해 줄 필요가 있다. 지방의회의원은 주민의 대표자이자 지방의회의 구성원으로서 주민들의 다양한 의사와 이해관계를 통합하여 지방자치단체의 의사를 형성하는 역할을 하므로, 이들에게 후원회를 허용하는 것은 후원회 제도의 입법목적과 철학적 기초에 부합한다. 정치자금법은 후원회의 투명한 운영을 위한 상세한 규정을 두고 있으므로, 지방의회의원의 염결성은 이러한 규정을 통하여 충분히 달성할 수 있다. 국회의원과 소요되는 정치자금의 차이도 후원 한도를 제한하는 등의 방법으로 규제할 수 있다. 그럼에도 후원회 지정 자체를 금지하는 것은 오히려 지방의회의원의 정치자금 모금을 음성화시킬 우려가 있다.

현재 지방자치법에 따라 지방의회의원에게 지급되는 의정활동비 등은 의정활동에 전념하기에 충분하지 않다. 또한, 지방의회는 유능한 신인정치인의 유입 통로가 되므로, 지방의회의원에게 후원회를 지정할 수 없도록 하는 것은 경제력을 갖추지 못한 사람의 정치입문을 저해할 수도 있다. 따라서 이러한 사정들을 종합하여 보면, 심판대상조항이 국회의원과 달리 지방의회의원을 후원회지정권자에서 제외하고 있는 것은 불합리한 차별로서 청구인들의 평등권을 침해한다(헌법재판소 2022. 11. 24. 2019헌마528 등, 헌법불합치).

point ▶ 헌법재판소는 헌재 2000. 6. 1. 99헌마576 결정에서 국회의원·국회의원입후보등록자는 후원회를 둘 수 있도록 하면서 서울특별시·광역시·도의회의원은 후원회를 둘 수 없도록 한 구 '정치자금에 관한 법률' 조항에 관하여 평등원칙에 위반되지 않는다는 결정을 내린 바 있다.
이 사건은 광역자치단체의 '도'의회의원인 청구인들과 기초자치단체의 '시'의회의원인 청구인들이 후원회지정권자를 국회의원으로 한정하고 있는 심판대상조항에 대하여 헌법소원을 제기한 사건으로, 헌법재판소는 기존 선례의 입장을 변경하였다.

정답

판례 126 ★★★

① 당연퇴직은 공무원의 법적 지위가 가장 예민하게 침해받는 경우이므로 공익과 사익 간의 비례성 형량에 있어 더욱 엄격한 기준이 요구되고, 심판대상조항이 달성하고자 하는 공익은 우리 헌법상 사회국가원리에 입각한 공무담임권 보장과 조화를 이루는 정도에 한하여 중요성이 인정될 수 있다.
② 국가공무원이 피성년후견인이 된 경우 당연퇴직되도록 한 구 국가공무원법 규정은 공무담임권을 침해하지 않는다.

해설 심판대상조항은 직무수행의 하자를 방지하고 국가공무원제도에 대한 국민의 신뢰를 보호하기 위한 것으로서, 그 입법목적이 정당하다. 이러한 목적을 달성하기 위해 정신적 제약으로 사무를 처리할 능력이 지속적으로 결여되어 성년후견이 개시된 국가공무원을 개시일자로 퇴직시키는 것은, 수단의 적합성도 인정된다.

현행 국가공무원법은 정신상의 장애로 직무를 감당할 수 없는 국가공무원에 대하여 임용권자가 최대 2년(공무상 질병 또는 부상은 최대 3년)의 범위 내에서 휴직을 명하도록 하고(제71조 제1항 제1호, 제72조 제1호), 휴직 기간이 끝났음에도 직무에 복귀하지 못하거나 직무를 감당할 수 없게 된 때에 비로소 직권면직 절차를 통하여 직을 박탈하도록 하고 있다(제70조 제1항 제4호). 위 조항들을 성년후견이 개시된 국가공무원에게 적용하더라도 심판대상조항의 입법목적을 달성할 수 있다. 이러한 대안에 의할 경우 국가공무원이 피성년후견인이 되었다 하더라도 곧바로 당연퇴직되는 대신 휴직을 통한 회복의 기회를 부여받을 수 있고, 이러한 절차적 보장에 별도의 조직이나 시간 등 공적 자원이 필요한 것도 아니다.

결국 심판대상조항과 같은 정도로 입법목적을 달성하면서도 공무담임권의 침해를 최소화할 수 있는 대안이 있으므로, 심판대상조항은 침해의 최소성에 반한다.

당연퇴직은 공무원의 법적 지위가 가장 예민하게 침해받는 경우이므로 공익과 사익 간의 비례성 형량에 있어 더욱 엄격한 기준이 요구되고, 심판대상조항이 달성하고자 하는 공익은 우리 헌법상 사회국가원리에 입각한 공무담임권 보장과 조화를 이루는 정도에 한하여 중요성이 인정될 수 있다.

그런데 심판대상조항은 성년후견이 개시되지는 않았으나 동일한 정도의 정신적 장애가 발생한 국가공무원의 경우와 비교할 때 사익의 제한 정도가 과도하고, 성년후견이 개시되었어도 정신적 제약을 회복하면 후견이 종료될 수 있고, 이 경우 법원에서 성년후견 종료심판을 하고 있다는 사실에 비추어 보아도 사익의 제한 정도가 지나치게 가혹하다. 또한 심판대상조항처럼 국가공무원의 당연퇴직 사유를 임용결격사유와 동일하게 규정하려면 국가공무원이 재직 중 쌓은 지위를 박탈할 정도의 충분한 공익이 인정되어야 하나, 이 조항이 달성하려는 공익은 이에 미치지 못한다.

따라서 심판대상조항은 침해되는 사익에 비하여 지나치게 공익을 우선한 입법으로서, 법익의 균형성에 위배된다.

결국 심판대상조항은 과잉금지원칙에 반하여 공무담임권을 침해한다(헌법재판소 2022. 12. 22. 선고 2020헌가8 전원재판부 결정).

○ 판례 127 ★★★

아동을 성적으로 학대한 혐의로 형이 확정된 사람은 공무원이나 부사관으로 임용될 수 없도록 한 국가공무원법과 군인사법 조항은 헌법에 합치되지 않는다

해설 ● 공무담임권 침해 여부(적극)

심판대상조항은 공직에 대한 국민의 신뢰를 확보하고 아동의 건강과 안전을 보호하기 위한 것으로서, 그 입법목적이 정당하다. 아동에 대한 성희롱 등의 성적 학대행위로 인하여 형을 선고받아 확정된 사람을 공직에 진입할 수 없도록 하는 것은 위와 같은 입법목적 달성에 기여할 수 있으므로, 수단의 적합성도 인정된다. 그러나 심판대상조항은 아동과 관련이 없는 직무를 포함하여 모든 일반직 공무원 및 부사관에 임용될 수 없도록 한다. 또한, 심판대상조항은 영구적으로 임용을 제한하고, 아무리 오랜 시간이 경과하더라도 결격사유가 해소될 수 있는 어떠한 가능성도 인정하지 않는다. 아동에 대한 성희롱 등의 성적 학대행위로 형을 선고받은 경우라고 하여도 범죄의 종류, 죄질 등은 다양하므로, 개별 범죄의 비난가능성 및 재범 위험성 등을 고려하여 상당한 기간 동안 임용을 제한하는 덜 침해적인 방법으로도 입법목적을 충분히 달성할 수 있다. 따라서 심판대상조항은 과잉금지원칙에 위반되어 청구인의 공무담임권을 침해한다(헌법재판소 2022. 11. 24. 선고 2020헌마1181 전원재판부 결정).

정답 ○

○ 판례 128 ★★

선거운동 기간 전부터 일정 기간 동안 선거에 영향을 미치기 위해 '그밖의 광고물'을 게시할 수 없도록 하고 이를 위반할 경우 처벌토록 한 공직선거법 조항은 헌법에 위반되지 않는다.

해설 헌법재판소는 2022. 7. 21. 선고한 2017헌가1등 결정, 2017헌바100등 결정, 2018헌바357등 결정에서 "공직선거법(2010. 1. 25. 법률 제9974호로 개정된 것) 제90조 제1항 제1호 중 '그 밖의 광고물 설치·진열·게시'에 관한 부분, '현수막의 설치·게시'에 관한 부분, 같은 항 제2호 중 '그 밖의 표시물 착용'에 관한 부분 및 공직선거법(2014. 2. 13. 법률 제12393호로 개정된 것) 제256조 제3항 제1호 아목 중 '제90조 제1항 제1호의 그 밖의 광고물 설치·진열·게시, 현수막의 설치·게시, 같은 항 제2호의 그 밖의 표시물 착용'에 관한 부분(이하 모두 합하여 '시설물설치 등 금지조항'이라 한다)은 헌법에 합치되지 아니한다. 위 법률조항들은 2023. 7. 31.을 시한으로 입법자가 개정할 때까지 계속 적용된다."라는 결정을 선고하였다.

광고물게시 금지조항을 포함하고 있는 위 시설물설치 등 금지조항에 대하여 헌법재판소가 이미 헌법불합치 결정을 선고하였으므로, 같은 취지로 광고물게시 금지조항은 헌법에 합치하지 아니함을 확인한다(헌법재판소 2022. 11. 24. 선고 2021헌바301 전원재판부 결정).

정답 ×

제6장 | 청구권적 기본권

제1절 ▶ 청구권적 기본권의 구조와 체계
제2절 ▶ 청원권
제3절 ▶ 재판청구권

○ 판례 129 ★★

민사 전자소송에서 시스템에 등록된 문서를 당사자가 확인하지 않아도 등록 사실을 통지한 이후 일주일이 지나면 송달된 것으로 보는 '전자송달 간주' 조항은 헌법에 어긋나지 않는다

해설 전자송달 간주 조항을 두지 않는다면 소송당사자가 재판진행을 지연시키려는 의도에서 일부러 등재된 전자문서를 확인하지 않는 경우, 재판이 한없이 지연될 우려가 있다. 소송당사자의 공정한 재판을 받을 권리를 보장하면서도 다른 한편으로 신속한 재판의 전제로서 원활하고 신속한 송달을 위해 전자적 송달의 효력발생시기에 대한 예외를 제한적으로 인정할 필요가 있다.

전자적 송달이 이뤄진 전자문서의 확인은 전자소송시스템에 접속해 로그인하는 간편한 절차를 통해서 이뤄진다는 점을 고려할 때, 전자송달 간주 조항에서 정하는 1주라는 기간이 지나치게 짧다고 보기 어렵다. 민소전자문서법 등은 소송당사자가 전자적 송달을 받을 수 없는 경우에 대한 규정을 충분히 마련함으로써 소송당사자가 책임질 수 없는 이유로 송달에 관한 불이익을 받지 않도록 하고 있다.

전자송달 간주 조항은 전자소송 진행을 위한 송달과 관련된 입법자의 형성적 재량을 일탈한 것이라고 보기 어려우므로 헌법 제27조 제1항의 재판청구권을 침해하지 않는다(2024.7.18. 2022헌바4).

[심판대상조항]

민사소송 등에서의 전자문서 이용 등에 관한 법률(2010. 3. 24. 법률 제10183호로 제정된 것)

제11조(전자적 송달 또는 통지) ④ 제3항의 경우 송달받을 자가 등재된 전자문서를 확인한 때에 송달된 것으로 본다. 다만, 그 등재사실을 통지한 날부터 1주 이내에 확인하지 아니하는 때에는 등재사실을 통지한 날부터 1주가 지난 날에 송달된 것으로 본다.

정답

○ 판례 130 ★★★

직계혈족, 배우자, 동거친족, 동거가족 또는 그 배우자간의 권리행사방해죄는 그 형을 면제하도록 한 형법(2005. 3. 31. 법률 제7427호로 개정된 것) 제328조 제1항이 형사피해자의 재판절차진술권을 침해한다.

해설 1. 친족간 재산범죄의 처벌과 소추조건에 관한 특례(이하 '친족상도례'라 한다)의 규정 취지는, 가정 내부의 문제는 국가형벌권이 간섭하지 않는 것이 바람직하다는 정책적 고려와 함께 가정의 평온이 형사처벌로 인해 깨지는 것을 막으려는 데에 있다. 가족·친족 관계에 관한 우리나라의 역사적·문화적 특징이나 재산범죄의 특성, 형벌의 보충성을 종합적으로 고려할 때, 경제적 이해를 같이하거나 정서적으로 친밀한 가족 구성원 사이에서 발생하는 수인 가능한 수준의 재산범죄에 대한 친족상도례의 필요성은 수긍할 수 있다. 그런데 심판대상조항은 재산범죄의 가해자와 피해자 사이의 일정한 친족관계를 요건으로 하여 일률적으로 형을 면제하도록 규정하고 있다. 즉, 심판대상조항은 직계혈족이나 배우자에 대하여 실질적 유대나 동거 여부와 관계없이 적용되고, 또한 8촌 이내의 혈족, 4촌 이내의 인척에 대하여 동거를 요건으로 적용되며, 그 각각의 배우자에 대하여도 적용되는데, 이처럼 넓은 범위의 친족간 관계의 특성은 일반화하기 어려움에도 일률적으로 형을 면제할 경우, 경우에 따라서는 형사피해자인 가족 구성원의 권리를 일방적으로 희생시키는 것이 되어 본래의 제도적 취지와는 어긋난 결과를 초래할 우려가 있다. 또한 심판대상조항은 강도죄와 손괴죄를 제외한 다른 모든 재산범죄에 준용되는데, 이러한 재산범죄의 불법성이 일반적으로 경미하여 피해자가 수인 가능한 범주에 속한다거나 피해의 회복 및 친족간 관계의 복원이 용이하다고 단정하기 어렵다. 나아가 피해자가 독립하여 자유로운 의사결정을 할 수 있는 사무처리능력이 결여된 경우에 심판대상조항을 적용 내지 준용하는 것은 가족과 친족 사회 내에서 취약한 지위에 있는 구성원에 대한 경제적 착취를 용인하는 결과를 초래할 염려가 있다. 그런데 심판대상조항은 위와 같은 사정들을 전혀 고려하지 아니한 채 법관으로 하여금 형면제 판결을 선고하도록 획일적으로 규정하여, 거의 대부분의 사안에서는 기소가 이루어지지 않고 있고, 이에 따라 형사피해자는 재판절차에 참여할 기회를 상실하고 있다. 예외적으로 기소가 되더라도, '형의 면제'라는 결론이 정해져 있는 재판에서는 형사피해자의 법원에 대한 적절한 형벌권 행사 요구는 실질적 의미를 갖기 어렵다. 이를 종합하면, 심판대상조항은 형사피해자가 법관에게 적절한 형벌권을 행사하여 줄 것을 청구할 수 없도록 하는바, 입법재량을 명백히 일탈하여 현저히 불합리하거나 불공정한 것으로서 형사피해자의 재판절차진술권을 침해한다(헌법재판소 전원재판부 2024. 6. 27. 2020헌마468, 2020헌바341, 2021헌바420, 2024헌마146 (병합) 전원재판부)).

▶ 헌법재판소는 이 사건 결정을 통하여, 경제적 이해를 같이하거나 정서적으로 친밀한 가족 구성원 사이에서 발생하는 수인 가능한 수준의 재산범죄에 대한 형사소추 내지 처벌에 관한 특례의 필요성을 긍정하였다. 다만, 심판대상조항이 규정하는 일률적 형면제로 인하여 구체적 사안에서 형사피해자의 재판절차진술권을 형해화하는 경우가 발생할 수 있는 점을 인정하여 입법자에게 입법개선을 명하는 적용중지 헌법불합치결정을 한 것이다.

헌법재판소는 이 사건 결정과 같은 날(2024. 6. 27.), '직계혈족, 배우자, 동거친족, 동거가족 또는 그 배우자 이외의 친족 간에 권리행사방해죄를 범한 때에는 고소가 있어야 공소를 제기할 수 있다'고 규정한 형법 제328조 제2항에 대해 합헌결정을 하였는데(2023헌바449), 해당 결정은 고소를 소추조건으로 규정하여 피해자의 의사에 따라 국가형벌권 행사가 가능하도록 한 조항에 대한 것으로서 형사피해자의 재판절차진술권 침해 여부가 문제되지 않으므로, 형벌조각사유를 정한 심판대상조항에 관한 이 사건 결정과는 구분된다.

[심판대상조항]
형법(2005. 3. 31. 법률 제7427호로 개정된 것)
제328조(친족간의 범행과 고소) ① 직계혈족, 배우자, 동거친족, 동거가족 또는 그 배우자간의 제323조의 죄는 그 형을 면제한다.
②제1항이외의 친족간에 제323조의 죄를 범한 때에는 고소가 있어야 공소를 제기할 수 있다. <개정 1995. 12. 29.>

MGI Point 친족상도례

- 형법 제328조 제1항 가까운 친족 형면제= 헌법불합치
- 형법 제328조 제2항 좀 먼 친족 친고죄= 합헌

정답 ○

판례 131 ★★★

상속개시 후 인지에 의하여 공동상속인이 된 자가 다른 공동상속인에 대해 그 상속분에 상당한 가액의 지급에 관한 청구권(상속분가액지급청구권)을 행사하는 경우에도 상속회복청구권에 관한 10년의 제척기간을 적용하도록 한 민법 조항이 청구인의 재산권과 재판청구권을 침해하여 헌법에 위반된다

해설 그런데 민법 제999조 제2항의 제척기간은 상속분가액지급청구권에서 제3취득자의 거래 안전과는 무관한 것이므로, 결국 '기존의 공동상속인과 추가된 공동상속인' 사이의 권리의무관계를 조속히 안정시킨다는 기능만 수행한다.
이때 '침해를 안 날'은 인지 또는 재판이 확정된 날을 의미하므로, 그로부터 3년의 제척기간은 공동상속인의 권리구제를 실효성 있게 보장하는 것으로 합리적 이유가 있다. 그러나 '침해행위가 있은 날'(상속재산의 분할 또는 처분일)부터 10년 후에 인지 또는 재판이 확정된 경우에도 추가된 공동상속인이 상속분가액지급청구권을 원천적으로 행사할 수 없도록 하는 것은 '가액반환의 방식'이라는 우회적·절충적 형태를 통해서라도 인지된 자의 상속권을 뒤늦게나마 보상해 주겠다는 입법취지에 반하며, 추가된 공동상속인의 권리구제 실효성을 완전히 박탈하는 결과를 초래한다.
물론, 기존 공동상속인으로서는 인지 또는 재판확정으로 가액을 반환하게 되는 것이 당혹스러울 수 있다. 그러나 ㉠ 기존 공동상속인이 받았던 상속재산은 자신의 노력이나 대가 없이 법률규정에 의해 취득한 재산이므로 '추가된 공동상속인의 상속권'을 회복 기회 없이 희생시키면서까지 '기존 공동상속인의 상속권'만을 더 보호해야 할 특별한 이유가 없는 점, ㉡ 기존 공동상속인이 상속재산의 유지·증가에 특별히 기여하였다면 그 기여분은 상속재산에서 공제되므로 이를 통해 기존 공동상속인과 추가된 공동상속인의 이해관계가 조정될 수 있는 점(민법 제1008조의2), ㉢ 민법 제1014조는 제3취득자 보호를 위해 원물반환을 인정하지 않는 대신 가액반환이라는 절충적 형태로 피인지자의 상속권을 보장하겠다는 취지이므로 그 가액반환청구권 행사가능성 자체를 박탈하는 것은 정당화되기 어려운 점, ㉣ 제척기간은 일단 권리가 발생하여 일정기간 존속함을 전제로 하는데 '공동상속인이 아니었던 시점'에 이미 10년 제척기간이 도과된다면 상속분가액지급청구권의 보장은 시원적으로 형해화되는 점, ㉤ 민법은 인지청구의 소를 '사망을 안 날로부터 2년'으로 제한하고(제864조) 상속분가액지급청구권의 행사도 '침해를 안 날부터 3년'으로 제한하므로(제999조 제2항) 인지재판의 확정

을 바탕으로 한 상속분가액지급청구권의 행사가 무한정 늦춰지지 않도록 이중으로 제한하는 점을 함께 고려해야 한다.

결국 상속개시 후 인지 또는 재판의 확정에 의하여 공동상속인이 된 자의 상속분가액지급청구권의 경우에도 '침해행위가 있은 날부터 10년'의 제척기간을 정하고 있는 것은, 법적 안정성만을 지나치게 중시한 나머지 사후에 공동상속인이 된 자의 권리구제 실효성을 외면하는 것이므로, 심판대상조항은 입법형성의 한계를 일탈하여 청구인의 재산권 및 재판청구권을 침해한다(2024.6.27. 2021헌마1588).

[심판대상조항]

■ 민법(2002. 1. 14. 법률 제6591호로 개정된 것)

제999조(상속회복청구권) ② 제1항의 상속회복청구권은 그 침해를 안 날부터 3년, 상속권의 침해행위가 있은 날부터 10년을 경과하면 소멸된다.

▶ 민법 제999조 제2항은 상속회복청구권의 제척기간을 '침해를 안 날부터 3년, 침해행위가 있은 날부터 10년'으로 정하고, 민법 제1014조는 상속개시 후 인지 또는 재판확정에 의해 공동상속인이 된 자의 '상속분가액지급청구권'을 정하고 있다. 이때 상속분가액지급청구권의 행사에는 상속회복청구권의 제척기간이 적용되며, 상속재산의 분할 또는 처분이 있은 후 인지 또는 재판확정된 경우 그 10년의 제척기간은 '인지 또는 재판확정일'이 아닌 '상속재산의 분할 또는 처분일'부터 기산된다.

이와 같은 민법 조항에 따라, 망인(피상속인)의 사망으로 상속재산의 분할 또는 처분이 있은 날부터 10년이 지난 후에야 자신이 망인의 상속인인 사실을 알게 된 경우, 인지 또는 재판이 확정되어도 이미 10년의 제척기간이 도과됨으로써 진정한 상속인으로서의 권리(상속분가액지급청구권)를 전혀 행사할 수 없는 상황이 발생하여 왔다.

이 사건 결정은, 상속개시 후 인지 또는 재판확정으로 공동상속인이 된 자에게 상속권 회복의 기회를 제공하지 아니한 심판대상조항이 입법형성의 한계를 일탈하여 재산권과 재판청구권을 침해함을 선언한 최초의 결정이다.

이 사건 결정에 따라, 심판대상조항과 관련된 기존 합헌 결정(헌법재판소 2010. 7. 29. 2005헌바89 전원재판부)은 이 사건 결정과 저촉되는 범위에서 변경되었다.

정답 ○

판례 132 ★★★

공정거래위원회가 '가습기살균제' 의혹으로 조사한 SK케미칼과 애경산업이 판매했던 가습기살균제 제품의 표시·광고와 관련해 인터넷 신문기사 3건을 심사대상에서 제외한 행위는 평등권과 재판절차진술권을 침해하지 않는다.

해설 가. 신문기사 형식이라는 이유만으로 광고가 아니라고 단정할 수 없고, △△이 이 사건 제품 관련 보도자료를 배포한 사실 등이 있으므로 그 의사에 기하여 위 기사들이 작성되었을 정황이 존재하며, 위 기사들은 최근까지 검색될 뿐만 아니라 2017년 10월경에도 이 사건 제품이 판매 목적으로 진열되어 있었던 사정이 있으므로 공소시효와 처분시효가 아직 만료되지 않았다고 판단될 여지가 남아있다. 따라서 피청구인이 위 기사들을 심사대상에서 제외한 사유들은 모두 수긍하기 어렵다. 나아가 위 기사들 중에는 이 사건 제품이 '인체에 안전'하다는 내용이 기재된 것도 있어 '거짓·과장의 광고'에 해당하는지 여부가 문제되는데, 표시광고법상 그 내용이 진실임을 입증할 책임은 사업자에게 있으므로 피청구인이 위 기사들을 대상으로 심사절차를 진행하여 심의절차까지 나아갔더라면

이 사건 제품의 인체 안전성이 입증되지 못하였다는 이유로 고발 및 행정처분 등이 이루어졌을 가능성이 있다. 특히 표시광고법위반죄는 피청구인에게 전속고발권이 있어 피청구인의 고발이 없으면 공소제기가 불가능한바, 피청구인이 위 기사들을 심사대상에서 제외한 것은 청구인의 재판절차진술권 행사를 원천적으로 봉쇄하는 결과를 낳는 것이었다. 결국 피청구인이 위 기사들을 심사대상에서 제외한 행위로 인하여, 청구인의 평등권과 재판절차진술권이 침해되었다(헌법재판소 2022. 9. 29. 선고 2016헌마773 전원재판부 결정).

정답 ✕

○ 판례 133 ★★★

별건으로 공소제기 후 확정되어 검사가 보관하고 있는 서류에 대하여 법원의 열람·등사 허용 결정이 있었음에도 검사가 청구인에 대한 형사사건과의 관련성을 부정하면서 해당 서류의 열람·등사를 허용하지 아니한 행위가 청구인의 신속하고 공정한 재판을 받을 권리와 변호인의 조력을 받을 권리를 침해한 것이 아니다.

해설 형사소송법이 공소가 제기된 후의 피고인 또는 변호인의 수사서류 열람·등사권에 대하여 규정하면서 검사의 열람·등사 거부처분에 대하여 별도의 불복절차를 마련한 것은 피고인 측의 수사서류 열람·등사권이 헌법상의 신속·공정한 재판을 받을 권리 및 변호인의 조력을 받을 권리의 중요한 내용인 점을 감안하여 종전 헌법소원심판이나 정보공개법 상의 행정쟁송 절차 등과 같은 우회적인 권리구제수단 대신에 보다 신속하고 실효적인 권리구제 절차가 필요하다는 입법자의 정책적 판단에 따른 것이다.

법원이 검사의 열람·등사 거부처분에 정당한 사유가 없다고 판단하고 그러한 거부처분이 피고인의 헌법상 기본권을 침해한다는 취지에서 수사서류의 열람·등사를 허용하도록 명한 이상, 법치국가와 권력분립의 원칙상 검사로서는 당연히 법원의 그러한 결정에 지체 없이 따라야 하며, 이는 별건으로 공소제기되어 확정된 관련 형사사건 기록에 관한 경우에도 마찬가지이다.

그렇다면 법원이 열람·등사 허용 결정을 하였음에도 검사가 이를 신속하게 이행하지 아니하는 경우에는 해당 증인 및 서류 등을 증거로 신청할 수 없는 불이익을 받는 것에 그치는 것이 아니라, 그러한 검사의 거부행위는 피고인의 열람·등사권을 침해하고, 나아가 피고인의 신속·공정한 재판을 받을 권리 및 변호인의 조력을 받을 권리까지 침해하게 되는 것이므로, 피청구인의 이 사건 거부행위는 청구인의 신속·공정한 재판을 받을 권리 및 변호인의 조력을 받을 권리를 침해한다(헌법재판소 2022. 6. 30.지 2019헌마356 전원재판부 결정).

point ▶ 헌법재판소는 헌재 2010. 6. 24. 2009헌마257 사건과 헌재 2017. 12. 28. 2015헌마632 사건에서 형사소송법 제266조의4에 기한 변호인의 당해 형사사건의 수사기록에 대한 열람·등사신청을 거부한 검사의 처분이 변호인의 기본권을 침해하여 위헌임을 확인하여 이미 헌법적 해명을 한 바 있다.

이 사건 결정은 형사소송법 제266조의3에 따른 증거개시절차에서 피고인의 변호인 또는 피고인이 당해 형사사건과 관련된 별건의 서류에 대해서도 열람·등사신청권을 행사할 수 있고, 법원이 형사소송법 제266조의4에 따라 그 서류에 대한 열람·등사를 허용할 경우 검사는 법원의 결정을 따라야 한다는 점을 명확히 하였다.

정답 ✕

◦판례 134 ★★★

① 헌법재판소법 제68조 제1항 본문 중 '법원의 재판' 가운데 '법률에 대한 위헌결정의 기속력에 반하는 재판' 부분은 헌법에 위반된다.
② 법률에 대한 위헌결정의 기속력을 부인하는 법원의 재판은 그 자체로 헌법재판소 결정의 기속력에 반하는 것일 뿐만 아니라 법률에 대한 위헌심사권을 헌법재판소에 부여한 헌법의 결단에 정면으로 위배된다.
③ 법률에 대한 일부위헌결정에 해당하는 헌재 2012. 12. 27. 2011헌바117 결정의 기속력을 부인한 법원의 재판(재심기각결정)은 청구인들의 재판청구권을 침해한 것이므로 이를 취소한다.
④ 한정위헌결정 이전에 확정된 청구인들에 대한 유죄판결은 한정위헌결정에 의하여 소급적으로 법률에 대한 위헌결정의 기속력에 반하는 재판이 되므로 헌법소원의 대상이 되는 공권력의 행사에 해당한다. (23년 법원행시 기출지문)

■해설■ ● 법률에 대한 규범통제 권한과 효력

○ 헌법은 제107조 및 제111조에서 법률에 대한 위헌심사권을 헌법재판소에 부여하고 있다. 헌법재판소의 법률에 대한 위헌심사권은 법원의 제청에 의한 위헌법률심판에서뿐만 아니라 헌법재판소법 제68조 제2항의 헌법소원심판, 제68조 제1항의 헌법소원심판을 통해서 행사된다. 헌법재판소가 헌법에서 부여받은 위헌심사권을 행사한 결과인 법률에 대한 위헌결정은 법원을 포함한 모든 국가기관과 지방자치단체를 기속한다(법 제47조 제1항, 제75조 제1항, 제6항).

● 법률에 대한 규범통제로서 한정위헌결정의 기속력

○ 헌법재판소가 법률의 위헌성 심사를 하면서 합헌적 법률해석을 하고 그 결과로서 이루어지는 한정위헌결정도 일부위헌결정으로서, 헌법재판소가 헌법에서 부여받은 위헌심사권을 행사한 결과인 법률에 대한 위헌결정에 해당한다.

● 재판소원금지조항의 위헌 여부에 대한 판단

○ 헌법이 법률에 대한 위헌심사권을 헌법재판소에 부여하고 있으므로, 법률에 대한 위헌결정의 기속력을 부인하는 법원의 재판은 그 자체로 헌법재판소 결정의 기속력에 반하는 것일 뿐만 아니라 법률에 대한 위헌심사권을 헌법재판소에 부여한 헌법의 결단에 정면으로 위배된다.

○ 헌법의 최고규범성을 수호하고 헌법이 헌법재판소에 부여한 법률에 대한 위헌심사권을 회복하기 위해서는 헌법재판소법 제68조 제1항 본문의 '법원의 재판'의 범위에서 '법률에 대한 위헌결정의 기속력에 반하는 재판' 부분을 명시적으로 제외하는 위헌결정을 하고, 위와 같은 법원의 재판에 대해서 예외적으로 헌법소원심판을 허용할 필요가 있다.

○ 헌법재판소는 헌재 2016. 4. 28. 2016헌마33 사건에서 헌법재판소법 제68조 제1항 본문 중 '법원의 재판' 가운데 '헌법재판소가 위헌으로 결정한 법령을 적용함으로써 국민의 기본권을 침해한 재판' 부분에 대하여 위헌결정을 한 바 있다. 그러나 위 결정의 효력은 위 부분에 국한되므로, 재판소원금지조항의 적용 영역에서 '법률에 대한 위헌결정의 기속력에 반하는 재판' 부분을 모두 제외하기 위해서는 해당 부분에 대한 별도의 위헌결정이 필요하다.

○ 따라서 헌법재판소는 이번 결정에서 재판소원금지조항 가운데 '법률에 대한 위헌결정의 기속력에 반하는 재판' 부분은 헌법에 위반된다고 선언한다.

● 이 사건 재심기각결정들에 대한 판단

○ 헌법재판소는 2012. 12. 27. 2011헌바117 결정에서 "형법 제129조 제1항의 '공무원'에 구 '제주특별자치도 설치 및 국제자유도시 조성을 위한 특별법' 제299조 제2항의 제주특별자치도통합영향평가심의위원회 심의위원 중 위촉위원이 포함되는 것으로 해석하는 한 헌법에 위반된다."는 한정위헌결정을 하였다. 이는 형벌 조항의 일부가 헌법에 위반되어 무효라는 내용의 일부위헌결정으로, 법 제75조 제6항, 제47조 제1항에 따라 법원과 그 밖의 국가기관 및 지방자치단체에 대하여 기속력이 있다.

○ 그런데 이 사건 재심기각결정들은 이 사건 한정위헌결정의 기속력을 부인하여 헌법재판소법에 따른 청구인들의 재심청구를 기각하였다.

○ 따라서 이 사건 재심기각결정들은 모두 '법률에 대한 위헌결정의 기속력에 반하는 재판'으로 이에 대한 헌법소원은 허용되고 청구인들의 헌법상 보장된 재판청구권을 침해하였으므로, 법 제75조 제3항에 따라 취소되어야 한다.

● 이 사건 유죄판결들에 대한 판단

○ 형벌 조항은 위헌결정으로 소급하여 그 효력을 상실하지만, 위헌결정이 있기 이전의 단계에서 그 법률을 판사가 적용하는 것은 제도적으로 정당성이 보장된다. 따라서 아직 헌법재판소에 의하여 위헌으로 선언된 바가 없는 법률이 적용된 재판을 그 뒤에 위헌결정이 선고되었다는 이유로 위법한 공권력의 행사라고 하여 헌법소원심판의 대상으로 삼을 수는 없다.

○ 청구인들에 대한 유죄판결은 이 사건 한정위헌결정이 이루어지기 전에 확정된 재판으로 그에 대한 구제는 재심절차에 의해서만 가능하다. 따라서 이 사건 한정위헌결정 이전에 확정된 청구인들에 대한 유죄판결은 법률에 대한 위헌결정의 기속력에 반하는 재판이라고 볼 수 없으므로 이에 대한 심판청구는 부적법하다(헌법재판소 2022. 6. 30. 선고 2014헌마760, 2014헌마763(병합) 전원재판부 결정).

[심판대상조항]
헌법재판소법(2011. 4. 5. 법률 제10546호로 개정된 것)
제68조(청구 사유) ① 공권력의 행사 또는 불행사(不行使)로 인하여 헌법상 보장된 기본권을 침해받은 자는 법원의 재판을 제외하고는 헌법재판소에 헌법소원심판을 청구할 수 있다. 다만, 다른 법률에 구제절차가 있는 경우에는 그 절차를 모두 거친 후에 청구할 수 있다.

point ▶ 헌법재판소는 이번 결정을 통해, '법원의 재판'을 헌법소원심판의 대상에서 원칙적으로 제외하고 있는 재판소원금지조항에서 '법률에 대한 위헌결정의 기속력에 반하는 재판' 부분에 대하여 위헌결정을 선고함으로써, 헌법이 부여한 헌법재판소의 법률에 대한 위헌심사권의 의미와 일부위헌결정으로서 한정위헌결정의 효력을 분명히 하였다. 헌법재판소는 2016. 4. 28. 2016헌마33 결정에서 헌법재판소법 제68조 제1항 본문의 '법원의 재판' 중 '헌법재판소가 위헌으로 결정한 법령을 적용함으로써 국민의 기본권을 침해한 재판' 부분에 대하여 위헌결정을 한 바 있으나, 위 결정의 효력은 위주문에 표시된 부분에 국한되므로, 재판소원금지조항의 적용 영역에서 '법률에 대한 위헌결정의 기속력에 반하는 재판' 부분을 모두 제외하기 위해 헌법재판소법 제68조 제1항 본문 중 '법원의 재판' 가운데 '법률에 대한 위헌결정의 기속력에 반하는 재판' 부분은 헌법에 위반된다는 결정을 한 것이다. 다만, 법률에 대한 위헌결정인 이 사건 한정위헌결정 이전에 확정된 청구인들에 대한 유죄판결은 법률에 대한 위헌결정의 기속력에 반하는 재판에 해당하지 않으므로 그에 대한 심판청구는 부적법하다고 판단하였다. 즉, 헌재의 위헌 결정에 따르지 않은 법원의 재판에 대해서는 헌법소원을 낼 수 있고, 헌재의 한정위헌 결정의 기속력을 부인한 법원 재판은 헌재가 취소할 수 있다는 뜻이다.

정답 O,O,O,×

제4절 ▸ 국가배상청구권
제5절 ▸ 형사보상청구권
제6절 ▸ 범죄피해자구조청구권

제7장 | 사회적 기본권

제1절 ▸ 사회적 기본권의 구조와 체계
제2절 ▸ 인간다운 생활을 할 권리

○판례 135 ★★

① 노동자의 쟁의행위인 파업을 업무방해죄로 형사처벌하는 현행 형법 제314조 제1항 중 '위력으로써 사람의 업무를 방해한 자' 부분이 헌법 위반되지 않는다
② 대법원이 형법 제314조 제1항을 추상적 위험범으로 해석하는 것은 부당한 확장해석으로 죄형법정주의에 위반된다
③ 권리행사로서의 성격을 갖는 쟁의행위에 대한 형사처벌은 단체행동권의 보장 취지에 부합하지 않는다
④ 단체행동권의 행사로서 노동법상의 요건을 갖추어 헌법적으로 정당화되는 행위를 범죄행위의 구성요건에 해당하는 행위임을 인정하되 다만 위법성을 조각하도록 해석하는 것은 헌법상 기본권의 보호영역을 하위 법률을 통해 지나치게 축소시키는 것이다

해설 1. 죄형법정주의 명확성원칙 등 위배 여부
○ 헌법재판소는 1998. 7. 16. 97헌바23, 2005. 3. 31. 2003헌바91, 2010. 4. 29. 2009헌바168 결정에서 심판대상조항이 죄형법정주의의 명확성원칙에 위배되지 않는다고 판단한 바 있고, 이후 대법원은 2011. 3. 17. 선고 2007도482 전원합의체 판결에서 전격성과 중대성을 위력의 판단기준으로 하여 위력에 의한 업무방해죄의 성립 범위를 위 결정 당시보다 축소하였다. 그럼에도 구체적 사건에 있어 어떤 행위가 법적 구성요건을 충족시키는지에 관하여 여전히 의문이 있을 수 있으나, 이는 형벌규범의 일반성과 추상성에 비추어 불가피한 것으로, 그러한 사정만으로 형벌규범이 불명확하다고 볼 수 없다. 따라서 선례와 달리 판단할 사정변경이 인정되지 않는다.

○ 한편, 청구인들은 대법원이 심판대상조항을 추상적 위험범으로 해석하는 것은 부당한 확장해석으로 죄형법정주의에 위반된다고 주장하나, 어떠한 범죄의 구성요건이 침해범인지 위험범인지 하는 문제는 일반법규의 해석과 적용의 문제이므로, 이는 헌법재판소의 심판대상이라 할 수 없다.

2. 책임과 형벌 간의 비례원칙 위배 여부

○ 심판대상조항이 대부분의 '노동조합 및 노동관계조정법'(이하 '노동조합법'이라 한다)상의 처벌조항보다 형이 더 중하다 하더라도, 이는 보호법익이나 죄질이 다르고 법정형을 정함에 있어 고려해야 할 요소가 다르기 때문이고, 심판대상조항이 법정형의 하한에 제한을 두지 않고 있는 점 등을 고려하면, 책임과 형벌 간의 비례원칙에 위배된다고 볼 수 없다.

3. 단체행동권 침해 여부

가. 재판관 이선애, 재판관 이은애, 재판관 이종석, 재판관 이영진의 합헌의견

○ 대법원은 2007도482 전원합의체 판결에서 심판대상조항에 대한 확립된 해석을 제시하고 있으므로, 헌법재판소는 이를 존중하여 그 조항의 위헌 여부를 판단해야 한다. 따라서 이 사건에서 문제가 되는 것은 심판대상조항이 '사용자가 예측할 수 없는 시기에 전격적으로 이루어져 사용자의 사업운영에 심대한 혼란 내지 막대한 손해를 초래한 집단적 노무제공 거부행위'를 위력에 의한 업무방해죄로 처벌하는 부분이 근로자들의 단체행동권을 침해하는지 여부이다.

○ 근로3권의 의의와 법적 성격

- 근로3권은 노사 간의 실질적인 자치를 보장하기 위한 기본권으로서 자유권적 성격과 사회권적 성격을 함께 지닌 기본권이다.

- 특히 근로3권의 사회권적 성격은 단체행동권과 관련하여 중요한 의미가 있다. 단체행동권의 실질적 보장을 위해서는 국가의 적극적인 활동을 필요로 하는데, 단체행동권은 단체행동권 보장 자체만으로 헌법적 보장의 목적을 달성할 수 있는 자기 목적적인 기본권이 아니라, 근로자들의 협상력을 사용자와 대등하게 만들어 줌으로써 집단적인 노사관계의 자율적인 형성과 실질적인 자치를 달성하기 위하여 인정된 기본권이다. 따라서 입법자가 단체행동권을 보장하기 위한 입법을 함에 있어서는 이러한 단체행동권의 법적 성격과 헌법적 보장 취지를 함께 고려하여야 하고, 개인과 기업의 경제상의 자유와 창의를 존중하는 전체 헌법질서 내에서 그때그때의 사회·경제적 요구를 반영하여 신중히 접근하여야 한다.

○ 단체행동권의 제한

- 전격성과 중대성이 인정되는 집단적 노무제공거부라도 노동조합법상의 정당한 쟁의행위인지 여부와 별개로, 집단으로서 근로자가 근로조건의 향상을 위해 사용자의 업무의 정상적 운영을 저해하는 실력행사 개념에 포섭될 수 있으므로, 이를 형사처벌하는 심판대상조항은 단체행동권을 제한한다.

- 단체행동권은 제한이 불가능한 절대적 기본권이 아니므로, 헌법 제37조 제2항의 일반적 법률유보조항에 따른 기본권 제한의 대상이 된다.

○ 과잉금지원칙 위배 여부

- 심판대상조항은 노사관계의 형성에 있어서 사회적 균형을 이룰 수 있도록 하기 위한 것이다. 즉, 필요한 범위를 넘는 사용자의 영업의 자유(헌법 제15조)에 대한 침해를 방지하고, 개인과 기업의 경제상의 자유(헌법 제119조 제1항)와 거래질서를 보장하며, 경우에 따라 국민의 일상생활이나 국가의 경제적 기능에 부정적 영향을 미치는 행위를 억제하기 위한 것이라고 할 것이므로, 정당한 목적 달성을 위한 적합한 수단에 해당한다.

- 단체행동권은 집단적 실력행사로서 위력의 요소를 가지고 있으므로, 단체행동권 행사라는 이유로 무조건 형사책임이나 민사책임이 면제된다고 보기 어렵고, 사용자의 재산권이나 직업의 자유, 경제활동의 자유를 현저히 침해하고, 거래질서나 국가 경제에 중대한 영향을 미치는 일정한 단체행동권의 행사에 대한 제한은 가능하다.

- 사인간 기본권 충돌의 경우 입법자에 의한 규제와 개입은 개별 기본권 주체에 대한 기본권 제한의 방식으로 흔하게 나타나며, 노사관계의 경우도 마찬가지이다. 사적 관계에 대한 국가의 개입이 헌법적 한계를 준수하였는지 여부가 문제될 수 있으나, 사적 계약 관계라는 이유로 국가가 개입할 수 없다고 볼 것은 아니다.

- 헌법재판소는 이미 헌재 1998. 7. 16. 97헌바23 결정, 헌재 2005. 3. 31. 2003헌바91 결정, 헌재 2010. 4. 29. 2009헌바168 결정에서 심판대상조항에 대하여 세 차례에 걸쳐 합헌 결정을 내린 바 있고, 97헌바23 결정에서 권리행사로서의 성격을 갖는 쟁의행위에 대한 형사처벌은 단체행동권의 보장 취지에 부합하지 않는다는 점을 지적한 바 있으며, 2009헌바168 결정에서도 '단체행동권의 행사로서 노동법상의 요건을 갖추어 헌법적으로 정당화되는 행위를 범죄행위의 구성요건에 해당하는 행위임을 인정하되 다만 위법성을 조각하도록 해석하는 것은 헌법상 기본권의 보호영역을 하위 법률을 통해 지나치게 축소시키는 것'이라는 점을 밝힌 바 있다.

- 또한, 위와 같은 헌법재판소 결정 이후 대법원은 2007도482 전원합의체 판결에서 기존의 입장을 변경하여 심판대상조항의 '위력' 개념을 제한적으로 해석하여 구성요건해당성 단계부터 그 적용범위를 축소시켰다. 따라서 헌법재판소의 선례가 지적한, 단체행동권의 과도한 제한이나 위축가능성의 문제는 해소되었다고 봄이 상당하다.

- 결국, 심판대상조항은 직업의 자유나 경제활동의 자유 및 거래질서 등을 보호하기 위하여 사용자가 예측하지 못한 시기에 전격적으로 이루어져 사용자의 사업운영에 심대한 혼란이나 막대한 손해를 초래하여 사용자의 사업계속에 관한 자유의사를 제압·혼란시켰다고 평가할 수 있는 집단적 노무제공 거부에 한하여 형사처벌의 대상으로 삼고 있는 것이므로, 과잉금지원칙에 위배되어 단체행동권을 침해한다고 볼 수 없다(헌법재판소 2022. 5. 26. 선고 2012헌바66 전원재판부 결정).

정답 O,×,O,O

제3절 ▶ 교육을 받을 권리

○판례 136 ★★

서울대가 신입생 입학전형 중 저소득학생 특별전형에서 수능위주전형으로 선발하도록 한 기회균형특별전형Ⅱ에서 수능성적을 100% 반영하는 부분은 위헌이다.

해설 ● 신뢰보호원칙을 위배하여 청구인의 균등하게 교육을 받을 권리를 침해하는지 위배 여부 매년 수립·공표되는 대학입학전형기본사항에 대학의 자율성을 존중하면서 대학입학전형의 공정하고 합리적인 운영을 위해 각 대학의 의견 등을 반영하여 새로운 내용이 규정될 수 있음은 충분히 예측가능하다. 대학입학전형시행계획 또한 매년 대학입학전형기본사항을 준수하여 수립·공표하므로, 위 기본사항과 마찬가지로 매년 새로운 내용이 규정될 수 있다는 점을 예측할 수 있다.
또한 교육부장관은 2018. 8. 17.자 '2022학년도 대학입학제도 개편방안 및 고교교육 혁신방향'에서 대입전형의 공정성과 투명성을 강화하는 방안으로 수능위주전형 비율을 30% 이상 확대하는 방안을 발표하였고, 2019. 11. 28.자 '대입제도 공정성 강화 방안'에서도 학생부종합전형과 논술위주전형으로 쏠림이 있는 서울대 등 16개 대학의 수능위주전형 비율을 2023학년도까지 40% 이상 확대하는 방안을 대입전형 공정성 강화 방안으로 발표하는 등 청구인이 고등학교에 입학한 2020. 3.전부터 수능위주전형 비율을 높이는 대입정책을 발표해왔다. 그리고 피청구인은 기존에 저소득학생 특별전형을 학생부종합전형으로 실시하다가 2022학년도에는 모집인원 중 49명을 학생부종합전형으로, 50명을 수능위주전형으로 선발하였는데, 위 전형방법의 변경을 2019. 6. 12. '서울대학교 2022학년도 대학 신입학생 입학전형 추가 예고'에서 발표하였다.

이러한 사정들을 고려하면, '2023학년도 입시계획'에 기존 전형방법과 다른 전형방법이 규정될 수 있음은 충분히 예측할 수 있다.

청구인은 이 사건 입시계획이 예고·공표되기 전에 실시된 기존의 입학전형에 따라 저소득학생 특별전형이 학생부종합전형으로 실시될 것으로 기대하거나 신뢰하여 학생부종합전형 준비에 필요한 비교과활동, 내신 등에 주력하였다고 주장한다. 그러나 앞서 살핀 바와 같이 '2023학년도 입시계획'에 새로운 전형방법이 규정될 수 있음을 충분히 예측할 수 있는 이상, 청구인의 위와 같은 신뢰는 그 보호가치가 크다고 볼 수 없다.

○ 궁극적으로는 대입제도의 공정성을 강화하여 저소득학생의 교육 기회를 실질적으로 확대하기 위한 것으로 이로써 달성하려는 공익은 적지 않다.

반면 이 사건 입시계획은 고등교육법에 규정된 것보다 6개월 빠른 2020. 10. 28. 예고되었고, 이 사건 입시계획에 따라 저소득학생 특별전형인 정시모집 기회균형특별전형Ⅱ 수능위주전형에도 응시할 수 있으므로, 이 사건 입시계획으로 서울대 입학 기회 자체가 박탈되는 것은 아니다. 따라서 이 사건 입시계획을 통하여 달성되는 공익이 청구인이 받게 되는 불이익보다 크다고 할 수 있다. 결국 이 사건 입시계획은 신뢰보호원칙에 위배하여 청구인의 균등하게 교육을 받을 권리를 침해하지 않는다.

● 저소득학생 특별전형에 응시하고자 하는 수험생들의 기회를 불합리하게 박탈하는지 여부

농어촌학생 특별전형인 기회균형특별전형Ⅰ이 학생부종합전형으로 실시되는 것에 반해 저소득학생 특별전형은 수능위주전형으로 실시된다. 농어촌학생 특별전형은 읍·면 지역 또는 도서·벽지 지역 소재 학교에서 일정 교육과정을 이수하고 지원자 본인 또는 부모가 위 지역에서의 일정 거주요건을 충족한 경우 소속 고등학교장의 추천을 받아 지원할 수 있다. 저소득학생 특별전형은 '국민기초생활 보장법'에 따른 수급권자·차상위계층 또는 한부모가족지원법에 따른 지원대상자에 해당하는 경우 소속 고등학교장의 추천 없이 지원할 수 있다. 위 두 전형은 사회적 소외계층의 학생들에게 고등교육을 받을 기회를 균등하게 제공하기 위해 실시되는 특별전형이라는 점에서 공통점이 있으나, 전자는 학교 소재지 및 거주 지역을 기준으로 소득과 관계없이 지원자격을 정하고 있고, 후자는 소득을 기준으로 학교 소재지 내지 거주 지역과 관계없이 지원자격을 정하고 있는바, 두 전형의 목적, 지원자들의 특성 등이 동일하다고 볼 수 없다. 따라서 피청구인이 두 전형의 전형방법을 반드시 동일하게 정해야 한다고 볼 수 없다. 다만, 피청구인이 전형방법을 선택함에 있어 일정한 자율성을 누린다 하더라도 선택된 전형방법은 사회통념적 가치기준에 적합한 합리적인 방법이어야 한다. 고등교육법 시행령 제35조 제1항은 대학 입학전형자료로 학생부 기록, 수능 성적, 대학별고사의 성적 등의 자료를 활용할 수 있다고 규정하고 있고, 수능은 입학전형자료로 활용하기 위해 도입된 지 20년이 넘은 제도로서 대학교육에 필요한 수학 능력을 측정하는 공인된 시험이라는 점은 주지의 사실이다. 따라서 수능 성적으로 학생을 선발하는 전형방법은 사회통념적 가치기준에 적합한 합리적인 방법 중 하

나이다. 따라서 이 사건 입시계획이 저소득학생 특별전형에서 학생부 기록 등을 반영함이 없이 수능 성적만으로 학생을 선발하도록 정하였다 하더라도, 이는 대학의 자율성의 범위 내에 있는 것으로서 저소득학생의 응시기회를 불합리하게 박탈하고 있다고 보기 어려우므로, 청구인의 균등하게 교육을 받을 권리를 침해하지 않는다(헌법재판소 2022. 9. 29. 선고 2021헌마929 전원재판부 결정).

MGI Point 2021헌마929

- 신뢰보호원칙 위배여부: 전형방법의 변경이 2023학년도 수능이 실시되기 2년 전에 예고되었고, 교육부장관이 2018년경부터 수능위주전형 비율을 높이는 대입정책을 발표해 왔다는 점 등을 고려하여 신뢰보호원칙에 위배 X
- 균등하게 교육받을 권리 침해여부: '저소득학생 특별전형'과 '농어촌학생 특별전형' 두 전형의 목적, 지원자의 특성이 동일하지 아니하여 전형방법을 같게 정하여야 하는 것은 아니고, 수능 성적이 사회통념적 가치기준에 적합한 합리적인 입학전형자료인 이상, 이는 대학의 자율성의 범위 내에 있는 것으로서 저소득학생의 응시기회를 불합리하게 박탈X

판례 137 ★★

교과 이수 유형의 충족 여부에 따라 대학수학능력시험 영역별 평가방법에 의해 산출된 수능 성적에 최대 2점을 주도록 한 부분 등 서울대 '2022학년도 대학 신입학생 정시모집('나'군) 안내' 가산점 사항은 교육받을 권리를 침해한다.

해설 ○ 법률유보원칙 위반 여부 - 소극
고등교육법 및 동법 시행령은 대학의 장이 입학전형에 의하여 학생을 선발하고, 이를 위하여 고등학교 학교생활기록부의 기록, 수능 성적 등을 입학전형자료로 활용할 수 있다고 규정하고 있다. 따라서 이 사건 가산점 사항은 법률유보원칙에 위반되어 청구인의 교육받을 권리를 침해하지 아니한다.

○ 균등하게 교육받을 권리의 침해 여부 - 소극
이 사건 가산점 사항은, 2015 개정 교육과정의 내실 있는 운영이라는 공익을 추구하면서도, 위 교육과정을 따를 수 없는 지원자에게 동등한 기회를 제공하고 있다. 이는 2015 개정 교육과정을 이수한 사람들이 대부분 가산점 2점을 받는다면 해당 모집단위에 지원한 다른 교육과정 지원자들도 대부분 가산점 2점을 받게 되는 구조이므로, 청구인을 불합리하게 차별하여 균등하게 교육받을 권리를 침해하는 것이라고 볼 수 없다(헌법재판소 2022. 3. 31. 선고 2021헌마1230 전원재판부 결정 (2022학년도 대학 신입학생 정시모집 안내 위헌확인)).

제4절 ▶ 근로의 권리

판례 138 ★★

주 52시간 상한제조항이 상시 5명 이상 근로자를 사용하는 사업주인 청구인의 계약의 자유와 직업의 자유, 근로자인 청구인들의 계약의 자유를 침해한다.

해설 주 52시간 상한제조항은 법정근로시간 외 근로가 연장근로와 휴일근로로 이원적으로 운영되는 것을 막고, 연장근로의 틀 안에 법정근로시간 외 근로를 일원화하여 실근로시간을 획기적으로 단축시키고자 하였다. 입법자는 사용자와 근로자가 일정 부분 장시간 노동을 선호하는 경향, 포괄임금제의 관행 및 사용자와 근로자 사이의 협상력의 차이 등으로 인해 장시간 노동 문제가 구조화되었다고 보고, 사용자와 근로자 사이의 합의로 주 52시간 상한을 초과할 수 없다고 판단했는데, 이러한 입법자의 판단이 현저히 합리성을 결여했다고 볼 수 없다. 또한 입법자는 주 52시간 상한제로 인해 중소기업이나 영세사업자들에게 발생할 수 있는 피해를 최소화하기 위해 기존의 근로기준법상 연장근로 상한 제한에 대한 다양한 예외 규정 외에도 주 52시간 상한제 적용의 유예기간, 한시적인 상시 30명 미만 사업장에 대한 특례, 휴일근로수당과 연장근로수당의 중복지급 금지 등을 마련했고, 정부도 각종 지원금 정책 등을 시행했다. 한편 입법자는 주 52시간 상한제로 인해 근로자에게도 임금 감소 등의 피해가 발생할 수 있지만, 근로자의 휴식을 보장하는 것이 무엇보다 중요하다는 인식을 정착시켜 장시간 노동이 이루어졌던 왜곡된 노동 관행을 개선해야 한다고 판단했다. 따라서 이러한 입법자의 판단이 합리성을 결여했다고 볼 수 없으므로 주 52시간 상한제조항은 과잉금지원칙에 반하여 상시 5명 이상 근로자를 사용하는 사업주인 청구인의 계약의 자유와 직업의 자유, 근로자인 청구인들의 계약의 자유를 침해하지 않는다(헌법재판소 2024. 2. 28. 선고 2019헌마500 전원재판부 결정).

정답 ×

제5절 ▶ 근로3권

○ 판례 139 ★★

대학교 시간강사의 실제 강의 시간뿐 아니라 강의 준비 시간도 업무에 해당하므로 이를 포함해 수당을 지급해야 한다

해설 주당 강의시수가 원고들의 소정 근로시간이라고 보기 어렵고, 원고들이 초단시간 근로자에 해당한다고 단정하기 어렵다. 시간강사 위촉계약에 따라 원고들이 수행해야 할 업무는 수업시간 중에 이루어지는 강의에 국한되지 않았다"고 짚었다. 원고들이 강의를 하기 위해서는 강의계획서 작성, 강의 내용과 강의 교재 마련 등의 강의 준비와 학생 상담 및 지도 등의 학생관리 업무, 시험 출제, 채점 및 성적 입력 등의 평가업무, 그 밖에 강의 관련 학사행정업무 등 '강의 수반 업무'도 수행해야 했다. 이러한 업무는 시간강사가 강의할 때 필연적으로 수반되는 업무로 원고들이 피고에 근로 제공 의무를 부담한다. 업무의 성격과 내용 등에 비춰 원고들이 이를 수행하는 데 상당한 시간이 필요할 것이다. 원심은 강의 수반 업무까지 고려하더라도 원고들의 1주 평균 소정근로시간이 15시간에 이르지 않는다고 판단했으나 일부 원고들이 주휴수당과 연차수당을 청구하는 기간 중에는 1주 강의시수가 8시간, 9시간, 12시간인 학기들도 다수 포함되어 있다. 그럼에도 원심이 일부 원고들을 일률적으로 초단시간근로자로 본 것은 강의 수반 업무에 필요한 시간을 거의 인정하지 않은 것이므로 법리 오해가 있다(대법원 2024. 7. 11. 선고 2023다 217312 판결).

정답 ○

○ 판례 140 ★★

유형력이 수반되지 않은 집단적 노무제공 거부행위(단순파업)를 위력에 의한 업무방해죄로 처벌하는 것이 단체행동권을 침해한다.

해설 단체행동권은 집단적 실력 행사로서 위력의 요소를 가지고 있으므로 단체행동권 행사라는 이유로 무조건 형사책임이나 민사책임이 면제된다고 보기 어렵고 사용자의 재산권이나 직업의 자유, 경제활동의 자유를 현저히 침해하고 거래 질서나 국가 경제에 중대한 영향을 미치는 일정한 단체행동권에 대한 제한은 가능하다,
심판 대상 조항은 사용자가 예측하지 못한 시기에 전격적으로 이뤄져 사용자의 사업 운영에 심대한 혼란이나 막대한 손해를 초래해 사용자의 사업 계속에 관한 자유의사를 제압·혼란시켰다고 평가할

수 있는 집단적 노무 제공 거부에 한해 형사처벌 대상으로 삼고 있어 과잉금지원칙에 위배돼 단체행동권을 침해한다고 볼 수 없다(헌법재판소 2022. 5. 26. 2012헌바66, 합헌).
▶ 대법원은 2007도482 전원합의체 판결에서 쟁의행위는 전격성과 중대성의 요건을 갖춘 경우에만 위력에 의한 업무방해죄의 구성요건해당성을 충족하는 것으로 축소해석함으로써 단체행동권에 대한 과도한 제한이나 위축 문제를 해소하였다. 이에 따라 위력에 의한 업무방해로 처벌되는 쟁의행위는 단체행동권의 목적에 부합한다고 보기 어렵거나 사용자의 재산권, 직업의 자유 등에 중대한 제한을 초래하는 행위로 한정되므로, 과잉금지원칙에 위배되지 않아 단체행동권을 침해하지 않는다.

정답 ✕

판례 141 ★★

① 한 사업장에서 여러 노동조합이 구성된 경우, 교섭대표노조를 통해 교섭하도록 하는 내용의 노동조합 및 노동관계조정법은 헌법에 위반되지 않는다
② 일정 기간 내 자율적으로 교섭대표노조를 정하지 못할 경우 과반수 노조가 교섭대표노조가 된다는 조항은 헌법에 위반되지 않는다.

해설 교섭창구 단일화 제도는 근로조건의 결정권이 있는 사업 또는 사업장 단위에서 복수 노조와 사용자 사이의 교섭 절차를 일원화해 효율적이고 안정적인 교섭체계를 추구하고, 소속 노조가 어디든 관계없이 조합원들의 근로조건을 통일하고자 하는 데 그 목적이 있다. 그 목적의 정당성은 인정되고, 교섭창구를 단일화해 교섭에 임하는 경우 효율적으로 교섭을 할 수 있고 통일된 근로조건을 형성할 수 있다는 점에서 수단의 적합성도 인정된다. 교섭창구 단일화를 이뤄 교섭하게 되면 효율적이고 안정적인 교섭체계를 구축할 수 있고 교섭대표노조가 획득한 협상의 결과를 동일하게 누릴 수 있어 소속 노조에 관계없이 조합원들의 근로조건을 통일할 수 있게 됨으로써 얻게 되는 공익은 큰 반면, 이로 인해 발생하는 교섭대표노조가 아닌 노조의 단체교섭권 제한은 교섭대표노조가 그 지위를 유지하는 기간에 한정되는 잠정적인 것이다. 그러므로 과잉금지원칙을 위반해 청구인들의 단체교섭권을 침해하지 않고 단체교섭권의 본질적 내용을 침해하지도 않는다(2024.6.24. 2020헌마237등).

정답

제6절 ▶ 환경권

판례 142 ★★

① 시장·군수·구청장이 지방자치단체의 조례로 정하는 바에 따라 일정한 구역을 지정·고시하여 가축의 사육을 제한할 수 있도록 한 '가축분뇨의 관리 및 이용에 관한 법률' 제8조 제1항 본문이 포괄위임금지원칙에 위배되지 않는다.
② 심판대상조항이 과잉금지원칙에 위배되지 않는다.

해설 가. 가축사육의 제한은 가축사육에 따라 배출되는 환경오염물질 등이 지역주민에 미치는 영향을 종합적으로 고려하여 이루어질 필요가 있고, 이는 생활환경 및 자연환경에 따라 달라질 수 있으므로 각 지방자치단체가 실정에 맞게 합리적으로 규율하도록 할 필요성이 인정된다. 심판대상조항은 가축사육 제한이 가능한 대상 지역의 한계를 설정하고 있고, 지역주민의 생활환경이나 상수원의 수질이 오염되는 것을 방지하려는 심판대상조항의 목적을 종합적으로 고려하면, 사육대상인 축종이나 사육규모 외에 각 지역의 지형, 상주인구 분포, 인구밀집시설의 존부 등을 고려하여 구체적인 가축사육제한구역이 정해질 수 있다는 점이 충분히 예측 가능하므로, 심판대상조항은 포괄위임금지원칙에 위배되지 아니한다.
나. 심판대상조항은 가축사육에 따라 배출되는 환경오염물질 등으로 인하여 지역주민의 생활환경이나 상수원의 수질이 오염되는 것을 방지하기 위한 것이다. 가축사육으로 인한 오염물질 배출을 전적

으로 차단할 수 있는 기술적 조치가 현재 존재하고 있다고 단정하기는 어려우므로, 가축의 사육 자체를 제한할 필요성이 인정되고, 오염물질의 환경에 대한 영향력의 정도는 가축의 사육이 이루어지는 장소와 관련성이 크므로 장소적 특성을 기준으로 생활환경이나 자연환경에 대한 위해 가능성이 큰 경우에 가축사육의 제한을 허용하는 심판대상조항의 제한은 부득이하다. 축산업에 종사하려는 사람들은 심판대상조항에 의하여 일정한 지역 내에서 가축사육을 제한받을 수 있으나 심판대상조항을 통하여 달성되는 국민의 생활환경 및 자연환경 보호의 공익은 제한되는 사익보다 더 중대하다. 심판대상조항은 과잉금지원칙에 위배되지 아니한다(헌법재판소 2023. 12. 21. 선고 2020헌바374 전원재판부 결정).

정답 O,O

제7절 ▶ 혼인·가족·모성보호·보건에 관한 권리

판례 143 ★★

입양신고 시 신고사건 본인이 시·읍·면에 출석하지 아니하는 경우에는 신고사건 본인의 주민등록증·운전면허증·여권, 그 밖에 대법원규칙으로 정하는 신분증명서를 제시하도록 한 가족관계의 등록 등에 관한 법률 제23조 제2항에 대하여 헌법에 위반된다.

해설 입법자는 입양을 통한 가족관계 형성에 관하여 입법을 함에 있어서, 입양을 하고자 하는 당사자가 적극적으로 가족관계를 형성할 자유와 원하지 않는 가족관계를 형성하지 아니할 자유가 균형을 이루도록 하여야 한다. 이러한 점에서 입법자는 넓은 입법형성권을 가진다고 할 것이다.
이 사건 법률조항은 입양의 당사자가 출석하지 않아도 입양신고를 하여 가족관계를 형성할 수 있는 자유를 보장하면서도, 출석하지 아니한 당사자의 신분증명서를 제시하도록 하여 입양당사자의 신고의사의 진실성을 담보하기 위한 조항이다.
'가족관계의 등록 등에 관한 법률'(이하 '가족관계등록법'으로 약칭한다) 제25조 제1항은 기본적으로 신고인인 입양당사자들이 입양신고서에 서명 또는 기명날인하도록 한다. 또한 가족관계등록법 제25조 제1항 제3호는 신고서의 기재사항으로 신고인의 출생연월일·주민등록번호·등록기준지 및 주소를 규정하고, 가족관계등록법 제61조는 입양의 신고서에는 당사자의 성명·본·출생연월일·주민등록번호·등록기준지(당사자가 외국인인 때에는 그 성명·출생연월일·국적 및 외국인등록번호) 및 양자의 성별과 양자의 친생부모의 성명·주민등록번호 및 등록기준지를 기재하도록 한다. 이는 신고인의 인적사항을 특정하기 위한 것이지만, 개인정보의 기재는 입양당사자의 신고의사의 진실성을 간접적으로 담보하는 기능을 한다. 특히 입양신고서 기재사항인 등록기준지는 신분증명서에는 없는 기재사항으로서 당사자가 알려주지 않는 한, 당사자의 가족관계등록법에 따른 증명서를 발급받아야 비로소 알 수 있는 사항으로 상당 정도 입양당사자의 신고의사의 진실성을 담보하는 기능을 한다고 볼 수 있다. 그리고 이 사건 법률조항이 추가로 당사자의 신고의사의 진실성을 담보하기 위하여 제출하도록 한 신분증명서는 주민등록증, 운전면허증, 여권 등으로 자신의 신분증명을 위하여 소지하여야 하고, 타인에게 넘어갈 경우에 부정사용될 가능성이 높아 함부로 타인에게 교부하지 않는 서류이다. 권한 없이 타인의 서명 또는 기명날인을 하거나, 신분증명서를 부정사용하여 입양신고가 되고 입양에 관한 내용이 가족관계등록부에 기재될 경우 형법에 따라 형사처벌되고, 그러한 행위를 통하여 이루어진 허위입양은 당사자의 신고의사가 없으므로 언제든지 입양무효확인의 소를 통하여 구제받을 수 있다.
이상과 같이 이 사건 법률조항은 입양의 당사자가 출석하지 않아도 입양신고를 하여 가족관계를 형성할 수 있는 자유를 보장하는 한편, 출석하지 아니한 당사자의 신분증명서를 제시하도록 함으로써 입양당사자의 신고의사의 진실성을 담보하고 있는바, 비록 출석하지 아니한 당사자의 신분증명서를 요구하는 것이 허위의 입양을 방지하기 위한 완벽한 조치는 아니라고 하더라도 이 사건 법률조항이 원하지 않는 가족관계의 형성을 방지하기에 전적으로 부적합하거나 매우 부족한 수단이라고 볼 수는 없다. 따라서 이 사건 법률조항은 입양당사자의 가족생활의 자유를 침해한다고 볼 수 없으므로, 헌법에 위반되지 않는다(헌법재판소 2022. 11. 24. 선고 2019헌바108 전원재판부 결정).

정답 ✕

판례 144 ★★★

① 8촌 이내의 혈족 사이에서는 혼인할 수 없도록 하는 민법제809조 제1항은 혼인의 자유를 침해하지 아니하여 헌법에 위반되지 아니한다
② 민법 제809조 제1항을 위반한 혼인을 무효로 하는 민법제815조 제2호는 헌법에 위반되지 아니한다

해설 ① 민법제809조 제1항

가까운 혈족 사이의 혼인(이하 '근친혼'이라 한다)의 경우, 가까운 혈족 사이의 서열이나 영향력의 작용을 통해 개인의 자유롭고 진실한 혼인 의사의 형성·합치에 어려움을 초래할 수 있고, 성(性)적 긴장이나 갈등·착취 관계를 초래할 수 있으며, 종래 형성되어 계속된 가까운 혈족 사이의 신분관계를 변경시켜 개별 구성원의 역할과 지위에 혼란을 불러일으킬 수 있다. 이에 더하여, 인류 문화에서 보편적으로 금기시되는 근친상간(incest)은 근친혼 당사자나 그 자녀들이 가족·친족 사이에서 일반적으로 기대되는 신뢰와 애정에 기초한 사적 유대 및 협력관계를 갖기 어렵게 하여 가까운 혈족의 해체를 초래할 수 있다. 그 결과 우리 사회에서 1차적으로 가까운 혈족이 담당하는 구성원에 대한 보호와 부양에서 배제되는 구성원이 발생할 수 있다. 이 사건 금혼조항은 위와 같이 근친혼으로 인하여 가까운 혈족 사이의 상호 관계 및 역할, 지위와 관련하여 발생할 수 있는 혼란을 방지하고 가족제도의 기능을 유지하기 위한 것이므로 그 입법목적이 정당하다. 또한 8촌 이내의 혈족 사이의 법률상의 혼인을 금지한 것은 근친혼의 발생을 억제하는 데 기여하므로 입법목적 달성에 적합한 수단에 해당한다.

이 사건 금혼조항은, 촌수를 불문하고 부계혈족 간의 혼인을 금지한 구 민법상 동성동본금혼 조항에 대한 헌법재판소의 헌법불합치 결정의 취지를 존중하는 한편, 우리 사회에서 통용되는 친족의 범위 및 양성평등에 기초한 가족관계 형성에 관한 인식과 합의에 기초하여 근친의 범위를 한정한 것이므로 그 합리성이 인정된다. 급속한 경제성장에 따른 산업화·도시화와 교통·통신의 발달, 전국적인 인구이동 및 도시집중 현상 등과 같이 친족 관념이나 가족의 기능에 변화를 가져올 수 있는 사회·문화적 변동이 계속되고 있는 오늘날의 상황에서도 친족 관념이나 가족의 기능에 관해 세대 간 견해의 변화가 있었다고 단정하기는 어려운 만큼, 민법이 정하고 있는 친족의 범위를 고려하여 정한 이 사건 금혼조항이 입법목적 달성에 불필요하거나 과도한 제한을 가하는 것이라고는 볼 수 없다.

한편, 이 사건 금혼조항이 정한, 법률혼이 금지되는 혈족의 범위는 외국의 입법례에 비하여 상대적으로 넓은 것은 사실이다. 그러나 근친혼이 가족 내에서 혼란을 초래하거나 가족의 기능을 저해하는 범위는 가족의 범주에 관한 인식과 합의에 주로 달려 있으므로 역사·종교·문화적 배경이나 생활양식의 차이로 인하여 상이한 가족 관념을 가지고 있는 국가 사이의 단순 비교가 의미를 가지기 어렵다. 이를 종합하면, 이 사건 금혼조항이 침해의 최소성에 반한다고 할 수 없다.

이 사건 금혼조항으로 인하여 법률상의 배우자 선택이 제한되는 범위는 친족관계 내에서도 8촌 이내의 혈족으로, 넓다고 보기 어렵다. 그에 비하여 8촌 이내 혈족 사이의 혼인을 금지함으로써 가족질서를 보호하고 유지한다는 공익은 매우 중요하다. 따라서 이 사건 금혼조항은 법익균형성에 위반되지 아니한다. 그렇다면 이 사건 금혼조항은 과잉금지원칙에 위배하여 혼인의 자유를 침해하지 않는다.

② 민법제815조 제2호
(1) 재판관 이선애, 재판관 이은애, 재판관 이종석, 재판관 이영진, 재판관 이미선의 헌법불합치 의견
이 사건 무효조항은 이 사건 금혼조항의 실효성을 보장하기 위한 것으로서 정당한 입법목적 달성을 위한 적합한 수단에 해당한다.
근친혼을 금지하는 이유는 근친혼으로 인하여 발생할 수 있는 가까운 혈족 사이 관계의 혼란을 방지하고 가족제도의 기능을 유지하기 위함이다. 그런데 이미 근친혼이 이루어져 당사자 사이에 부부간의 권리와 의무의 이행이 이루어지고 있고, 자녀를 출산하거나 가족 내 신뢰와 협력에 대한 기대가 발생하였다고 볼 사정이 있는 때에 일률적으로 그 효력을 소급하여 상실시킨다면, 이는 가족제도의 기능 유지라는 본래의 입법목적에 반하는 결과를 초래할 가능성이 있다. 또한 현재 우리나라에는 서로 8촌 이내의 혈족에 해당하는지 여부를 명확하게 확인할 수 있는 신분공시제도가 없다. 이에 혼인 당사자가 서로 8촌 이내의 혈족임을 우연한 사정에 의하여 사후적으로 확인하게 되는 경우도 있을 수 있다. 그럼에도 현행 가사소송법에 의하면 아무런 예외 없이 일방당사자나 법정대리인 또는 4촌 이내의 친족이 언제든지 혼인무효의 소를 제기할 수 있는데, 이는 당사자나 그 자녀들에게 지나치게 가혹한 결과를 초래할 수 있다.
이 사건 무효조항의 입법목적은 근친혼이 가까운 혈족 사이 신분관계 등에 현저한 혼란을 초래하고 가족제도의 기능을 심각하게 훼손하는 경우에 한정하여 무효로 하더라도 충분히 달성 가능하고, 위와 같은 경우에 해당하는지 여부가 명백하지 않다면 혼인의 취소를 통해 장래를 향하여 혼인을 해소할 수 있도록 규정함으로써 가족의 기능을 보호하는 것이 가능하다. 결국 이 사건 무효조항은 근친혼의 구체적 양상을 살피지 아니한 채 8촌 이내 혈족 사이의 혼인을 일률적·획일적으로 혼인무효 사유로 규정하고, 혼인관계의 형성과 유지를 신뢰한 당사자나 그 자녀의 법적 지위를 보호하기 위한 예외조항을 두고 있지 않으므로, 입법목적 달성에 필요한 범위를 넘는 과도한 제한으로서 침해의 최소성을 충족하지 못한다.
이 사건 무효조항은 경우에 따라 개인의 생존권이나 자의 복리에 중대한 영향을 미치고, 한 당사자가 다른 당사자로부터 일방적으로 유기를 당하는 등의 이른바 축출이혼에 악용될 소지도 배제할 수 없다. 이 사건 무효조항을 통하여 달성되는 공익은 결코 적지 아니하나, 이 사건 무효조항으로 인하여 제한되는 사익의 중대함을 고려하면, 이 사건 무효조항은 법익균형성을 충족하지 못한다.
그렇다면, 이 사건 무효조항은 과잉금지원칙에 위배하여 혼인의 자유를 침해한다.
이 사건 무효조항의 위헌성은 이 사건 금혼조항에 의하여 금지되는 근친혼을 어떠한 예외도 없이 처음부터 무효로 하는 데에 있다. 근친혼이 가까운 혈족 사이의 신분관계 등에 현저한 혼란을 초래하고 가족제도의 기능을 심각하게 훼손하는 경우에도 무효로 하여서는 안 된다는 것은 아니다. 당사자와 그 자녀의 법적 지위에 대한 예외적 보호가 필요한 범위에 관하여는, 혼인과 가정을 보호하고 개인의 존엄과 양성의 평등에 기초한 혼인·가족 제도를 실현하여야 할 일차적 책임이 있는 입법자에게 맡기는 것이 바람직하다. 따라서 단순 위헌결정이 아니라 헌법불합치 결정을 선고한다.

(2) 재판관 유남석, 재판관 이석태, 재판관 김기영, 재판관 문형배의 헌법불합치의견
이 사건 무효조항은 이 사건 금혼조항의 실효성을 확보하기 위한 것으로 8촌 이내 혈족 사이의 혼인을 전부 무효로 하고 있다. 그런데 이 사건 금혼조항에 대한 반대의견에서 밝히는 바와 같이 이 사건 금혼조항은 그 금지의 범위가 지나치게 광범위하여 헌법에 합치되지 아니한다. 따라서 이 사건 금혼조항의 실효성 확보를 위하여 이에 위반한 이 사건 무효조항도 헌법에 합치되지 아니한다.
이 사건 금혼조항의 개선입법으로 금지되는 근친혼의 범위가 합헌적으로 축소되는 경우에 그와 같이 축소된 금혼 범위 내에서 이 사건 무효조항은 그 입법목적의 정당성과 수단의 적합성이 인정된다. 이 사건 무효조항의 입법목적은 가령 직계혈족 및 형제자매 사이의 혼인과 같이 근친혼이 가족

제도의 기능을 심각하게 훼손하는 경우에 한정하여 그 혼인을 무효로 하고 그 밖의 근친혼에 대하여는 혼인이 소급하여 무효가 되지 않고 혼인의 취소를 통해 장래를 향하여 혼인이 해소될 수 있도록 규정함으로써 기왕에 형성된 당사자나 그 자녀의 법적 지위를 보장하더라도 충분히 달성될 수 있다. 그럼에도 이 사건 무효조항은 이 사건 금혼조항을 위반한 경우를 전부 무효로 하고 있어서 침해최소성과 법익균형성에 반한다. 그렇다면 이 사건 무효조항은 과잉금지원칙에 위배하여 혼인의 자유를 침해한다. 이 사건 무효조항의 위헌성은 무효로 되는 근친혼의 범위가 지나치게 광범위하다는 데에 있다. 혼인이 금지되는 혈족의 범위, 금지된 근친혼 중에서 무효로 할 부분과 취소로 할 부분을 정하는 것은 개인의 존엄과 양성의 평등에 기초한 혼인 및 가족제도를 형성하여야 할 일차적 책임이 있는 입법자에게 맡기는 것이 바람직하다(헌법재판소 2022. 10. 27. 선고 2018헌바115 전원재판부 결정).

point▶ 헌법재판소는 이 사건 무효조항이 이 사건 금혼조항에 위반한 혼인을 일률적으로 무효로 하여 헌법에 합치되지 아니한다고 결정하였다. 이는 근친혼이 가족제도의 기능을 심각하게 훼손하는 경우에도 무효로 하여서는 안 된다는 의미는 아니다.

정답

제3편 통치구조

제1장 | 통치구조의 구성원리

제1절 ▶ 대의제의 원리
제2절 ▶ 권력분립의 원리
제3절 ▶ 정부형태
제4절 ▶ 정당제도

판례 145 ★

누구든지 2 이상의 정당의 당원이 되지 못한다."라고 규정하고 있는 정당법(제42조 제2항이 정당의 당원인 청구인들의 정당 가입·활동의 자유를 침해한다.

해설 심판대상조항은 정당의 정체성을 보존하고 정당 간의 위법·부당한 간섭을 방지함으로써 정당정치를 보호·육성하기 위한 것으로 볼 수 있다. 이러한 입법목적은 국민의 정치적 의사형성에 중대한 영향을 미치는 정당의 헌법적 기능을 보호하기 위한 것으로 정당하고, 복수 당적 보유를 금지하는 것은 입법목적 달성을 위한 적합한 수단에 해당한다.
복수 당적 보유가 허용될 경우 정당 간의 부당한 간섭이 발생하거나 정당의 정체성이 약화될 수 있고, 그 결과 정당이 국민의 정치적 의사형성에 참여하고 필요한 조직을 갖추어야 한다는 헌법적 과제를 효과적으로 수행하지 못하게 될 우려가 있다. 심판대상조항은 예외 없이 복수 당적 보유를 금지하고 있으나, 정당법상 당원의 입당, 탈당 또는 재입당이 제한되지 아니하는 점, 복수 당적 보유를 허용하면서도 예상되는 부작용을 실효적으로 방지할 수 있는 대안을 상정하기 어려운 점, 어느 정당의 당원이라 하더라도 일반에 개방되는 다른 정당의 경선에 참여하는 등 다양한 방법으로 정치적 의사를 표현할 수 있다는 점 등을 고려하면, 심판대상조항이 침해의 최소성에 반한다고 보기 어렵다. 나아가, 정당의 당원인 청구인들로 하여금 다른 정당의 당원이 될 수 없도록 하는 정당 가입·활동 자유 제한의 정도가 정당정치를 보호·육성하고자 하는 공익에 비하여 중하다고 볼 수 없다. 따라서 심판대상조항이 정당의 당원인 청구인들의 정당 가입·활동의 자유를 침해한다고 할 수 없다(헌법재판소 전원재판부 2022. 3. 31. 선고 2020헌마1729).

정답 ×

판례 146 ★★

① 등록을 정당의 설립요건으로 정한 정당법 제4조 제1항(이하 '정당등록조항'이라 한다)이 청구인들의 기본권을 침해하고 헌법에 위반된다.
② 정당법상 등록된 정당이 아니면 정당이라는 명칭을 사용하지 못하게 하는 정당법 제41조 제1항 및 제59조 제2항 중 제41조 제1항에 관한 부분(이하 합하여 '정당명칭사용금지조항'이라 한다)이 헌법에 위반된다.
③ 정당은 수도에 소재하는 중앙당과 5 이상의 특별시·광역시·도에 각각 소재하는 시·도당을 갖추어야 한다고 정한 정당법 제3조, 제4조 제2항 중 제17조에 관한 부분, 제17조(이하 합하

여 '전국정당조항'이라 한다)가 청구인들의 기본권을 침해하고 전국정당조항(정당법 제3조는 제외한다)이 헌법에 위반된다.
④ 시·도당은 1천인 이상의 당원을 가져야 한다고 정한 정당법 제4조 제2항 중 제18조에 관한 부분 및 제18조(이하 합하여 '법정당원수 조항'이라 한다)가 청구인들의 기본권을 침해하고 헌법에 위반된다.

해설 가. 정당등록제도는 어떤 정치적 결사가 정당법상 정당임을 법적으로 확인하여 줌으로써 법적 안정성과 확실성에 기여하고, 창당준비위원회가 형식적 요건을 구비하여 등록을 신청하면 중앙선거관리위원회는 이를 반드시 수리하여야 하므로, 정당등록제도가 정당의 이념 등을 이유로 등록 여부를 결정하는 것이라고 볼 수는 없다. 따라서 정당등록조항이 과잉금지원칙을 위반하여 정당의 자유를 침해한다고 볼 수 없다.

나. 정당명칭사용금지조항은 정당법에 따른 등록요건을 갖추지 못한 단체들이 임의로 정당이라는 명칭을 사용하는 것을 금지하여 정당등록제도 및 등록요건의 실효성을 담보하고, 국민의 정치적 의사형성 참여과정에 혼란이 초래되는 것을 방지하기 위한 것이다. 정당의 명칭사용과 관련하여 국민의 정치적 의사형성 참여과정에 위협이 되는 행위만 일일이 선별하여 금지하는 것은 현실적으로 어렵고, 1년 이하의 징역 또는 100만 원 이하의 벌금이라는 법정형이 과도하다고 보기도 어렵다. 따라서 정당명칭사용금지조항이 과잉금지원칙을 위반하여 정당의 자유를 침해한다고 볼 수 없다.

다. 전국정당조항은, 정당이 특정 지역에 편중되지 않고 전국적인 규모의 구성과 조직을 갖추어 국민의 정치적 의사를 균형 있게 집약, 결집하여 국가정책의 결정에 영향을 미칠 수 있도록 함으로써, 헌법 제8조 제2항 후단에 따라 정당에게 부여된 기능인 '국민의 정치적 의사형성에의 참여'를 실현하고자 하는 것이다. 지역적 연고에 지나치게 의존하는 정당정치 풍토가 다른 나라와 달리 우리의 정치현실에서는 특히 문제시되고 있고, 지역정당을 허용할 경우 지역주의를 심화시키고 지역 간 이익갈등이 커지는 부작용을 야기할 수도 있다는 점에서, 정당의 구성과 조직의 요건을 정함에 있어 전국적인 규모를 확보할 필요성이 인정된다. 이러한 정치현실과 우리나라에 현존하는 정당의 수에 비추어 보면, 전국정당조항이 과잉금지원칙에 반하여 정당의 자유를 침해한다고 볼 수 없다.

라. 법정당원수 조항은 국민의 정치적 의사형성에의 참여를 실현하기 위한 지속적이고 공고한 조직의 최소한을 갖추도록 하는 것이다. 우리나라에 현존하는 정당의 수, 각 시·도의 인구 및 유권자수, 인구수 또는 선거인수 대비 당원의 비율, 당원의 자격 등을 종합하여 보면, 각 시·도당에 1천인 이상의 당원을 요구하는 법정당원수 조항이 신생정당의 창당을 현저히 어렵게 하여 과도한 부담을 지운 것으로 보기는 어렵다. 따라서 법정당원수 조항이 과잉금지원칙을 위반하여 정당의 자유를 침해한다고 볼 수 없다(헌법재판소 2023. 9. 26. 선고 2021헌가23, 2021헌마1465, 2022헌마215·396, 2023헌마119(병합) 전원재판부 결정).

정답

○판례 147 ★★

공무원이 '감봉'의 징계처분을 받은 경우 일정기간 승진과 승급, 정근수당을 제한하도록 한 국가공무원법 등은 정당 가입·활동의 자유를 침해한다고 할 수 없다

해설 ● 승진임용 제한의 공무담임권 침해 여부(소극)

○ 이 사건 법률조항 중 '승진임용'에 관한 부분 및 승진제한규정(이하 두 조항을 통틀어 '이 사건 승진조항'이라 한다)은 공무원의 성실한 직무수행을 확보하고 비위를 예방하며 공무원 조직 내부의 질서를 유지하고, 공무원 징계·인사 제도 전반에 있어 국민의 신뢰를 확보하기 위한 것으로서 그 입법목적은 정당하다. 이 사건 승진조항은 공무원이 감봉의 징계처분을 받은 경우 집행이 끝난 날로부터 12월 간 승진임용을 제한하고 있는바, 이처럼 징계처분의 효력으로서 신분상 불이익을 정하는 것은 위와 같은 목적을 달성하기 위해 적합한 수단이 된다.

○ 일반직공무원이 승진하려면 계급별로 최소 1년 6개월에서 4년 이상 해당 계급에 재직하여야 한다(공무원임용령 제31조 제1항 참조). 공무원이 징계처분을 받았음에도 얼마 되지 않아서 곧바로 승진임용된다면, 능력주의에 따른 공무원 인사제도의 원칙이 훼손되거나 공무원 조직 내부 기강이 흔들릴 수 있으며, 공무원이 수행하는 국가작용에 대한 국민의 신뢰를 저하시킬 우려가 있다. 따라서 징계처분에 따른 승진임용 제한기간을 정함에 있어서는 일반적으로 승진임용에 소요되는 기간을 고려하여 적어도 공무원 징계처분의 취지와 효력을 담보할 수 있는 기간이 설정될 필요가 있다.

○ 이 사건 승진조항은 징계의 종류에 따라 승진임용 제한기간을 달리 정하고 있으며, 징계사유에 따라 별도로 가산기간을 두고 있어 구체적인 형평을 고려하고 있다. 감봉의 경우 12개월간 승진임용이 제한되는데 이는 종래 18개월이었던 것을 축소한 것이며, 강등·정직(18개월)이나 견책(6개월)과의 균형을 고려하면 과도하게 긴 기간이라고 보기는 어렵다.

○ 비위공무원에 대한 징계를 통해 불이익을 줌으로써 공직기강을 바로 잡고 공무수행에 대한 국민의 신뢰를 유지하고자 하는 공익은 제한되는 사익 이상으로 중요하다고 할 수밖에 없다. 게다가 공무원이 징계처분을 받은 후 직무수행상 공적으로 포상 등을 받은 경우 승진임용 제한기간을 단축 또는 면제할 수 있는 등(국가공무원법 제80조 제6항 단서) 제한되는 사익은 경우에 따라 경감될 수 있어 이 사건 승진조항에 따른 불이익은 완화될 여지가 있다.

○ 이 사건 승진조항은 과잉금지원칙을 위반하여 청구인의 공무담임권을 침해하지 않는다.

● 승급 및 정근수당 제한의 재산권 침해 여부(소극)

○ 공무원이 징계처분을 받은 지 얼마 되지 않아서 곧바로 승급되어 승급된 호봉에 따라 보수 상승이라는 재산적 이익을 누리게 되거나, 성실한 근무에 대한 보상과 격려 차원에서 지급되는 정근수당을 감액 없이 전액 지급받게 된다면, 공무원 조직 내부 기강을 확립하고 공무원이 수행하는 국가작용에 대한 국민의 신뢰를 확보하고자 하는 징계제도의 목적을 효과적으로 달성하지 못할 우려가 있을 수 있다. 따라서 일반적으로 승급에 소요되는 기간을 고려하여 공무원 징계처분의 취지와 효력을 담보할 수 있는 정도의 승급 제한기간을 설정하고, 마찬가지로 그에 상응하는 정도의 정근수당 감액을 규정할 필요성이 인정된다.

○ 이 사건 법률조항 중 '승급'에 관한 부분과 승급제한규정(이하 두 조항을 통틀어 '이 사건 승급조항'이라 한다)은 징계의 종류에 따라 승급 제한기간을 달리 정고 있으며, 징계사유에 따라 별도로 가산기간을 두고 있어 구체적인 형평을 고려하고 있다. 감봉의 경우 12개월간 승급이 제한되는데 이는 승진임용 제한기간과 동일한 기간으로서 승진임용이 제한되는 기간 동안은 적어도 승급할 수

없도록 하여 재산적 불이익도 함께 미치도록 한 것이므로 이것이 과도하다고 보기는 어렵다. 더욱이 이 기간은 종래 18개월이었던 것을 축소한 것이며, 강등·정직(18개월)이나 견책(6개월)과의 균형을 고려하면 이보다 더 짧은 기간을 정해야 한다고 보기는 어렵다.

○ 정근수당은 공무원의 성실한 근무에 대한 보상과 격려 차원에서 지급되는 부가적 급여이다. 이와 같은 정근수당 지급의 목적에 비추어 보면, 정근수당의 지급대상기간 동안 징계처분이 없을 것을 요구하는 수당제한규정은 그 필요성을 인정할 수 있다.

○ 정근수당의 전부가 아니라 징계의 종류에 따라 감액비율을 달리하여 일부를 감액하는 방안, 또는 지급대상기간 중 감봉처분을 받은 기간을 제외한 나머지 기간에 대응하는 정근수당에 대해서는 감액하지 않고 지급하는 방안 등이 고려될 수는 있으나, 위와 같은 입법대안에 의할 경우 수당제한규정만큼 입법목적을 달성하기 곤란하다.

○ 공무원이 이 사건 승급조항에 따라 승급이 제한되더라도 징계처분을 받은 후 직무수행상 공적으로 포상 등을 받은 경우에는 승급 제한기간을 단축 또는 면제할 수 있고(국가공무원법 제80조 제6항 단서), 감봉처분을 받은 공무원이 감봉처분의 집행이 끝난 날부터 5년의 기간이 지난 경우 위 승급 제한기간(12개월)은 다시 정기승급기간에 산입하고 호봉을 재획정함으로써 징계 이후라도 성실히 근무하면 승급제한으로 인한 불이익을 완화하고 있다.

○ 정근수당은 1월과 7월의 보수지급일에 연 2회 지급되는데, 수당제한규정은 지급대상기간 중 감봉처분을 받은 경우 1회의 정근수당 지급을 제한하는 데 그치고 그 불이익이 지속되는 것은 아니다.

○ 이 사건 승급조항 및 수당제한규정은 과잉금지원칙을 위반하여 청구인의 재산권을 침해하지 않는다(헌법재판소 2022. 3. 31. 선고 2020헌마211 전원재판부 결정).

제5절 ▶ 선거제도

판례 148 ★★★

재외투표기간 개시일에 임박하여 또는 재외투표기간 중에 재외선거사무 중지결정이 있었고 그에 대한 재개결정이 없었던 예외적인 상황에서 재외투표기간 개시일 이후에 귀국한 재외선거인 및 국외부재자신고인이 국내에서 선거일에 투표할 수 있도록 하는 절차를 마련하지 아니한 것은 선거권을 전면 부정하고 있지 않으므로 선거권을 침해한다고 볼 수 없다. (23년 법원행시 기출지문)

해설 가. 목적의 정당성 및 수단의 적합성
○ 심판대상조항은 재외투표소에서 선거권을 행사한 자가 국내에서 다시 선거권을 행사하는 중복투표를 방지하여 선거의 공정성을 확보하기 위한 것으로 입법목적의 정당성이 인정된다.

○ 또한, 재외선거인등이 재외투표기간 동안 외국에 거주 또는 체류하는 경우에는 재외선거에 참여할 수 있으므로, 심판대상조항이 재외투표기간 개시일에 임박하여 또는 재외투표기간 중에 재외선거사무 중지결정이 있었고 그에 대한 재개결정이 없었던 경우라 하더라도 재외투표기간 개시일 전에 귀국한 사람에 한하여 국내에서 투표할 수 있도록 한 것은 입법목적을 위한 적합한 수단이다.

나. 침해의 최소성
○ 현재 선거실무를 살펴보면, 관할 구·시·군선거관리위원회는 원칙적으로 재외투표가 끝난 후 재외선거인등의 재외선거인명부등 등재번호 정보가 부착된 재외투표 회송용 봉투를 받아서 이를 확인하고 재외선거인명부등과 대조함으로써 비로소 재외선거인등의 재외투표 여부 및 중복투표 여부를 확인할 수 있다.

○ 그런데 재외투표기간은 선거일 전 14일부터 선거일 전 9일까지의 기간 중 6일 이내의 기간이므로(공직선거법 제218조의17 제1항 전문), 재외투표기간이 종료된 후 선거일이 도래하기 전까지 적어도 8일의 기간이 있는바, 이 기간 내에 재외투표관리관이 재외선거인등 중 실제로 재외투표를 한 사람들의 명단을 중앙선거관리위원회에 보내거나 중앙선거관리위원회를 경유하여 관할 구·시·군선거관리위원회에 보내어 선거일 전까지 투표 여부에 관한 정보를 확인하는 방법을 상정할 수 있으며, 현재의 기술 수준으로도 이와 같은 방법이 충분히 실현가능한 것으로 보인다.

- 제21대 국회의원선거에서 공직선거법 제218조의24 제3항에 따라 주동티모르대한민국대사관 등 18개 재외공관에 설치된 재외선거관리위원회에서 재외투표를 보관하였다가 개표하는 과정에서 각 재외공관의 재외투표관리관이 재외선거인등 중 실제로 재외투표를 한 사람들의 명단을 중앙선거관리위원회에 전송하여 중앙선거관리위원회가 중복투표 여부를 확인하였던 사례가 있다.

○ 재외투표기간 개시일에 임박하여 또는 재외투표기간 중에 재외선거사무 중지결정이 있었고 그에 대한 재개결정이 없었던 예외적인 경우 재외투표기간 개시일 이후에 귀국한 재외선거인등의 귀국투표를 허용하여 재외선거인등의 선거권을 보장하면서도 중복투표를 차단하여 선거의 공정성을 훼손하지 않을 수 있는 대안이 존재하므로, 심판대상조항은 침해의 최소성 원칙에 위배된다.

다. 법익의 균형성
○ 심판대상조항을 통해 달성하고자 하는 선거의 공정성은 매우 중요한 가치이다. 그러나 선거의 공정성도 결국에는 선거인의 선거권이 실질적으로 보장될 때 비로소 의미를 가진다. 심판대상조항의 불충분·불완전한 입법으로 인한 청구인의 선거권 제한을 결코 가볍다고 볼 수 없으며, 이는 심판대상조항으로 인해 달성되는 공익에 비해 작지 않다. 따라서 심판대상조항은 법익의 균형성 원칙에 위배된다.

라. 소결
○ 따라서 심판대상조항이 재외투표기간 개시일에 임박하여 또는 재외투표기간 중에 재외선거사무 중지결정이 있었고 그에 대한 재개결정이 없었던 예외적인 상황에서 재외투표기간 개시일 이후에 귀국한 재외선거인등이 국내에서 선거일에 투표할 수 있도록 하는 절차를 마련하지 아니한 것은 과잉금지원칙을 위반하여 청구인의 선거권을 침해한다(헌법재판소 2022. 1. 27. 선고 2020헌마895 전원재판부 결정).

정답 ×

○판례 149 ★★

① 준연동형 비례대표제를 규정한 공직선거법 제189조 제2항이 직접선거원칙에 위배된다.
② 이 사건 의석배분조항이 정당의 투표전략으로 인하여 실제 선거에서 양당체제를 고착화시키는 결과를 초래하였으므로, 평등선거원칙에 위배된다.

해설 ○ 선거제도와 입법형성권의 한계

국회의원 선거제도는 법률이 정하는 바에 의하여 구체적으로 결정되는 것이므로, 입법형성권을 갖고 있는 입법자는 우리나라 선거제도와 정당의 역사성, 우리나라 선거 및 정치문화의 특수성, 정치적·경제적·사회적 환경, 선거와 관련된 국민의식의 정도와 법 감정을 종합하여 국회의원 선거제도를 합리적으로 입법할 수 있다. 입법자가 국회의원 선거제도를 형성함에 있어 헌법 제41조 제1항에 명시된 보통·평등·직접·비밀선거의 원칙과 자유선거 등 국민의 선거권이 부당하게 제한되지 않는 한 헌법에 위반된다고 할 수 없다.

○ 직접선거원칙 위배 여부(소극)

이 사건 의석배분조항은 선거권자의 정당투표결과가 비례대표의원의 의석으로 전환되는 방법을 확정하고 있고, 선거권자의 투표 이후에 의석배분방법을 변경하는 것과 같은 사후개입을 허용하고 있지 않다. 따라서 이 사건 의석배분조항은 직접선거원칙에 위배되지 않는다.

○ 평등선거원칙 위배 여부(소극)

- 대의제민주주의에 있어서 선거제도는 정치적 안정의 요청이나 나라마다의 정치적·사회적·역사적 상황 등을 고려하여 각기 그 나라의 실정에 맞도록 결정되는 것이고 거기에 논리 필연적으로 요청되는 일정한 형태가 있는 것은 아니다. 소선거구 다수대표제나 비례대표제 등 어느 특정한 선거제도가 다른 선거제도와 비교하여 반드시 우월하거나 열등하다고 단정할 수 없다.

- 이 사건 의석배분조항은 지역구의석과 비례대표의석을 연동하여 정당의 득표율에 비례한 의석배분이 이루어지도록 하고 있다. 다만, 지역구의석과 비례대표의석의 연동률을 50%로 제한하고, 초과의석이 발생한 정당에게도 잔여의석이 배분될 수 있도록 하고 있으나, 이는 우리나라의 정치·사회적 상황을 고려하여 국회의원정수를 늘리거나 지역구의석을 줄이지 않는 범위 내에서 기존의 병립형 제도보다 선거의 비례성을 향상시키기 위한 것이다.

- 또한 이 사건 의석배분조항은 위성정당 창당과 같은 지역구의석과 비례대표의석의 연동을 차단시키기 위한 선거전략을 통제하는 제도를 마련하고 있지 않으나, 이 사건 의석배분조항이 개정 전 공직선거법상의 병립형 선거제도보다 선거의 비례성을 향상시키고 있고, 이러한 방법이 헌법상 선거원칙에 명백히 위반된다는 사정이 발견되지 않으므로, 정당의 투표전략으로 인하여 실제 선거에서 양당체제를 고착화시키는 결과를 초래하였다는 이유만으로, 의석배분조항이 투표가치를 왜곡하거나 선거의 대표성의 본질을 침해할 정도로 현저히 비합리적인 입법이라고 보기는 어렵다. 따라서 이 사건 의석배분조항은 평등선거원칙에 위배되지 않는다.
(헌법재판소 2023. 7. 20. 2019헌마1443, 2020헌마134(병합), 2020헌마16(병합), 2020헌마449(병합), 2021헌마9(병합) 전원재판부).

point ▶ ○ 헌법재판소는 헌재 2003. 11. 27. 2003헌마259등 결정과 헌재 2016. 5. 26. 2012헌마374 결정에서 이미 소선거구 상대 다수대표제를 규정하고 있던 구 '공직선거및선거부정방지법' 조항과 구 공직선거법 조항에 대하여, 보통, 평등, 직접, 비밀, 자유선거라는 헌법상의 선거원칙을 모두 구현한 이상, 소선거구 다수대표제를 규정하여 다수의 사표가 발생한다 하더라고 그 이유만으로 헌법상 요구된 선거의 대표성의 본질을 침해한다거나 그로 인해 국민주권원리를 침해하고 있다고 할 수 없고, 청구인의 평등권과 선거권을 침해한다고 할 수 없다고 판시한 바 있다(헌법재판소 2003. 11. 27. 2003헌마259등; 헌재 2016. 5. 26. 2012헌마374 참조).

○ 헌법재판소는 선거제도의 형성에 관해서는 헌법 제41조 제1항에 명시된 보통·평등·직접·비밀선거의 원칙과 자유선거 등 국민의 선거권이 부당하게 제한되지 않는 한, 소선거구 다수대표제나 비례대표제 등 어느 특정한 선거제도가 다른 선거제도와 비교하여 반드시 우월하거나 열등하다고 단정할 수 없고, 입법자의 광범위한 형성재량이 인정된다고 보고 있는데, 이 사건에서도 그러한 입장을 전제로 국회의원선거 사상 처음으로 도입된 준연동형 비례대표제를 규정한 공직선거법 제189조 제2항에 대하여 판단을 하였고, 전원일치의 의견으로 기각결정을 내렸다.

정답 ×, ×

판례 150 ★★★

공직선거법 제90조 제1항 제1호 중 '화환 설치'에 관한 부분 및 공직선거제256조 제3항 제1호 아목 중 '제90조 제1항 제1호의 화환 설치'에 관한 부분은 화한 설치를 금지하고 있으나 이는 경제적 차이로 인한 선거 기회 불균형 야기를 방지하기 위한 조항이므로 헌법에 위반되지 않는다.

해설 1. 심판대상조항은 선거일 전 180일부터 선거일까지라는 장기간 동안 선거와 관련한 정치적 표현의 자유를 광범위하게 제한하고 있다.
화환의 설치는 경제적 차이로 인한 선거 기회 불균형을 야기할 수 있으나, 그러한 우려가 있다고 하더라도 공직선거법상 선거비용 규제 등을 통해서 해결할 수 있다. 또한 공직선거법상 후보자 비방 금지 규정 등을 통해 무분별한 흑색선전 등의 방지도 가능하다.
이러한 점들을 종합하면, 심판대상조항은 목적 달성에 필요한 범위를 넘어 장기간 동안 선거에 영향을 미치게 하기 위한 화환의 설치를 금지하는 것으로, 과잉금지원칙에 위반되어 정치적 표현의 자유를 침해한다.

2. 다만, 심판대상조항의 위헌성은 선거에 영향을 미치게 하기 위하여 화환을 설치하는 행위를 장기간 동안 포괄적으로 규제하는 데 있고, 이와 관련하여 정치적 표현행위의 방법을 구체적으로 어느 정도로 허용할 것인가는 입법자가 논의를 거쳐 결정해야 할 사항이다.
따라서 심판대상조항에 대하여 2024. 5. 31.을 시한으로 입법자가 개정할 때까지 계속 적용을 명하는 헌법불합치결정을 한다(헌법재판소 전원재판부 2023. 6. 29. 선고 2023헌가12).

판례 151 ★★

공직선거법 위반으로 당선이 무효가 됐을 때 선거보전금을 반환하도록 한 공직선거법 조항은 재산권을 침해하지 않으며 선거공영제에 위반된다고 할 수 없다.

해설 심판대상조항은 선거범죄 억제 및 공정한 선거문화 확립을 위한 것으로서 그 입법목적이 정당하고, 수단의 적합성이 인정된다. 선거범죄로 형사처벌을 받은 자에게 구체적으로 어떤 불이익을 가할 것인지에 대해서는 입법재량이 인정되고, 심판대상조항은 100만 원 이상의 벌금을 선고받은 경우를 기준으로 함으로써 경미한 선거범은 제재대상에서 벗어날 수 있도록 하는 등 침해의 최소성이 인정된다. 따라서 심판대상조항은 과잉금지원칙을 위반하여 재산권을 침해하지 않는다.
나. 심판대상조항은 이미 선거범죄를 저지른 사람들만을 대상으로 하므로 자력이 부족한 국민의 입후보를 곤란하게 하는 효과를 갖지 않는다. 또한, 선거범죄를 억제하고 재선거에 따른 국가 재정 부담을 줄이기 위해서는 필요한 제재이고, 경미한 선거범 등은 제재대상에서 벗어날 수 있도록 하고 있다. 따라서 심판대상조항이 선거공영제에 위반된다고 할 수 없다(헌법재판소 2024. 2. 28. 선고 2021헌바302 전원재판부 결정).

정답

판례 152 ★★

① 2022. 10. 29. 이태원에서 발생한 다중밀집으로 인한 인명피해사고(이하 '이 사건 참사'라 한다)와 관련하여, 피청구인의 사전 예방조치가 헌법이나 법률을 위반하였는지 않는다.
② 피청구인의 사후 재난대응 조치가 헌법이나 법률을 위반하지 않는다.
③ 피청구인의 사후 발언이 품위유지의무 위반에 해당하여 탄핵사유가 인정되지 않는다.

해설 (1) '재난 및 안전관리 기본법'(이하 '재난안전법'이라 한다) 시행령은 재난관리주관기관이 없는 경우 행정안전부장관이 사후에 이를 지정할 수 있도록 한 것으로, 재난관리주관기관을 이 사건 참사 발생 전에 미리 지정하지 않았다고 하여 재난안전법을 위반한 것으로 보기 어렵다. 또 이 사건 참사 당시 적용된 '제4차 국가안전관리기본계획'과 '2022년 행정안전부 집행계획'은 법령에 따라 피청구인이 행정안전부장관으로 임명되기 전에 이미 작성된 것으로, 피청구인이 위 계획을 수정·변경하지 않았다는 이유로 위법하다고 볼 수 없다. 나아가 피청구인은 이 사건 참사 발생 전부터 재난안전법 제66조의11에 근거해 대규모·고위험 축제에 대해 예방, 대비를 하였으므로, 다중밀집사고 자체에 대한 예방, 대비가 전혀 없었다고 보기 어렵고, 세계 각국의 압사 사고 양상이나 다중밀집사고 예방 지침과 매뉴얼도 주최자 있는 행사나 직접적 관리자가 있는 구조물 내지 시설물 등과 관련되어 있으며, 다중밀집사고의 위험성이나 참사 당일 신고 전화의 내용에 대하여 행정안전부나 피청구인에게 별도로 보고되지 않았으므로 피청구인에게 사전에 중앙재난안전대책본부(이하 '중대본'이라 한다), 중앙사고수습본부(이하 '중수본'이라 한다)를 설치하는 등 예방조치를 취할 것을 요구하기는 어렵다. 그 밖에 재난안전통신망은 2021. 5.경 개통되었고, 재난안전통신망 구축·운영의 책임과 사용의 책임은 구분되므로, 피청구인이 재난안전통신망 구축·운영의무를 위반하였다고 보기 어렵다. 결국, 피청구인이 사전 재난예방과 관련하여, 헌법 제34조 제6항, 재난안전법 제4조 제1항, 제6조, 제22조, 제23조, 제25조의2, 제34조의8, 재난안전통신망법 제7조, 제8조를 위반하였다고 보기 어렵고, 나아가 헌법 제7조 제1항, 제10조, 국가공무원법 제56조를 위반하였다고 볼 수 없다.
(2) 피청구인이 이 사건 참사 발생 사실을 인지한 후 처음 보고받은 내용에만 기초하여 재난의 원인과 유형, 피해 상황 및 규모 등을 제대로 파악하고 재난대응 방안을 결정하기에는 한계가 있었고, 현장지휘소에서 소방재난본부장으로부터 상황 보고를 받았을 당시에는 긴급구조가 마무리되지 않아서 여전히 재난 원인과 유형, 피해 상황 및 규모 등이 명확히 파악되지 않았다. 이 사건 참사 발생 후 이루어진 초동조치를 살펴보면 중대본과 중수본이 수행하는 역할 내지 기능이 일정 부분은 실질적으로 수행되었고 중수본에서 할 수 있었던 재난대응이 중대본 운영의 형태로 이행되었다. 따라서 중대본과 중수본의 설치·운영에 관한 피청구인의 판단이 현저히 불합리하여 사회적 타당성을 잃은

정도에 이르렀다고 보기 어렵다. 한편 긴급구조통제단장에 의한 현장지휘 및 긴급구조지원기관과의 협력이 법령이 정한 바에 따라 원활하게 이루어지지 않았다고 하더라도, 피청구인이 소방청장 직무대리 등으로부터 특별한 협력요청을 받은 사실이 없었던 이상, 보다 적극적·구체적인 현장지휘·감독에 나아가지 않았다는 이유로 총괄·조정의무를 이행하지 않은 것으로 볼 수 없다. 나아가 중앙재난안전상황실의 설치·운영 및 국가재난관리시스템의 구축·운영에 관한 재난안전법을 위반하였다고 보기도 어렵다. 또 이 사건 참사 발생 당시 주최자 있는 지역축제에 적용되는 안전관리계획의 수립·점검, 매뉴얼 등을 유추 적용할 수 있는지에 관한 확립된 기준이 없어 체계적 대응이 어려웠으며, 피청구인이 참사 현장으로 이동하는 과정에서 지시 및 협력요청을 계속한 점을 고려할 때, 피청구인이 성실의무를 위반하였다고 보기 어렵다. 그 밖에 국민의 생명·신체 안전을 보호하기 위한 조치가 필요한 상황이었음에도 피청구인이 아무런 보호조치를 취하지 않거나, 적절하고 효율적인 보호조치가 분명히 존재하는 상황에서 피청구인이 이를 이행하지 않은 것이 명백한 경우에 해당하지 않으므로, 헌법상 기본권 보호의무를 위반하였다고 볼 수도 없다. 결국 피청구인의 사후 재난대응 조치가 헌법 제34조 제6항, 재난안전법 제4조 제1항, 제6조, 제14조, 제15조, 제15조의2, 제18조, 제74조를 위반하였다고 보기는 어렵고, 나아가 헌법 제7조 제1항, 제10조, 국가공무원법 제56조를 위반하였다고 볼 수 없다(헌법재판소 2022. 7. 25. 2023헌나1 전원재판부).

정답 ○,○,○

판례 153 ★

① 사전투표관리관이 사전투표용지의 일련번호를 떼지 않고 선거인에게 교부하도록 정한 공직선거법 조항은 헌법에 어긋나지 않는다
② 사전투표관리관이 투표용지에 자신의 도장을 찍는 경우 도장의 날인은 인쇄날인으로 갈음할 수 있도록 정한 공직선거관리규칙 제84조 제3항은 헌법에 위반되지 않는다.

해설 ① 사전투표의 경우 선거인별 지정된 사전투표소가 없어 전국 어느 투표소에서든 투표가 가능하므로 각 사전투표소별 총 방문자 수 및 선거인의 대기시간을 예측하는 것이 어려워졌다. 이에 공직선거법 조항은 선거인의 대기시간을 단축함으로써 사전투표의 편의를 제고하기 위한 목적에서 사전투표용지의 일련번호를 절취하지 않고 이를 선거인에게 교부하도록 정하게 된 것이다.
사전투표에서 일련번호의 절취 및 보관이 사전투표용지 발급수 등의 관리·확인에 관하여 선거의 공정성을 담보할 수 있는 유일한 방법은 아니며, 다른 제도적 장치들이 존재한다. 공직선거법 조항이 국민의 선거권의 행사 등을 부당하게 제한하거나 국민의 주권행사를 왜곡되게 반영하도록 한다고 할 수 없어 청구인들의 선거권을 침해하지 않는다(헌법재판소 2023. 10. 26. 선고 2022헌마231, 240, 267(병합), 2022헌마1595(병합) 전원재판부 결정).
② 사전투표가 선거일 투표와 비교해 위조된 투표용지의 사용 가능성이 높다고 볼 수 없는 점, 사전투표는 선거인별 지정된 투표소가 없어 전국 어느 투표소에서든 투표가 가능하여 투표인원 수 등의 예측이 어렵다는 점을 고려하면 사전투표의 원활한 진행을 위해서 사전투표용지에 사전투표관리관이 직접 도장을 날인하는 것 외의 방법을 사용할 수도 있다. 이 사건 규칙 조항이 도장의 날인을 인쇄날인으로 갈음할 수 있도록 하고 있는 것은 그 날인을 선거일 투표와 달리해야 할 특별한 이유가 없음에 기인한 것으로 법률유보원칙에 위배된다고 볼 수 없다.
이 사건 규칙 조항으로 인해 사전투표관리관이 자신의 도장을 직접 찍을 때에 비하여 위조된 투표지의 유입 가능성이 있다고 볼만한 사정도 없어 이 규칙 조항이 현저히 불합리하거나 불공정하여 청구인들의 선거권을 침해한다고 볼 수 없다(헌법재판소 2023. 10. 26. 선고 2022헌마232, 239, 266(병합) 전원재판부 결정).

정답 ○,○

판례 154 ★★

① 착신전환을 통해 여론조사에서 중복 응답 등 선거범죄를 저질러 100만원 이상의 벌금형이 확정된 사람에 대해 5년간 선거권을 제한하도록 한 공직선거법 조항은 선거권을 침해한다.
② 착신전환을 통해 여론조사에서 중복 응답 등 선거범죄로 100만 원 이상의 벌금형의 선고를 받은 사람은 지방의회의원직에서 퇴직한다고 규정한 공직선거법 제266조 제1항 제1호가 청구인들의 공무담임권을 침해하지 않는다.

● 선거권제한조항에 대한 판단

○ 선거권제한조항은 공정한 선거를 보장하고 선거범에 대하여 사회적 제재를 부과하며 일반국민에 대하여 선거의 공정성에 대한 의식을 제고하려는 목적을 달성하는데 적합한 수단이다.

○ 공직선거법 제256조 제1항 제5호 중 제108조 제11항 제2호의 선거범죄는 선거에 관한 여론조사의 결과에 영향을 미치게 하기 위하여 둘 이상의 전화번호를 착신전환 등의 조치를 하여 같은 사람이 두 차례 이상 응답하는 행위 또는 이를 지시·권유·유도하는 행위를 구성요건으로 하는 범죄(이하 이를 '착신전환 등을 통한 중복 응답 등 범죄'라 한다)로서 이러한 방식으로 여론조사가 시행되면 여론조사 결과에 유권자의 진정한 의사를 반영하지 못하여 선거의 공정성을 해칠 우려가 있다. 선거의 공정성을 담보하기 위해서는 착신전환 등을 통한 중복 응답 등 범죄를 한 사람에 대한 선거권 제한이 필요하다.

○ 선거권제한조항은 착신전환 등을 통한 중복 응답 등 범죄로 100만 원 이상의 벌금형의 선고를 받고 형이 확정된 후 5년이 경과하지 아니한 경우에 선거권을 제한하여 그 대상과 기간이 제한적이다.

○ 법원이 벌금 100만 원 이상의 형을 선고한다면, 여기에는 피고인의 행위가 선거의 공정을 침해할 우려가 높다는 판단과 함께 피고인의 선거권을 일정 기간 박탈하겠다는 판단이 포함되어 있다고 보아야 한다.

○ 선거권 제한을 통하여 달성하려는 선거의 공정성 확보라는 공익이 선거권을 행사하지 못함으로써 침해되는 개인의 사익보다 크다.

○ 따라서 선거권제한조항은 선거권을 침해하지 아니한다.

● 퇴직조항에 대한 판단

○ 퇴직조항은 선거에 관한 여론조사의 결과에 부당한 영향을 미치는 행위를 방지하고 선거의 공정성을 담보하며 공직에 대한 국민 또는 주민의 신뢰를 제고한다는 목적을 달성하는데 적합한 수단이다.

○ 지방의회의원이 선거의 공정성을 해하는 범죄로 유죄판결이 확정되었다면 지방자치행정을 민주적이고 공정하게 수행할 것이라고 기대하기 어렵다. 오히려 그의 직을 유지시키는 것이 공직 전체에 대한 신뢰 훼손으로 이어질 수 있다.

○ 대상 범죄인 착신전환 등을 통한 중복 응답 등 범죄는 선거의 공정성을 직접 해하는 범죄로, 위 범죄로 형사처벌을 받은 사람이라면 지방자치행정을 민주적이고 공정하게 수행할 것이라 볼 수 없다.

○ 입법자는 100만 원 이상의 벌금형 요건으로 하여 위 범죄로 지방의회의원의 직에서 퇴직할 수 있도록 하는 강력한 제재를 선택한 동시에 퇴직 여부에 대하여 법원으로 하여금 구체적 사정을 고려하여 판단하게 하였다.

○ 당선무효, 기탁금 등 반환, 피선거권 박탈만으로는 퇴직조항, 당선무효, 기탁금 등 반환, 피선거권 박탈이 동시에 적용되는 현 상황과 동일한 정도로 공직에 대한 신뢰를 제고하기 어렵다.

○ 퇴직조항으로 인하여 지방자치의원의 직에서 퇴직하게 되는 사익의 침해에 비하여 선거에 관한 여론조사의 결과에 부당한 영향을 미치는 행위를 방지하고 선거의 공정성을 담보하며 공직에 대한 국민 또는 주민의 신뢰를 제고한다는 공익이 더욱 중대하다.

○ 퇴직조항은 청구인들의 공무담임권을 침해하지 아니한다.
(헌법재판소 2022. 3. 31. 선고 2019헌마986 전원재판부 결정)
point ▶ 공직선거법이 2016. 1. 15. 법률 제13755호로 개정되면서 선거범죄 중 하나로 착신전환 등을 통한 중복 응답 등 범죄가 신설되었다. 이에 착신전환 등을 통한 중복 응답 등 범죄로 100만 원 이상의 벌금형의 선고를 받고 그 형이 확정된 후 5년이 경과하지 아니한 사람은 선거권을 제한받고(선거권제한조항), 이미 취임한 지방의회의원의 직에서 퇴직하게 되었다(퇴직조항).
헌법재판소는 다른 선거범죄로 100만 원 이상의 벌금형의 선고를 받고 그 형이 확정된 후 5년이 경과하지 아니한 자는 선거권이 없다고 규정한 공직선거법 조항에 대해서는 판단한 바 있다(헌법재판소 2011. 12. 29. 2009헌마476; 헌법재판소 2018. 1. 25. 2015헌마821등). 이 사건은 착신전환 등을 통한 중복응답 등 범죄로 100만 원 이상의 벌금형의 선고를 받고 그 형이 확정된 후 5년이 경과하지 아니한 자는 선거권이 없다고 규정한 공직선거법 조항에 대하여 최초로 판단한 사례이다.

정답 ×, ○

제6절 ▶ 공무원제도

○판례 155 ★★

공무원에게 재해보상을 위하여 실시되는 급여의 종류로 일반 근로자에 대한 산업재해보상보험법과 달리 휴업급여 또는 상병보상연금 규정을 두고 있지 않은 '공무원 재해보상법'은 공무원의 인간다운 생활을 할 권리와 평등권을 침해한다고 볼 수 없다

해설 공상 공무원의 병가·공무상 질병휴직 기간에는 봉급이 전액 지급되기 때문에 공무원에게 휴업급여나 상병보상연금의 기능을 하는 급여 지급이 전혀 없다고 볼 수는 없다. 병가·공공무상 질병휴직 기간이 허용되는 3년 6개월이 지나면 대체로 요양을 종결하는 단계에 접어들어 직무에 복귀할 수 있고, 만약 3년 6개월이 지나도록 복귀할 수 없고 증상이 고정되지 않아 장해급여 지급 가능 요건을 충족하지 못하는 경우에는 요양급여와 함께 공무원연금법에 따른 퇴직일시금 또는 퇴직연금이 지급된다. 재해보상으로서의 휴업급여나 상병보상연금과 공무원연금법에서의 퇴직연금나 퇴직일시금은 지급 원인과 수준은 다르지만 직무에 종사하지 못해 소득공백이 있는 경우 생계를 보장하기 위한 사회보장적 급여라는 점에서 같은 기능을 수행한다. 심판대상조항이 위 규정을 두지 않았다고 해서 공무원에 대한 생계보장이 현저히 불합리해 인간다운 생활을 할 권리를 침해한다고 볼 수 없다. 공무원의 신분보장 정도, 질병휴직 후 직무복귀의 가능성, 공무상 병가·질병휴직기간 동안 지급받는 보수 수준, 퇴직연금이나 퇴직일시금 제도에 의한 생계보장 면에서 공무원이 일반 근로자에 비해 대체로 유리하다는 점을 고려하면, 심판대상조항이 위 규정을 두지 않았다고 해서 합리적인 이유 없이 일반 근로자와 달리 취급하고 있다고 볼 수 없다. 심판대상조항은 청구인의 평등권을 침해하지 않는다(헌법재판소 2024. 2. 28. 선고 2020헌마1587 전원재판부 결정).

정답

판례 156 ★★★

아동·청소년이용음란물임을 알면서 이를 소지한 죄로 형을 선고받아 그 형이 확정된 사람은 지방공무원법 제2조 제2항 제1호의 일반직공무원으로 임용될 수 없도록 한 국가공무원법 규정은 과잉금지원칙에 위배되어 공무담임권을 침해한다.

해설 심판대상조항은 아동·청소년과 관련이 없는 직무를 포함하여 모든 일반직공무원에 임용될 수 없도록 하므로, 제한의 범위가 지나치게 넓고 포괄적이다. 또한, 심판대상조항은 영구적으로 임용을 제한하고, 결격사유가 해소될 수 있는 어떠한 가능성도 인정하지 않는다. 그런데 아동·청소년이용음란물소지죄로 형을 선고받은 경우라고 하여도 범죄의 종류, 죄질 등은 다양하므로, 개별 범죄의 비난가능성 및 재범 위험성 등을 고려하여 상당한 기간 동안 임용을 제한하는 덜 침해적인 방법으로도 입법목적을 충분히 달성할 수 있다. 따라서 심판대상조항은 과잉금지원칙에 위배되어 청구인들의 공무담임권을 침해한다(헌법재판소 2023. 6. 29. 선고 2020헌마1605, 2022헌마1276(병합) 전원재판부 결정).

정답

제7절 ▶ 지방자치제도

판례 157 ★★★

① 지방자치단체의 자치권 보장을 위하여 자치사무에 대한 감사는 합법성 감사로 제한되어야 하는바, 포괄적·사전적 일반감사나 법령위반사항을 적발하기 위한 감사는 합목적성 감사에 해당하므로 구 지방자치법 제171조 제1항 후문 상 허용되지 않는다
② 종합감사 실시계획에 따른 자료제출요구는 감사자료가 아닌 사전조사자료 명목으로 해당 자료를 요청하였으므로 자치사무에 대한 포괄적·사전적 감사나 법령위반사항을 적발하기 위한 감사 절차와 그 양태나 효과가 동일하지 않다.
③ 경기도가 2021. 4. 1. 남양주시에 통보한 종합감사 실시계획에 따른 자료요구서식에 의한 자료제출요구 중, 자치사무에 관한 부분은 헌법 및 지방자치법에 의하여 부여된 남양주시의 지방자치권을 침해한다

해설 이 사건 자료제출요구는 ① 피청구인의 청구인에 대한 종합감사 계획에 포함되어, 사전조사 및 감사 절차 직전에 오로지 사전조사 및 감사 대상을 특정하기 위한 목적으로 이루어진 것이고, ② 청구인의 자치사무 전 분야에 걸쳐 그 구체적인 업무처리 내용을 압축적으로 요약하는 형식으로 제출할 것을 요구하는 것으로서 내용적으로 사전적·일반적인 자료 요청이며, ③ 피청구인의 청구인에 대한 마지막 종합 감사 이후 현재까지의 기간 동안에 수행된 업무 내용을 포괄하는 것으로 시기적으로도 정기적인 자료요청에 해당한다. 이러한 점을 종합적으로 고려할 때, 이 사건 자료제출요구는 피청구인의 청구인에 대한 감사 절차의 일환으로서 청구인의 자치사무 전반에 대한 사전적·일반적

자료제출요청이고, 피청구인은 이를 통하여 청구인의 자치사무 처리와 관련된 문제점을 발견하거나 취약 분야를 확인하여 감사대상을 발굴할 목적이 있었음을 인정할 수 있다.

이 사건 자료제출요구는 그 목적이나 범위에서 감독관청의 일상적인 감독권 행사를 벗어난 것으로 구 지방자치법 제171조 제1항 전문 전단에서 예정하고 있는 보고수령 권한의 한계를 준수하였다고 볼 수 없으며, 사전조사 업무에 대한 수권조항인 구 '지방자치단체에 대한 행정감사규정' 제7조 제2항 제3호를 근거로 적법하다고 볼 여지도 없다.

지방자치단체의 자치권 보장을 위하여 자치사무에 대한 감사는 합법성 감사로 제한되어야 하는바, 포괄적·사전적 일반감사나 법령위반사항을 적발하기 위한 감사는 합목적성 감사에 해당하므로 구 지방자치법 제171조 제1항 후문 상 허용되지 않는다는 점은 헌법재판소가 2009. 5. 28. 2006헌라6 결정에서 확인한 바 있다. 이 사건 자료제출요구는 헌법재판소가 위 결정에서 허용될 수 없다고 확인한 자치사무에 대한 포괄적·사전적 감사나 법령위반사항을 적발하기 위한 감사 절차와 그 양태나 효과가 동일하고, 감사자료가 아닌 사전조사자료 명목으로 해당 자료를 요청하였다고 하여 그 성질이 달라진다고 볼 수 없다. 따라서, 이 사건 자료제출요구는 합법성 감사로 제한되는 자치사무에 대한 감사의 한계를 벗어난 것으로서 헌법상 청구인에게 보장된 지방자치권을 침해한다(헌법재판소 2022. 8. 31. 선고 2021헌라1 전원재판부 결정).

point ▶ 헌법재판소는 종합감사의 형식이나 자료제출 요청의 명목을 불문하고, 지방자치단체의 자치사무에 대한 포괄적·사전적 감사나 법령위반사항을 적발하기 위한 감사는 허용되지 않는다는 점을 확인한 2009. 5. 28. 2006헌라6 결정의 내용이 광역지방자치단체의 기초지방자치단체에 대한 감사에도 적용되는 점을 적시하였다.

정답 O, X, O

제2장 국 회

제1절 ▶ 의회주의

제2절 ▶ 국회의 구성과 조직

판례 158 ★★★

① 정보위원회 회의는 공개하지 아니한다고 정하고 있는 국회법 제54조의2 제1항 본문은 의사공개원칙에 위배되어 알 권리를 침해한다. (2023년 법원행시 기출지문)
② 헌법 제50조 제1항 단서에서 정하고 있는 비공개사유는 각 회의마다 충족되어야 하는 요건이다.
③ 헌법 제50조 제1항은 국회 스스로 회의의 공개 여부를 결정할 수 있는 자율권이 있음을 인정하면서 그 자율권 행사에 대한 한계를 설정하고 있는 조항이다. 따라서 헌법 제50조 제1항 단서는 국회 회의의 비공개를 위해서 모든 회의마다 반드시 출석의원 과반수의 찬성이나 국가의 안전보장을 위하여 필요성이 인정된다는 의장의 결정이라는 절차를 거칠 것을 요구하는 조항이라기보다는 회의에 참여한 구성원들이 실질적으로 비공개에 대한 합의에 이르렀다고 볼 수 있거나 국가의 안전보장을 위해 필요하다는 것이 인정되는 경우에는 의사공개원칙에 대한 예외를 허용하는 조항으로 해석된다. (2023년 법원행시 기출지문)
④ 방청불허행위의 대상이 되었던 회의가 이미 종료되었다면, 방청불허행위에 관한 주관적 권리보호이익은 소멸하였으므로, 방청불허행위에 대한 헌법소원 심판청구는 부적법하다. (2023년 법원행시 기출지문)

⑤ 헌법 제50조 제1항 단서가 정하고 있는 회의의 비공개를 위한 절차나 사유는 그 문언이 매우 구체적이어서, 이에 대한 예외는 엄격하게 인정되어야 한다. (2023년 법원행시 기출지문)
⑥ 헌법 제50조 제1항으로부터 일체의 공개를 불허하는 절대적인 비공개가 허용된다고 볼 수는 없는바, 특정한 내용의 국회의 회의나 특정 위원회의 회의를 일률적으로 비공개한다고 정하면서 공개의 여지를 차단하는 것은 헌법 제50조 제1항에 부합하지 아니한다. (2023년 법원행시 기출지문)

해설 가. 헌법 제50조 제1항의 해석
헌법 제50조 제1항은 본문에서 국회의 회의를 공개한다는 원칙을 규정하면서, 단서에서 '출석의원 과반수의 찬성이 있거나 의장이 국가의 안전보장을 위하여 필요하다고 인정할 때'에는 이를 공개하지 아니할 수 있다는 예외를 두고 있다. 이러한 헌법 제50조 제1항의 구조에 비추어 볼 때, 헌법상 의사공개원칙은 모든 국회의 회의를 항상 공개하여야 하는 것은 아니나 이를 공개하지 아니할 경우에는 헌법에서 정하고 있는 일정한 요건을 갖추어야 한다. 또한 헌법 제50조 제1항 단서가 정하고 있는 회의의 비공개를 위한 절차나 사유는 그 문언이 매우 구체적이어서, 이에 대한 예외도 엄격하게 인정되어야 한다.
따라서 헌법 제50조 제1항으로부터 일체의 공개를 불허하는 절대적인 비공개가 허용된다고 볼 수는 없는바, 특정한 내용의 국회의 회의나 특정 위원회의 회의를 일률적으로 비공개한다고 정하면서 공개의 여지를 차단하는 것은 헌법 제50조 제1항에 부합하지 아니한다.

나. 심판대상조항이 의사공개원칙에 위배되는지 여부
심판대상조항은 정보위원회의 회의 일체를 비공개 하도록 정함으로써 정보위원회 활동에 대한 국민의 감시와 견제를 사실상 불가능하게 하고 있다. 또한 헌법 제50조 제1항 단서에서 정하고 있는 비공개사유는 각 회의마다 충족되어야 하는 요건으로 입법과정에서 재적의원 과반수의 출석과 출석의원 과반수의 찬성으로 의결되었다는 사실만으로 헌법 제50조 제1항 단서의 '출석위원 과반수의 찬성'이라는 요건이 충족되었다고 볼 수도 없다.
따라서 심판대상조항은 헌법 제50조 제1항에 위배되는 것으로 청구인들의 알 권리를 침해한다. (헌법재판소 2022. 1. 27. 선고 2018헌마1162, 2020헌바428(병합) 전원재판부 결정)
③ 지문은 반대의견의 내용이다
헌법 제50조 제1항은 본문에서 국회의 회의를 공개한다는 원칙을 규정하면서, 단서에서 '출석의원 과반수의 찬성이 있거나 의장이 국가의 안전보장을 위하여 필요하다고 인정할 때'에는 이를 공개하지 아니할 수 있다는 예외를 두고 있다. 이러한 헌법 제50조 제1항의 구조에 비추어 볼 때, 헌법상 의사공개원칙은 모든 국회의 회의를 항상 공개하여야 하는 것은 아니나 이를 공개하지 아니할 경우에는 헌법에서 정하고 있는 일정한 요건을 갖추어야 함을 의미한다. 또한 헌법 제50조 제1항 단서가 정하고 있는 회의의 비공개를 위한 절차나 사유는 그 문언이 매우 구체적이어서, 이에 대한 예외는 엄격하게 인정되어야 한다. 이러한 점에 비추어 보면 헌법 제50조 제1항으로부터 일체의 공개를 불허하는 절대적인 비공개가 허용된다고 볼 수는 없는바, 특정한 내용의 국회의 회의나 특정 위원회의 회의를 일률적으로 비공개한다고 정하면서 공개의 여지를 차단하는 것은 헌법 제50조 제1항에 부합하지 아니한다(헌법재판소 2022. 1. 27. 2018헌마1162, 2020헌바428(병합) 전원재판부 결정).

정답 O, O, ×, O, O, O

제3절 ▶ 국회의 운영과 의사절차
제4절 ▶ 국회의 권한

○판례 159 ★★

검사가 2014. 5. 9. 유우성에 대하여 외국환거래법위반 혐의로 공소를 제기한 행위가 헌법이나 법률을 위반하였고 그로인해 탄핵사유가 인정된다.

해설 1. (재판관 이영진, 재판관 김형두, 재판관 정형식의 기각의견 요지)
피청구인은 유우성의 외국환거래법위반 혐의에 관한 재수사가 필요하다고 판단하여 수사를 개시하였고, 유우성이 외당숙과 공모하여 적극적으로 '환치기' 범행에 가담한 점, 사실은 중국 국적의 화교임에도 이를 숨기고 북한이탈주민으로 인정받은 후 각종 범행을 저지른 점 등 종전 기소유예처분을 번복하고 유우성을 기소할 만한 사정이 밝혀져 이 사건 공소제기를 하였으므로, 이 사건 공소제기가 형법 제123조, 구 검찰청법 제4조 제2항, 국가공무원법 제56조를 위반한 것으로 볼 수 없다.
(재판관 이종석, 재판관 이은애의 기각의견 요지)
종전 기소유예처분과 비교할 때 외국환거래법위반 범행의 총 거래액수가 오히려 줄어들었고, 주요 범행 가담 내용은 동일한 점 등을 고려하면, 피청구인의 수사 결과 종전 기소유예처분을 번복하고 유우성을 기소할 만한 사정이 밝혀졌다고 보기 어려우므로, 이 사건 공소제기는 구 검찰청법 제4조 제2항 및 국가공무원법 제56조를 위반한 것이다. 다만, 이 사건 공소제기의 위법·부당의 정도가 직무 본래의 수행이라고 평가할 수 없을 정도라고 보기 어렵고, 피청구인에게 직권남용의 고의도 인정할 수 없으므로, 이 사건 공소제기가 형법 제123조를 위반한 것이라고 볼 수 없다.
피청구인이 법질서에 역행하고자 하는 적극적인 의도로 법률을 위반하였다고 보기 어렵고, 실체적 진실에 반하는 국가형벌권의 행사를 도모한 것도 아닌 점, 이 사건 공소제기가 공소권남용에 해당한다고 판단한 법원의 판결 등이 존재하는 이상 검사의 공소권남용이 반복될 가능성이 높다고 보기 어려운 점, 이 사건 공소제기 이후 피청구인은 9년이 넘는 기간 동안 공직을 수행해 왔으므로 이 사건 공소제기가 헌법질서에 미친 부정적인 영향은 상당 부분 희석된 점 등을 고려하면, 피청구인에 대한 파면 결정을 정당화하는 사유가 존재한다고 보기 어렵다(전원재판부 2024. 5. 30. 선고 헌법재판소 2023헌나2).

정답

○판례 160 ★★★

헌법재판소법 제53조 제1항이 규정한 '탄핵심판청구가 이유 있는 경우'란 피청구인의 파면을 정당화할 수 있을 정도로 중대한 헌법이나 법률 위반이 있는 경우를 말한다. 행정각부의 장에 대한 파면 결정이 가져오는 국가적 손실이 경미하다고 보기는 어렵다. 다만 대통령과 비교할 때, 파면의 효과에 근본적인 차이가 없다.

해설 헌법재판소법 제53조 제1항이 규정한 '탄핵심판청구가 이유 있는 경우'란 피청구인의 파면을 정당화할 수 있을 정도로 중대한 헌법이나 법률 위반이 있는 경우를 말한다. 행정각부의 장에 대한 파면 결정이 가져오는 국가적 손실이 경미하다고 보기는 어렵다. 다만 대통령과 비교할 때, 파면의 효과에 근본적인 차이가 있으므로, '법 위반 행위의 중대성'과 '파면 결정으로 인한 효과' 사이의 법익형량을 함에 있어 이 점이 고려되어야 한다(헌법재판소 2022. 7. 25. 2023헌나1 전원재판부).

정답

○ 판례 161 ★★★

① 탄핵소추안이 발의되었음을 본회의에 보고하였다면 이 사건 탄핵소추안은 국회법 제90조 제2항의 '본회의에서 의제가 된 의안'에 해당한다.
② 탄핵소추안이 본회의에 보고되었다고 할지라도, 본회의에 상정되어 실제 논의의 대상이 되기 전에는 이를 발의한 국회의원은 본회의의 동의 없이 탄핵소추안을 철회할 수 있다.
③ 탄핵소추안이 본회의에서 의제가 된 의안에 해당하지 아니하여 이를 발의한 국회의원이 본회의의 동의 없이 이를 철회할 수 있는 이상, 청구인들에게는 이 사건 탄핵소추안 철회 동의 여부에 대해 심의·표결할 권한 자체가 발생하지 아니한다.
④ 검사에 대한 탄핵소추안 발의 철회를 국회의장이 수리한 것은 국회의원의 심의·표결권을 침해한다.
⑤ 국회법 제92조의 '부결된 안건'에 적법하게 철회된 안건은 포함되지 아니하므로, 이 사건 탄핵소추안과 동일한 내용으로 발의된 재발의 탄핵소추안은 적법하게 발의된 의안으로 일사부재의 원칙에 위배되지 아니한다.

해설 탄핵소추안도 일반 의안과 마찬가지로, 국회의장이 국회법 제130조 제1항에 따라 탄핵소추가 발의되었음을 본회의에 보고하고, 국회법 제130조 제2항에 따른 표결을 위해 이를 본회의의 안건으로 상정한 이후에 비로소 본회의에서 의제가 된 의안이 된다고 할 것인바, ① 탄핵소추안이 본회의에 보고되었다고 할지라도, 본회의에 상정되어 실제 논의의 대상이 되기 전에는 이를 발의한 국회의원은 본회의의 동의 없이 탄핵소추안을 철회할 수 있다. ② 피청구인은 이 사건 탄핵소추안이 발의되었음을 본회의에 보고하였을 뿐 이 사건 탄핵소추안을 의사일정에 기재하고 본회의의 안건으로 상정한 바가 없으므로, 이 사건 탄핵소추안은 국회법 제90조 제2항의 '본회의에서 의제가 된 의안'에 해당하지 아니한다. 청구인들이 침해되었다고 주장하는 심의·표결권은 이 사건 탄핵소추안이 본회의에서 의제가 된 의안에 해당하는 경우에 비로소 국회법 제90조 제2항에 의해 발생한다. 앞서 살펴본 바와 같이 ③이 사건 탄핵소추안이 본회의에서 의제가 된 의안에 해당하지 아니하여 이를 발의한 국회의원이 본회의의 동의 없이 이를 철회할 수 있는 이상, 청구인들에게는 이 사건 탄핵소추안 철회 동의 여부에 대해 심의·표결할 권한 자체가 발생하지 아니한다. ④ 또한 청구인들에게 이 사건 탄핵소추안 철회 동의 여부에 대해 심의·표결할 권한이 발생하지 아니하였다면, 그 권한의 발생을 전제로 하는 권한의 침해 가능성도 없다. 따라서 이 사건 수리행위를 다투는 청구는 부적법하다. 피청구인의 이 사건 수리행위로 인해 청구인들의 권한이 침해될 가능성이 인정되지 아니하여 청구인들이 이 사건 수리행위로 인한 권한침해를 다툴 수 없게 된 이상, 이 사건 탄핵소추안 철회의 효력은 여전히 유효하다. ⑤ 그리고 국회법 제92조의 '부결된 안건'에 적법하게 철회된 안건은 포함되지 아니하므로, 이 사건 탄핵소추안과 동일한 내용으로 발의된 재발의 탄핵소추안은 적법하게 발의된 의안으로 일사부재의 원칙에 위배되지 아니하는바, 이 사건 가결선포행위로 인하여 청구인들의 심의·표결권 침해가 발생할 가능성은 인정되지 아니한다. 따라서 이 사건 가결선포행위를 다투는 청구 역시 부적법하다.

사실관계 더불어민주당은 지난해 11월 9일 이 전 위원장과 손 검사, 이 검사의 탄핵안을 발의했다. 같은날 국회 본회의에 보고했지만 민주당은 표결 시효 이전에 국회 본회의를 열기 어렵다고 판단해 다음날인 10일 이를 철회했다. 국회법에 따르면, 탄핵안은 본회의 보고 24시간부터 72시간 이내에 표결해야 한다. 그렇지 않으면 탄핵소추안은 폐기된 걸로 본다. 김진표 국회의장은 민주당의 철회를 수리했다.
국민의힘 의원들은 국회 본회의의 심의·표결권이 침해됐고, 탄핵안이 본회의를 거친 공식 안건이어서 철회가 불가능하며 일사부재의 원칙에 따라 재추진할 수 없다며 지난해 11월 헌재에 권한쟁의심판을 청구했다. 민주당은 같은달 28일 탄핵안을 다시 발의했다.

정답 ×, ○, ○, ×, ○

제5절 ▶ 국회의원의 헌법상 지위와 권한·의무

| 제3장 | 대통령과 정부 |

제1절 ▶ 대통령

○ 판례 162 ★★★

① 개성공단 운영 전면중단 조치는 고도의 정치적 고려가 필요한 대통령의 행위이므로 사법심사가 배제되어야 한다.
② 고도의 정치적 결단에 기초한 정책 결정과 같이 정치적 판단 재량이 인정되는 사안에서 기본권침해 여부를 심사함에 있어서는, 정책 판단이 명백하게 재량의 한계를 유월하거나 선택된 정책이 현저히 합리성을 결여한 것인지를 살피는 완화된 심사기준을 적용하여야 한다.

해설 이 사건 중단조치가 북한의 핵무기 개발로 인한 위기에 대처하기 위한 조치로서 국가안보와 관련된 대통령의 의사 결정을 포함하고 그러한 의사 결정이 고도의 정치적 결단을 요하는 문제이기는 하나, 그 의사 결정에 따른 조치 결과 투자기업인 청구인들의 영업의 자유 등 기본권에 제한이 발생하였다. 그리고 국민의 기본권 제한과 직접 관련된 공권력의 행사는 고도의 정치적 고려가 필요한 대통령의 행위라도 헌법과 법률에 따라 정책을 결정하고 집행하도록 함으로써 국민의 기본권이 침해되지 않도록 견제하는 것이 국민의 기본권 보장을 사명으로 하는 헌법재판소 본연의 임무이므로, 그 한도에서 헌법소원심판의 대상이 될 수 있다. 따라서 이 사건 헌법소원심판이 사법심사가 배제되는 행위를 대상으로 한 것이어서 부적법하다고는 볼 수 없다(헌법재판소 2022. 1. 27. 선고 2016헌마364 전원재판부 결정).

정답 ×, ○

○ 판례 163 ★★★

개성공단 운영 전면중단 조치는 대통령의 정치적 결단에 따른 조치라도 국민의 기본권 제한과 관련된 이상 반드시 헌법과 법률에 근거를 두어야 하고, 그 근거가 없을 경우 위헌적 조치로 보아야 한다.

해설 ○ 이 사건 중단조치가 대통령의 정치적 결단에 따른 조치라도 국민의 기본권 제한과 관련된 이상 반드시 헌법과 법률에 근거를 두어야 하고, 그 근거가 없을 경우 위헌적 조치로 보아야 한다.

○ 이 사건 중단조치는 그러한 국제평화 및 안전유지를 위한 국제적 합의에 이바지하기 위한 조치로서 '남북교류협력에 관한 법률'(이하 '남북교류협력법'이라 함) 제18조 제1항 제2호에 근거하여 통일부장관이 취할 수 있는 협력사업자에 대한 협력사업의 내용, 조건 또는 승인의 유효기간 등에 관한 조정명령의 범위 내에 있으므로, 위 법 조항에 근거한 조치로 볼 수 있다.

○ 또한 대통령은 국가의 독립, 영토의 보전, 국가의 계속성과 헌법을 수호할 책무를 지고, 조국의 평화적 통일을 위한 성실한 의무를 지며(헌법 제66조 제2항, 제3항), 국가의 원수이자 행정부의 수반으로서 모든 행정에 대한 지휘, 감독권을 가지므로(헌법 제66조 제1항, 제4항, 정부조직법 제11조), 국가안보, 조국의 평화적 통일, 국제적 공조 등과 관련되는 대북제재 조치로서 개성공단의 운영

중단이라는 정책을 결정할 수 있고, 이를 법령에 따라 실행하도록 소관 부처 장관에게 지시할 수 있다고 할 것이므로, 헌법 제66조, 정부조직법 제11조도 피청구인 대통령이 관여한 이 사건 중단조치의 헌법적, 법률적 근거가 될 수 있다.

○ 아울러 피청구인 통일부장관의 세부조치는 개성공단의 운영 중단 결정으로 인한 현지 체류 국민의 생명, 신체의 위험을 최소화하기 위한 조치이므로, 남북교류협력법 제18조 제1항 제2호 외에, 같은 법 제9조 제1항, 국가의 기본권 보호 의무에 관한 헌법 제10조, '개성공업지구 지원에 관한 법률' 제15조의3이 각각 근거가 될 수 있다.

○ 따라서 이 사건 중단조치는 헌법과 법률에 근거한 조치로 보아야 한다(헌법재판소 2022. 1. 27. 선고 2016헌마364 전원재판부 결정).

정답 ○

제2절 ▸ 행정부
제3절 ▸ 선거관리위원회

제4장 | 법 원

제1절 ▸ 사법권의 독립
제2절 ▸ 법원의 조직

판례 164 ★★★

과거 3년 이내의 당원 경력을 법관 임용 결격사유로 정하고 있는 법원조직법 조항이 청구인의 공무담임권을 침해하여 헌법에 위반된다

해설 헌법상 직업공무원제도는 능력주의와 기회균등을 바탕으로 하므로, 해당 공직이 요구하는 직무수행능력과 무관한 요소를 공직취임의 기준으로 삼는 것은 공무담임권을 침해할 수 있다. 다만, 헌법은 제7조에서 공무원의 정치적 중립성을 보장하고 제103조에서 재판의 독립을 강조하므로, 이러한 헌법적 요청을 달성하기 위한 합리적인 범위에서 법관에 관한 공무담임권도 제한될 수 있다. 현행법상 공무담임권을 지나치게 제한하지 않으면서 법관(대법원장·대법관·판사)이 정치적 중립성을 준수하고 재판의 독립을 지킬 수 있도록 하는 제도적 장치는 이미 존재한다. ① 먼저 정치적 중립성 보장을 위하여, 현직 법관은 정당 가입과 정치운동이 금지되고, 이를 위반한 경우 징계와 형사처벌의 대상이 되며, 탄핵심판에 따라 파면될 수 있다. ② 또한 재판의 독립을 위하여, 대법원장·대법관·판사의 임기를 보장하고, 탄핵 또는 금고 이상의 형의 선고에 의하지 아니하고는 파면되지 아니하며, 헌법과 법률에 의하여 양심에 따라 독립하여 심판하도록 정하고 있다. ③ 나아가 법관의 과거 경력이 개별사건에 불공정한 영향을 미치는 경우 제척·기피·회피를 통해 해소할 수 있고, 심급제와 합의제를 통해 법관 개인의 성향과 무관하게 재판의 객관성과 공정성이 유지되도록 하고 있다. ④ 특히 대법원장과 대법관은 국회에서 인사청문 절차를 거친 후 본회의 의결 절차를 거쳐야 임명될 수 있으므로, 판사보다 더 엄격한 수준에서 정치적 중립성에 대한 검증이 이루어지고 있다. 가사 과거에 당원 신분을 취득한 경력을 규제할 필요성이 있더라도, 소속 정당에서 일정한 보직을 부여받거나 공직선거에서 정당후보자로 등록되어 출마하는 등 적극적으로 정치적 활동을 하였던 경우에 한하여 법관 임용을 제한할 수 있고, 이에 법원조직법은 관련 규정을 별도로 두고 있다. (법원조직법은 공직선거법 제2조에 따른 선거에 후보자(예비후보자를 포함한다)로 등록한 날부터 5년이 경과되지 아니한 사람과 공직선거법 제2조에 따른 대통령선거에서 후보자의 당선을 위하여 자문이나 고문의 역할을 한 날부터 3년이 경과되지 아니한 사람을 법관 임용 결격사유로 정하고 있다(제43조 제1항 제6호, 제7호)).

그럼에도 불구하고, 심판대상조항과 같이 과거 3년 이내의 모든 당원 경력을 법관 임용 결격사유로 정하는 것은, 입법목적 달성을 위해 합리적인 범위를 넘어 정치적 중립성과 재판 독립에 긴밀한 연관성 없는 경우까지 과도하게 공직취임의 기회를 제한한다.

따라서 심판대상조항은 과잉금지원칙에 반하여 청구인의 공무담임권을 침해한다(2024.7.18. 2021헌마460).

[심판대상조항]
법원조직법(2020. 3. 24. 법률 제17125호로 개정된 것)
제43조(결격사유) ① 다음 각 호의 어느 하나에 해당하는 사람은 법관으로 임용할 수 없다.
5. 「정당법」 제22조에 따른 정당의 당원 또는 당원의 신분을 상실한 날부터 3년이 경과되지 아니한 사람

정답 ○

제3절 ▶ 법원의 권한
제4절 ▶ 사법의 절차와 운영

제5장 | 헌법재판소

제1절 ▶ 헌법재판 일반론
제2절 ▶ 헌법재판소의 헌법상 지위
제3절 ▶ 헌법재판소의 구성과 조직
제4절 ▶ 헌법재판소의 심판절차
제5절 ▶ 위헌법률심판권

판례 165 ★★★

헌법재판소법 제41조 제1항에 의한 위헌법률심판절차에서 보조참가신청의 적법하다.

해설 규범통제절차인 헌법재판소법 제41조 제1항에 의한 위헌법률심판절차에서의 보조참가신청은 위헌법률심판의 성질에 반하여 준용되지 아니하는 민사소송법 제71조에 근거한 것으로서 허용되지 아니하여 부적법하다(헌법재판소 2024. 1. 25. 선고 2021헌가14 전원재판부 결정 (구 공직선거법 제60조 제1항 제5호 등 위헌제청)).

정답 ×

○ 판례 166 ★★

피청구인 육군훈련소장이 2019. 6. 2. 청구인들에 대하여 육군훈련소 내 종교 시설에서 개최되는 개신교, 불교, 천주교, 원불교 종교행사 중 하나에 참석하도록 한 행위는 이미 종료된 권력적 사실행위이므로 헌법소원심판의 이익이 없다.

::해설 이 사건 종교행사 참석조치는 피청구인 육군훈련소장이 우월적 지위에서 청구인들에게 일방적으로 강제한 행위로, 헌법소원심판의 대상이 되는 권력적 사실행위에 해당한다. 이 사건 종교행사 참석조치는 이미 종료된 행위이나, 반복 가능성과 헌법적 해명의 중요성을 고려할 때 심판의 이익을 인정할 수 있다(헌법재판소 2022. 11. 24. 선고 2019헌마941 전원재판부 결정).

정답

제6절 ▶ 헌법소원심판론

○ 판례 167 ★★

① 조세감면규제법 부칙조항에 대한 헌재의 한정위헌결정(2009헌바35등)의 기속력을 부인하고 재심청구를 기각한 법원 재판이 예외적으로 헌법소원대상적격이 인정된다.
② 헌재의 한정위헌결정 이전에 부칙조항을 적용한 법원의 재심대상판결 및 이를 거쳐 확정된 처분인 과세처분도 헌법소원대상적격이 인정된다.

::해설 (1) 헌재의 한정위헌결정은 법률에 대한 위헌결정에 해당하므로, 헌재의 한정위헌결정에 따라 조세감면규제법 부칙조항 중 전부개정된 조세감면규제법의 시행일인 1994. 1. 1. 이후 적용 부분은 효력을 상실하였고, 이는 법원을 비롯한 모든 국가기관과 지방자치단체에 대해 기속력이 있다. 한정위헌결정의 기속력을 부인하고 재심청구를 기각한 법원의 재판은 법률에 대한 위헌결정의 기속력에 반하는 재판으로 헌법소원의 대상이 되고, 재판청구권을 침해하였으므로 헌재법 제75조 제3항에 따라 취소되어야 한다.
(2) 위헌결정이 있기 전에 그 법률을 법원이 적용하는 것은 제도적으로 정당성이 보장되므로 그 법률이 적용된 재판을 그 후에 위헌결정이 선고되었다는 이유로 위법한 공권력의 행사라 하여 헌법소원의 대상으로 삼을 수는 없다. 그러므로 해당 과세처분을 심판대상으로 삼았던 법원의 재판인 재심대상판결은 법률에 대한 위헌결정의 기속력에 반하는 재판에 해당하지 않는다. 따라서 재심대상판결은 법원의 재판이 예외적으로 헌법소원의 대상이 되어 취소되는 경우에 해당하지 않으므로, 원행정처분인 이 사건 과세처분에 대한 심판청구는 부적법하다.(헌법재판소 2022. 7. 21. 2013헌마242, 인용(취소), 각하).

정답

○ 판례 168 ★★★

① 수사기관의 수사를 받는 피의자가 다른 사람의 재판에 증인으로 출석할 때 변호인과 함께 증인석에 오르는 것을 거부한 행위는 변호인의 조력을 받을 권리 및 이와 표리관계에 있는 청구인의 변호권을 침해한다.
② 재판장의 변호인 동석 거절은 헌법소원 대상이 될 수 없다.

::해설 헌법재판소법 제68조 제1항 본문은 "공권력의 행사 또는 불행사로 인하여 헌법상 보장된 기본권을 침해받은 자는 법원의 재판을 제외하고는 헌법재판소에 헌법소원심판을 청구할 수 있다."라고

규정하고 있다. 이에 따라 원칙적으로 법원의 재판을 대상으로 하는 헌법소원심판청구는 허용되지 아니하고, 다만 헌법재판소가 위헌으로 결정한 법령을 적용함으로써 국민의 기본권을 침해하거나, 법률에 대한 위헌결정의 기속력에 반하는 재판인 경우에는 예외적으로 헌법재판소법 제68조 제1항에 의한 헌법소원심판을 청구할 수 있다(헌법재판소 2022. 6. 30. 2014헌마760등 참조).

여기에서 '법원의 재판'은 법원이 행하는 공권적 법률판단 또는 의사의 표현을 지칭하는 것으로, 사건을 종국적으로 해결하기 위한 종국판결 외에 본안전 소송판결 및 중간판결, 기타 소송절차의 파생적·부수적인 사항에 대한 공권적 판단도 포함한다(헌재 2018. 8. 30. 2016헌마263 등 참조).

이 사건 거부행위는 피청구인이 이 사건 재판부의 재판장으로서 소송절차에 대하여 내린 공권적 판단이므로 헌법재판소법 제68조 제1항 본문에서 말하는 법원의 재판에 해당하고, 예외적으로 헌법소원심판의 대상이 될 수 있는 경우에도 해당하지 아니한다. 따라서 이 사건 거부행위에 대한 심판청구는 결국 법원의 재판을 그 대상으로 하여 헌법소원심판을 청구하는 경우에 해당하므로 부적법하다(헌법재판소 2024. 3. 28. 선고 2020헌마1272 전원재판부 결정).

▶ 현행법상 형사재판에 넘겨진 피고인은 '변호인의 증인신문 조력'을 보장받지만, 재판에 넘겨지지 않은 채 수사를 받는 중인 피의자에 대해선 규정이 없다. 즉 피의자가 다른 사람의 형사 재판에 증인으로 나갈 경우, 증인석에 오를 때 변호인이 동석할 수 있는 근거 규정이 없는 것이다. 한 교수는 재판부에 "나처럼 피의자이자 증인일 때 법정이 검찰 조사실의 연장처럼 느껴질 수 있다"며 변호인의 조력을 받게 해 달라고 요청했다. 하지만 재판부는 "관련 형사소송법 또는 형사소송규칙 조항이 없다"며 한 교수의 요구를 받아들이지 않았다.

판례 169 ★★

① 헌법재판소는 헌법소원심판청구서에 기재된 피청구인이나 청구취지에 구애됨이 없이 청구인의 주장을 종합적으로 판단하여야 한다.
② 헌법재판소는 청구인이 주장하는 침해된 기본권과 침해의 원인이 되는 공권력을 직권으로 조사하여 피청구인과 심판대상을 확정하여야 한다
③ 헌법소원심판의 대상이 되는 공권력의 행사는 헌법소원의 본질상 대한민국 국가기관의 공권력 작용을 의미하므로 대한민국 정부와 미국 정부 사이의 협의기관인 합동위원회는 피청구인이 될 수 없고, 다만 합동위원회를 구성한 대한민국 정부 대표가 피청구인이 될 수 있을 뿐이다.
④ 헌법재판소법 제68조 제1항 본문은 '공권력의 행사 또는 불행사로 인하여 헌법상 보장된 기본권을 침해받은 자는 헌법재판소에 헌법소원심판을 청구할 수 있다'고 규정하고 있는바, 공권력의 행사가 헌법소원심판을 청구하고자 하는 자의 법적 지위에 아무런 영향을 미치지 않는다면 애당초 기본권 침해의 가능성이나 위험성이 없으므로 그 공권력의 행사를 대상으로 헌법소원심판을 청구하는 것은 허용되지 아니한다

해설 ①② 헌법재판소는 헌법소원심판청구서에 기재된 피청구인이나 청구취지에 구애됨이 없이 청구인의 주장을 종합적으로 판단하여야 하며 청구인이 주장하는 침해된 기본권과 침해의 원인이 되는 공권력을 직권으로 조사하여 피청구인과 심판대상을 확정하여야 한다(헌법재판소 1993. 5. 13. 91헌마190 참조). ③ 헌법소원심판의 대상이 되는 공권력의 행사는 헌법소원의 본질상 대한민국 국가기관의 공권력 작용을 의미하므로(헌재 1997. 9. 25. 96헌마159 참조), 대한민국 정부와 미국 정부 사이의 협의기관인 합동위원회는 피청구인이 될 수 없고, 다만 합동위원회를 구성한 대한민국 정부 대표가 피청구인이 될 수 있을 뿐이다. 그러므로 이 사건 피청구인을 대한민국 정부 대표인 외교부 북미국장으로 특정하기로 한다. ④ 헌법재판소법 제68조 제1항 본문은 '공권력의 행사 또는 불행사로 인하여 헌법상 보장된 기본권을 침해받은 자는 헌법재판소에 헌법소원심판을 청구할 수 있다'고 규정하고 있는바, 공권력의 행사가 헌법소원심판을 청구하고자 하는 자의 법적 지위에 아무런 영향을 미치지 않는다면 애당초 기본권 침해의 가능성이나 위험성이 없으므로 그 공권력의 행사를 대상으로 헌법소원심판을 청구하는 것은 허용되지 아니한다.

사드 배치는 북한의 핵실험, 탄도미사일 시험 발사와 도발에 대응한 방어태세이며 사드 배치를 결정한 협정이 주민의 평화적 생존을 위협할 가능성이 있다고 볼 수 없다. 또 "사드 배치 협정으로 청구인의 건강권과 환경권이 바로 침해된다고 보기 어렵다. 사드 체계 운영과정에서 발생하는 전자파 소음의 위험성은 전파법상 인체보호기준과 생활 소음 규제기준에 현저히 미달하는 미미한 수준이라는 사실이 확인됐다 주한미군이 이 골프장 부지를 사용한다고 해도 특정 종교의 교리를 침해하거나 청구인들의 신앙 활동에 직접적인 영향을 미친다고 할 수 없다(헌법재판소 2024. 3. 28. 선고 2017헌마371, 372(병합) 전원재판부 결정).

정답 O,O,O,O

판례 170 ★★

① 최저임금 결정 권한 등을 정하고 있는 최저임금법 제8조 제1항, 최저임금위원회의 구성 등을 정하고 있는 최저임금법 제14조, 최저임금위원회 위원의 위촉 또는 임명 등을 정하고 있는 최저임금법 시행령 제12조에 대한 심판청구는 적법하다.
② 사업주인 청구인 중 상시 5명 이상 근로자를 사용하는 사업주가 아닌 청구인들의 주 52시간 상한제를 정하고 있는 근로기준법 제53조 제1항에 대한 심판청구가 적법하다.

해설 ① 최저임금법령조항은 그 자체로 청구인들의 기본권에 불리한 영향을 미치지 않거나 청구인들의 기본권을 직접 침해하지 않으므로, 이 부분 심판청구는 부적법하다.
② 또한 주 52시간 상한제조항은 상시 5명 이상 근로자를 사용한 사업주나 근로자에게만 적용되므로, 상시 5명 이상 근로자를 사용하는 사업주가 아닌 청구인들의 주 52시간 상한제조항에 대한 심판청구는 자기관련성이 없어 부적법하다(헌법재판소 2024. 2. 28. 선고 2019헌마500 전원재판부 결정).

정답 ×,×

판례 171 ★★★

검사 또는 군수사기관의 장을 포함한 수사관서의 장, 정보수사기관의 장의 요청에 따라 자신들이 가입한 전기통신사업자가 성명, 주민등록번호, 주소, 전화번호, 가입일 등의 통신자료를 제공하였음을 알게 되자 1) 위 수사기관 등의 각 통신자료 취득행위(이하 '이 사건 통신자료 취득행위'라 한다)와 2) 그 근거법률인 전기통신사업법 제83조 제3항 중 "검사 또는 수사관서의 장(군 수사기관의 장을 포함한다), 정보수사기관의 장의 수사, 형의 집행 또는 국가안전보장에 대한 위해 방지를 위한 정보수집을 위한 통신자료 제공요청"에 관한 부분에 관하여 헌법재판소법 제68조 제1항에 의한 헌법소원심판을 청구하였다.
① 이 사건 통신자료 취득행위는 수사기관 등이 우월적 지위에서 일방적으로 청구인들의 통신자료에 대해 행하는 대물적인 수사행위로서 권력적 사실행위에 해당하고, 수사기관 등은 국가기관으로 전기통신사업자가 요청에 응하지 아니할 경우 불이익을 입을 수 있다는 위축효과를 야기할 수 있으므로 이는 헌법소원의 대상이 되는 공권력행사에 해당한다.
② 이 사건 법률조항에 따라 수사기관 등이 통신자료를 취득한 경우에도 정보가 제공된 이용자들은 수사기관 등의 통신자료 제공요청 및 전기통신사업자의 통신자료 제공에 대해 알 수 없고, 통신자료 취득행위 자체에 대하여 다툴 방법도 없다. 따라서 이 사건 법률조항은 집행행위를 예정하고 있기는 하나 집행행위에 대하여 구제절차가 없거나 권리구제의 기대가능성이 없는 경우에 해당하므로 기본권침해의 직접성을 인정하여야 한다

③ 사후 통지 절차 등의 미비로 자신의 통신자료가 수사기관 등에 제출된 사실을 알지 못한 경우에는 실제로 알게 된 날부터 90일이 도과되었는지 여부를 기준으로 청구기간이 준수되었는지를 판단하여야 한다.

해설 ① 헌법재판소법 제68조 제1항은 '공권력의 행사 또는 불행사로 인하여 기본권을 침해받은 자'가 헌법소원을 제기할 수 있다고 규정하고 있는바, 여기에서 '공권력'이란 입법권·행정권·사법권을 행사하는 모든 국가기관·공공단체 등의 고권적 작용을 말하고, 그 행사 또는 불행사로 국민의 권리와 의무에 대하여 직접적인 법률효과를 발생시켜 청구인의 법률관계 내지 법적 지위를 불리하게 변화시키는 것이어야 한다(헌법재판소 2012. 8. 23. 2010헌마439; 헌재 2018. 8. 30. 2016헌마483 참조).

살피건대, 이 사건 법률조항에 의하여 이루어지는 수사기관 등의 통신자료 제공요청은 임의수사에 해당하는 것으로, 이 사건 통신자료 취득행위는 피청구인들의 [별지 3] [별지 4] 기재 청구인들에 대한 통신자료 제공요청에 대하여 공권력주체가 아닌 사인인 전기통신사업자가 임의로 이를 제공함으로써 이루어진 것이다. 전기통신사업법은 전기통신사업자가 수사기관 등의 통신자료 제공요청에 따를 수 있다고 규정함으로써 전기통신사업자에게 이용자의 통신자료를 수사기관 등의 요청에 응하여 합법적으로 제공할 수 있는 권한을 부여하면서 통신자료의 제공 여부를 전기통신사업자의 재량에 맡겨 두고 있을 뿐, 전기통신사업자의 협조의무 등에 대해 명시하고 있는 바가 없으며 전기통신사업자가 통신자료 제공요청에 응하지 아니한 경우의 강제수단에 대하여도 전혀 정하고 있지 아니하다. 또한 피청구인들과 전기통신사업자 사이에는 어떠한 상하관계도 없고, 피청구인들의 통신자료 제공요청에 응하지 아니하였다고 하여 전기통신사업자가 어떠한 법적 불이익을 입게 되는 것도 아니다. 설령 수사기관 등의 요청 등으로 인해 전기통신사업자가 심리적 압박감을 느낀다고 할지라도 이는 간접적·사실적인 불이익에 불과하고, 수사기관 등의 요청에 응하지 아니하여 피청구인들이 압수·수색영장을 발부받아 통신자료를 취득한다고 하여도 전기통신사업자의 사업수행에 어떠한 불이익이 초래될 것으로 보이지도 아니한다(헌법재판소 2012. 8. 23. 2010헌마439 참조).

따라서 이 사건 통신자료 취득행위는 헌법재판소법 제68조 제1항에 의한 헌법소원의 대상이 되는 공권력의 행사에 해당하지 아니한다고 할 것이므로, [별지 3] [별지 4] 기재 청구인들의 각 통신자료 취득행위에 대한 심판청구는 부적법하다.

② 법률 또는 법률조항 자체가 헌법소원의 대상이 될 수 있으려면 그 법률 또는 법률조항에 의하여 구체적인 집행행위를 기다리지 아니하고 법령 그 자체에 의하여 자유의 제한, 의무의 부과, 권리 또는 법적 지위의 박탈이 생겨야 한다(헌법재판소 2019. 12. 27. 2017헌마1299 참조). 다만 구체적인 집행행위가 존재하는 경우라도 그 집행행위를 대상으로 하는 구제절차가 없거나, 구제절차가 있다고 하더라도 권리구제의 기대가능성이 없고 다만 기본권 침해를 당한 청구인에게 불필요한 우회절차를 강요하는 것밖에 되지 않는 경우나(헌법재판소 1997. 8. 21. 96헌마48 참조), 법규범의 내용이 집행행위이전에 이미 국민의 권리관계를 직접 변동시키거나 국민의 법적 지위를 결정적으로 정하는 것이어서 국민의 권리관계가 집행행위의 유무나 내용에 의하여 좌우될 수 없을 정도로 확정된 상태인 경우(헌법재판소 2004. 8. 26. 2003헌마337 참조)에는 예외적으로 기본권침해의 직접성을 인정할 수 있다.

이 사건 법률조항은 수사기관 등의 전기통신사업자에 대한 통신자료 제공요청이라는 행위를 예정하고 있어, 수사기관 등의 통신자료 제공요청만으로는 이용자에 대한 기본권 제한의 효과가 발생하지 아니하며 공권력주체가 아닌 사인인 전기통신사업자가 수사기관 등의 제공요청에 응하여 수사기관 등에게 이용자의 통신자료를 제공한 시점에 비로소 이용자의 기본권이 제한된다. 즉, 이 사건 법률조항으로 인한 기본권 제한이 구체적으로 발생함에 있어서는 공권력 주체가 아닌 사인인 전기통신사업자의 임의적인 통신자료 제공이 필수적인 요건이 된다. 그런데 이 사건 통신자료 취득행위에 대한 직접적인 불복수단이 존재하는지 여부가 불분명하다. 더욱이 이용자는 수사기관 등의 통신자료 제공요청의 직접적인 상대방이 아니어서 다른 절차를 통해 권리구제를 받지 못할 가능성이 크다. 또한 청구인들은 수사기관 등이 영장 없이 전기통신사업자에게 통신자료 제공요청을 할 수 있도록 하면서 사후통지 절차마저 마련하고 있지 아니한 것의 위헌성을 주장하고 있는데, 이 사건 법률조항은 최소한 영장주의 및 적법절차 원칙 위반 등과 관련하여서는 법률 그 자체에 의하여 청구인들의 법적 지위에 영향을 미친다고 볼 수 있다.

따라서 이 사건 법률조항은 기본권침해의 직접성이 인정된다. 2012. 8. 23. 헌법재판소가 이와 견해를 달리 하여 수사기관 등의 통신자료 제공요청 및 전기통신사업자의 통신자료 제공의 근거 조항이던 구 전기통신사업법 제54조 제3항 중 '수사관서의 장으로부터 수사를 위하여 통신자료제공을 요청받은 때'에 관한 부분의 기본권침해의 직접성을 인정할 수 없다고 판시한 2010헌마439 결정은 이 결정과 저촉되는 범위 안에서 이를 변경한다.

③ 이 사건에서 일부 청구인들은 수사기관 등이 통신자료를 취득한 시점으로부터 1년이 도과된 이후에 이 사건 심판청구를 하였으나, 전기통신사업법에 사후통지를 받을 수 있는 방법이 마련되어 있지 않았으므로, 청구인들이 기본권침해의 사유가 발생하였음을 인지하지 못한 데에 과실이나 책임이 있다고 할 수 없다. 따라서 일부 청구인들이 기본권침해의 사유가 발생한 날부터 1년이 도과한 이후에 심판청구를 하였다 하더라도 이에는 정당한 사유가 인정된다고 보아야 한다.

> **MGI Point** 공권력행사, 직접성, 기간
>
> ■ 공권력 행사 -① 국가기관이나 공공단체의 고권적 작용으로 인하여 청구인의 법률관계 내지 법적 지위를 불리하게 변화要
> ② 통신자료를 제공요청, 자발적으로 제공받은 것은 임의수사에 불과= 공권력 행사X
> ■ 직접성 판례변경
> ① 법률조항은 구체적인 집행행위를 기다리지 아니하고 그 자체에 의하여 자유의 제한, 의무의 부과, 권리 또는 법적 지위의 박탈을 일으키는 경우 그 직접성 O
> ② 12년 판례: 통신자료 제공행위가 재량이므로 직접성 X ▶ 22년 판례 : "통신자료 취득행위에 대한 직접적인 불복수단이 존재하는지가 불분명" "이용자는 수사기관 등의 통신자료 제공요청의 직접적인 상대방이 아니어서 다른 절차를 통해 권리구제를 받지 못할 가능성이 크기" 때문에 직접성의 예외 O
> ■ 기간도과 정당한 사유- 사후통지를 받지 못한 이상 기간도과에 청구인들이 책임질 수 없는 정당한 사유O

정답 O,O,O

○판례 172 ★★

코로나19의 확산을 예방하기 위해 정부가 서울 이태원의 휴대전화 기지국 접속자들의 통신 정보 등을 수집한 행위에 대한 권리보호이익이 없다.

해설 헌법소원제도는 국민의 기본권침해를 구제하기 위한 제도이므로 그 제도의 목적에 비추어 권리보호이익이 있는 경우에만 이를 제기할 수 있는 것인바, 권리보호이익은 헌법재판소의 결정 당시에도 존재하여야 하므로 헌법소원심판청구 당시 권리보호이익이 인정되더라도 심판계속 중에 사실관계 또는 법률관계의 변동으로 말미암아 청구인이 주장하는 기본권의 침해가 종료된 경우에는 원칙적으로 권리보호이익이 없게 되어 헌법소원이 부적법하게 된다(헌법재판소 2002. 2. 28. 2001헌마207 참조).

피청구인은 2020. 5. 13. 이 사건 심판대상조항을 근거로 전기통신사업자들에게 청구인의 인적사항에 관한 정보를 요청하여 이를 제공받고 서울특별시장에게 전달한 후 해당 정보를 모두 파기하였다. 따라서 이 사건 심판청구 당시에 이미 이 사건 정보수집에 관한 주관적 권리보호이익은 소멸하였고 다만 예외적으로 심판청구이익을 인정할지 문제된다.

헌법소원제도는 개인의 주관적 권리구제뿐만 아니라 객관적 헌법질서를 보장하는 기능도 가지고 있으므로, 헌법소원심판청구가 청구인의 주관적 권리구제에는 도움이 되지 않는다 하더라도 그러한

침해행위가 앞으로도 반복될 위험이 있고, 당해 분쟁의 해결이 헌법질서의 수호·유지를 위하여 긴요한 사항이어서 헌법적으로 그 해명이 중대한 의미를 지니고 있는 경우에는 심판청구의 이익을 인정할 수 있다(헌법재판소 1992. 1. 28. 91헌마111; 헌재 1997. 3. 27. 92헌마273 참조).

이 사건 정보수집은 인적사항에 관한 정보의 수집을 허용하는 이 사건 심판대상조항을 근거로 하면서도, 특정 시간에 특정 기지국에 접속한 사람의 인적사항에 관한 정보를 수집함으로써 결과적으로 관련자의 위치정보도 함께 수집한 측면을 인정할 수 있는바, 이 사건 심판대상조항을 근거로 인적사항에 관한 정보를 수집하면서, 특정 시간의 특정 기지국 접속자와 같은 조건을 부과하는 방법으로 위치정보까지 함께 파악하는 것이 허용되는지 여부에 대한 의문이 있을 수 있다. 그러나 이 사건 심판대상조항을 근거로 이 사건 정보수집을 할 수 있는지 여부는 법률에 의하여 부여받은 피청구인의 권한의 범위와 한계를 정하는 문제, 즉 법률의 해석과 적용의 문제라 할 것이고 이는 헌법규범이 아닌 적용된 법률에 근거하여 판단된다는 점에서 위헌성의 문제가 아니라 법률이 정한 바에 부합하는가 하는 위법성을 문제삼는 것이다(헌법재판소 2005. 10. 27. 2005헌마126 참조). 이는 개별 사안의 구체적인 사실관계에 따라 판단이 달라지는 것이므로 헌법질서의 수호·유지를 위하여 긴요한 사항으로 위헌 여부의 해명이 헌법적으로 중요한 의미를 지니는 경우라고 보기 어렵다.

또한, 이 사건 정보수집은 코로나19가 신종 감염병으로서 국내 유행하기 시작한 시점에서 발생한 것인바, 그 이후 코로나19에 관한 연구가 축적되어 그 감염 경로 등에 관한 과학적 이해가 제고되었고 예방 백신, 치료제 등이 개발된 점에서 유사한 내용의 정보수집이 반복될 가능성이 없다. 차후에 다른 종류의 신종 감염병이 유행하더라도 그 감염 특성이나 증상 등에 따른 정보수집 및 방역조치가 이루어질 것이라는 점에서도 이 사건 정보수집과 유사한 기본권침해가 반복될 가능성이 있다고 보기 어렵다.

설령 이 사건 정보수집과 유사한 기본권침해가 반복될 가능성이 있다고 하더라도 이는 결국 이 사건 심판대상조항 및 그 개정조항이 현존하고 있기 때문이라고 할 수 있다. 청구인은 이 사건 정보수집과 함께 이 사건 심판대상조항에 대해서도 심판청구를 하고 있는데, 그 주장 취지를 보면 청구인이 종국적으로 다투고자 하는 것은 보건당국이 전기통신사업자 등에 대하여 개인정보를 광범위하게 수집·처분할 수 있도록 규정하고 있는 이 사건 심판대상조항의 위헌성이다. 따라서 청구인의 주장 취지 및 권리구제의 실효성 등을 종합적으로 고려할 때 이 사건 심판대상조항에 대한 심판청구의 적법성을 인정하여 본안 판단에 나아가는 이상, 이 사건 정보수집에 대해서는 별도로 심판청구의 이익을 인정할 실익이 없다.

그렇다면 이 사건 정보수집에 대한 심판청구는 권리보호이익 요건을 갖추지 못하여 부적법하다(헌법재판소 2024. 4. 25. 선고 2020헌마1028 전원재판부 결정).

정답 ○

판례 173 ★★★

기소유예처분을 받은 피의자가 헌법소원심판을 청구하였으나 해당 피의사실의 공소시효가 완성된 경우 권리보호이익이 인정되지 않는다.

해설 기소유예처분을 받은 피의자가 그 피의사실에 불복하여 헌법소원심판을 청구하였으나 그 피의사실에 대한 공소시효가 완성된 경우, 헌법재판소가 이를 인용하여 그 처분을 취소한다고 하더라도 검사로서는 공소권없음의 처분을 할 것으로 보이나, 공소권없음은 단지 공소권이 없다는 형식적 판단에 그치는 것으로서 피의사실을 인정하는 실체적 판단인 기소유예보다 피의자에게 유리한 처분이므로, 권리보호이익이 인정된다(헌법재판소 2024. 2. 28. 선고 2023헌마739 전원재판부 결정).

정답 ×

○판례 174 ★★

1심 법원이 기간위반 처벌조항을 적용하여 선거운동기간 위반의 점에 대하여 유죄를 인정한 후 개정된 공직선거법 제59조 단서 제4호에 의하여 '옥내에서 다중을 대상으로 확성장치를 사용하지 아니하고 말로 선거운동을 한 경우'는 선거운동기간의 제한을 받지 않게 되었는바, 당해 사건 법원은 해당 공소사실에 대하여 범죄 후 법률 변경에 의하여 그 행위가 범죄를 구성하지 않는 경우(형사소송법 제326조 제4호)에 해당하는 면소 사유가 있다고 판단한 당해 사건 판결이 확정되어 재심개시의 결정이 이루어질 여지도 없으므로, 이 조항에 대한 재판의 전제성이 부인된다.

해설 제1심 법원이 기간위반 처벌조항을 적용하여 선거운동기간 위반의 점에 대하여 유죄를 인정한 후 개정된 공직선거법 제59조 단서 제4호에 의하여 '옥내에서 다중을 대상으로 확성장치를 사용하지 아니하고 말로 선거운동을 한 경우'는 선거운동기간의 제한을 받지 않게 되었는바, 당해 사건 법원은 해당 공소사실에 대하여 범죄 후 법률 변경에 의하여 그 행위가 범죄를 구성하지 않는 경우(형사소송법 제326조 제4호)에 해당하는 면소 사유가 있다고 판단하였다. 그렇다면 기간위반 처벌조항은 해당 공소사실에 더는 적용되지 않을 뿐만 아니라, 해당 공소사실에 면소 사유가 있다고 판단한 당해 사건 판결이 확정되어 재심개시의 결정이 이루어질 여지도 없으므로, 기간위반 처벌조항에 대한 심판청구 부분은 어느 모로 보나 재판의 전제성이 인정되지 않는다(헌법재판소 2024. 1. 25. 선고 2021헌바233, 2023헌바239(병합) 전원재판부 결정 (공직선거법 제255조 제1항 제9호 등 위헌소원 등)).

○판례 175 ★★

① 방송통신심의위원회가 정보통신서비스제공자 등에 대해 SNI 차단 방식을 적용해 불법 웹사이트에 대한 이용자들의 접속을 차단하도록 시정을 요구한 행위는 단순한 행정지도로서의 한계를 넘어 규제적·구속적 성격을 갖는 것으로서 헌법소원심판의 대상이 되는 공권력의 행사에 해당한다.
② 사안의 시정 요구에 대한 헌법소원은 보충성의 요건을 충족한다.

해설 ① 행정기관인 피청구인의 시정요구는 정보통신서비스제공자에게 조치결과 통지의무를 부과하고 있고, 시정요구에 따르지 않는 경우 방송통신위원회에 의하여 해당 정보의 취급거부·정지 또는 제한명령이라는 법적 조치가 내려질 수 있으며, 이를 따르지 않는 경우에는 형사처벌까지 예정하고 있으므로, 이 사건 시정요구는 단순한 행정지도로서의 한계를 넘어 규제적·구속적 성격을 갖는 것으로서 헌법소원심판의 대상이 되는 공권력의 행사라고 봄이 상당하다(헌법재판소 2012. 2. 23. 2008헌마500 참조).
② 헌법재판소법 제68조 제1항에 의하면, 공권력의 행사 또는 불행사로 인하여 헌법상 보장된 기본권을 침해받은 자는 다른 법률에 구제절차가 있는 경우에는 그 절차를 모두 거친 후가 아니면 헌법소원 심판을 청구할 수 없다(헌법재판소 2012. 2. 23. 2008헌마500). 다만 다른 권리구제절차가 허용되는지 여부가 객관적으로 불확실한 경우에는 보충성의 예외를 인정할 수 있다(헌법재판소 2019. 11. 28. 2017헌마791).
앞서 본 바와 같이 이 사건 시정요구를 공권력의 행사라고 보는 이상 이는 항고소송의 대상에 해당하는 행정처분에 해당한다. 그러나 청구인들과 같이 단순히 정보통신망을 통하여 정보통신서비스를 제공받는 이용자에 대해 법원이 피청구인이 정보통신서비스제공자 등에 대하여 한 시정요구처분의 취소를 구할 원고적격을 부정하기도 하는 등(서울고등법원 2015. 4. 10. 선고 2014누65693 판결

참조), 청구인들이 이 사건 시정요구에 대하여 행정소송으로 다툴 수 있는지 여부가 불확실하고, 다른 구제절차가 없으므로, 이 사건 심판청구는 보충성의 요건을 갖추었다(헌법재판소 2023. 10. 26. 선고 2019헌마158, 2019헌마232(병합) 전원재판부 결정 (웹사이트 차단 위헌확인, 불법 해외사이트 차단결정취소)).

정답 ○,○

판례 176 ★★

법원과 검찰청, 경찰청, 구치소 등 기관이 그 시설에 장애인용 승강기 내지 화장실 등 장애인 편의시설을 설치하지 아니한 부작위, 그리고 보건복지부장관이 위 시설들에 대하여 장애인 편의시설의 설치·운영에 관한 업무를 총괄해야 함에도 이를 이행하지 아니한 부작위로 인하여 청구인의 직업수행의 자유, 사생활의 비밀과 자유 등 기본권이 침해되었다

해설 ● 이 사건 부작위에 대한 판단 – 부적법

'장애인차별금지 및 권리구제 등에 관한 법률'(이하 '장애인차별금지법'이라 한다) 제48조 제2항에 따르면, 법원은 피해자의 청구에 따라 차별적 행위의 중지, 임금 등 근로조건의 개선, 그 시정을 위한 적극적 조치 등의 판결을 할 수 있고, 장애인차별금지법 제18조 제1항, 제3항, 제4항, 제26조 제1항, 제4항, 제8항 등 관련 법령의 규정을 종합하면, 이 사건에서 문제된 시설물을 이용하는 장애인은 장애인전용 주차구역, 장애인용 승강기 또는 화장실 등 정당한 편의의 미제공과 관련하여 장애인차별금지법에 따른 차별행위가 존재하는지 여부에 대한 판단과 그러한 차별행위가 존재할 경우에 이를 시정하는 적극적 조치의 이행을 청구하기 위하여 법원의 판결을 구할 수 있다. 그런데 이 사건 기록을 살펴보면 청구인이 위와 같은 구제절차를 거쳤다고 볼 만한 자료가 발견되지 아니하므로, 이 부분 심판청구는 보충성 요건을 흠결하여 부적법하다.

● 보건복지부장관의 부작위에 대한 판단 – 부적법

○ 헌법상 명문 규정이나 헌법의 해석, 법령으로부터 보건복지부장관으로 하여금 위 공공기관들에게 장애인전용 주차구역 등을 설치하거나 시정조치를 하도록 요청할 구체적 작위의무를 도출하기 어렵다.

○ 따라서 이 부분 심판청구는 작위의무 없는 공권력의 불행사에 대한 헌법소원이어서 부적법하다 (헌법재판소 2023. 7. 20. 선고 2019헌마709 전원재판부 결정).

▶ 청구인이 다른 권리구제절차를 거치지 않았고, 보건복지부장관은 작위의무가 없기 때문에 각하한 사건이다.

정답 ×

판례 177 ★★

수의사나 수산질병관리사의 처방 없이 동물약국 개설자가 판매할 수 없는 동물용 의약품을 규정한 '처방 대상 동물용 의약품 지정에 관한 규정에 동물보호자인 청구인들의 자기관련성이 인정되지 아니한다.

해설 – 심판대상조항은 '동물약국 개설자'를 그 직접적인 규율대상으로 하고 있으며, 동물보호자인 청구인들과 같은 동물용의약품 소비자는 직접적인 규율대상이 아닌 제3자에 불과하다.

– 심판대상조항으로 인해 동물보호자인 청구인들은 수의사 또는 수산질병관리사(이하 '수의사 등'이라 한다)의 처방전 없이는 '동물약국 개설자'로부터 심판대상조항이 규정한 동물용의약품을 구매할 수 없게 되었는바, 이로 인한 불편함이나 경제적 부담은 간접적·사실적·경제적인 것에 지나지 않는다.

– 따라서 동물보호자인 청구인들의 심판청구는 기본권 침해의 자기관련성이 인정되지 아니하여 부적법하다(헌법재판소 2023. 6. 29. 선고 2021헌마199 전원재판부 결정).

정답 ○

판례 178 ★★

① 법원이 당해사건에 적용되는 재판규범 중 위헌제청신청대상이 아닌 관련 법률에서 규정한 소송요건을 구비하지 못하였기 때문에 부적법하다는 이유로 소각하 판결을 선고하고 그 판결이 확정된 경우에는 당해사건에 관한 재판의 전제성 요건이 흠결되어 헌법재판소법 제68조 제2항의 헌법소원심판청구가 부적법하다
② 외교부장관을 피고로 하여 이 사건 부지공여승인의 무효확인소송을 제기하였으나 1심은 청구인들의 소를 모두 각하하는 판결을 선고하였다. 이에 청구인들이 항소하였으나 항소기각 판결이 선고되었고, 청구인들이 다시 불복하여 상고하였으나심리불속행으로 상고기각됨으로써 판결이 확정되었다. 당해사건 재판이 계속 중이던 2021. 10. 20. 이 사건 부지공여승인의 근거가 된 「대한민국과 미합중국 간의 상호방위조약」의 위헌법률심판제청신청을 하였으나 당해사건 법원은 2022. 1. 14. 본안소송이 부적법하여 소 각하를 면할 수 없는 이상 재판의 전제성이 흠결되어 부적법하다.

해설 법원이 당해사건에 적용되는 재판규범 중 위헌제청신청대상이 아닌 관련 법률에서 규정한 소송요건을 구비하지 못하였기 때문에 부적법하다는 이유로 소각하 판결을 선고하고 그 판결이 확정된 경우에는 당해사건에 관한 재판의 전제성 요건이 흠결되어 헌법재판소법 제68조 제2항의 헌법소원심판청구가 부적법하다(헌법재판소 2005. 3. 31. 2003헌바113; 헌법재판소 2021. 2. 25. 2018헌바423등). 청구인들이 2017. 4. 21. 외교부장관을 피고로 하여 '피고가 2017. 4. 20. 고고도미사일방어체계(Terminal High Altitude Area Defense) 배치를 위하여 경북 성주군 초전면 (주소생략) 일대 30여 만㎡의 공여를 승인한 처분은 무효임을 확인'하는 소송을 제기하였으나(서울행정법원 2017구합62433), 위 법원은 2020. 12. 11. 청구인들의 소를 모두 각하하였다. 위 법원이 청구인들의 소를 각하한 이유는 '① 이 사건 부지공여승인은 국유재산법에서 규정하고 있는 행정재산의 사용허가에 해당한다고 할 수 없고, 대한민국을 대표한 외교부 북미국장과 미국을 대표한 주한미군사령부 부사령관이 동등한 지위에서 공동방위를 위하여 행한 합의에 근거한 것이지 대한민국의 행정청이 우월적 지위에서 행하는 고권적 또는 일방적 행위라고는 볼 수 없으므로 항고소송의 대상이 되는 처분에 해당하지 않고, ② 이 사건 부지의 사용을 최종적으로 승인한 주체는 합동위원회로 보아야 하므로, 피고에게 피고적격이 인정되지 않는다.'는 것이다. 이후 청구인들의 항소(서울고등법원 2021누31278), 상고(대법원 2022두34746)가 모두 기각되어 위 판결이 확정되었다. 따라서, 결국 심판대상조항의 위헌 여부는 당해사건의 재판의 전제가 되지 아니한다.

정답 ○,○

○판례 179 ★★

개성공단 운영 전면중단 조치에 투자기업인의 자기관련성은 인정되지만, 협력기업인이 영업이익이 감소되는 피해를 보았다고 하더라도, 그것은 간접적·경제적 이해관계에 불과하여 자기관련성이 인정되지 아니한다.

해설 협력기업인 청구인들은 개성공단 투자기업 등과 거래하던 국내기업으로 이 사건 중단조치의 직접적인 상대방이 아니고, 이 사건 중단조치로 개성공단 투자기업 등이 받은 영향으로 말미암아 영업이익이 감소되는 피해를 보았다고 하더라도, 그것은 간접적·경제적 이해관계에 불과하다. 따라서 위 청구인들은 이 사건 중단조치에 관한 자기관련성이 인정되지 않으므로, 위 청구인들의 이 사건 헌법소원 심판청구는 부적법하다(헌법재판소 2022. 1. 27. 선고 2016헌마364 전원재판부 결정).
▶협력기업인 청구인들의 심판청구에 대한 판단 - 각하/ 투자기업인 청구인들의 심판청구에 대한 판단 - 기각된 사례이다.

정답 O

○판례 180 ★★

가상통화공개(ICO)를 금지하기로 한 '가상통화 관계기관 합동 TF'의 방침은 헌법소원의 대상이 되는 공권력의 행사에 해당되지 않는다.

해설 이 사건 방침은 정부기관이 ICO에 의해 발생할 수 있는 위험을 알리고, 그 소관 사무인 금융에 관한 정책 및 제도의 방향을 사전에 공표함으로써 일반 국민들의 행위를 일정한 방향으로 유도·조정하려는 목적을 지닌 행정상의 안내·권고·정보제공행위에 불과하다. 이는 국민으로 하여금 스스로의 판단에 따라 행정기관이 의도하는 바에 따르게 하는 사실상의 효력을 갖지만 직접 작위·부작위 등의 의무를 부과하는 어떤 법적 구속력도 없다. 따라서 이 사건 방침은 헌법소원의 대상이 되는 공권력의 행사에 해당된다고 볼 수 없다(헌법재판소 2022. 9. 29. 선고 2018헌마1169 전원재판부 결정).
비교판례 헌법재판소는 2021. 11. 25. 정부의 가상통화 관련 긴급대책 등 위헌확인 결정(2017헌마1384등)에서 재판관 5:4의 의견으로 금융위원회가 시중 은행들을 상대로 가상통화 거래를 위한 가상계좌의 신규제공을 중단하도록 한 조치 등이 공권력의 행사에 해당하지 않는다고 판시하였다.
이 사건은 일반국민을 상대로 한 ICO와 관련된 이 사건 방침의 공권력행사성이 문제가 되었다는 점에서, 위 2017헌마1384등 결정과 구분된다.

정답 O

○판례 181 ★★★

수사관서의 장의 통신자료제공 요청과 이에 따른 전기통신사업자의 통신자료 제공행위가 있어야 비로소 통신자료와 관련된 이용자의 기본권제한 문제가 발생할 수 있는 것이지, 이 사건 법률조항만으로 이용자의 기본권이 직접 침해된다고 할 수 없으므로 기본권침해의 직접성이 인정되지 아니하다.

해설 이 사건 법률조항은 수사기관 등의 전기통신사업자에 대한 통신자료 제공요청이라는 행위를 예정하고 있으나, 이 사건 통신자료 취득행위에 대한 직접적인 불복수단이 존재하는지 여부가 불분명하고, 청구인들이 영장주의 및 적법절차원칙 위반을 다투고 있는 부분과 관련하여서는 법률 그 자체에 의하여 청구인들의 법적 지위에 영향을 미친다고 볼 수 있다. 따라서 이 사건 법률조항은 직접성이 인정된다.

직접성을 부정한 헌재 2012. 8. 23. 2010헌마439 결정은 이 결정과 저촉되는 범위 안에서 이를 변경한다(헌법재판소 2022. 7. 21. 선고 2016헌마388, 2022헌마126(병합), 2022헌마105, 110(병합) 전원재판부 결정).

point ▶ 헌법재판소는 수사기관 등에 의한 통신자료 제공요청의 근거조항인 구 전기통신사업법 제54조 제3항 중 '수사관서의 장으로부터 수사를 위하여 통신자료제공을 요청받은 때'에 관한 부분에 관하여 직접성을 부정하여 각하한 바 있다(헌법재판소 2012. 8. 23. 2010헌마439).
이 사건에서 헌법재판소는 위 선례를 변경하여 직접성을 인정하여 본안 판단에 나아갔고, 수사기관 등이 통신자료 제공요청을 함에 있어 사후통지절차를 두지 않은 것이 적법절차원칙에 위배되어 개인정보자기결정권을 침해한다는 이유로 헌법불합치결정을 내렸다.

정답 ×

○판례 182 ★★

대통령이 세무사법 제5조 3항의 위임에 따라 경력응시생과 일반응시생 간 합격자 선정방식을 분리하도록 하는 대통령령을 제정하지 않은 입법부작위는 기본권 침해의 직접성이 인정되지 않는다.

해설 법령조항 자체가 헌법소원의 대상이 될 수 있으려면 기본권침해의 직접성을 갖추어야 한다. 기본권침해의 직접성이란 집행행위에 의하지 아니하고 법령 그 자체에 의하여 자유의 제한, 의무의 부과, 법적 지위의 박탈이 발생하는 경우를 말하므로, 당해 법령에 근거한 구체적인 집행행위를 통하여 비로소 기본권침해의 법률효과가 발생하는 경우에는 직접성 요건이 결여된다(헌법재판소 2001. 11. 29. 2000헌마84; 헌법재판소 2002. 2. 28. 99헌마693 참조).
심판대상조항 중 세무사법 시행령 제2조는 제2차 시험 최소 합격인원의 결정에 관한 규정이고, 제4조 제2항은 시험 시행계획의 공고에 관한 규정이며, 제8조 제2항은 제2차 시험의 합격자 결정방식에 관한 규정인데, 청구인들이 주장하는 기본권 침해는 심판대상조항에 의하여 직접 발생하는 것이 아니라, 심판대상조항에 의거하여 국세청장이 제2차 시험 최소 합격인원을 결정하고, 한국산업인력공단 이사장이 최소 합격인원의 결정과 공고, 합격자 결정을 하는 등의 구체적인 집행행위를 한 때에 비로소 현실적으로 나타나는 것이다. 따라서 이 사건 심판대상조항에 대한 심판청구는 기본권침해의 직접성이 인정되지 아니한다(헌법재판소 2016. 2. 25. 2014헌마338 참조).

정답 ○

제7절 ▶ 권한쟁의심판권

○판례 183 ★★★

① 피청구인 국회 법제사법위원회 위원장이 2022. 4. 27. 제395회 국회 제4차 법사위 전체회의에서 검찰청법 개정법률안과 형사소송법 개정법률안을 각 가결선포한 행위가 청구인들의 법률안 심의·표결권을 침해하였다.
② 법사위 위원장의 위 가결선포행위는 무효이다.
③ 피청구인 국회의장이 2022. 4. 30. 제396회 국회 제1차 본회의에서 검찰청법 수정안을 가결선포한 행위와 2022. 5. 3. 제397회 국회 제1차 본회의에서 형사소송법 수정안을 가결선포한 행위가 청구인들의 법률안 심의·표결권을 침해하였다.
④ 국회의장의 위 가결선포행위가 무효이다.

해설 **1. 가. 재판관 이선애, 이은애, 이종석, 이영진의 인용의견**
법사위 위원장은 회의 주재자의 중립적인 지위에서 벗어나 조정위원회에 관하여 미리 가결의 조건을 만들어 실질적인 조정심사 없이 조정안이 의결되도록 하였고, 법사위 전체회의에서도 토론의 기회를 제공하지 않았다. 이는 국회법 규정을 위반하였을 뿐만 아니라 회의 주재자의 중립적 지위와 헌법상 다수결원칙을 규정한 헌법 제49조도 위반한 것으로 청구인들의 법률안 심의·표결권을 침해하였다.

나. 재판관 이미선의 인용의견
법사위 위원장은 조정위원회에서 미리 가결의 조건을 만들어 조정안이 의결되도록 하였고, 법사위 전체회의에서도 토론 등의 절차를 모두 생략하였다. 이는 국회법 제57조의2 제4항 및 제6항, 제57조의2 제10항, 제57조 제8항 및 제58조 제1항을 위반하여 청구인들의 법률안 심의·표결권을 침해한 것이다.

2. 나. 재판관 이미선의 기각의견
청구인들의 법률안 심의·표결권 침해가 인정되나, 그 정도가 심의·표결권이 전면 차단되어 의회주의 이념에 입각한 국회의 기능을 형해화할 정도에 이르지 않았으므로, 국회의 형성권을 존중하여 무효확인청구를 기각한다.

3. 가. 재판관 유남석, 이석태, 김기영, 문형배의 기각의견
헌법과 국회법에 회기의 하한에 관한 규정이 없으므로, 짧은 회기라도 적법한 회기이다. 적법한 회기가 종료되어 무제한토론이 종료된 경우 무제한토론권한이 침해되었다고 보기 어렵다. 이 사건 수정안은 법사위에서 실제 논의되었던 사항이 포함된 것으로 적법한 수정동의이다. 청구인들은 법률안 심의·표결에 참여할 기회를 보장받았고, 그 외 헌법 및 국회법 위반이 없으므로, 청구인들의 법률안 심의·표결권을 침해하였다고 볼 수 없다.

나. 재판관 이미선의 기각의견
위 3.가. 재판관 4인의 기각의견과 같다. 다만, 법사위에서 청구인들이 법률안 심의·표결권을 침해받았다 하더라도 본회의에서 적법하게 의사절차가 진행된 이상 법률안 심의·표결권을 침해받았다고 보기 어렵다.

4. 재판관 유남석, 이석태, 김기영, 문형배의 기각의견과 재판관 이미선의 기각의견
청구인들의 법률안 심의·표결권이 침해되지 않았으므로, 이를 전제로 한 무효확인청구 이유 없다(헌법재판소 2022헌라2 전원재판부 2023. 3. 23. 선고).

정답 O, ×, ×, ×

○ 판례 184 ★★

① 피청구인 국회 과학기술정보방송통신위원회 위원장 및 피청구인 국회 환경노동위원회 위원장이 피청구인 국회의장에게 방송법 일부개정법률안(대안), 방송문화진흥회법 일부개정법률안(대안), 한국교육방송공사법 일부개정법률안(대안) 및 '노동조합 및 노동관계조정법 일부개정법률안'(대안)의 본회의 부의를 요구한 행위가 법제사법위원회 소속 위원인 청구인들의 법률안 심의·표결권을 침해하여 무효가 된다.
② 피청구인 국회의장이 본회의에서 '방송법 등 일부개정법률안 및 노조법 일부개정법률안 본회의 부의의 건'을 안건으로 상정하여 무기명투표로 표결한 후 이에 대해 가결을 선포한 행위가 청구인들의 법률안 심의·표결권을 침해하여 무효가 된다.

해설 (1) 국회법의 취지와 내용을 종합하면, 국회법은 법사위의 심사지연에 이유가 있는지 여부를 일차적으로 소관 위원회 내에서 간사와의 협의 또는 의결 절차를 통해 판단하도록 하고, 그 판단의 당부를 다시 국회의장과 교섭단체 대표의원과의 합의 또는 본회의에서의 표결이라는 국회 내의 절차를 통해 판단하도록 규정하고 있다.
또한, 이에 대해 실체적으로 판단한다고 하더라도, '이유'의 유무는 '법사위의 책임 없는 불가피한 사유로 그 기간을 준수하지 못하였는지 여부'를 기준으로 엄격하게 판단하여야 한다.
(2) 이 사건 본회의 부의 요구행위는 국회법 제86조 제3항의 절차를 준수하여 이루어졌고, 그 정당성이 국회법 제86조 제4항이 정하고 있는 바에 따라 본회의 내에서의 표결 절차를 통해 인정되었다. 한편, 법사위는 방송법 등 일부개정법률안에 대해서는 체계·자구 심사권한을 벗어나는 내용에 대한 정책적 심사를 하면서(2023헌라2), 노조법 일부개정법률안에 대해서는 체계·자구 심사를 위해 반드시 필요하다고 보기 어려운 절차를 반복하면서(2023헌라3) 각 60일의 기간을 도과하였으므로, '이유 없이'를 실체적으로 판단하더라도 법사위의 심사지연에는 여전히 이유가 없다.
따라서 이 사건 본회의 부의 요구행위는 청구인들의 법률안 심의·표결권을 침해하지 아니하며, 이에 대한 무효확인청구는 이유 없다.
(2) 선행 절차인 이 사건 본회의 부의 요구행위에 권한침해 사유가 존재하지 아니하고, 이 사건 가결선포행위에 독자적인 절차나 내용상의 하자도 없으므로, 피청구인 국회의장의 이 사건 가결선포행위는 청구인들의 법률안 심의·표결권을 침해하지 아니하며, 이에 대한 무효확인청구는 이유 없다 (전원재판부 2023헌라3, 2023. 10. 26.).

정답

○ 판례 185 ★★★

① 국회가 2022. 5. 9. 법률 제18861호로 검찰청법을 개정한 행위 및 같은 날 제18862호로 형사소송법을 개정한 행위(이하 '이 사건 법률개정행위'라 한다)에 대하여 법무부장관이 권한쟁의심판을 청구할 청구인적격이 인정된다.
② 국가기관의 '법률상 권한'은 국회의 입법행위에 의해 비로소 형성·부여된 권한일 뿐, 국회의 입법행위를 구속하는 기준이 될 수 없으므로, 문제된 침해의 원인이 '국회의 입법행위'인 경우에는 '법률상 권한'을 침해의 대상으로 삼는 심판청구는 권한침해가능성을 인정할 수 없다.
③ 이 사건 법률개정행위로 인한 검사들의 권한침해가능성 인정된다.

해설 1. 법무부장관은 헌법상 소관 사무에 관하여 부령을 발할 수 있고 정부조직법상 법무에 관한 사무를 관장하며, 일반적으로 검사를 지휘·감독하고 구체적 사건에 대하여는 검찰총장만을 지휘·감독할 권한이 있으나, 이 사건 법률개정행위는 이와 같은 법무부장관의 권한을 제한하지 않으므로, 법무부장관은 청구인적격이 인정되지 아니한다.

2. 국가기관의 '법률상 권한'은 국회의 입법행위에 의해 비로소 형성·부여된 권한일 뿐, 국회의 입법행위를 구속하는 기준이 될 수 없으므로, 문제된 침해의 원인이 '국회의 입법행위'인 경우에는 '법률상 권한'을 침해의 대상으로 삼는 심판청구는 권한침해가능성을 인정할 수 없다. 이 사건 법률개정행위는 검사의 '헌법상 권한'인 영장신청권을 제한하지 아니하고, 국회의 입법행위로 그 내용과 범위가 형성된 검사의 '법률상 권한'인 수사권·소추권이 법률개정행위로 침해될 가능성이 없으므로, 청구인 검사들의 권한침해가능성이 인정되지 아니한다(헌법재판소 2022헌라4 전원재판부 2023. 3. 23. 선고).

정답 ×, ○, ×

◦판례 186 ★★★

① 법률에 의하여 설치된 피청구인에게는 권한쟁의심판의 당사자능력이 인정되지 아니한다.
② 문화재청장은 '헌법에 의하여 설치되고 헌법과 법률에 의하여 독자적인 권한을 부여받은 국가기관'이라고 할 수 없으므로 권한쟁의심판의 당사자 능력이 인정되지 아니한다.

해설 헌법 제111조 제1항 제4호에 따른 권한쟁의심판의 당사자가 될 수 있는 "국가기관"에 해당하는지 여부는 그 국가기관이 헌법에 의하여 설치되고 헌법과 법률에 의하여 독자적인 권한을 부여받고 있는지, 권한의 존부를 둘러싼 다툼을 해결할 적당한 기관이나 방법이 있는지 등을 종합적으로 고려하여 판단하여야 하고, 오로지 법률에 설치 근거를 둔 국가기관으로서 국회의 입법행위에 의하여 존폐 및 권한범위가 정해지는 국가기관은 '헌법에 의하여 설치되고 헌법과 법률에 의하여 독자적인 권한을 부여받은 국가기관'이라고 볼 수 없다.
문화재청 및 문화재청장은 정부조직법 제36조 제3항, 제4항에 의하여 행정각부 장의 하나인 문화체육관광부장관 소속으로 설치된 기관 및 기관장으로서, 오로지 법률에 그 설치 근거를 두고 있으며 그 결과 국회의 입법행위에 의하여 그 존폐 및 권한범위가 결정된다. 따라서 이 사건 피청구인 문화재청장은 '헌법에 의하여 설치되고 헌법과 법률에 의하여 독자적인 권한을 부여받은 국가기관'이라고 할 수 없다. 결국, 법률에 의하여 설치된 피청구인에게는 권한쟁의심판의 당사자능력이 인정되지 아니한다(헌법재판소 2023. 12. 21. 선고 2023헌라1 전원재판부 결정 (서울특별시 송파구와 문화재청장 간의 권한쟁의)).

정답 ○, ○

◦판례 187 ★★★

청구인이 징계로 인한 권한 침해를 주장하며 제기한 권한쟁의심판 청구는 국회의원 임기 만료와 동시에 당연히 그 심판 절차가 종료된다.

해설 청구인은 제21대 국회의원의 자격에서, 그 임기 중 이 사건 징계로 인하여 자신의 국회의원으로서의 권한이 침해되었다고 주장하며 이 사건 권한쟁의심판을 청구하였다. 그런데 제21대 국회의원의 임기는 2020. 5. 30.부터 2024. 5. 29.까지로, 이 사건 권한쟁의심판절차 계속 중 만료되었다. 따라서 청구인이 이 사건 징계로 인한 권한침해를 주장하며 제기한 이 사건 권한쟁의심판청구는 국회의원 임기만료와 동시에 당연히 그 심판절차가 종료되었다(2024.6.27. 2022헌라3).
▶ 이 사건은 헌법재판소가, 국회의원인 청구인이 자신에 대한 출석정지의 징계안이 가결선포된 것을 다투며 제기한 권한쟁의심판청구의 심판절차 중 제21대 국회의원 임기가 만료되어 그 심판절차가 종료되었음을 선언한 사건이다.
한편, 헌법재판소는 2022. 6. 3.에 피청구인이 청구인에 대하여 한 '30일 국회 출석정지 처분'의 효력정지를 구하는 가처분신청에 대한 인용결정(2022헌사448)을 하였다.

정답  ○

판례 188 ★★

국회법 제86조 제3항은 법사위에 회부된 지 60일이 지난 모든 법률안에 대하여 소관 위원회가 본회의 부의 요구를 할 수 있다고 정하고 있는 것이 아니라, 법사위가 회부된 날부터 60일 이내에 '이유 없이' 심사를 마치지 않은 법률안에 대하여 본회의 부의 요구를 할 수 있다고 정하고 있으므로 환노위 위원장이 이 사건 법률안이 법사위에 회부된 날부터 60일이 경과하였다는 이유만으로 법률안에 대해 본회의 부의 요구를 한 것은 법률안 심의·표결권을 침해하여 무효이다

해설 국회가 국회법 제86조 제3항 및 제4항이 정하고 있는 일련의 절차를 준수하여 이 사건 법률안을 본회의에 부의하기로 결정을 하였고, 그 과정에서 헌법적 원칙이 현저히 훼손되었다는 등의 특별한 사정도 없는 이상, 피청구인 환노위 위원장의 이 사건 본회의 부의 요구행위에는 국회법을 위반한 위법이 인정되지 아니한다(헌법재판소 2023. 10. 26. 선고 2023헌라3 전원재판부 결정 (국회의원과 국회 환경노동위원회 위원장 등 간의 권한쟁의)).

▶ 이른바 노란봉투법 권한쟁의에서 헌재는 전원일치로 기각하였다.

정답 ×

판례 189 ★★★

① 국가기관은 헌법과 법률에 의하여 부여받은 자신의 권한을 구제받기 위해서만 권한쟁의심판 청구권을 가지는 것이므로, 이를 제3자가 수행하도록 하는 것은 자기책임의 원칙과 권한분할의 원리에 반한다.
② 법무부장관은 일반적으로 검사를 지휘·감독하고 구체적 사건에 대하여는 검찰총장만을 지휘·감독할 권한이 있으므로(검찰청법 제8조), 검사의 수사권 축소등의 법률개정행위가 법무부장관의 지휘·감독 권한을 제한한다.
③ 검사의 수사권 축소 등에 관한 검찰청법 개정행위에 관한 권한쟁의사건에서 법무부장관의 경우 청구인적격이 없다.

해설 1. 당사자적격

○ 당사자적격이란, 구체적 권한쟁의심판 사건에서 당사자로서 소송을 수행하고 본안판단을 받을 수 있는 자격을 의미한다.

○ 국가기관은 헌법과 법률에 의하여 부여받은 자신의 권한을 구제받기 위해서만 권한쟁의심판청구권을 가지는 것이므로, 이를 제3자가 수행하도록 하는 것은 자기책임의 원칙과 권한분할의 원리에 반한다. 따라서 피청구인의 처분 또는 부작위로 인해 침해당했다고 주장하는 헌법상 또는 법률상 권한과 적절한 관련성이 인정되는 기관만이 '청구인적격'을 가진다.

○ 한편, '법무부장관'은 소관 사무에 관하여 부령을 발할 수 있고(헌법 제95조) 정부조직법상 법무에 관한 사무를 관장하지만(정부조직법 제32조), 이 사건 법률개정행위는 이와 같은 법무부장관의 권한을 제한하지 아니한다. 물론 법무부장관은 일반적으로 검사를 지휘·감독하고 구체적 사건에 대하여는 검찰총장만을 지휘·감독할 권한이 있으나(검찰청법 제8조), 이 사건 법률개정행위가 이와 같은 법무부장관의 지휘·감독 권한을 제한하는 것은 아니다. 따라서 법무부장관은 이 사건 법률개정행위에 대해 권한쟁의심판을 청구할 적절한 관련성이 인정되지 아니한다.

○ 결국 청구인 법무부장관의 심판청구는 청구인적격이 없어 부적법하다(헌법재판소 2023. 3. 23. 선고 2022헌라4 전원재판부 결정)

정답 O,×,O

판례 190 ★★★

① 검사의 수사권 축소에 관한 검찰청법 개정행위에 관하여 '검사'는 영장신청권을 행사하고(헌법 제12조 제3항, 제16조) 범죄수사와 공소유지를 담당하는데(검찰청법 제4조 제1항), 이 사건 법률개정행위는 이와 같은 검사의 수사권 및 소추권 중 일부를 조정·제한하는 내용이다. 따라서 검사는 이 사건 법률개정행위에 대해 권한쟁의심판을 청구할 적절한 관련성이 인정된다.
② 헌법재판소법 제61조 제2항은, '피청구인의 처분 또는 부작위'가 '헌법 또는 법률에 의하여 부여받은 청구인의 권한'을 '침해하였거나 침해할 현저한 위험이 있는 경우에만' 권한쟁의심판을 청구하도록 규정한다. 그러므로 청구인이 구체적으로 문제삼고 있는 '침해의 원인'인 피청구인의 행위로 인하여 해당 권한이 '침해될 가능성'이 있어야 권한쟁의심판을 청구할 수 있다.
③ 국가기관의 '헌법상 권한'은 국회의 입법행위를 비롯한 다양한 국가기관의 행위로 침해될 수 있다. 그러나 국가기관의 '법률상 권한'은, 다른 국가기관의 행위로 침해될 수 있음은 별론으로 하고, 국회의 입법행위로는 침해될 수 없다.
④ 국가기관의 '법률상 권한'은 국회의 입법행위에 의해 비로소 형성·부여된 권한일뿐, 역으로 국회의 입법행위를 구속하는 기준이 될 수 없다. 따라서 문제된 침해의 원인이 '국회의 입법행위'인 경우에는 '법률상 권한'을 침해의 대상으로 삼는 심판청구는 권한침해가능성을 인정할 수 없다.
⑤ 수사 및 소추는 원칙적으로 입법권·사법권에 포함되지 않는 국가기능으로 우리 헌법상 본질적으로 행정에 속하는 사무이므로, 특별한 사정이 없는 한 입법부·사법부가 아닌 '대통령을 수반으로 하는 행정부'에 부여된 '헌법상 권한'이다. 그러므로 수사권 및 소추권이 행정부 중 어느 '특정 국가기관'에 전속적으로 부여된 것으로 해석할 수 있다.
⑥ 행정부 내에서 수사권 및 소추권의 구체적인 조정·배분은 헌법사항이다.
⑦ 헌법 제12조 제3항과 제16조는 영장신청권을 검사에게 부여하고 있고, 이러한 영장신청권 조항으로부터 '헌법상 검사의 수사권'이 도출된다
⑧ 검사의 수사권 축소에 관한 검찰청법 개정행위는 검사의 '헌법상 권한'(영장신청권)을 제한하지 아니한다.
⑨ 국회의 입법행위로 그 내용과 범위가 형성된 검사의 '법률상 권한'(수시권·소추권)이 법률개정행위로 침해될 가능성이 있다고 볼 수 없다.

해설 ① 당사자 적격
'검사'는 영장신청권을 행사하고(헌법 제12조 제3항, 제16조) 범죄수사와 공소유지를 담당하는데(검찰청법 제4조 제1항), 이 사건 법률개정행위는 이와 같은 검사의 수사권 및 소추권 중 일부를 조정·제한하는 내용이다. 따라서 <u>검사는 이 사건 법률개정행위에 대해 권한쟁의심판을 청구할 적절한 관련성이 인정된다.</u>

② 권한침해가능성

○ <u>헌법재판소법 제61조 제2항은, '피청구인의 처분 또는 부작위'가 '헌법 또는 법률에 의하여 부여받은 청구인의 권한'을 '침해하였거나 침해할 현저한 위험이 있는 경우에만' 권한쟁의심판을 청구하도록 규정한다. 그러므로 청구인이 구체적으로 문제삼고 있는 '침해의 원인'인 피청구인의 행위로 인하여 해당 권한이 '침해될 가능성'이 있어야 권한쟁의심판을 청구할 수 있다.</u>

○ 국가기관의 '헌법상 권한'은 국회의 입법행위를 비롯한 다양한 국가기관의 행위로 침해될 수 있다. 그러나 국가기관의 '법률상 권한'은, 다른 국가기관의 행위로 침해될 수 있음은 별론으로 하고, 국회의 입법행위로는 침해될 수 없다. 국가기관의 '법률상 권한'은 국회의 입법행위에 의해 비로소 형성·부여된 권한일뿐, 역으로 국회의 입법행위를 구속하는 기준이 될 수 없기 때문이다. 따라서 문제된 침해의 원인이 '국회의 입법행위'인 경우에는 '법률상 권한'을 침해의 대상으로 삼는 심판청구는 권한침해가능성을 인정할 수 없다. 그런데 이 사건 법률개정행위는 검사의 수사권 및 소추권을 조정·배분하는 내용을 담고 있으므로, 문제된 수사권 및 소추권이 검사의 '헌법상 권한'인지 아니면 '법률상 권한'인지 문제된다.

○ 헌법 제66조 제4항은 "행정권은 대통령을 수반으로 하는 정부에 속한다."라고 규정하는데, 여기에서의 '정부'란 입법부와 사법부에 대응하는 개념으로서의 행정부를 의미한다. 수사 및 소추는 원칙적으로 입법권·사법권에 포함되지 않는 국가기능으로 우리 헌법상 본질적으로 행정에 속하는 사무이므로, 특별한 사정이 없는 한 입법부·사법부가 아닌 '대통령을 수반으로 하는 행정부'에 부여된 '헌법상 권한'이다. 그러나 수사권 및 소추권이 행정부 중 어느 '특정 국가기관'에 전속적으로 부여된 것으로 해석할 헌법상 근거는 없다. 헌법재판소는 ①헌재 1997. 8. 21. 94헌마2 결정, ②헌재 2008. 1. 10. 2007헌마1468 결정, ③헌재 2019. 2. 28. 2017헌바196 결정, ④헌재 2021. 1. 28. 2020헌마264등 결정을 통해, 행정부 내에서 수사권 및 소추권의 구체적인 조정·배분은 헌법사항이 아닌 '입법사항'이므로, 헌법이 수사권 및 소추권을 행정부 내의 특정 국가기관에 독점적·배타적으로 부여한 것이 아님을 반복적으로 확인한 바 있다. 같은 맥락에서 입법자는 검사 주1)·수사처검사 주2)·경찰 주3)·해양경찰 주4)·군검사 주5)·군사경찰 주6)·특별검사 주7)와 같은 '대통령을 수반으로 하는 행정부' 내의 국가기관들 사이에, 수사권 및 소추권을 구체적으로 조정·배분하고 있다.

○ 한편, 헌법 제12조 제3항과 제16조는 영장신청권을 검사에게 부여하고 있고, 청구인은 이러한 영장신청권 조항으로부터 '헌법상 검사의 수사권'이 도출된다는 취지로 주장한다. 검사의 영장신청권 조항은 1962년 제5차 개정헌법에서 처음 도입되었는데, 헌법재판소는 1997. 3. 27. 96헌바28등 결정에서, "수사단계에서 영장신청을 함에 있어 반드시 법률전문가인 검사를 거치도록 함으로써 다른 수사기관의 무분별한 영장신청을 막아 국민의 기본권을 침해할 가능성을 줄이고자 함에 그 취지가 있는 것이다"라고 판시한 바 있다. 즉, 헌법상 영장신청권 조항은, 수사과정에서 남용될 수 있는 강제수사를 '법률전문가인 검사'가 합리적으로 '통제'하기 위하여 도입되었던 것이다. 물론 헌법은 검사의 수사권에 대해 침묵하므로, 입법자로서는 영장신청권자인 검사에게 직접 수사권을 부여하는 방향으로 입법형성을 할 수 있고, 이를 통해 영장신청의 신속성·효율성을 증진시킬 수 있다. 그러나 역사적으로 형사절차가 규문주의에서 탄핵주의로 이행되어 온 과정을 고려할 때, 직접 수사권을 행사하는 수사기관이 자신의 수사대상에 대한 영장신청 여부를 스스로 결정하도록 하는 것은 객관성을 담보하기 어려운 구조라는 점도 부인하기 어렵다. 이에 영장신청의 신속성·효율성 증진의 측면이 아니라, 법률전문가이자 인권옹호기관인 검사로 하여금 제3자의 입장에서 수사기관의 강제수사 남용 가능성을 통제하도록 하는 취지에서 영장신청권이 헌법에 도입된 것으로 해석되므로, 헌법상 검사의 영장신청권 조항에서 '헌법상 검사의 수사권'까지 논리필연적으로 도출된다고 보기 어렵다.

○ 결국 이 사건 법률개정행위는 검사의 '헌법상 권한'(영장신청권)을 제한하지 아니하고, 국회의 입법행위로 그 내용과 범위가 형성된 검사의 '법률상 권한'(수사권·소추권)이 법률개정행위로 침해될 가능성이 있다고 볼 수 없으므로, 청구인 검사의 심판청구는 권한침해가능성이 없어 부적법하다 (헌법재판소 2023. 3. 23. 선고 2022헌라4 전원재판부 결정).

정답 ○,○,○,○,×,×,×,○,○

판례 191 ★★

① 국회 법제사법위원회 위원장이 2022. 4. 27. 제395회 국회(임시회) 제4차 법제사법위원회 전체회의에서 검찰청법 일부개정법률안(대안)과 형사소송법 일부개정법률안(대안)을 법제사법위원회 법률안으로 각 가결선포한 행위가 국회의원인 청구인들의 법률안 심의·표결권을 침해하였다.
② 헌법재판소는 청구인들의 피청구인 국회 법제사법위원회 위원장에 대한 검찰청법 일부개정법률안(대안)과 형사소송법 일부개정법률안(대안)의 각 가결선포행위에 관한 무효확인청구 및 피청구인 국회의장에 대한 심판청구를 모두 기각하였다.

해설 ① '법사위원장에 대한 권한침해확인청구'에 대해 인용의견요약
법사위 위원장은 회의 주재자의 중립적인 지위에서 벗어나 조정위원회에 관해 미리 가결의 조건을 만들어 실질적인 조정심사 없이 조정안이 의결되도록 했고, 법사위 전체회의에서도 토론의 기회를 제공하지 않았다. 이는 국회법 제57조의2 제4항 및 제6항, 제58조를 위반하였을 뿐만 아니라 회의 주재자의 중립적 지위와 실질적 토론을 전제로 하는 헌법상 다수결원칙을 규정한 헌법 제49조를 위반한 것이다.

② '법사위원장에 대한 무효확인청구'에 대해 기각의견요약
청구인들의 법률안 심의·표결권 침해 인정되나, 그 정도가 청구인들의 법률안 심의·표결권이 전면 차단되어 의회주의 이념에 입각한 국회의 기능을 형해화할 정도에 이르지 않았으므로 국회의 형성권 존중하여 무효확인청구를 기각한다.

③ '국회의장에 대한 권한침해확인청구 및 무효확인청구'에 대해 기각의견 요약
"△헌법과 국회법에 회기의 하한에 관한 규정이 없으므로 짧은 회기라고 하여 위헌·위법한 회기로 볼 수 없고, 적법하게 결정된 회기가 종료되어 무제한토론이 종결되었으므로 무제한토론권한이 침해되었다고 볼 수 없고 △이 사건 수정안은 법사위에서 실제 논의되었던 사항이 포함된 것이므로 원안과의 직접관련성을 인정할 수 있는 적법한 수정동의여서 국회의장의 가결선포행위에 헌법 및 국회법 위반이 없어 청구인들의 법률안 심의·표결권을 침해하였다고 볼 수 없다. 권한침해 인정되지 않으므로 이를 전제로 한 무효확인청구는 이유 없다.
법사위에서 청구인들이 법률안 심의·표결권을 침해받았다 하더라도 본회의에서 적법하게 의사절차가 진행된 이상 법사위에서의 설차상 하자만으로 본회의에서도 법률안 심의·표결권을 침해빘있다고 보기 어렵다

정답 O,O

판례 192 ★★

남양주시를 특별조정교부금 배분에서 제외한 행위가 헌법 및 지방자치법에 의하여 부여된 남양주시의 지방자치권을 침해한다.

해설 이 사건 특별조정교부금 배분은, 피청구인이 지역화폐로 재난기본소득을 지급하는 '경기도형 재난기본소득 사업'에 동참한 시·군에 대하여 일정 금액의 특별조정교부금을 우선적으로 지원한 것인바, 청구인은 지역화폐가 아닌 현금으로 재난기본소득을 지급하였으므로 위 우선지급대상자에 해당하지 않는다.
지방재정법 관련 규정의 문언과 특별조정교부금 제도의 취지를 고려할 때, 청구인이 특별조정교부금을 신청하였다고 하여 피청구인이 이를 반드시 배분하여야 한다고 해석할 수 없고, 피청구인이 광

역행정 정책인 '경기도형 재난기본소득 사업'에 동참하지 않은 청구인에게 이 사건 특별조정교부금을 지급하지 않았다고 하여 곧바로 청구인의 자치재정권에 대한 침해가 있었다고 단정할 수 없다. 피청구인이 지역화폐의 경기부양 효과 등을 고려하여 지역화폐 형태의 재난기본소득 지급을 유도하기 위하여 이를 특별조정교부금 우선 배분의 기준으로 정한 것이 객관적으로 명백히 부당하거나 현저하게 자의적이라고 볼 수 없다.

또한, 이 사건 배분 제외행위로 인하여 청구인의 재정자주도가 큰 타격을 입었다고 보기도 어려우며, 청구인도 지역화폐 형태의 재난기본소득 지급이 이 사건 특별조정교부금 배분의 요건임을 인식하고 있었다고 볼 수 있다.

따라서, 피청구인이 청구인을 이 사건 특별조정교부금 배분에서 제외한 행위가 청구인의 지방재정권을 침해한 것이라고 볼 수 없다(헌법재판소 2022. 12. 22. 선고 2020헌라3 전원재판부 결정).

정답

판례 193 ★★

① 국가기관의 의미와 권한쟁의심판의 당사자가 될 수 있는 국가기관의 범위는 결국 헌법해석을 통하여 확정되어야 한다.
② 헌법상 국가에 부여된 임무 또는 의무를 수행하고 그 독립성이 보장된 국가기관이라고 하더라도, 오로지 법률에 설치근거를 둔 국가기관이라면 국회의 입법행위에 의하여 존폐 및 권한범위가 결정될 수 있으므로, 이러한 국가기관은 '헌법에 의하여 설치되고 헌법과 법률에 의하여 독자적인 권한을 부여받은 국가기관'이라고 할 수 없다.
③ 국가경찰위원회는 법률에 의하여 설치된 국가기관으로서 권한쟁의심판을 청구할 당사자능력이 없다

해설 헌법은 제111조 제1항 제4호에서 헌법재판소의 관장사항으로서 권한쟁의심판과 관련하여 "국가기관 상호간, 국가기관과 지방자치단체 간 및 지방자치단체 상호간의 권한쟁의에 관한 심판"이라고 규정하고 있을 뿐 권한쟁의심판의 당사자가 될 수 있는 국가기관의 종류나 범위에 관하여는 아무런 규정을 두고 있지 않고, 이에 관하여 특별히 법률로 정하도록 위임하고 있지도 않다. 따라서 위 조항에서 말하는 국가기관의 의미와 권한쟁의심판의 당사자가 될 수 있는 국가기관의 범위는 결국 헌법해석을 통하여 확정되어야 한다.

헌법 제111조 제1항 제4호 소정의 "국가기관"에 해당하는지 아닌지를 판별함에 있어서는 그 국가기관이 헌법에 의하여 설치되고 헌법과 법률에 의하여 독자적인 권한을 부여받고 있는지 여부, 헌법에 의하여 설치된 국가기관 상호간의 권한쟁의를 해결할 수 있는 적당한 기관이나 방법이 있는지 여부 등을 종합적으로 고려하여야 한다.

그런데, 헌법상 국가에 부여된 임무 또는 의무를 수행하고 그 독립성이 보장된 국가기관이라고 하더라도, 오로지 법률에 설치근거를 둔 국가기관이라면 국회의 입법행위에 의하여 존폐 및 권한범위가 결정될 수 있으므로, 이러한 국가기관은 '헌법에 의하여 설치되고 헌법과 법률에 의하여 독자적인 권한을 부여받은 국가기관'이라고 할 수 없다.

국회가 제정한 경찰법에 의하여 비로소 설립된 청구인은 국회의 경찰법 개정행위에 의하여 존폐 및 권한범위 등이 좌우되므로, 헌법 제111조 제1항 제4호 소정의 헌법에 의하여 설치된 국가기관에 해당한다고 할 수 없다. 국가경찰위원회 제도를 채택하느냐의 문제는 우리나라 치안여건의 실정이나 경찰권에 대한 민주적 통제의 필요성 등과 관련하여 입법정책적으로 결정되어야 할 사항이다.

권한쟁의심판의 당사자능력은 헌법에 의하여 설치된 국가기관에 한정하여 인정하는 것이 타당하므로, 법률에 의하여 설치된 청구인에게는 권한쟁의심판의 당사자능력이 인정되지 아니한다(헌법재판소 2022. 12. 22. 선고 2022헌라5 전원재판부 결정).

point ▶ 법률에 의하여 설치된 국가기관인 국가경찰위원회에게는 권한쟁의심판의 당사자능력이 인정되지 아니하므로, 심판청구를 각하한다는 내용의 결정이다.

헌법재판소는 국가인권위원회와 대통령 간의 권한쟁의 사건에서도 법률에 의하여 설치된 국가기관인 국가인권위원회에게 위와 같이 당사자능력을 인정하지 않았다(헌법재판소 2010. 10. 28. 선고 2009헌라6 전원재판부).

2025년도 변호사시험 대비

3개년
최신판례집

행정법

제1편 행정법 통론

제1장 법치행정

제2장 행정법의 일반원칙

판례 01 ★★

교원 과반의 동의 없이 성과급 연봉제로 교직원 보수 규정을 개정한 뒤, 재임용 과정에서 '성과급 연봉 적용'에 동의하지 않았다는 이유로 해임한 것은 부적법하다.

[해설] 취업 규칙을 근로자에게 불리하게 변경하는 경우 동의를 받아야 한다"며 "A씨가 재임용 당시 교원 과반수 동의를 얻지 못한 개정 교직원 보수 규정에 따른 근로조건을 수용하고 새로운 근로관계를 맺지 않은 이상, A씨에게는 원칙적으로 기존 교직원 보수 규정이 적용된다고 봐야 한다"고 판시했다.
A 씨의 동의 없이는 임용관계에 적용될 수 없는 개정 교직원보수규정에 대해 A 씨가 적용을 거부했다는 이유만으로 재임용계약의 체결을 거절한 것은 현저히 부당하고 이는 학교 측의 재량권 일탈·남용에 해당한다(대법원판결 2024. 6. 17. 2021두49772).

정답

판례 02 ★★★

① 국토의 계획 및 이용에 관한 법률 시행령 제56조 제4항에 따라 국토교통부장관이 국토교통부 훈령으로 정한 '개발행위허가운영지침'의 법적 성격은 행정규칙에 해당한다.
② 국토의 계획 및 이용에 관한 법률 시행령 제56조 제4항에 따라 국토교통부장관이 국토교통부 훈령으로 정한 '개발행위허가운영지침은 대외적 구속력이 있다.
③ 행정처분이 위 지침에 따라 이루어졌더라도, 해당 처분이 적법한지는 국토계획법령에서 정한 개발행위허가기준과 비례·평등원칙과 같은 법의 일반원칙에 적합한지 여부에 따라 판단해야 한다.
④ 국토의 계획 및 이용에 관한 법률 제56조 제1항에 따른 개발행위허가요건에 해당하는지 여부가 행정청의 재량판단 영역에 속한다.
⑤ 행정규칙이 행정기관의 재량에 속하는 사항에 관한 것인 경우, 법원은 원칙적으로 이를 존중해야 한다.
⑥ 행정처분은 그 근거 법령이 개정된 경우에도 경과 규정에서 달리 정함이 없는 한 처분 당시 시행되는 개정 법령과 거기에서 정한 기준에 의하는 것이 원칙이다.
⑦ 행정청이 신청을 수리한 후 정당한 이유 없이 처리를 지연하여 그 사이에 법령 및 보상 기준이 변경된 경우, 그 변경된 법령 및 보상 기준에 따라서 한 처분이 위법하다.

[해설] [1] 국토의 계획 및 이용에 관한 법률(이하 '국토계획법'이라 한다) 제58조 제1항, 제3항은 개발행위허가의 신청 내용이 '주변지역의 토지이용실태 또는 토지이용계획, 건축물의 높이, 토지의 경사도, 수목의 상태, 물의 배수, 하천·호소·습지의 배수 등 주변 환경이나 경관과 조화를 이룰 것'이라는 기준에 맞는 경우에만 개발행위허가 또는 변경허가를 하여야 하고, 개발행위허가의 기준은 지역의 특성, 지역의 개발상황, 기반시설의 현황 등을 고려하여 다음 각호의 구분에 따라 대통령령으로 정한다고 규정하고 있다.

국토의 계획 및 이용에 관한 법률 시행령(이하 '국토계획법 시행령'이라 한다) 제56조 제1항 [별표 1의2] '개발행위허가기준'은 국토계획법 제58조 제3항의 위임에 따라 제정된 대외적으로 구속력 있는 법규명령에 해당한다. 그러나 국토계획법 시행령 제56조 제4항은 국토교통부장관이 제1항의 개발행위허가기준에 대한 '세부적인 검토기준'을 정할 수 있다고 규정하였을 뿐이므로, 그에 따라 국토교통부장관이 국토교통부 훈령으로 정한 '개발행위허가운영지침'은 국토계획법 시행령 제56조 제4항에 따라 정한 개발행위허가기준에 대한 세부적인 검토기준으로, 상급행정기관인 국토교통부장관이 소속 공무원이나 하급행정기관에 대하여 개발행위허가업무와 관련하여 국토계획법령에 규정된 개발행위허가기준의 해석·적용에 관한 세부 기준을 정하여 둔 행정규칙에 불과하여 대외적 구속력이 없다. 따라서 행정처분이 위 지침에 따라 이루어졌더라도, 해당 처분이 적법한지는 국토계획법령에서 정한 개발행위허가기준과 비례·평등원칙과 같은 법의 일반원칙에 적합한지 여부에 따라 판단해야 한다.

[2] 국토의 계획 및 이용에 관한 법률(이하 '국토계획법'이라 한다) 제56조 제1항에 따른 개발행위허가요건에 해당하는지 여부는 행정청의 재량판단의 영역에 속하므로, 그에 대한 사법심사는 행정청의 공익판단에 관한 재량의 여지를 감안하여 원칙적으로 재량권의 일탈이나 남용이 있는지 여부만을 대상으로 하고, 사실오인과 비례·평등의 원칙 위반 여부 등이 그 판단 기준이 된다. 또한 행정규칙이 이를 정한 행정기관의 재량에 속하는 사항에 관한 것인 때에는 그 규정 내용이 객관적 합리성을 결여하였다는 등의 특별한 사정이 없는 한 법원은 이를 존중하는 것이 바람직하다.

[3] 행정처분은 그 근거 법령이 개정된 경우에도 경과 규정에서 달리 정함이 없는 한 처분 당시 시행되는 개정 법령과 거기에서 정한 기준에 의하는 것이 원칙이고, 개정 법령의 적용과 관련하여 개정 전 법령의 존속에 대한 국민의 신뢰가 개정 법령의 적용에 관한 공익상의 요구보다 더 보호가치가 있다고 인정되는 경우에 국민의 신뢰를 보호하기 위하여 개정 법령의 적용이 제한될 수 있는 여지가 있다. 행정청이 신청을 수리하고도 정당한 이유 없이 처리를 지연하여 그 사이에 법령 및 보상 기준이 변경된 경우에는 그 변경된 법령 및 보상 기준에 따라서 한 처분은 위법하고, '정당한 이유 없이 처리를 지연하였는지'는 법정 처리기간이나 통상적인 처리기간을 기초로 당해 처분이 지연되게 된 구체적인 경위나 사정을 중심으로 살펴 판단하되, 개정 전 법령의 적용을 회피하려는 행정청의 동기나 의도가 있었는지, 처분지연을 쉽게 피할 가능성이 있었는지 등도 아울러 고려할 수 있다 (대법원 2023. 2. 2. 선고 2020두43722 판결).

정답 O,×,O,O,O,O,O

제3장 | 행정상 법률관계

○판례 03 ★★★

① 구 하도급거래 공정화에 관한 법률 제26조 제2항에 따른 공정거래위원회의 입찰참가자격제한 등 요청 결정이 항고소송의 대상이 되는 처분에 해당한다.
② 하도급법을 위반한 분할전회사와 분할신설회사의 법인격이 동일하다고 볼 수 없다.
③ 하도급법에 따른 벌점 부과를 단순한 사실행위에 불과하다고만 볼 수는 없고, 공법상 지위 내지 의무·책임이 구체화된 경우라고 볼 여지가 크다.

④ 갑 회사에 부과된 벌점은 분할되는 회사의 공법상 의무 또는 이와 관련한 재산적 가치가 있는 사실관계에 해당하므로, 분할신설회사인 을 회사에 귀속된 후 이를 흡수합병한 정 회사에 승계되었다고 보는 것이 타당하다.
⑤ 하도급거래 공정화에 관한 법률 위반을 이유로 시정명령 등과 그에 따른 벌점을 부과받은 갑 주식회사가 을 주식회사와 병 주식회사로 분할되었고, 정 주식회사가 갑 회사의 사업 부문 대부분이 이전된 을 회사를 흡수합병하자, 공정거래위원회가 정 회사에 대하여 갑 회사에 부과된 벌점이 정 회사에 승계되었음을 이유로 관계 행정기관의 장에게 입찰참가자격제한 및 영업정지를 요청하기로 결정한 사안에서, 위 처분이 위법하다

해설 [1] 구 하도급거래 공정화에 관한 법률(2022. 1. 11. 법률 제18757호로 개정되기 전의 것, 이하 '구 하도급법'이라 한다) 제26조 제2항은 입찰참가자격제한 등 요청의 요건을 시행령으로 정한 기준에 따라 부과한 벌점의 누산점수가 일정 기준을 초과하는 경우로 구체화하고, 위 요건을 충족하는 경우 공정거래위원회는 구 하도급법 제26조 제2항 후단에 따라 관계 행정기관의 장에게 해당 사업자에 대한 입찰참가자격제한 등 요청 결정을 하게 되며, 이를 요청받은 관계 행정기관의 장은 특별한 사정이 없는 한 그 사업자에 대하여 입찰참가자격제한 등의 처분을 해야 하므로, 사업자로서는 입찰참가자격제한 등 요청 결정이 있으면 장차 후속 처분으로 입찰참가자격이 제한되고 영업이 정지될 수 있는 등의 법률상 불이익이 존재한다. 이때 입찰참가자격제한 등 요청 결정이 있음을 알고 있는 사업자로 하여금 입찰참가자격제한처분 등에 대하여만 다툴 수 있도록 하는 것보다는 그에 앞서 직접 입찰참가자격제한 등 요청 결정의 적법성을 다툴 수 있도록 함으로써 분쟁을 조기에 근본적으로 해결하도록 하는 것이 법치행정의 원리에도 부합하므로, 공정거래위원회의 입찰참가자격제한 등 요청 결정은 항고소송의 대상이 되는 처분에 해당한다.

[2] 하도급거래 공정화에 관한 법률(이하 '하도급법'이라 한다) 위반을 이유로 시정명령 등과 그에 따른 벌점을 부과받은 갑 주식회사가 을 주식회사와 병 주식회사로 분할되었고, 정 주식회사가 갑 회사의 사업 부문 대부분이 이전된 을 회사를 흡수합병하자, 공정거래위원회가 정 회사에 대하여 갑 회사에 부과된 벌점이 정 회사에 승계되었음을 이유로 관계 행정기관의 장에게 입찰참가자격제한 및 영업정지를 요청하기로 결정한 사안에서, 공정거래위원회에 벌점의 부과 여부나 범위에 관하여 실질적으로 재량의 여지가 있다고 보기 어렵고 일정 기준을 초과하는 경우 공정거래위원회에 관계 행정기관의 장을 상대로 입찰참가자격의 제한 요청 등을 할 의무가 발생하는 점, 하도급법에 따른 벌점 부과를 단순한 사실행위에 불과하다고만 볼 수는 없고, 공법상 지위 내지 의무·책임이 구체화된 경우라고 볼 여지가 큰 점, 회사분할이 벌점 누적으로 인한 후속 처분인 입찰참가자격제한 등 요청 결정 및 그에 따른 공법상 의무 내지 책임의 발생이 임박한 상태에서 이루어진 점, 공정거래위원회가 갑 회사에 대하여 한 시정조치 또는 과징금부과와 관련된 사업 부문은 모두 분할신설회사에 승계된 사업 부문인 회사분할의 실질 및 분할계획서의 취지에 따르더라도 갑 회사에 부과된 벌점은 분할되는 회사의 공법상 의무 또는 이와 관련한 재산적 가치가 있는 사실관계에 해당하므로, 분할신설회사인 을 회사에 귀속된 후 이를 흡수합병한 정 회사에 승계되었다고 보는 것이 타당한 점 등을 종합하면, 하도급법을 위반한 분할전회사와 분할신설회사의 법인격이 동일하다고 볼 수 없고, 정 회사가 하도급법 위반행위를 한 사업자인 갑 회사의 법률상 지위를 승계하였다고 보기도 부족하다는 이유로 처분이 위법하다고 본 원심판단에 하도급법상 벌점 승계 여부에 관한 법리오해의 잘못이 있다고 한 사례(대법원 2023. 4. 27. 선고 2020두47892 판결).

정답 O,×,O,O,×

제2편 행정작용법

제1장 행정입법

제1절 ▶ 법규명령
제2절 ▶ 행정규칙

제2장 행정행위

제1절 ▶ 행정행위의 의의 및 종류

판례 04 ★★

① 구 국민건강보험법 제85조 제1항 제1호에 따른 요양기관 업무정지처분의 법적 성격은 대물적 처분에 해당한다.
② 구 국민건강보험법 제85조 제1항 제1호에 따른 요양기관 업무정지처분의 대상은 요양기관의 업무자체이다.
③ 속임수나 그 밖의 부당한 방법으로 보험자에게 요양급여비용을 부담하게 한 요양기관이 폐업한 경우, 그 요양기관 및 폐업 후 그 요양기관의 개설자가 새로 개설한 요양기관에 대하여 업무정지처분을 할 수 있다.

해설 '업무정지처분에 갈음한 과징금 적용기준'(2008. 11. 26. 보건복지가족부고시 제2008-153호) 제2조 제2호 (다)목을 종합하면, 요양기관이 속임수나 그 밖의 부당한 방법으로 보험자에게 요양급여비용을 부담하게 한 때에 구 국민건강보험법 제85조 제1항 제1호에 의해 받게 되는 요양기관 업무정지처분은 의료인 개인의 자격에 대한 제재가 아니라 요양기관의 업무 자체에 대한 것으로서 대물적 처분의 성격을 갖는다. 따라서 속임수나 그 밖의 부당한 방법으로 보험자에게 요양급여비용을 부담하게 한 요양기관이 폐업한 때에는 그 요양기관은 업무를 할 수 없는 상태일 뿐만 아니라 그 처분대상도 없어졌으므로 그 요양기관 및 폐업 후 그 요양기관의 개설자가 새로 개설한 요양기관에 대하여 업무정지처분을 할 수는 없다.
이러한 해석은 침익적 행정행위의 근거가 되는 행정법규는 엄격하게 해석·적용하여야 하고, 입법 취지와 목적 등을 고려한 목적론적 해석이 전적으로 배제되는 것이 아니라고 하더라도 그 해석이 문언의 통상적인 의미를 벗어나서는 아니 된다는 법리에도 부합한다. 더군다나 구 의료법 제66조 제1항 제7호에 의하면 보건복지부장관은 의료인이 속임수 등 부정한 방법으로 진료비를 거짓 청구한 때에는 1년의 범위에서 면허자격을 정지시킬 수 있고 이와 같이 요양기관 개설자인 의료인 개인에 대한 제재수단이 별도로 존재하는 이상, 위와 같은 사안에서 제재의 실효성 확보를 이유로 구 국민건강보험법 제85조 제1항 제1호의 '요양기관'을 확장해석할 필요도 없다(대법원 2022. 1. 27. 선고 2020두39365 판결).

정답 O, O, ×

○ 판례 05 ★★★

① 효력기간이 정해져 있는 제재적 행정처분에 대한 취소소송에서 법원이 본안소송의 판결 선고 시까지 집행정지결정을 한 경우, 처분에서 정해 둔 효력기간은 판결 선고 시까지 진행하지 않다가 선고된 때에 다시 진행한다.
② 처분에서 정해 둔 효력기간의 시기와 종기가 집행정지기간 중에 모두 경과한 경우에도 마찬가지이다.
③ 이러한 법리는 행정심판위원회가 행정심판법 제30조에 따라 집행정지결정을 한 경우에도 그대로 적용된다.
④ 효력기간이 정해져 있는 제재적 행정처분의 효력이 발생한 이후 행정청이 상대방에 대한 별도의 처분으로 효력기간의 시기와 종기를 다시 정할 수 있다.
⑤ 위와 같은 후속 변경처분서에 효력기간의 시기와 종기를 다시 특정하는 대신 처음 행정처분의 집행을 특정 소송사건의 판결 시까지 유예한다고 기재한 경우, 처분의 효력기간은 판결 선고 시까지 집행이 정지되었다가 선고되면 다시 진행한다.
⑥ 당초의 제재적 행정처분에서 정한 효력기간이 경과한 후 동일한 사유로 다시 후속 변경처분을 하는 것이 위법한 이중처분에 해당한다.

해설 [1] 행정소송법 제23조에 따른 집행정지결정의 효력은 결정 주문에서 정한 종기까지 존속하고, 그 종기가 도래하면 당연히 소멸한다. 따라서 효력기간이 정해져 있는 제재적 행정처분에 대한 취소소송에서 법원이 본안소송의 판결 선고 시까지 집행정지결정을 하면, 처분에서 정해 둔 효력기간(집행정지결정 당시 이미 일부 집행되었다면 그 나머지 기간)은 판결 선고 시까지 진행하지 않다가 판결이 선고되면 그때 집행정지결정의 효력이 소멸함과 동시에 처분의 효력이 당연히 부활하여 처분에서 정한 효력기간이 다시 진행한다. 이는 처분에서 효력기간의 시기(시기)와 종기(종기)를 정해 두었는데, 그 시기와 종기가 집행정지기간 중에 모두 경과한 경우에도 특별한 사정이 없는 한 마찬가지이다. 이러한 법리는 행정심판위원회가 행정심판법 제30조에 따라 집행정지결정을 한 경우에도 그대로 적용된다. 행정심판위원회가 행정심판 청구 사건의 재결이 있을 때까지 처분의 집행을 정지한다고 결정한 경우에는, 재결서 정본이 청구인에게 송달된 때 재결의 효력이 발생하므로(행정심판법 제48조 제2항, 제1항 참조) 그때 집행정지결정의 효력이 소멸함과 동시에 처분의 효력이 부활한다.

[2] 효력기간이 정해져 있는 제재적 행정처분의 효력이 발생한 이후에도 행정청은 특별한 사정이 없는 한 상대방에 대한 별도의 처분으로써 효력기간의 시기와 종기를 다시 정할 수 있다. 이는 당초의 제재적 행정처분이 유효함을 전제로 그 구체적인 집행시기만을 변경하는 후속 변경처분이다. 이러한 후속 변경처분도 특별한 규정이 없는 한 의사표시에 관한 일반 법리에 따라 상대방에게 고지되어야 효력이 발생한다. 위와 같은 후속 변경처분서에 효력기간의 시기와 종기를 다시 특정하는 대신 당초 제재적 행정처분의 집행을 특정 소송사건의 판결 시까지 유예한다고 기재되어 있다면, 처분의 효력기간은 원칙적으로 그 사건의 판결 선고 시까지 진행이 정지되었다가 판결이 선고되면 다시 진행된다. 다만 이러한 후속 변경처분 권한은 특별한 사정이 없는 한 당초의 제재적 행정처분의 효력이 유지되는 동안에만 인정된다. 당초의 제재적 행정처분에서 정한 효력기간이 경과하면 그로써 처분의 집행은 종료되어 처분의 효력이 소멸하는 것이므로(행정소송법 제12조 후문 참조), 그 후 동일한 사유로 다시 제재적 행정처분을 하는 것은 위법한 이중처분에 해당한다(대법원 2022. 2. 11. 선고 2021두40720 판결).

정답 O,O,O,O,O,O

◦판례 06 ★★★

① 요양기관에 대한 업무정지처분은 대물적 하명에 해당한다.
② 속임수나 그 밖의 부당한 방법으로 보험자에게 요양급여비용을 부담하게 한 요양기관이 폐업한 경우, 그 요양기관 및 폐업 후 그 요양기관의 개설자가 새로 개설한 요양기관에 대하여 업무정지처분을 할 수 있다.
③ 보건복지부 소속 공무원의 검사 또는 질문을 거부·방해 또는 기피한 경우에 국민건강보험법 제98조 제1항 제2호에 따라 받게 되는 요양기관 업무정지처분 및 의료급여법 제28조 제1항 제3호에 따라 받게 되는 의료급여기관 업무정지처분의 경우에도 마찬가지 법리가 적용된다.

해설 요양기관이 속임수나 그 밖의 부당한 방법으로 보험자에게 요양급여비용을 부담하게 한 때에 국민건강보험법 제98조 제1항 제1호에 의해 받게 되는 요양기관 업무정지처분은 의료인 개인의 자격에 대한 제재가 아니라 요양기관의 업무 자체에 대한 것으로서 대물적 처분의 성격을 갖는다. 따라서 속임수나 그 밖의 부당한 방법으로 보험자에게 요양급여비용을 부담하게 한 요양기관이 폐업한 때에는 그 요양기관은 업무를 할 수 없는 상태일 뿐만 아니라 그 처분대상도 없어졌으므로 그 요양기관 및 폐업 후 그 요양기관의 개설자가 새로 개설한 요양기관에 대하여 업무정지처분을 할 수는 없다. 이러한 법리는 보건복지부 소속 공무원의 검사 또는 질문을 거부·방해 또는 기피한 경우에 국민건강보험법 제98조 제1항 제2호에 의해 받게 되는 요양기관 업무정지처분 및 의료급여법 제28조 제1항 제3호에 의해 받게 되는 의료급여기관 업무정지처분의 경우에도 마찬가지로 적용된다(대법원 2022. 1. 27. 선고 2020두39365 판결).

정답 O,×,O

제2절 ▶ 행정행위의 효력
제3절 ▶ 행정행위의 하자

제3장 | 그 밖의 행정의 주요행위방식

제4장 | 행정절차

◦판례 07 ★★★

① 행정청이 침해적 행정처분을 하면서 행정절차법 제21조 내지 제23조에서 정한 사전 통지, 의견 청취, 이유 제시 절차를 거치지 않은 경우, 그 처분이 위법하다.
② 국가에 대해 행정처분을 할 때에도 사전 통지, 의견청취, 이유 제시와 관련한 행정절차법이 그대로 적용된다.
③ 텔레비전수상기(이하 '수상기'라 한다)를 소지한 특정 집단에 대하여 부과되는 특별부담금인 텔레비전방송수신료(이하 '수신료'라 한다)의 부과요건은 합리적 이유 없이 확장해석하거나 유추해석하는 것이 허용되지 아니하나 면제요건은 그러하지 아니하다.
④ 군 영내'에 있는 텔레비전수상기는 사용 목적과 관계없이 등록의무가 면제되는 수상기로서 텔레비전방송수신료를 부과할 수 없다.

해설 [1] 행정절차에 관한 일반법인 행정절차법 제21조 내지 제23조에서 사전 통지, 의견청취, 이유 제시에 관하여 정하고 있다. 행정청이 당사자에게 의무를 부과하거나 권익을 제한하는 처분을 하는 경우에는 미리 '처분의 제목', '처분하려는 원인이 되는 사실과 처분의 내용 및 법적 근거', '이에 대하여 의견을 제출할 수 있다는 뜻과 의견을 제출하지 아니하는 경우의 처리방법', '의견제출기관의 명칭과 주소', '의견제출기한' 등의 사항을 당사자 등에게 통지하여야 하고(제21조 제1항), 다른 법령 등에서 필수적으로 청문을 하거나 공청회를 개최하도록 규정하고 있지 않은 경우에도 당사자 등에게 의견제출의 기회를 주어야 하며(제22조 제3항), 행정청이 처분을 할 때에는 원칙적으로 당사자에게 그 근거와 이유를 제시해야 한다(제23조 제1항). 따라서 행정청이 침해적 행정처분을 하면서 위와 같은 절차를 거치지 않았다면 원칙적으로 그 처분은 위법하여 취소를 면할 수 없다.

[2] 행정절차법 제2조 제4호에 의하면, '당사자 등'이란 행정청의 처분에 대하여 직접 그 상대가 되는 당사자와 행정청이 직권 또는 신청에 의하여 행정절차에 참여하게 한 이해관계인을 의미하는데, 같은 법 제9조에서는 자연인, 법인, 법인 아닌 사단 또는 재단 외에 '다른 법령 등에 따라 권리·의무의 주체가 될 수 있는 자' 역시 '당사자 등'이 될 수 있다고 규정하고 있을 뿐, 국가를 '당사자 등'에서 제외하지 않고 있다. 또한 행정절차법 제3조 제2항에서 행정절차법이 적용되지 않는 사항을 열거하고 있는데, '국가를 상대로 하는 행정행위'는 그 예외사유에 해당하지 않는다.

위와 같은 행정절차법의 규정과 행정의 공정성·투명성 및 신뢰성 확보라는 행정절차법의 입법 취지 등을 고려해 보면, 행정기관의 처분에 의하여 불이익을 입게 되는 국가를 일반 국민과 달리 취급할 이유가 없다. 따라서 국가에 대해 행정처분을 할 때에도 사전 통지, 의견청취, 이유 제시와 관련한 행정절차법이 그대로 적용된다고 보아야 한다.

[3] 조세나 부과금 등의 부담금에 관한 법률의 해석에 관하여, 부과요건이거나 감면요건을 막론하고 특별한 사정이 없는 한 법문대로 해석해야 하고 합리적 이유 없이 확장해석하거나 유추해석하는 것은 허용되지 않는다. 이는 텔레비전수상기(이하 '수상기'라 한다)를 소지한 특정 집단에 대하여 부과되는 특별부담금인 텔레비전방송수신료(이하 '수신료'라 한다)의 부과 및 면제요건을 해석할 때에도 마찬가지이다.

방송법 제64조 단서에 의하면 대통령령으로 정하는 수상기에 대해서는 등록을 면제할 수 있고, 방송법 시행령 제39조 제10호는 '군 및 의무경찰대 영내에 갖추고 있는 수상기'를 등록이 면제되는 수상기로 정하고 있다. 그런데 위 시행령 제39조 각호에서는 등록이 면제되는 수상기를 제10호와 같이 수상기가 위치한 장소만을 요건으로 하는 경우와 제12호, 제13호와 같이 장소 외에 그 용도까지 함께 요건으로 하는 경우를 구분하여 규율하는 방식을 취하고 있다. 따라서 '군 영내'에 있는 수상기는 사용 목적과는 관계없이 등록의무가 면제되는 수상기로서 이에 대하여는 수신료를 부과할 수 없다 (대법원 2023. 9. 21. 선고 2023두39724 판결).

정답 O,O,X,O

○ 판례 08 ★★★

행정청이 행정절차법 제20조 제1항의 처분기준 사전공표 의무를 위반하여 미리 공표하지 아니한 기준을 적용하여 처분을 하였다고 하더라도, 그러한 사정만으로 곧바로 해당 처분에 취소사유에 이를 정도의 흠이 존재한다고 볼 수는 없다.

해설 처분이 적법한지는 행정규칙에 적합한지 여부가 아니라 상위법령의 규정과 입법 목적 등에 적합한지 여부에 따라 판단해야 한다. 처분이 행정규칙을 위반하였다고 하여 그러한 사정만으로 곧바로 위법하게 되는 것은 아니고, 처분이 행정규칙을 따른 것이라고 하여 적법성이 보장되는 것도 아니다. 행정청이 미리 공표한 기준, 즉 행정규칙을 따랐는지 여부가 처분의 적법성을 판단하는 결정적인 지표가 되지 못하는 것과 마찬가지로, 행정청이 미리 공표하지 않은 기준을 적용하였는지 여부도 처분의 적법성을 판단하는 결정적인 지표가 될 수 없다(대법원판결 2020.12.24. 2018두45633).

정답 ○

제5장 | 행정정보공개

○ 판례 09 ★★★

갑이 외교부장관에게 '2015. 12. 28. 일본군위안부 피해자 합의와 관련하여 한일 외교장관 공동 발표문의 문안을 도출하기 위하여 진행한 협의 협상에서 일본군과 관헌에 의한 위안부 강제연행의 존부 및 사실인정 문제에 대해 협의한 협상 관련 외교부장관 생산 문서'에 대한 공개를 청구하였으나, 외교부장관이 갑에게 '공개 청구 정보가 공공기관의 정보공개에 관한 법률 제9조 제1항 제2호에 해당한다.'는 이유로 비공개 결정을 한 사안에서, 위 합의를 위한 협상 과정에서 일본군과 관헌에 의한 위안부 '강제연행'의 존부 및 사실인정 문제에 대해 협의한 정보를 공개하지 않은 처분이 적법하다

해설 갑이 외교부장관에게 '2015. 12. 28. 일본군위안부 피해자 합의와 관련하여 한일 외교장관 공동 발표문의 문안을 도출하기 위하여 진행한 협의 협상에서 일본군과 관헌에 의한 위안부 강제연행의 존부 및 사실인정 문제에 대해 협의한 협상 관련 외교부장관 생산 문서'에 대한 공개를 청구하였으나, 외교부장관이 갑에게 '공개 청구 정보가 공공기관의 정보공개에 관한 법률 제9조 제1항 제2호에 해당한다.'는 이유로 비공개 결정을 한 사안에서, 12·28 일본군위안부 피해자 합의와 관련된 협의가 비공개로 진행되었고, 대한민국과 일본 모두 그 협의 관련 문서를 비공개문서로 분류하여 취급하고 있는데 우리나라가 그 협의 내용을 일방적으로 공개할 경우 우리나라와 일본 사이에 쌓아온 외교적 신뢰관계에 심각한 타격이 있을 수 있는 점, 이에 따라 향후 일본은 물론 다른 나라와 협상을 진행하는 데에도 큰 어려움이 발생할 수 있는 점, 12·28 일본군위안부 피해자 합의에 사용된 표현이 다소 추상적이고 모호하기는 하나 이는 협상 과정에서 양국이 나름의 숙고와 조율을 거쳐 채택된 표현으로서 그 정확한 의미에 대한 해석이 요구된다기보다 오히려 표현된 대로 이해하는 것이 적절한 점 등을 종합하여, 위 합의를 위한 협상 과정에서 일본군과 관헌에 의한 위안부 '강제연행'의 존부 및 사실인정 문제에 대해 협의한 정보를 공개하지 않은 처분이 적법하다고 본 원심판단이 정당하다고 한 사례(대법원 2023. 6. 1. 선고 2019두41324 판결).

정답 ○

◦ 판례 10 ★★★

청구인이 공공기관의 비공개 결정 또는 부분 공개 결정에 대한 이의신청을 하여 공공기관으로부터 이의신청에 대한 결과를 통지받은 후 취소소송을 제기하는 경우, 제소기간의 기산점은 이의신청에 대한 결과를 통지받은 날이다.

해설 공공기관의 정보공개에 관한 법률 제18조 제1항, 제3항, 제4항, 제20조 제1항, 행정소송법 제20조 제1항의 규정 내용과 그 취지 등을 종합하여 보면, 청구인이 공공기관의 비공개 결정 또는 부분 공개 결정에 대한 이의신청을 하여 공공기관으로부터 이의신청에 대한 결과를 통지받은 후 취소소송을 제기하는 경우 그 제소기간은 이의신청에 대한 결과를 통지받은 날부터 기산한다고 봄이 타당하다(대법원 2023. 7. 27. 선고 2022두52980 판결).

정답

제6장 | 행정상 의무이행 확보 수단

제3편 행정구제법

제1장 | 행정상 손해전보

제1절 ▶ 국가배상

◦판례 11 ★★★

① 비록 형집행법이 2007. 12. 21. 법률 제8728호로 전부 개정되어 2008. 12. 22. 시행되기 이전 구 행형법에서는 교정시설의 설비 수준에 관한 형집행법 제6조 제2항과 같은 규정을 두지 않았고, 단지 제1조의3에서 '수용자의 기본적 인권은 최대한 존중되어야 한다.'는 취지의 규정만 두고 있었더라도, 수용자의 인간으로서의 존엄과 가치는 헌법상 보호되는 것인 점을 고려하면 국가가 인간의 생존에 필요한 필수적이면서 기본적인 시설이 갖추어지지 않은 교정시설에 수용자를 수용하는 행위는 수용자의 인간으로서의 존엄과 가치를 침해하는 것으로서 위법한 행위가 될 수 있다
② 수용자가 하나의 거실에 다른 수용자들과 함께 수용되어 거실 중 화장실을 제외한 부분의 1인당 수용면적이 인간으로서의 기본적인 욕구에 따른 일상생활조차 어렵게 할 만큼 협소한 경우, 수용자의 인간으로서의 존엄과 가치를 침해하는 것이다.
③ 국가배상책임에서 공무원의 행위가 '법령을 위반하였다'함은 엄격한 의미의 법령 위반뿐 아니라 인권존중, 권력남용금지, 신의성실과 같이 공무원으로서 마땅히 지켜야 할 준칙이나 규범을 지키지 않고 위반한 경우를 포함하여 널리 그 행위가 객관적인 정당성을 결여하고 있음을 뜻한다
④ 교정시설 수용행위로 인하여 수용자의 인간으로서의 존엄과 가치가 침해된 경우, 그 수용행위가 공무원의 법령을 위반한 가해행위가 될 수 있다.
⑤ 구치소 등 교정시설에 수용된 후 출소한 갑 등이 혼거실 등에 과밀수용되어 정신적, 육체적 고통을 겪었다고 주장하며 국가를 상대로 위자료 지급을 구한 사안에서, 수용자 1인당 도면상 면적이 2㎡ 미만인 거실에 수용되었는지를 위법성 판단의 기준으로 삼아 갑 등에 대한 국가배상책임을 인정할 수 있다.

해설 [1] 모든 국민은 인간으로서의 존엄과 가치를 가지며, 국가는 개인이 가지는 불가침의 기본적 인권을 보장할 의무를 진다(헌법 제10조). 국가가 형벌권을 행사하여 수용자를 교정시설에 수용하는 과정에서 수용자의 기본권을 일정한 범위에서 제한할 수밖에 없다고 하더라도, 국가는 수용자가 인간으로서 가지는 존엄과 가치를 침해하여서는 아니 된다. 형의 집행 및 수용자의 처우에 관한 법률(이하 '형집행법'이라고 한다)에 의하면 수용자의 인권은 최대한 존중되어야 하고(제4조), 교정시설의 거실·작업장·접견실이나 그 밖의 수용생활을 위한 설비는 그 목적과 기능에 맞도록 설치되어야 하며, 특히 거실은 수용자가 건강하게 생활할 수 있도록 적정한 수준의 공간과 채광·통풍·난방을 위한 시설이 갖추어져야 한다(제6조 제2항). 따라서 국가가 인간의 생존에 필요한 필수적이면서 기본적인 시설이 갖추어지지 않은 교정시설에 수용자를 수용하는 행위는 수용자의 인간으로서의 존엄과 가치를 침해하는 것으로서 위법한 행위가 될 수 있다(비록 형집행법이 2007. 12. 21. 법률 제8728호로 전부 개정되어 2008. 12. 22. 시행되기 이전 구 행형법에서는 교정시설의 설비 수준에 관한 형집행법 제6조 제2항과 같은 규정을 두지 않았고, 단지 제1조의3에서 '수용자의 기본적 인권은 최대한 존중되어야 한다.'는 취지의 규정만 두고 있었더라도, 수용자의 인간으로서의 존엄과 가치는 헌법상 보호되는 것인 점을 고려하면, 위와 같은 내용은 구 행형법이 시행되던 시기에도 마찬가지라고 보아야 한다).

교정시설 수용행위로 인하여 수용자의 인간으로서의 존엄과 가치가 침해되었는지는 수용 거실의 수용자 1인당 수용면적, 수용자에게 제공되는 의류, 침구, 음식, 식수 및 기타 영양 상태, 채광·통풍·냉난방 시설 및 기타 위생시설의 상태, 수용자가 거실 밖에서 자유로이 운동하거나 활동할 수 있는 시간과 장소의 제공 정도, 교정시설의 의료 수준 등 수용자의 수용 환경에 관한 모든 사정을 종합적으로 고려하여 판단하여야 한다. 그런데 수용자가 하나의 거실에 다른 수용자들과 함께 수용되어 거실 중 화장실을 제외한 부분의 1인당 수용면적이 인간으로서의 기본적인 욕구에 따른 일상생활조차 어렵게 할 만큼 협소하다면, 그러한 과밀수용 상태가 예상할 수 없었던 일시적인 수용률의 폭증에 따라 교정기관이 부득이 거실 내 수용 인원수를 조정하기 위하여 합리적이고 필요한 정도로 단기간 내에 이루어졌다는 등의 특별한 사정이 없는 한, 그 자체로 수용자의 인간으로서의 존엄과 가치를 침해한다고 봄이 타당하다.

[2] 국가배상책임에서 공무원의 가해행위는 법령을 위반한 것이어야 하는데, 여기서 법령을 위반하였다 함은 엄격한 의미의 법령 위반뿐 아니라 인권존중, 권력남용금지, 신의성실과 같이 공무원으로서 마땅히 지켜야 할 준칙이나 규범을 지키지 않고 위반한 경우를 포함하여 널리 그 행위가 객관적인 정당성을 결여하고 있음을 뜻한다. 따라서 교정시설 수용행위로 인하여 수용자의 인간으로서의 존엄과 가치가 침해되었다면 그 수용행위는 공무원의 법령을 위반한 가해행위가 될 수 있다.

[3] 구치소 등 교정시설에 수용된 후 출소한 갑 등이 혼거실 등에 과밀수용되어 정신적, 육체적 고통을 겪었다고 주장하며 국가를 상대로 위자료 지급을 구한 사안에서, 수면은 인간의 생명 유지를 위한 필수적 행위 중 하나인 점, 관계 법령상 수용자에게 제공되는 일반 매트리스의 면적은 약 1.4㎡인데, 이는 수용자 1인당 수면에 필요한 최소한의 면적으로 볼 수 있는 점, 교정시설에 설치된 거실의 도면상 면적은 벽, 기둥의 중심선으로 둘러싸인 수평투영면적을 의미하는데, 벽, 기둥 외의 실제 내부 면적 중 사물함이나 싱크대 등이 설치된 공간을 제외하고 수용자가 실제 사용할 수 있는 면적은 그보다 좁을 수밖에 없는 점 등을 고려하면, 수용자 1인당 도면상 면적이 2㎡ 미만인 거실에 수용되었는지를 위법성 판단의 기준으로 삼아 갑 등에 대한 국가배상책임을 인정한 원심판단을 수긍한 사례(대법원 2022. 7. 14. 선고 2017다266771 판결).

정답 O,O,O,O,O

판례 12 ★★★

① 위헌·무효인 대통령의 긴급조치권 행사는 국가배상의 대상이 되지 않는다.
② 구 국가안전과 공공질서의 수호를 위한 대통령긴급조치(긴급조치 제9호)의 발령·적용·집행으로 강제수사를 받거나 유죄판결을 선고받고 복역함으로써 개별 국민이 입은 손해에 대하여 국가배상책임이 인정된다.

해설 보통 일반의 공무원을 표준으로 공무원이 직무를 집행하면서 객관적 주의의무를 소홀히 하고 그로 말미암아 그 직무행위가 객관적 정당성을 잃었다고 볼 수 있는 때에 국가배상법 제2조가 정한 국가배상책임이 성립할 수 있다. 공무원의 직무행위가 객관적 정당성을 잃었는지는 행위의 양태와 목적, 피해자의 관여 여부와 정도, 침해된 이익의 종류와 손해의 정도 등 여러 사정을 종합하여 판단하되, 손해의 전보책임을 국가가 부담할 만한 실질적 이유가 있는지도 살펴보아야 한다.
구 국가안전과 공공질서의 수호를 위한 대통령긴급조치(1975. 5. 13. 대통령긴급조치 제9호, 이하 '긴급조치 제9호'라고 한다)는 위헌·무효임이 명백하고 긴급조치 제9호 발령으로 인한 국민의 기본권 침해는 그에 따른 강제수사와 공소제기, 유죄판결의 선고를 통하여 현실화되었다. 이러한 경우

긴급조치 제9호의 발령부터 적용·집행에 이르는 일련의 국가작용은, 전체적으로 보아 공무원이 직무를 집행하면서 객관적 주의의무를 소홀히 하여 그 직무행위가 객관적 정당성을 상실한 것으로서 위법하다고 평가되고, 긴급조치 제9호의 적용·집행으로 강제수사를 받거나 유죄판결을 선고받고 복역함으로써 개별 국민이 입은 손해에 대해서는 국가배상책임이 인정될 수 있다(대법원 2022. 8. 30. 선고 2018다212610 전원합의체 판결).

정답 X, O

○ 판례 13 ★★★

① 법관의 재판상 직무행위로 인한 국가배상책임이 인정되려면 법관이 위법하거나 부당한 목적을 가지고 재판을 하였다거나 법이 법관의 직무수행상 준수할 것을 요구하고 있는 기준을 현저하게 위반하는 등 법관이 그에게 부여된 권한의 취지에 명백히 어긋나게 이를 행사하였다고 인정할 만한 특별한 사정이 있어야 한다
② 배당표원안을 작성하고 확정하는 사법보좌관의 행위는 재판상 직무행위에 해당하고, 사법보좌관의 이러한 재판상 직무행위에 대한 국가의 손해배상책임에 대하여도 위 법리가 마찬가지로 적용된다

해설 법관이 행하는 재판사무의 특수성과 그 재판과정의 잘못에 대하여는 따로 불복절차에 의하여 시정될 수 있는 제도적 장치가 마련되어 있는 점 등에 비추어 보면, 법관의 재판에 법령 규정을 따르지 않은 잘못이 있더라도 이로써 바로 재판상 직무행위가 국가배상법 제2조 제1항에서 말하는 위법한 행위로 되어 국가의 손해배상책임이 발생하는 것은 아니다. 법관의 재판상 직무행위로 인한 국가배상책임이 인정되려면 법관이 위법하거나 부당한 목적을 가지고 재판을 하였다거나 법이 법관의 직무수행상 준수할 것을 요구하고 있는 기준을 현저하게 위반하는 등 법관이 그에게 부여된 권한의 취지에 명백히 어긋나게 이를 행사하였다고 인정할 만한 특별한 사정이 있어야 한다는 것이 확립된 판례의 입장이다(대법원 2001. 3. 9. 선고 2000다29905 판결, 대법원 2001. 4. 24. 선고 2000다16114 판결, 대법원 2001. 10. 12. 선고 2001다47290 판결, 대법원 2016. 10. 13. 선고 2014다215499 판결 및 대법원 2022. 3. 17. 선고 2019다226975 판결 등 참조).

법원조직법 제54조 제2항 제2호는 사법보좌관이 '「민사집행법」에 따른 부동산에 대한 강제경매절차, 담보권 실행 등을 위한 경매절차에서의 법원의 사무' 중 대법원규칙으로 정하는 업무를 할 수 있다고 규정하고 그 위임에 따라 사법보좌관규칙 제2조 제1항 제10호는 사법보좌관이 '「민사집행법」 제252조부터 제259조까지의 규정에 따른 배당절차에 관한 법원의 사무'를 행할 수 있다고 규정한다. 사법보좌관이 위 각 규정에 기초하여 민사집행법 제254조 및 제256조로 준용되는 제149조에 따라 배당표원안을 작성하고 확정하는 업무를 행하는 것은 배당절차를 관장하는 집행법원의 업무에 해당한다. 나아가 채권자는 사법보좌관이 작성한 배당표에 대해 이의하고 배당이의의 소를 제기하는 등의 불복절차를 통하여 이를 시정할 수 있다.

따라서 배당표원안을 작성하고 확정하는 사법보좌관의 행위는 재판상 직무행위에 해당하고, 사법보좌관의 이러한 재판상 직무행위에 대한 국가의 손해배상책임에 대하여도 위 법리가 마찬가지로 적용된다고 할 것이다(대법원 2023. 6. 1. 선고 2021다202224 판결).

정답 O, O

제2절 ▶ 행정상의 손실보상

제2장 │ 행정쟁송

제1절 ▶ 행정심판
제2절 ▶ 행정소송

○판례 14 ★★★

① 행정청의 행위가 항고소송의 대상이 될 수 있는지는 추상적 · 일반적으로 결정할 수 없고, 구체적인 경우에 관련 법령의 내용과 취지, 행위의 주체 · 내용 · 형식 · 절차, 그 행위와 상대방 등 이해관계인이 입는 불이익 사이의 실질적 견련성, 법치행정의 원리와 그 행위에 관련된 행정청이나 이해관계인의 태도 등을 고려하여 개별적으로 결정하여야 한다.
② 행정청의 행위가 '처분'에 해당하는지가 불분명한 경우에는 그에 대한 불복방법 선택에 중대한 이해관계를 가지는 상대방의 인식가능성과 예측가능성을 중요하게 고려하여 규범적으로 판단하여야 한다
③ 사립유치원 설립자인 갑은 관할 교육청이 실시한 사립유치원 특정감사 결과에 대하여 조치요구사항이 기재되어 있고, 이의 제기 방법이 안내되어 있으나, 근거 법령에 유아교육법 제30조 제1항이 별도로 기재되어 있지 않은 통보서를 관할 교육지원청 교육장으로부터 받았는데, 관할 교육지원청 교육장은 갑이 조치요구사항을 이행하지 아니하였다는 이유로 '사립유치원 종합(특정)감사 결과 미이행에 따른 행정처분 통지'라는 제목으로 유아교육법 제30조 제1항에 따라 조치요구사항을 이행할 것을 명하는 시정명령을 갑에게 통지한 사안에서, 이 사건 시정명령이 원고에게 이 사건 감사결과통보에 따른 이 사건 조치요구사항의 이행을 재차 명하는 것을 내용으로 하고 있으므로 단순한 의무 이행의 독촉이라거나 민법상 최고에 그친다고 볼 수 있다.

■해설 가. 항고소송의 대상인 '처분'이란 "행정청이 행하는 구체적 사실에 관한 법집행으로서의 공권력의 행사 또는 그 거부와 그 밖에 이에 준하는 행정작용"(행정소송법 제2조 제1항 제1호)을 말한다. 행정청의 행위가 항고소송의 대상이 될 수 있는지는 추상적 · 일반적으로 결정할 수 없고, 구체적인 경우에 관련 법령의 내용과 취지, 행위의 주체 · 내용 · 형식 · 절차, 그 행위와 상대방 등 이해관계인이 입는 불이익 사이의 실질적 견련성, 법치행정의 원리와 그 행위에 관련된 행정청이나 이해관계인의 태도 등을 고려하여 개별적으로 결정하여야 한다(대법원 2010. 11. 18. 선고 2008두167 전원합의체 판결 참조). 행정청의 행위가 '처분'에 해당하는지가 불분명한 경우에는 그에 대한 불복방법 선택에 중대한 이해관계를 가지는 상대방의 인식가능성과 예측가능성을 중요하게 고려하여 규범적으로 판단하여야 한다(대법원 2018. 10. 25. 선고 2016두33537 판결, 대법원 2020. 4. 9. 선고 2019두61137 판결 등 참조).

나. 이러한 법리에 비추어 관련 규정들의 내용과 체계 등을 살펴보면, 이 사건 시정명령은 이 사건 감사결과 통보와는 별도로 항고소송의 대상이 되는 '처분'으로 봄이 타당하다. 구체적인 이유는 다음과 같다.

1) 먼저, 이 사건 감사결과 통보가 공공감사법 제23조 제1항에서 정하고 있는 감사결과의 통보에만 그치는 것이 아니라 나아가 유아교육법 제30조 제1항에서 정한 시정명령에도 해당한다고 본 원심의 판단은 받아들이기 어렵다. 앞서 살펴본 것과 같이 이 사건 감사결과 통보서에는 근거법령에 유아교육법이 기재되어 있지 않을 뿐 아니라 이의가 있는 경우의 불복방법에 관하여 공공감사법상 재심의 절차에 대하여만 안내되어 있으므로, 위 통보의 상대방으로서는 이 사건 감사결과 통보가 유아교육법 제30조 제1항에서 정한 시정명령에도 해당한다고 인식하기는 어려웠을 것으로 보인다.

2) 위와 달리 이 사건 시정명령의 처분서(갑제2호증)는 문서의 제목이 '행정처분통지서'일 뿐 아니라 유아교육법 제30조 제1항에 근거한 시정명령임이 명확하게 기재되어 있다. 또한, 정당한 사유 없이 시정명령을 이행하지 아니할 경우 유아교육법 제30조 제2항 등에 따라 유치원의 정원감축, 학급감축 또는 재정지원 배제 등의 불이익한 조치가 취해질 수 있다는 문구가 명시적으로 기재되어 있고, 해당 처분에 이의가 있는 경우에는 처분이 있음을 안 날부터 90일 내에 행정심판을 청구하거나 행정소송을 제기할 수 있다는 불복방법에 대한 안내까지 기재되어 있다.

이는 피고 스스로도 이 사건 시정명령이 항고소송의 대상이 되는 처분임을 인식하고 있었음을 나타내는 것으로, 이러한 사정 하에서라면 그 상대방인 원고로서도 이 사건 시정명령이 유아교육법 제30조 제1항에 근거한 시정명령으로서의 처분에 해당한다고 인식할 수밖에 없었을 것으로 보인다.

3) 이 사건 시정명령은 정당한 이유 없이 지정된 기간에 이를 이행하지 아니하면 해당 유치원의 정원감축, 학급감축 또는 유아모집 정지나 해당 유치원에 대한 차등적인 재정지원 또는 재정지원 배제 등의 행정상 제재를 받을 수 있고(유아교육법 제30조 제2항), 그 위반행위에 대하여는 1년 이하의 징역 또는 1천만 원 이하의 벌금에 처하는 등 형사처벌의 대상이 될 수도 있다(유아교육법 제34조 제3항 제3호). 이와 같이 이 사건 시정명령은 그 실질에 있어서도 국민의 권리의무나 법률상의 지위에 직접적인 영향을 미치는 처분으로 봄이 타당하므로, 처분성을 인정하여 그 불복기회를 부여할 필요성이 크다.

비록 이 사건 시정명령이 원고에게 이 사건 감사결과통보에 따른 이 사건 조치요구사항의 이행을 재차 명하는 것을 내용으로 하고 있으나, 앞서 본 것과 같이 이 사건 시정명령은 이 사건 감사결과통보와 근거법령이 명백히 구별되고, 그 불이행에 따른 법적 효과를 달리 하고 있으므로, 단순한 의무 이행의 독촉이라거나 민법상 최고에 그친다고 볼 수 없다. 원심이 원용한 대법원 1999. 7. 13. 선고 97누119 판결은 사실관계와 근거법령이 전혀 달라 이 사건에 원용하기에 적절하지 아니하다.

정답 O, O, ×

판례 15 ★★★

① 행정청의 행위가 항고소송의 대상이 될 수 있는지는 추상적·일반적으로 결정할 수 있다.
② 공정거래위원회가 구 하도급거래 공정화에 관한 법률 제26조 제2항 후단에 따라 관계 행정기관의 장에게 한 원사업자 또는 수급사업자에 대한 입찰참가자격의 제한을 요청한 결정이 항고소송의 대상이 되는 처분에 해당한다.

해설 [1] 항고소송의 대상인 '처분'이란 "행정청이 행하는 구체적 사실에 관한 법집행으로서의 공권력의 행사 또는 그 거부와 그 밖에 이에 준하는 행정작용"(행정소송법 제2조 제1항 제1호)을 말한다. 행정청의 행위가 항고소송의 대상이 될 수 있는지는 추상적·일반적으로 결정할 수 없고, 구체적인 경우에 관련 법령의 내용과 취지, 그 행위의 주체·내용·형식·절차, 그 행위와 상대방 등 이해관계인이 입는 불이익 사이의 실질적 견련성, 법치행정의 원리와 그 행위에 관련된 행정청이나 이해관계인의 태도 등을 고려하여 개별적으로 결정하여야 한다.

[2] 구 하도급거래 공정화에 관한 법률(2022. 1. 11. 법률 제18757호로 개정되기 전의 것, 이하 '법'이라 한다) 제26조 제2항은 입찰참가자격제한 요청의 요건을 구 하도급거래 공정화에 관한 법

률 시행령(2021. 1. 12. 대통령령 제31393호로 개정되기 전의 것, 이하 '시행령'이라 한다)으로 정하는 기준에 따라 부과한 벌점의 누산점수가 일정 기준을 초과하는 경우로 구체화하고, 위 요건을 충족하는 경우 공정거래위원회는 법 제26조 제2항 후단에 따라 관계 행정기관의 장에게 해당 사업자에 대한 입찰참가자격제한 요청 결정을 하게 되며, 이를 요청받은 관계 행정기관의 장은 특별한 사정이 없는 한 그 사업자에 대하여 입찰참가자격을 제한하는 처분을 해야 하므로, 사업자로서는 입찰참가자격제한 요청 결정이 있으면 장차 후속 처분으로 입찰참가자격이 제한될 수 있는 법률상 불이익이 존재한다. 이때 입찰참가자격제한 요청 결정이 있음을 알고 있는 사업자로 하여금 입찰참가자격제한처분에 대하여만 다툴 수 있도록 하는 것보다는 그에 앞서 직접 입찰참가자격제한 요청 결정의 적법성을 다툴 수 있도록 함으로써 분쟁을 조기에 근본적으로 해결하도록 하는 것이 법치행정의 원리에도 부합한다. 따라서 공정거래위원회의 입찰참가자격제한 요청 결정은 항고소송의 대상이 되는 처분에 해당한다(대법원 2023. 2. 2. 선고 2020두48260 판결).

정답 ×,○

○판례 16 ★★★

여객자동차 운송사업자 갑 주식회사가 시내버스 노선을 운행하면서 환승요금할인, 청소년요금할인을 시행한 데에 따른 손실을 보전해 달라며 경기도지사와 광명시장에게 보조금 지급신청을 하였으나, 경기도지사가 갑 회사와 광명시장에게 '갑 회사의 보조금 지급신청을 받아들일 수 없음은 기존에 회신한 바와 같고, 광명시에서는 적의 조치하여 주기 바란다.'는 취지로 통보한 사안에서, 경기도지사의 위 통보는 갑 회사의 권리·의무에 직접적인 영향을 주는 것이라고 할 수 없어 항고소송의 대상이 되는 처분으로 볼 수 없다

해설 여객자동차 운송사업자 갑 주식회사가 시내버스 노선을 운행하면서 환승요금할인 및 청소년요금할인을 시행한 데에 따른 손실을 보전해 달라며 경기도지사와 광명시장에게 보조금 지급신청을 하였으나, 경기도지사가 갑 회사와 광명시장에게 '갑 회사의 보조금 지급신청을 받아들일 수 없음은 기존에 회신한 바와 같고, 광명시에서는 적의 조치하여 주기 바란다.'는 취지로 통보한 사안에서, 경기도 여객자동차 운수사업 관리 조례 제15조에 따른 보조금 지급사무는 광명시장에게 위임되었으므로 위 신청에 대한 응답은 광명시장이 해야 하고, 경기도지사는 갑 회사의 보조금 지급신청에 대한 처분권한자가 아니며, 위 통보는 경기도지사가 갑 회사의 보조금 신청에 대한 최종적인 결정을 통보하는 것이라기보다는 광명시장의 사무에 대한 지도·감독권자로서 갑 회사에 대하여는 보조금 지급신청에 대한 의견을 표명함과 아울러 광명시장에 대하여는 경기도지사의 의견에 따라 갑 회사의 보조금 신청을 받아들일지를 심사하여 갑 회사에 통지할 것을 촉구하는 내용으로 보는 것이 타당하므로, 경기도지사의 위 통보는 갑 회사의 권리·의무에 직접적인 영향을 주는 것이라고 할 수 없어 항고소송의 대상이 되는 처분으로 볼 수 없다(대법원 2023. 2. 23. 선고 2021두44548 판결).

정답 ○

○판례 17 ★★★

① 민사소송법 제267조 제2항은 "본안에 대한 종국판결이 있은 뒤에 소를 취하한 사람은 같은 소를 제기하지 못한다."라고 규정하고 있는데 이는 임의의 소취하로 그때까지 국가의 노력을 헛수고로 돌아가게 한 사람에 대한 제재의 취지에서 그가 다시 동일한 분쟁을 문제 삼아 소송제도를 남용하는 부당한 사태의 발생을 방지하고자 하는 규정이다.
② 후소가 전소의 소송물을 전제로 하거나 선결적 법률관계에 해당하는 경우, 전소와 '같은 소'로 보아 판결을 구할 수 없다.

③ 전소와 후소의 재소의 이익이 다른 경우에도 '같은 소'라 할 수 있다.
④ 본안에 대한 종국판결이 있은 후 소를 취하하였으나 위 규정 취지에 반하지 않고 소를 제기할 필요가 있는 정당한 사정이 있는 경우, 다시 소를 제기할 수 있다.
⑤ 갑 등이 운영하는 병원에서 부당한 방법으로 보험자 등에게 요양급여비용을 부담하게 하였다는 이유로 보건복지부장관이 갑 등에 대하여 40일의 요양기관 업무정지 처분을 하자, 갑 등이 위 업무정지 처분의 취소를 구하는 소송을 제기하였다가 패소한 뒤 항소하였는데, 보건복지부장관이 항소심 계속 중 위 업무정지 처분을 과징금 부과처분으로 직권 변경하자, 갑 등이 과징금 부과처분의 취소를 구하는 소송을 제기한 후 업무정지 처분의 취소를 구하는 소를 취하한 사안에서, 위 과징금 부과처분의 취소를 구하는 소의 제기는 재소금지 원칙에 위반된다고 할 수 없다.

해설 [1] 민사소송법 제267조 제2항은 "본안에 대한 종국판결이 있은 뒤에 소를 취하한 사람은 같은 소를 제기하지 못한다."라고 규정하고 있다. 이는 임의의 소취하로 그때까지 국가의 노력을 헛수고로 돌아가게 한 사람에 대한 제재의 취지에서 그가 다시 동일한 분쟁을 문제 삼아 소송제도를 남용하는 부당한 사태의 발생을 방지하고자 하는 규정이다. 따라서 후소가 전소의 소송물을 전제로 하거나 선결적 법률관계에 해당하는 것일 때에는 비록 소송물은 다르지만 위 제도의 취지와 목적에 비추어 전소와 '같은 소'로 보아 판결을 구할 수 없다고 풀이하는 것이 타당하다. 그러나 여기에서 '같은 소'는 반드시 기판력의 범위나 중복제소금지의 경우와 같이 풀이할 것은 아니므로, 재소의 이익이 다른 경우에는 '같은 소'라 할 수 없다.

또한 본안에 대한 종국판결이 있은 후 소를 취하한 사람이더라도 민사소송법 제267조 제2항의 취지에 반하지 아니하고 소를 제기할 필요가 있는 정당한 사정이 있다면 다시 소를 제기할 수 있다.

[2] 갑 등이 운영하는 병원에서 부당한 방법으로 보험자 등에게 요양급여비용을 부담하게 하였다는 이유로 보건복지부장관이 갑 등에 대하여 구 국민건강보험법(2016. 2. 3. 법률 제13985호로 개정되기 전의 것) 제98조 제1항 제1호에 따라 40일의 요양기관 업무정지 처분을 하자, 갑 등이 위 업무정지 처분의 취소를 구하는 소송(전소)을 제기하였다가 패소한 뒤 항소하였는데, 보건복지부장관이 항소심 계속 중 같은 법 제99조 제1항에 따라 위 업무정지 처분을 과징금 부과처분으로 직권 변경하자, 갑 등이 과징금 부과처분의 취소를 구하는 소송(후소)을 제기한 후 업무정지 처분의 취소를 구하는 소를 취하한 사안에서, 전소는 처분의 변경으로 인해 효력이 소멸된 '업무정지 처분'의 취소를 구하는 것이고, 후소는 후행처분인 '과징금 부과처분'의 취소를 구하는 것이므로 전소와 후소의 소송물이 같다고 볼 수 없고, 전소의 소송물인 '업무정지 처분의 위법성'이 과징금 부과처분의 위법성을 소송물로 하는 후소와의 관계에서 항상 선결적 법률관계 또는 전제에 있다고 보기도 어려워, 결국 갑 등에게 업무정지 처분과는 별도로 과징금 부과처분의 위법성을 소송절차를 통하여 다툴 기회를 부여할 필요가 있으므로, 위 과징금 부과처분의 취소를 구하는 소의 제기는 재소금지 원칙에 위반된다고 할 수 없음에도 이와 달리 본 원심판결에 법리오해의 잘못이 있다고 한 사례(대법원 2023. 3. 16. 선고 2022두58599 판결).

정답 O, O, ×, O, O

판례 18 ★★★

공법상 당사자소송을 민사소송으로 변경할 수 있는지에 관하여 명문의 규정을 두고 있지 않으므로 공법상 당사자소송에서 민사소송으로의 소 변경이 금지된다.

■해설 공법상 당사자소송의 소 변경에 관하여 행정소송법은, 공법상 당사자소송을 항고소송으로 변경하는 경우(행정소송법 제42조, 제21조) 또는 처분변경으로 인하여 소를 변경하는 경우(행정소송법 제44조 제1항, 제22조)에 관하여만 규정하고 있을 뿐, 공법상 당사자소송을 민사소송으로 변경할 수 있는지에 관하여 명문의 규정을 두고 있지 않다.

그러나 공법상 당사자소송에서 민사소송으로의 소 변경이 금지된다고 볼 수 없다. 이유는 다음과 같다.

① 행정소송법 제8조 제2항은 행정소송에 관하여 민사소송법을 준용하도록 하고 있으므로, 행정소송의 성질에 비추어 적절하지 않다고 인정되는 경우가 아닌 이상 공법상 당사자소송의 경우도 민사소송법 제262조에 따라 청구의 기초가 바뀌지 아니하는 한도 안에서 변론을 종결할 때까지 청구의 취지를 변경할 수 있다.

② 한편 대법원은 여러 차례에 걸쳐 행정소송법상 항고소송으로 제기해야 할 사건을 민사소송으로 잘못 제기한 경우 수소법원으로서는 원고로 하여금 항고소송으로 소 변경을 하도록 석명권을 행사하여 행정소송법이 정하는 절차에 따라 심리·판단해야 한다고 판시해 왔다. 이처럼 민사소송에서 항고소송으로의 소 변경이 허용되는 이상, 공법상 당사자소송과 민사소송이 서로 다른 소송절차에 해당한다는 이유만으로 청구기초의 동일성이 없다고 해석하여 양자 간의 소 변경을 허용하지 않을 이유가 없다.

③ 일반 국민으로서는 공법상 당사자소송의 대상과 민사소송의 대상을 구분하기가 쉽지 않고 소송 진행 도중의 사정변경 등으로 인해 공법상 당사자소송으로 제기된 소를 민사소송으로 변경할 필요가 발생하는 경우도 있다. 소 변경 필요성이 인정됨에도, 단지 소 변경에 따라 소송절차가 달라진다는 이유만으로 이미 제기한 소를 취하하고 새로 민사상의 소를 제기하도록 하는 것은 당사자의 권리 구제나 소송경제의 측면에서도 바람직하지 않다.

따라서 공법상 당사자소송에 대하여도 청구의 기초가 바뀌지 아니하는 한도 안에서 민사소송으로 소 변경이 가능하다고 해석하는 것이 타당하다(대법원 2023. 6. 29. 선고 2022두44262 판결).

정답 ✕

○ 판례 19 ★★★

원고가 행정소송법상 항고소송으로 제기해야 할 사건을 민사소송으로 잘못 제기하여 수소법원이 관할법원에 이송하는 결정을 하고 이송결정이 확정된 후 원고가 항고소송으로 소 변경을 한 경우, 그 항고소송에 대한 제소기간 준수 여부를 판단하는 기준 시기는 처음 소를 제기한 때이다.

■해설 행정소송법 제8조 제2항은 "행정소송에 관하여 이 법에 특별한 규정이 없는 사항에 대하여는 법원조직법과 민사소송법 및 민사집행법의 규정을 준용한다."라고 규정하고 있고, 민사소송법 제40조 제1항은 "이송결정이 확정된 때에는 소송은 처음부터 이송받은 법원에 계속된 것으로 본다."라고 규정하고 있다. 한편 행정소송법 제21조 제1항, 제4항, 제37조, 제42조, 제14조 제4항은 행정소송 사이의 소 변경이 있는 경우 처음 소를 제기한 때에 변경된 청구에 관한 소송이 제기된 것으로 보도록 규정하고 있다. 이러한 규정 내용 및 취지 등에 비추어 보면, 원고가 행정소송법상 항고소송으로 제기해야 할 사건을 민사소송으로 잘못 제기한 경우에 수소법원이 그 항고소송에 대한 관할을 가지

고 있지 아니하여 관할법원에 이송하는 결정을 하였고, 그 이송결정이 확정된 후 원고가 항고소송으로 소 변경을 하였다면, 그 항고소송에 대한 제소기간의 준수 여부는 원칙적으로 처음에 소를 제기한 때를 기준으로 판단하여야 한다(대법원 2022. 11. 17. 선고 2021두44425 판결).

정답 O

판례 20 ★★★

① 민사소송법이 준용되는 행정소송에서 증명책임은 원칙적으로 민사소송의 일반원칙에 따라 당사자 간에 분배되고, 항고소송은 그 특성에 따라 해당 처분의 적법성을 주장하는 피고에게 적법사유에 대한 증명책임이 있다.
② 행정처분의 당연무효를 주장하여 무효 확인을 구하는 행정소송에서는 원고에게 행정처분이 무효인 사유를 주장·증명할 책임이 있고, 이는 무효 확인을 구하는 뜻에서 행정처분의 취소를 구하는 소송에 있어서도 마찬가지이다.
③ 행정처분의 무효 확인을 구하는 소에서 해당 행정처분의 취소를 구할 수 있는 경우, 무효사유가 증명되지 아니한 때에 법원은 취소사유에 해당하는 위법이 있는지도 심리하여야 한다.
④ 과세처분에 대한 취소소송과 무효확인소송은 모두 소송물이 객관적인 조세채무의 존부확인으로 동일하다. 결국 과세처분의 위법을 다투는 조세행정소송의 형식이 취소소송인지 아니면 무효확인소송인지에 따라 증명책임이 달리 분배되는 것이라기보다는 위법사유로 취소사유와 무효사유 중 무엇을 주장하는지 또는 무효사유의 주장에 취소사유를 주장하는 취지가 포함되어 있는지 여부에 따라 증명책임이 분배된다.
⑤ 과세처분의 무효확인소송에서 소송물은 객관적인 조세채무의 존부확인이므로, 과세관청은 소송 중이라도 사실심 변론종결 시까지 해당 처분에서 인정한 과세표준 또는 세액의 정당성을 뒷받침하기 위하여 처분의 동일성이 유지되는 범위 내에서 처분사유를 교환·변경할 수 있다.
⑥ 구 법인세법 제32조 제5항에 대한 헌법재판소의 위헌결정으로 과세단위가 단일한 종합소득세의 세목 아래에서 같은 금액의 소득이 현실적으로 귀속되었음을 이유로 과세근거 규정을 달리 주장하는 것이 처분의 동일성이 유지되는 범위 내의 처분사유의 교환·변경에 해당한다.
⑦ 무효확인소송에서 원고가 당초의 처분사유에 대하여 무효사유를 증명한 경우, 과세관청이 교환·변경된 처분사유를 근거로 하는 처분의 적법성에 대한 증명책임을 부담한다.

해설 [1] 민사소송법이 준용되는 행정소송에서 증명책임은 원칙적으로 민사소송의 일반원칙에 따라 당사자 간에 분배되고, 항고소송은 그 특성에 따라 해당 처분의 적법성을 주장하는 피고에게 적법사유에 대한 증명책임이 있으나, 예외적으로 행정처분의 당연무효를 주장하여 무효 확인을 구하는 행정소송에서는 원고에게 행정처분이 무효인 사유를 주장·증명할 책임이 있고, 이는 무효 확인을 구하는 뜻에서 행정처분의 취소를 구하는 소송에 있어서도 마찬가지이다.

한편 행정처분의 무효 확인을 구하는 소에는 특단의 사정이 없는 한 취소를 구하는 취지도 포함되어 있다고 보아야 하므로, 해당 행정처분의 취소를 구할 수 있는 경우라면 무효사유가 증명되지 아니한 때에 법원으로서는 취소사유에 해당하는 위법이 있는지 여부까지 심리하여야 한다. 나아가 과세처분에 대한 취소소송과 무효확인소송은 모두 소송물이 객관적인 조세채무의 존부확인으로 동일하다. 결국 과세처분의 위법을 다투는 조세행정소송의 형식이 취소소송인지 아니면 무효확인소송인지에 따라 증명책임이 달리 분배되는 것이라기보다는 위법사유로 취소사유와 무효사유 중 무엇을 주장하는지 또는 무효사유의 주장에 취소사유를 주장하는 취지가 포함되어 있는지 여부에 따라 증명책임이 분배된다.

[2] 과세처분의 무효확인소송에서 소송물은 객관적인 조세채무의 존부확인이므로, 과세관청은 소송 중이라도 사실심 변론종결 시까지 해당 처분에서 인정한 과세표준 또는 세액의 정당성을 뒷받침하기 위하여 처분의 동일성이 유지되는 범위 내에서 처분사유를 교환·변경할 수 있다.

특히 구 법인세법(1994. 12. 22. 법률 제4804호로 개정되기 전의 것, 이하 같다) 제32조 제5항에 따라 법인세 과세표준을 경정하면서 익금에 산입한 금액을 그 귀속자에게 소득 처분하였음을 이유로 그 의제소득에 대하여 종합소득세를 부과하는 처분에 관하여, 구 법인세법 제32조 제5항에 대한 헌법재판소의 위헌결정(헌법재판소 1995. 11. 30. 선고 93헌바32 전원재판부 결정 등)이 있었음을 이유로 처분사유를 교환·변경하면서, 과세단위가 단일한 종합소득세의 세목 아래에서 같은 금액의 소득이 현실적으로 귀속되었음을 이유로 들어 과세근거 규정을 달리 주장하는 것은 처분의 동일성이 유지되는 범위 내의 처분사유의 교환·변경에 해당하므로 허용된다.

그런데 과세처분의 적법성에 대한 증명책임은 과세관청에 있는바, 위와 같이 교환·변경된 사유를 근거로 하는 처분의 적법성 또는 그러한 처분사유의 전제가 되는 사실관계에 관한 증명책임 역시 과세관청에 있고, 특히 무효확인소송에서 원고가 당초의 처분사유에 대하여 무효사유를 증명한 경우에는 과세관청이 그처럼 교환·변경된 처분사유를 근거로 하는 처분의 적법성에 대한 증명책임을 부담한다(대법원 2023. 6. 29. 선고 2020두46073 판결).

정답 O,O,O,O,O,O,O

판례 21 ★★★

① 보상금 증액 청구의 소는 토지소유자 등이 사업시행자를 상대로 제기하는 당사자소송의 형식을 취하고 있지만, 토지수용위원회의 재결 중 보상금 산정에 관한 부분에 불복하여 그 증액을 구하는 소이므로 실질적으로는 재결을 다투는 항고소송의 성질을 가진다.
② 공익사업을 위한 토지 등의 취득 및 보상에 관한 법률에 따른 토지소유자 또는 관계인의 사업시행자에 대한 손실보상금 채권에 관하여 압류 및 추심명령이 있는 경우, 채무자인 토지소유자 등이 보상금의 증액을 구하는 소를 제기하고 그 소송을 수행할 당사자적격을 상실한다.

해설 공익사업을 위한 토지 등의 취득 및 보상에 관한 법률(이하 '토지보상법'이라 한다) 제85조 제2항에 따른 보상금의 증액을 구하는 소(이하 '보상금 증액 청구의 소'라 한다)의 성질, 토지보상법상 손실보상금 채권의 존부 및 범위를 확정하는 절차 등을 종합하면, 토지보상법에 따른 토지소유자 또는 관계인(이하 '토지소유자 등'이라 한다)의 사업시행자에 대한 손실보상금 채권에 관하여 압류 및 추심명령이 있더라도, 추심채권자가 보상금 증액 청구의 소를 제기할 수 없고, 채무자인 토지소유자 등이 보상금 증액 청구의 소를 제기하고 그 소송을 수행할 당사자적격을 상실하지 않는다고 보아야 한다. 그 상세한 이유는 다음과 같다.

① 토지보상법 제85조 제2항은 토지소유자 등이 보상금 증액 청구의 소를 제기할 때에는 사업시행자를 피고로 한다고 규정하고 있다. 위 규정에 따른 보상금 증액 청구의 소는 토지소유자 등이 사업시행자를 상대로 제기하는 당사자소송의 형식을 취하고 있지만, 토지수용위원회의 재결 중 보상금 산정에 관한 부분에 불복하여 그 증액을 구하는 소이므로 실질적으로는 재결을 다투는 항고소송의 성질을 가진다.

행정소송법 제12조 전문은 "취소소송은 처분 등의 취소를 구할 법률상 이익이 있는 자가 제기할 수 있다."라고 규정하고 있다. 앞서 본 바와 같이 보상금 증액 청구의 소는 항고소송의 성질을 가지므로, 토지소유자 등에 대하여 금전채권을 가지고 있는 제3자는 재결에 대하여 간접적이거나 사실적·경제적 이해관계를 가질 뿐 재결을 다툴 법률상의 이익이 있다고 할 수 없어 직접 또는 토지소유자 등을 대위하여 보상금 증액 청구의 소를 제기할 수 없고, 토지소유자 등의 손실보상금 채권에 관하여 압류 및 추심명령이 있더라도 추심채권자가 재결을 다툴 지위까지 취득하였다고 볼 수는 없다.

② 토지보상법 등 관계 법령에 따라 토지수용위원회의 재결을 거쳐 이루어지는 손실보상금 채권은 관계 법령상 손실보상의 요건에 해당한다는 것만으로 바로 존부 및 범위가 확정된다고 볼 수 없다. 토지소유자 등이 사업시행자로부터 손실보상을 받기 위해서는 사업시행자와 협의가 이루어지지 않으면 토지보상법 제34조, 제50조 등에 규정된 재결절차를 거친 뒤에 그 재결에 대하여 불복이 있는 때에 비로소 토지보상법 제83조 내지 제85조에 따라 이의신청 또는 행정소송을 제기할 수 있을 뿐이고, 이러한 절차를 거치지 않은 채 곧바로 사업시행자를 상대로 손실보상을 청구하는 것은 허용되지 않는다.

이와 같이 손실보상금 채권은 토지보상법에서 정한 절차로서 관할 토지수용위원회의 재결 또는 행정소송 절차를 거쳐야 비로소 구체적인 권리의 존부 및 범위가 확정된다. 아울러 토지보상법령은 토지소유자 등으로 하여금 위와 같은 손실보상금 채권의 확정을 위한 절차를 진행하도록 정하고 있다. 따라서 사업인정고시 이후 위와 같은 절차를 거쳐 장래 확정될 손실보상금 채권에 관하여 채권자가 압류 및 추심명령을 받을 수는 있지만, 그 압류 및 추심명령이 있다고 하여 추심채권자가 위와 같은 손실보상금 채권의 확정을 위한 절차에 참여할 자격까지 취득한다고 볼 수는 없다.

③ 요컨대, 토지소유자 등이 토지보상법 제85조 제2항에 따라 보상금 증액 청구의 소를 제기한 경우, 그 손실보상금 채권에 관하여 압류 및 추심명령이 있다고 하더라도 추심채권자가 그 절차에 참여할 자격을 취득하는 것은 아니므로, 보상금 증액 청구의 소를 제기한 토지소유자 등의 지위에 영향을 미친다고 볼 수 없다. 따라서 보상금 증액 청구의 소의 청구채권에 관하여 압류 및 추심명령이 있더라도 토지소유자 등이 그 소송을 수행할 당사자적격을 상실한다고 볼 것은 아니다(대법원 2022. 11. 24. 선고 2018두67 전원합의체 판결).

제4편 행정조직법

제1장 행정조직법 일반

제2장 지방자치법

판례 22 ★★★

① 구 지방자치법 제22조에서 '법령의 범위 안에서'는 '법령에 위반되지 않는 범위 안에서'를 의미한다.
② 조례가 법령에 위반되는지 여부는 법령과 조례의 각 규정 취지, 규정의 목적과 내용 및 효과 등을 비교하여 양자 사이에 모순·저촉이 있는지 여부에 따라 개별적·구체적으로 판단하여야 한다
③ 공유재산법이 공유재산에 대한 사용·수익을 제한한 것은 공유재산을 사유화할 경우 사회적 형평에 배치되는 결과가 발생할 우려가 있어 이를 방지하기 위한 취지이다.
④ 행정재산에 대한 제3자의 사적 이용을 허용할 것인지 여부는 각 지방자치단체의 자율적 규율에 맡겨져 있다
⑤ 지방자치단체가 조례를 통하여 공유재산 및 물품 관리법에 반하는 내용으로 행정재산의 제3자 사용·수익을 허용하는 것이 위법하다.
⑥ 현행 조례 부칙 제3조 제4항에서 2년의 유예기간을 둔 것이 신뢰보호원칙 등에 기초하여 적법성이 인정되므로 이 사건 조례안 부칙 제3조 제4항이 당초의 유예기간보다 더 긴 기간을 추가한 것도 적법하다
⑦ 인천광역시의회가 '인천광역시 지하도상가 관리 운영 조례 일부개정조례안'을 의결하며 현행 조례에 공유재산 및 물품 관리법에 따라 사용·수익허가를 받은 자가 행정재산을 다른 자에게 사용·수익하게 하거나 그 권리를 양도하는 것을 금지하는 제6조를 신설하면서, 기존 임차인들의 신뢰를 보호하기 위하여 현행 조례 부칙 제3조 제4항에서 설정한 <u>2년의 유예기간보다 더 긴 기간을 부칙 제3조 제4항에 추가하자</u>, 인천광역시장이 위 조례안 부칙 제3조 제4항 등이 공유재산 및 물품 관리법 등 상위법령에 위반된다는 이유로 재의를 요구하였으나, <u>인천광역시의회가 위 조례안을 원안대로 재의결한 사안에서,</u> 공유재산 및 물품 관리법 제20조 제3항에 반하는 상태를 지속시키는 위 조례안 부칙 제3조 제4항은 공유재산 및 물품 관리법의 취지에 배치되어 위법하다.
⑧ 위 조례안의 일부가 효력이 없는 이상, 위 조례안에 대한 재의결은 전부 효력이 없다

해설 가. 조례와 법령의 관계

구 지방자치법(2021. 1. 12. 법률 제17893호로 전부개정되기 전의 것) 제22조 본문은 "지방자치단체는 법령의 범위 안에서 그 사무에 관하여 조례를 제정할 수 있다."라고 규정한다. 이때 '법령의 범위 안에서'는 '법령에 위반되지 않는 범위 안에서'를 의미하므로 지방자치단체가 제정한 조례가 법령에 위반되는 경우에는 효력이 없다. 조례가 법령에 위반되는지 여부는 법령과 조례의 각 규정 취지, 규정의 목적과 내용 및 효과 등을 비교하여 양자 사이에 모순·저촉이 있는지 여부에 따라 개별적·구체적으로 판단하여야 한다(대법원 2020. 2. 13. 선고 2017추5039 판결 참조).

나. 이 사건 조례안 부칙 제3조 제4항의 법령 위반 여부

1) 이 사건 조례안 부칙 제3조 제4항이 공유재산법에 위반되는지 여부

가) 공유재산법은 공유재산 및 물품을 보호하고 그 취득·유지·보존 및 운용과 처분의 적정을 도모함을 목적으로 한다(제1조). 이를 위해 공유재산법은 그 법 또는 다른 법률에서 정하는 절차와 방법에 따르지 아니하고는 공유재산을 사용하거나 수익하지 못하도록 하고(제6조 제1항), 행정재산의 경우 지방자치단체장의 사용·수익허가를 받아 사용하되 사용료를 납부하도록 하며(제20조 제1항, 제22조), 행정재산의 사용허가를 받은 자가 다른 사람에게 사용·수익하게 하는 것을 금지한다(제20조 제3항). 공유재산법이 공유재산에 대한 사용·수익을 제한한 것은 공유재산을 사유화할 경우 사회적 형평에 배치되는 결과가 발생할 우려가 있어 이를 방지하기 위한 취지이다. 이러한 공유재산법의 입법목적, 공유재산에 대한 사용·수익 제한 규정을 둔 취지 등을 종합하면, 행정재산에 대한 제3자의 사적 이용을 허용할 것인지 여부는 각 지방자치단체의 자율적 규율에 맡겨져 있다고 보기 어려우므로, 지방자치단체가 조례를 통해 공유재산법에 반하는 내용으로 행정재산의 제3자 사용·수익을 허용하는 것은 위법하다고 보아야 한다. 현행 조례는 이 같은 위법 상태를 시정하기 위하여 공유재산법에 따라 사용·수익허가를 받은 자가 그 행정재산을 다른 자에게 사용·수익하게 하거나 그 권리를 양도하는 것을 금지하는 제6조를 신설하면서, 다만 기존 임차인들의 신뢰를 보호하기 위하여 현행 조례 부칙 제3조 제4항에서 2년의 유예기간을 둔 것이다.

나) 현행 조례 부칙 제3조 제4항에서 2년의 유예기간을 둔 것이 신뢰보호원칙 등에 기초하여 적법성이 인정된다고 보더라도, 이 사건 조례안 부칙 제3조 제4항이 당초의 유예기간보다 더 긴 기간을 추가한 것까지 적법하다고 볼 수는 없다.

이 사건 조례안 부칙 제3조 제4항이 재의결된 때는 종전 조례의 위법사항을 개선한 현행 조례가 시행된 지 이미 2년여가 경과하여 그 유예기간 만료를 앞둔 시점이었다. 따라서 이 사건 조례안의 재의결 당시까지 현행 조례 시행 이전에 사용·수익허가를 받은 임차인의 종전 조례에 대한 신뢰가 지속되었다고 볼 수 없고, 설령 그에 관한 신뢰가 존재하더라도 보호가치가 있는 정당한 신뢰로 보기 어렵다. 그럼에도 피고가 이 사건 조례안 부칙 제3조 제4항을 재의결한 것은, 종전 조례에 대하여 수년 간 지적되어 온 상위법령 위반 상태와 그에 따른 조례 개선 요구를 외면함으로써 위법 상태의 지속을 앞으로도 용인하겠다는 취지로 볼 수밖에 없다. 이는 행정재산의 사용허가를 받은 자가 그 행정재산을 다른 자에게 사용·수익하게 하는 것을 금지하는 공유재산법 및 이와 같은 내용을 규정한 현행 조례의 규범력을 약화시킬 뿐만 아니라, 현행 조례 시행 이후에 사용·수익허가를 받은 임차인과 현행 조례 시행 이전에 사용·수익허가를 받은 임차인을 합리적인 이유 없이 차별함으로써 지역 간, 주민 간 형평성 논란을 야기할 수 있다는 점에서 더욱 그 정당성을 인정하기 어렵다.

피고는 코로나19 확산의 장기화에 따른 경기침체 등을 이유로 이 사건 조례안 부칙 제3조 제4항의 유예기간을 종전보다 연장할 필요가 있다고 주장하나, 그와 같은 사정을 고려하더라도 현행 조례 부칙 제3조 제4항에서 설정한 2년의 유예기간이 다른 법령과 비교하여 기존 임차인 등의 보호에 현저히 짧은 기간이라고 보기 어렵고, 이미 한 차례 유예기간이 주어진 상황에서 그 유예기간 만료를 앞두고 당초의 유예기간보다 더 긴 유예기간을 규정함으로써 공유재산법 위반 상태의 지속을 정당화할 만한 특별한 사정도 보이지 아니한다.

다) 결국 공유재산법 제20조 제3항에 반하는 상태를 지속시키는 이 사건 조례안 부칙 제3조 제4항은 공유재산법의 취지에 배치되어 위법하고, 이 사건 조례안의 일부가 효력이 없는 이상, 이 사건 조례안에 대한 재의결은 전부 효력이 없다고 봄이 타당하다(대법원 2016. 11. 10. 선고 2014추19 판결, 대법원 2017. 12. 5. 선고 2016추5162 판결 참조). (대법원 2022. 10. 27. 선고 2022추5026 판결)).

정답 O,O,O,×,O,×,O,O

○ 판례 23 ★★★

경상남도지사가 '경상남도 업무협약 체결 및 관리에 관한 조례안' 중 도의회가 지방자치법 제48조, 제49조에 따라 자료를 요구할 경우 도지사는 업무협약에 비밀조항을 둔 경우라도 이를 거부할 수 없도록 규정한 제6조 제1항이 법률유보원칙 등에 위반된다며 재의를 요구하였으나 도의회가 원안대로 재의결함으로써 이를 확정한 사안에서, 조례안 제6조 제1항은 공무원의 비밀유지의무를 규정한 지방공무원법 제52조, 공공기관의 정보공개에 관한 법률 제9조 제1항 제7호, 사회기반시설에 대한 민간투자법 제51조의3 제1항 등에 위반된다

해설 경상남도지사가 '경상남도 업무협약 체결 및 관리에 관한 조례안' 중 도의회가 지방자치법 제48조, 제49조에 따라 자료를 요구할 경우 도지사는 업무협약에 비밀조항을 둔 경우라도 이를 거부할 수 없도록 규정한 제6조 제1항이 법률유보원칙 등에 위반된다며 재의를 요구하였으나 도의회가 원안대로 재의결함으로써 이를 확정한 사안에서, 지방자치단체의 장이 지방의회의 요구에 따라 지방의회에 제출할 자료 중에 직무상 알게 된 비밀이 포함된 경우, 위 조례안 제6조 제1항에 따르면 지방자치단체의 장이 이를 지방의회에 제출하여야 하는 반면, 지방공무원법 제52조 등에 따르면 지방자치단체의 장이 지방의회의 제출요구를 거부함으로써 직무상 알게 된 비밀을 엄수해야 한다는 측면에서 위 조례안 제6조 제1항이 지방공무원법 제52조 등과 충돌한다고 볼 여지가 큰 점, 공공기관의 정보공개에 관한 법률은 법인 등의 경영상·영업상 비밀에 관한 사항으로서 공개될 경우 법인 등의 정당한 이익을 현저히 해칠 우려가 있다고 인정되는 정보를 비공개 대상 정보로 규정하고(제9조 제1항 제7호), 사회기반시설에 대한 민간투자법 역시 사업시행자의 경영상·영업상 비밀에 해당하는 정보는 비공개하도록 규정하여 사업시행자의 정당한 이익을 보호하는 범위 내에서 정보공개를 의무화하고 있는데(제51조의3 제1항), 위 조례안 제6조 제1항은 서류제출 요구에 응할 경우 기업의 자유 등이 침해될 수 있다는 점에 대한 어떠한 고려도 없이 도지사에게 도의회의 서류제출 요구에 응하도록 하고 있어 기본권에 의한 한계를 규정하고 있는 위 법률조항들과도 충돌하는 점 등을 종합하면, 위 조례안 제6조 제1항은 공무원의 비밀유지의무를 규정한 지방공무원법 제52조, 공공기관의 정보공개에 관한 법률 제9조 제1항 제7호, 사회기반시설에 대한 민간투자법 제51조의3 제1항 등에 위반되므로 조례안에 대한 재의결은 효력이 없다고 한 사례(대법원 2023. 7. 13. 선고 2022추5149 판결).

정답 O

제3장 공무원법

판례 24 ★★★

① 위법한 파면·정직 등 징계처분과 현역복무 부적합 전역명령 등으로 약 9년 동안 복무의 기회를 박탈 당한 후 정년 전역명령을 받게 된 경우, 복무하지 못한 기간만큼 기존 계급의 연령정년이 연장된다
② 진급심사에 필요한 실질적인 직무수행의 기회를 상실한 기간만큼 여전히 현역의 지위에 있다고 볼 수 있다
③ 진급 심사를 거치지 않아도 그를 전제로 진급된 지위에서의 현역 지위는 확인되지 않는다

해설 대법원은 구 국가정보원직원법(2003. 12. 30. 법률 제7012호로 개정되기 전의 것) 제22조 제1항 제2호에서 정한 계급정년이 문제 된 사안에서 "계급정년의 적용을 받는 국가정보원 소속 공무원이 직권면직처분에 의하여 면직되었다가 직권면직처분이 무효임이 확인되거나 취소되어 복귀한 경우, 직권면직처분 때문에 사실상 직무를 수행할 수 없었던 기간 동안 승진 심사를 받을 기회를 실질적으로 보장받지 못하였다고 하더라도 원칙적으로 직권면직기간은 계급정년기간에 포함될 것이나, 직권면직처분이 법령상의 직권면직사유 없이 오로지 임명권자의 일방적이고 중대한 귀책사유에 기한 것이고 그러한 직권면직처분으로 인해 줄어든 직무수행기간 때문에 당해 공무원이 상위 계급으로 승진할 수 없었다는 등의 특별한 사정이 인정되는 경우에까지 직권면직기간을 계급정년기간에 포함한다면 헌법 제7조 제2항 소정의 공무원 신분보장 규정의 취지를 근본적으로 훼손하게 되므로, 그러한 경우에는 예외적으로 직권면직기간이 계급정년기간에서 제외된다고 봄이 상당하다."라고 밝혔다.

군인사법은 제8조 제1항에서 연령정년, 근속정년, 계급정년 등 3가지 유형의 정년제도를 규정하였다. 그런데 '연령정년'은 계급마다 연한에 차등을 두고 있을 뿐만 아니라 그 연한이 경찰공무원 등 다른 공무원과 비교하여 현저히 낮게 설정되어 있으므로, 군인사법상 '연령정년'에 관한 문제를 다룰 때에 계급적 요소를 참작하지 않을 수 없다. 따라서 군인이 임용권자로부터 파면 등 징계, 전역명령 등 신분상 불이익처분을 받았으나 그것이 확정판결에 의하여 위법한 것으로 확인되어 복귀하는 과정에서 연령정년의 경과 여부가 문제 되는 경우로서, 상명하복의 엄격한 규율과 군기를 중시하고 집단적 공동생활을 영위하는 군대의 특수한 사정을 충분히 고려하더라도 신분상 불이익처분이 법령상 정당한 근거 없이 오로지 임명권자의 일방적이고 중대한 귀책사유에 기한 것이고, 그 불이익처분으로 인해 해당 계급에서 상위 계급으로 진급함에 필요한 직무수행의 기회를 상당한 기간에 걸쳐 실질적으로 침해·제한당하는 등의 특별한 사정이 인정되며, 이를 용인할 경우 군인사법상 계급별 연령정년의 입법 취지는 물론 헌법 제7조 제2항에서 정한 공무원의 신분보장 취지를 근본적으로 훼손하게 되는 정도에까지 이르러 일반 불법행위의 법리에 의한 손해배상의 방법으로 그 위법성을 도저히 치유할 수 없다고 인정되는 경우에는 위 대법원판결의 법리가 동일하게 적용될 수 있다. 이 경우 '연령'이라는 기준의 불가역적인 성질에 비추어, 위와 같은 경위로 진급심사에 필요한 실질적인 직무수행의 기회를 상실한 기간만큼 연령정년이 연장된다(대법원 2023. 3. 13. 선고 2020두53545 판결).

정답 ○, ○, ○

○ 판례 25 ★★★

① 지방공무원의 승진임용에 관해서는 임용권자에게 일반 국민에 대한 행정처분이나 공무원에 대한 징계처분에서와는 비교할 수 없을 정도의 광범위한 재량이 부여되어 있다.
② "누구든지 시험 또는 임용에 관하여 고의로 방해하거나 부당한 영향을 미치는 행위를 하여서는 아니 된다."라고 규정하는 지방공무원법 제42조의 '임용에 관하여 부당한 영향을 미치는 행위'에 해당하는지를 판단함에 있어서도 임용권자가 합리적인 재량의 범위 내에서 인사에 관한 행위를 하였다면 쉽사리 구성요건해당성을 인정하여서는 아니 된다.
③ 지방공무원법상 공무원의 결원 발생 시 발생한 결원 수 전체에 대하여 오로지 승진임용의 방법으로 보충하거나 그 대상자에 대하여 승진임용 절차를 동시에 진행하여야 한다.
④ 승진임용과 관련하여 인사위원회의 사전심의를 거치는 것은 임용권자가 승진임용 방식으로 인사권을 행사하고자 하는 것을 전제로 한다.
⑤ 임용권자는 결원 보충의 방법과 승진임용의 범위에 관한 사항을 선택하여 결정할 수 있는 재량이 있다.
⑥ 지방공무원법상 임용권자는 인사위원회의 심의·의결 결과와 다른 내용으로 승진대상자를 결정하여 승진임용을 할 수 있다.
⑦ 인사위원회의 심의·의결 결과에 따르도록 규정한 '지방공무원 임용령' 제38조의5가 임용권자의 인사재량을 배제하는 규정이다.
⑧ 위 규정은 임용권자로 하여금 가급적 인사위원회의 심의·의결 결과를 존중하라는 취지이다.

해설 [1] 지방공무원의 승진임용에 관해서는 임용권자에게 일반 국민에 대한 행정처분이나 공무원에 대한 징계처분에서와는 비교할 수 없을 정도의 광범위한 재량이 부여되어 있다. 따라서 승진임용자의 자격을 정한 관련 법령 규정에 위배되지 아니하고 사회통념상 합리성을 갖춘 사유에 따른 것이라는 일응의 주장·증명이 있다면 쉽사리 위법하다고 판단하여서는 아니 된다. 특히 임용권자의 인사와 관련한 행위에 대하여 형사처벌을 하는 경우에는 임용권자의 광범위한 인사재량권을 고려하여 해당 규정으로 인하여 임용권자의 인사재량을 부당히 박탈하는 결과가 초래되지 않도록 처벌규정을 엄격하게 해석·적용하여야 할 것이다. 따라서 "누구든지 시험 또는 임용에 관하여 고의로 방해하거나 부당한 영향을 미치는 행위를 하여서는 아니 된다."라고 규정하는 지방공무원법 제42조의 '임용에 관하여 부당한 영향을 미치는 행위'에 해당하는지를 판단함에 있어서도 임용권자가 합리적인 재량의 범위 내에서 인사에 관한 행위를 하였다면 쉽사리 구성요건해당성을 인정하여서는 아니 된다.

[2] 지방공무원법은 공무원의 결원 발생 시 발생한 결원 수 전체에 대하여 오로지 승진임용의 방법으로 보충하도록 하거나 그 대상자에 대하여 승진임용 절차를 동시에 진행하도록 규정하지 않고, 제26조에서 "임용권자는 공무원의 결원을 신규임용·승진임용·강임·전직 또는 전보의 방법으로 보충한다."라고 규정하여 임용권자에게 다양한 방식으로 결원을 보충할 수 있도록 하고 있다. 그리고 지방공무원법 및 '지방공무원 임용령'에서는 인사의 공정성을 높이기 위한 취지에서 임용권자가 승진임용을 할 때에는 임용하려는 결원 수에 대하여 인사위원회의 사전심의를 거치도록 하고 있다(지방공무원법 제39조 제4항, 지방공무원 임용령 제30조 제1항). 즉, 승진임용과 관련하여 인사위원회의 사전심의를 거치는 것은 임용권자가 승진임용 방식으로 인사권을 행사하고자 하는 것을 전제로 한다. 이와 달리 만약 발생한 결원 수 전체에 대하여 동시에 승진임용의 절차를 거쳐야 한다고 해석하면, 해당 기관의 연간 퇴직률, 인사적체의 상황, 승진후보자의 범위, 업무 연속성 보장의 필요성이나 재직가능 기간 등과 무관하게 연공서열에 따라서만 승진임용이 이루어지게 됨에 따라 임용권자의 승진임용에 관한 재량권이 박탈되는 결과가 초래될 수 있으므로, 임용권자는 결원 보충의 방법과 승진임용의 범위에 관한 사항을 선택하여 결정할 수 있는 재량이 있다고 보아야 할 것이다.

[3] 징계에 관해서는 인사위원회의 징계의결 결과에 따라 징계처분을 하여야 한다고 분명하게 규정하고 있는 반면(지방공무원법 제69조 제1항), 승진임용에 관해서는 인사위원회의 사전심의를 거치도록 규정하였을 뿐 그 심의·의결 결과에 따라야 한다고 규정하고 있지 않으므로, 임용권자는 인사위원회의 심의·의결 결과와는 다른 내용으로 승진대상자를 결정하여 승진임용을 할 수 있다. '지방공무원 임용령' 제38조의5가 '임용권자는 특별한 사유가 없으면 소속 공무원의 승진임용을 위한 인사위원회의 사전심의 또는 승진의결 결과에 따라야 한다.'라고 규정하고 있으나 위 규정은 지방공무원법의 구체적인 위임에 따른 것이 아니므로 그로써 임용권자의 인사재량을 배제한다고 볼 수 없으며, 문언 자체로도 특별한 사유가 있으면 임용권자가 인사위원회의 심의·의결 결과를 따르지 않을 수 있음을 전제하고 있으므로 임용권자로 하여금 가급적 인사위원회의 심의·의결 결과를 존중하라는 취지로 이해하여야 한다(대법원 2022. 2. 11. 선고 2021도13197 판결).

정답 O,O,X,O,O,O,X,O

판례 26 ★★★

① 국가공무원법 제73조의3 제1항에서 정한 직위해제는 당해 공무원이 장래에 계속 직무를 담당하게 될 경우 예상되는 업무상의 장애 등을 예방하기 위하여 일시적으로 당해 공무원에게 직위를 부여하지 아니함으로써 직무에 종사하지 못하도록 하는 잠정적인 조치로서, 임용권자가 일방적으로 보직을 박탈시키는 것을 의미한다.
② 직위해제의 요건 및 효력 상실·소멸시점 등은 문언에 따라 엄격하게 해석해야 하고, 특히 헌법 제7조 제2항 및 국가공무원법 제68조에 따른 공무원에 대한 신분보장의 관점은 물론 헌법상 비례원칙에 비추어 보더라도 직위해제처분의 대상자에게 불리한 방향으로 유추·확장해석을 해서는 안 된다.
③ 국가공무원법 제73조의3 제1항 제3호에서 정한 직위해제의 목적은 중징계의결 요구를 받은 공무원이 계속 직위를 보유하고 직무를 수행한다면 공무집행의 공정성과 그에 대한 국민의 신뢰를 저해할 구체적인 위험이 생길 우려가 있으므로 이를 사전에 방지하고자 하는 데 목적이 있다.
④ '중징계의결 요구'가 있었다는 형식적 이유만으로 직위해제처분을 하는 것이 정당화될 수도 있다.
⑤ 국가공무원법 제73조의3 제2항의 직위해제 사유의 소멸과 관련하여 같은 조 제1항 제3호에서 정한 '중징계의결이 요구 중인 사'는 같은 법 제82조 제1항 및 공무원 징계령 제12조에 따른 징계의결이 이루어질 때까지로 한정된다.

해설 [1] 국가공무원법 제73조의3 제1항에서 정한 직위해제는 당해 공무원이 장래에 계속 직무를 담당하게 될 경우 예상되는 업무상의 장애 등을 예방하기 위하여 일시적으로 당해 공무원에게 직위를 부여하지 아니함으로써 직무에 종사하지 못하도록 하는 잠정적인 조치로서, 임용권자가 일방적으로 보직을 박탈시키는 것을 의미한다. 이러한 직위해제는 공무원의 비위행위에 대한 징벌적 제재인 징계와 법적 성질이 다르지만, 해당 공무원에게 보수·승진·승급 등 다양한 측면에서 직간접적으로 불리한 효력을 발생시키는 침익적 처분이라는 점에서 그것이 부당하게 장기화될 경우에는 결과적으로 해임과 유사한 수준의 불이익을 초래할 가능성까지 내재되어 있으므로, 직위해제의 요건 및 효력 상실·소멸시점 등은 문언에 따라 엄격하게 해석해야 하고, 특히 헌법 제7조 제2항 및 국가공무원법 제68조에 따른 공무원에 대한 신분보장의 관점은 물론 헌법상 비례원칙에 비추어 보더라도 직위해제처분의 대상자에게 불리한 방향으로 유추·확장해석을 해서는 안 된다.

[2] 국가공무원법 제73조의3 제1항 제3호는 파면·해임·강등 또는 정직에 해당하는 징계의결(이하 '중징계의결'이라 한다)이 요구 중인 자에 대하여 직위해제처분을 할 수 있음을 규정하였는바, 이는 중징계의결 요구를 받은 공무원이 계속 직위를 보유하고 직무를 수행한다면 공무집행의 공정성과 그에 대한 국민의 신뢰를 저해할 구체적인 위험이 생길 우려가 있으므로 이를 사전에 방지하고자 하는 데 목적이 있다. 이러한 직위해제제도의 목적 및 취지는 물론 이로 인한 불이익의 정도와 침익적 처분의 성질에 비추어 보면, 단순히 '중징계의결 요구'가 있었다는 형식적 이유만으로 직위해제처분을 하는 것이 정당화될 수는 없고, 직위해제처분의 대상자가 중징계처분을 받을 고도의 개연성이 인정되는 경우임을 전제로 하여, 대상자의 직위·보직·업무의 성격상 그가 계속 직무를 수행함으로 인하여 공정한 공무집행에 구체적인 위험을 초래하는지 여부 등에 관한 제반 사정을 면밀히 고려하여 그 요건의 충족 여부 등을 판단해야 한다.

[3] 국가공무원법 제73조의3 제2항은 직위해제처분을 한 경우에도 그 사유가 소멸되면 지체 없이 직위를 부여하여야 함을 명시하였다. 이는 같은 조 제1항 제3호의 요건 중 하나인 '중징계의결이 요구 중인 자'의 의미 및 '중징계의결 요구'의 종기에 관한 해석과 관계된다. 국가공무원법은 '징계의결 요구(제78조), 징계의결(제82조 제1항), 징계의결 통보(공무원 징계령 제18조), 징계처분(제78조 및 공무원 징계령 제19조) 또는 심사·재심사 청구(제82조 제2항 및 공무원 징계령 제24조)' 등 징계절차와 그 각 단계를 명확히 구분하여 규정하였고, '재징계의결 요구(제78조의3)'는 징계처분이 무효·취소된 경우에 한하는 것으로 명시함으로써 '심사·재심사 청구'가 이에 포함되지 않는다는 점 역시 문언상 분명하다. 이러한 관련 규정의 문언 내용·체계에 비추어 보면, '중징계의결이 요구 중인 자'는 국가공무원법 제82조 제1항 및 공무원 징계령 제12조에 따른 징계의결이 이루어질 때까지로 한정된다고 보는 것이 타당하다(대법원 2022. 10. 14. 선고 2022두45623 판결).

정답 O,O,O,×,O

제5편 특별행정작용법

| 제1장 | 경찰행정법 |

| 제2장 | 급부행정법 |

| 제3장 | 공용부담법 |

| 제4장 | 지역개발행정법 |

판례 27 ★★★

표준지로 선정된 토지의 표준지공시지가에 대한 불복방법 및 그러한 절차를 밟지 않은 채 토지 등에 관한 재산세 등 부과처분의 취소를 구하는 소송에서 표준지공시지가결정의 위법성을 다투는 것이 허용된다.

해설 표준지로 선정된 토지의 표준지공시지가를 다투기 위해서는 처분청인 국토교통부장관에게 이의를 신청하거나 국토교통부장관을 상대로 공시지가결정의 취소를 구하는 행정심판이나 행정소송을 제기해야 한다. 그러한 절차를 밟지 않은 채 토지 등에 관한 재산세 등 부과처분의 취소를 구하는 소송에서 표준지공시지가결정의 위법성을 다투는 것은 원칙적으로 허용되지 않는다(대법원 2022. 5. 13. 선고 2018두50147 판결).

정답

판례색인

2024.3.28. 2020헌가10 99
2024.6.24. 2020헌마237등 134
2024.6.27. 2021헌가19 81
2024.6.27. 2021헌마1588 124
2024.6.27. 2022헌라3 171
2024.6.27. 2023헌바78 117
2024.7.18. 2020헌바487등 93
2024.7.18. 2021헌마 533 102
2024.7.18. 2021헌마460 157
2024.7.18. 2022헌가6 36
2024.7.18. 2022헌바4 121

[대법원]

대법원 1994. 10. 14. 선고 94다8334 판결 참조 76

대법원 1996. 2. 9. 선고 95다17885 판결 등 참조 75

대법원 1998. 12. 8. 선고 97므513, 520, 97스12 판결 75

대법원 2001. 3. 9. 선고 2000다29905 판결, 대법원 2001. 4. 24. 선고 2000다16114 판결, 대법원 2001. 10. 12. 선고 2001다47290 판결, 대법원 2016. 10. 13. 선고 2014다215499 판결 및 대법원 2022. 3. 17. 선고 2019다226975 판결 등 참조 191

대법원 2005. 6. 23. 선고 2004다51887 참조 75

대법원 2010. 11. 18. 선고 2008두167 전원합의체 판결 참조 192

대법원 2016. 11. 10. 선고 2014추19 판결, 대법원 2017. 12. 5. 선고 2016추5162 판결 참조). (대법원 2022. 10. 27. 선고 2022추5026 판결) 202

대법원 2018. 10. 25. 선고 2016두33537 판결, 대법원 2020. 4. 9. 선고 2019두61137 판결 등 참조 192

대법원 2020. 2. 13. 선고 2017추5039 판결 참조 200

대법원 2022. 1. 27. 선고 2020두39365 판결 183, 185

대법원 2022. 10. 14. 선고 2022두45623 판결 206

대법원 2022. 11. 17. 선고 2021두44425 판결 197

대법원 2022. 11. 24. 선고 2018두67 전원합의체 판결 199

대법원 2022. 2. 11. 선고 2021도13197 판결 205

대법원 2022. 2. 11. 선고 2021두40720 판결 184

대법원 2022. 3. 17. 선고 2021다230083, 230090 판결 76

대법원 2022. 5. 13. 선고 2018두50147 판결 207

대법원 2022. 7. 14. 선고 2017다266771 판결 190

대법원 2022. 8. 11. 선고 2020다247428 판결 75

대법원 2022. 8. 30. 선고 2018다212610 전원합의체 판결 191

대법원 2023. 2. 2. 선고 2020두43722 판결 181

대법원 2023. 2. 2. 선고 2020두48260 판결 194

대법원 2023. 2. 23. 선고 2021두44548 판결 194

대법원 2023. 3. 13. 선고 2020두53545 판결 203

대법원 2023. 3. 16. 선고 2022두58599 판결 195

대법원 2023. 4. 27. 선고 2020두47892 판결 182
대법원 2023. 5. 18. 선고 2019다222867 참조 75
대법원 2023. 6. 1. 선고 2019두41324 판결 187
대법원 2023. 6. 1. 선고 2021다202224 판결 191
대법원 2023. 6. 29. 선고 2020두46073 판결 198
대법원 2023. 6. 29. 선고 2022두44262 판결 196
대법원 2023. 7. 13. 선고 2022추5149 판결 202
대법원 2023. 7. 27. 선고 2022두52980 판결 188
대법원 2023. 9. 21. 선고 2018도13877 전원합의체 판결 참조 50
대법원 2023. 9. 21. 선고 2023두39724 판결 186
대법원 2024. 6. 17. 선고 2020다239045 판결 13
대법원 2024. 7. 11. 선고 2023다 217312 판결 133
대법원 2024. 7. 18. 선고 2022두43528 전원합의체 판결 69
대법원 2024. 7. 18. 선고 2023두36800 전원합의체 판결 23
대법원판결 2024. 6. 17. 2021두49772 180
대판 2020.12.24. 2018두45633 187

[민사소송법]

민사소송법 제213조 참조 24

[전원재판부]

전원재판부 2020헌바471, 2023. 3. 23. 30
전원재판부 2023헌라3, 2023. 10. 26. 170
전원재판부 2024. 5. 30. 선고 헌법재판소 2021헌마117등 67
전원재판부 2024. 5. 30. 선고 헌법재판소 2022헌바238 등 93
전원재판부 2024. 5. 30. 선고 헌법재판소 2023헌나2 153

[헌법재판소]

헌법재판소 1989. 1. 25. 88헌가7 참조 24
헌법재판소 1989. 1. 25. 88헌가7, 판례집 1, 1 24
헌법재판소 1991. 4. 1. 89헌마160, 헌법재판소 2012. 8. 23. 2009헌가27, 헌법재판소 2015. 7. 30. 2013헌가8 68
헌법재판소 1992. 1. 28. 91헌마111; 헌재 1997. 3. 27. 92헌마273 참조 163
헌법재판소 1996. 8. 29. 95헌바36; 헌재 1997. 11. 27. 97헌바10 참조 83
헌법재판소 1997. 8. 21. 96헌마48 참조 161
헌법제판소 2001. 11. 29. 2000헌마84; 헌법재판소 2002. 2. 28. 99헌마693 참조 168
헌법재판소 2002. 2. 28. 2001헌마207 참조 162
헌법재판소 2002헌바66; 헌재 2004헌바40등; 헌법재판소 2009헌바170등, 헌법재판소 2012헌바173, 헌재 2012헌바259, 헌법재판소 2014헌바474; 헌법재판소 2017헌바130 등 21
헌법재판소 2003. 10. 30. 2000헌바67등 참조 72
헌법재판소 2003. 11. 27. 2003헌마259등; 헌재 2016. 5. 26. 2012헌마374 참조 145
헌법재판소 2003. 6. 26. 2000헌마509등 참조 88

헌법재판소 2004. 8. 26. 2003헌마337 참조 161
헌법재판소 2005. 10. 27. 2005헌마126 참조 163
헌법재판소 2005. 3. 31. 2003헌바113; 헌법재판소 2021. 2. 25. 2018헌바423등 166
헌법재판소 2007. 5. 31. 2005헌바108 결정 44
헌법재판소 2010. 10. 28. 선고 2009헌라6 전원재판부 177
헌법재판소 2010. 4. 29. 2007헌바144; 헌법재판소 2013. 12. 26. 2012헌바467 참조 73
헌법재판소 2010. 4. 29. 선고 2007헌바144 전원재판부 74
헌법재판소 2010. 7. 29. 2005헌바89 전원재판부 124
헌법재판소 2011. 12. 29. 2009헌마476; 헌법재판소 2018. 1. 25. 2015헌마821등 149
헌법재판소 2012. 2. 23. 2008헌마500 164
헌법재판소 2012. 2. 23. 2008헌마500 참조 164
헌법재판소 2012. 5. 31. 2010헌마672 참조 48
헌법재판소 2012. 8. 23. 2010헌마439 참조 48, 161
헌법재판소 2012. 8. 23. 2010헌마439; 헌재 2018. 8. 30. 2016헌마483 참조 161
헌법재판소 2013. 12. 26. 2012헌바467 74
헌법재판소 2013. 12. 26. 2012헌바467 참조 74
헌법재판소 2015. 7. 30. 2014헌바447 참조 46
헌법재판소 2015. 7. 30. 2014헌바447; 헌법재판소 2016. 12. 29. 2015헌바63 참조 46
헌법재판소 2016. 10. 27. 2016헌바322 등, 7:2 합헌 91
헌법재판소 2016. 2. 25. 2014헌마338 참조 168
헌법재판소 2016. 6. 30. 선고 2014헌바253 결정 112

헌법재판소 2017. 7. 27. 2015헌마1052 결정 91
헌법재판소 2019. 11. 28. 2017헌마791 164
헌법재판소 2019. 12. 27. 2017헌마1299 참조 161
헌법재판소 2021. 11. 25. 2020헌바413 참조 66
헌법재판소 2021. 11. 25. 선고 2019헌바446, 2020헌가17(병합), 2021헌바77(병합) 전원재판부 결정 57
헌법재판소 2021. 3. 25. 2018헌바388 전원재판부 결정 70
헌법재판소 2022. 1. 27. 2016헌마364 참조 88
헌법재판소 2022. 1. 27. 2018헌바1162, 2020헌바428(병합) 전원재판부 결정 152
헌법재판소 2022. 1. 27. 2020헌마594 전원재판부 결정 47
헌법재판소 2022. 1. 27. 선고 2016헌마364 전원재판부 결정 95, 155, 156, 167
헌법재판소 2022. 1. 27. 선고 2017헌바528 전원재판부 결정 (형법 제299조 위헌소원) 59
헌법재판소 2022. 1. 27. 선고 2018헌마1162, 2020헌바428(병합) 전원재판부 결정 152
헌법재판소 2022. 1. 27. 선고 2019헌마583 전원재판부 결정 110
헌법재판소 2022. 1. 27. 선고 2019헌바161 전원재판부 결정 91
헌법재판소 2022. 1. 27. 선고 2020헌마895 전원재판부 결정 143
헌법재판소 2022. 1. 27. 선고 2020헌바537 전원재판부 결정 (2021헌바29, 2021헌바90(병합) 국민의 형사재판 참여에 관한 법률 제5조 제1항 위헌소원) 46
헌법재판소 2022. 10. 27. 선고 2018헌바115 전원재판부 결정 138
헌법재판소 2022. 10. 27. 선고 2019헌바324 전원재판부 결정 (구 도시 및 주거환경정비법 제21조 제4항 등 위헌소원) 38

헌법재판소 2022. 10. 27. 선고 2019헌바454 전원재판부 결정 (근로자퇴직급여 보장법 제3조 단서 위헌소원) 37

헌법재판소 2022. 10. 27. 선고 2020헌바368 전원재판부 결정 94

헌법재판소 2022. 10. 27. 선고 2021헌가4 전원재판부 결정 70

헌법재판소 2022. 11. 24. 2019헌마528 등, 헌법불합치 119

헌법재판소 2022. 11. 24. 2020헌마1181, 헌법불합치 111

헌법재판소 2022. 11. 24. 선고 2018헌바514 전원재판부 결정 37

헌법재판소 2022. 11. 24. 선고 2019헌마941 전원재판부 결정 69, 158

헌법재판소 2022. 11. 24. 선고 2019헌바108 전원재판부 결정 136

헌법재판소 2022. 11. 24. 선고 2020헌마1181 전원재판부 결정 120

헌법재판소 2022. 11. 24. 선고 2020헌바463 전원재판부 결정 35

헌법재판소 2022. 11. 24. 선고 2021헌마426 전원재판부 결정 20

헌법재판소 2022. 11. 24. 선고 2021헌바144 전원재판부 결정 34

헌법재판소 2022. 11. 24. 선고 2021헌바301 전원재판부 결정 121

헌법재판소 2022. 12. 22. 2018헌바48 등, 헌법불합치 71

헌법재판소 2022. 12. 22. 2020헌가8, 위헌 113

헌법재판소 2022. 12. 22. 선고 2020헌가8 전원재판부 결정 120

헌법재판소 2022. 12. 22. 선고 2020헌라3 전원재판부 결정 176

헌법재판소 2022. 12. 22. 선고 2020헌바39 전원재판부 결정 32

헌법재판소 2022. 12. 22. 선고 2022헌라5 전원재판부 결정 176

헌법재판소 2022. 2. 24. 2018헌바146, 위헌 112

헌법재판소 2022. 2. 24. 선고 2017헌바438, 2020헌바91(병합) 전원재판부 결정 92

헌법재판소 2022. 2. 24. 선고 2018헌마998, 2019헌가16, 2021헌바167(병합) 전원재판부 결정 (입법부작위 위헌확인 등) 59

헌법재판소 2022. 2. 24. 선고 2019헌바225, 2020헌바387, 2021헌바33(병합) 전원재판부 결정 21

헌법재판소 2022. 2. 24. 선고 2020헌가5 전원재판부 결정 22

헌법재판소 2022. 2. 24. 선고 2020헌마177 전원재판부 결정 (2020년도 보육사업안내 중 X.보육예산 지원 1.공통사항 부분 등 위헌확인) 45

헌법재판소 2022. 3. 31. 2017 헌마 1343등 99

헌법재판소 2022. 3. 31. 2019헌바520 전원재판부 결정 16

헌법재판소 2022. 3. 31. 선고 2017헌마1343, 2019헌마993, 2020헌마989, 1486, 2021헌마1213, 1385(병합) 전원재판부 결정 91

헌법재판수 2022. 3. 31. 선고 2019헌가26 전원재판부 결정 90

헌법재판소 2022. 3. 31. 선고 2019헌마986 전원재판부 결정 149

헌법재판소 2022. 3. 31. 선고 2019헌바107 전원재판부 결정 (지방세법 제7조 제2항 위헌소원) 90

헌법재판소 2022. 3. 31. 선고 2019헌바242 전원재판부 결정 (마약류 관리에 관한 법률 제58조 제1항 제5호 위헌소원) (헌공306, 511) 44

헌법재판소 2022. 3. 31. 선고 2020헌마211 전원재판부 결정 142

헌법재판소 2022. 3. 31. 선고 2021헌마1230 전원재판부 결정 (2022학년도 대학 신입학생 정시모집 안내 위헌확인) 132

헌법재판소 2022. 3. 31. 선고 2021헌바62, 194(병합) 전원재판부 결정 42

헌법재판소 2022. 5. 26. 2012헌바66, 합헌 134

헌법재판소 2022. 5. 26. 2019헌바423 전원재판부 결정 47

헌법재판소 2022. 5. 26. 선고 2012헌바66 전원재판부 결정 130

헌법재판소 2022. 5. 26. 선고 2016헌마95 전원재판부 결정 89

헌법재판소 2022. 5. 26. 선고 2019헌가12 전원재판부 결정 (예비군법 제15조 제10항 전문 위헌제청) 45

헌법재판소 2022. 5. 26. 선고 2019헌바341 전원재판부 결정 (노동조합 및 노동관계조정법 제81조 제4호 등 위헌소원) 42

헌법재판소 2022. 5. 26. 선고 2021헌가30 전원재판부 결정 56

헌법재판소 2022. 5. 26. 선고 2021헌가32, 2022헌가3(병합), 2022헌가5(병합) 전원재판부 결정 57

헌법재판소 2022. 5. 26.자 2021헌마619 결정 97

헌법재판소 2022. 6. 30. 2014헌마760등 참조 159

헌법재판소 2022. 6. 30. 선고 2014헌마760, 2014헌마763(병합) 전원재판부 결정 127

헌법재판소 2022. 6. 30. 선고 2019헌가14 전원재판부 결정 21

헌법재판소 2022. 6. 30. 선고 2019헌마150 전원재판부 결정 (군인연금법 제16조 제5항 위헌확인) 40

헌법재판소 2022. 6. 30. 선고 2019헌마579 전원재판부 결정 87

헌법재판소 2022. 6. 30. 선고 2019헌바440 전원재판부 결정 88

헌법재판소 2022. 6. 30. 선고 2019헌바440 전원재판부 결정 (환경개선비용 부담법 제9조 제1항 위헌소원) 40

헌법재판소 2022. 6. 30.자 2019헌마356 전원재판부 결정 125

헌법재판소 2022. 7. 21. 2013헌마242, 인용(취소), 각하 158

헌법재판소 2022. 7. 21. 2016헌마388, 2022헌마126(병합)/2022헌마105, 110(병합) 49

헌법재판소 2022. 7. 21. 2017헌바100등 116

헌법재판소 2022. 7. 21. 선고 2016헌마388, 2022헌마126(병합), 2022헌마105, 110(병합) 전원재판부 결정 62, 168

헌법재판소 2022. 7. 21. 선고 2020헌바205 전원재판부 결정 85

헌법재판소 2022. 7. 25. 2023헌나1 전원재판부 147, 153

헌법재판소 2022. 8. 31. 선고 2018헌바440 전원재판부 결정 (공직선거법 제268조 제3항 등 위헌소원) (헌공311, 1126) 39

헌법재판소 2022. 8. 31. 선고 2019헌가31 전원재판부 결정 84

헌법재판소 2022. 8. 31. 선고 2020헌마1025 전원재판부 결정 (관공서의 공휴일에 관한 규정 제2조 본문 위헌확인) (헌공311, 1143) 39

헌법재판소 2022. 8. 31. 선고 2021헌라1 전원재판부 결정 151

헌법재판소 2022. 8. 31. 선고 2022헌가10 전원재판부 결정 58

헌법재판소 2022. 8. 31. 선고 2022헌가14 전원재판부 결정 57

헌법재판소 2022. 9. 29. 선고 2016헌마773 전원재판부 결정 125

헌법재판소 2022. 9. 29. 선고 2018헌마1169 전원재판부 결정 167

헌법재판소 2022. 9. 29. 선고 2019헌마813 전원재판부 결정 110

헌법재판소 2022. 9. 29. 선고 2019헌마938 전원재판부 결정 109

헌법재판소 2022. 9. 29. 선고 2021헌마929 전원재판부 결정 132

헌법재판소 2022헌라2 전원재판부 2023. 3. 23. 선고 169

헌법재판소 2022헌라4 전원재판부 2023. 3. 23. 선고 171

헌법재판소 2023. 10. 26. 선고 2019헌가30 전원재판부 결정 16, 60

헌법재판소 2023. 10. 26. 선고 2019헌마158, 2019헌마232(병합) 전원재판부 결정 (웹사이트 차단 위헌확인, 불법 해외사이트 차단결정취소) 63, 165

헌법재판소 2023. 10. 26. 선고 2022헌마231, 240, 267(병합), 2022헌마1595(병합) 전원재판부 결정 147

헌법재판소 2023. 10. 26. 선고 2022헌마232, 239, 266(병합) 전원재판부 결정 147

헌법재판소 2023. 10. 26. 선고 2023헌라3 전원재판부 결정 (국회의원과 국회 환경노동위원회 위원장 등 간의 권한쟁의) 172

헌법재판소 2023. 12. 21. 선고 2020헌바189 전원재판부 결정 101

헌법재판소 2023. 12. 21. 선고 2020헌바374 전원재판부 결정 135

헌법재판소 2023. 12. 21. 선고 2023헌라1 전원재판부 결정 (서울특별시 송파구와 문화재청장 간의 권한쟁의) 171

헌법재판소 2023. 2. 23. 선고 2019헌마1404, 2019헌마1460(병합), 2020헌마315(병합) 전원재판부 결정 61

헌법재판소 2023. 2. 23. 선고 2019헌바43 전원재판부 결정 33

헌법재판소 2023. 2. 23. 선고 2019헌바462 전원재판부 결정 11

헌법재판소 2023. 2. 23. 선고 2019헌바93, 2019헌바254(병합) 전원재판부 결정 68

헌법재판소 2023. 2. 23. 선고 2020헌마1736 전원재판부 결정 108

헌법재판소 2023. 2. 23. 선고 2020헌마460, 862(병합) 전원재판부 결정 18

헌법재판소 2023. 2. 23. 선고 2020헌바603 전원재판부 결정 11

헌법재판소 2023. 2. 23. 선고 2022헌가2 전원재판부 결정 31

헌법재판소 2023. 2. 23. 선고 2022헌바22 전원재판부 결정 17

헌법재판소 2023. 3. 23. 선고 2020헌가1, 2021헌가10(병합) 전원재판부 결정 55

헌법재판소 2023. 3. 23. 선고 2020헌가19 전원재판부 결정 107

헌법재판소 2023. 3. 23. 선고 2022헌라4 전원재판부 결정 173, 174

헌법재판소 2023. 3. 23. 선고 2023헌가4 전원재판부 결정 118

헌법재판소 2023. 5. 25. 선고 2019헌마1234 전원재판부 결정 23

헌법재판소 2023. 5. 25. 선고 2020헌바604 전원재판부 결정 105

헌법재판소 2023. 5. 25. 선고 2021헌바234 전원재판부 결정 105

헌법재판소 2023. 6. 29. 선고 2020헌마1605, 2022헌마1276(병합) 전원재판부 결정 150

헌법재판소 2023. 6. 29. 선고 2020헌마1669 전원재판부 결정 83

헌법재판소 2023. 6. 29. 선고 2021헌마199 전원재판부 결정   102, 166

헌법재판소 2023. 6. 29. 선고 2021헌바264 전원재판부 결정   83

헌법재판소 2023. 7. 20. 2019헌마1443, 2020헌마134(병합), 2020헌마16(병합), 2020헌마449(병합), 2021헌마9(병합) 전원재판부   144

헌법재판소 2023. 7. 20. 2020헌마104 전원재판부   98

헌법재판소 2023. 7. 20. 선고 2019헌마709 전원재판부 결정   165

헌법재판소 2023. 9. 26. 선고 2017헌바42, 2017헌바294, 2017헌가27(병합), 2017헌바431, 2019헌가6(병합) 전원재판부 결정   54

헌법재판소 2023. 9. 26. 선고 2019헌마1165 전원재판부 결정   29

헌법재판소 2023. 9. 26. 선고 2019헌마1417 전원재판부 결정   72

헌법재판소 2023. 9. 26. 선고 2019헌마423, 2020헌마1182·1214, 2021헌마1133, 2022헌바912, 2021헌바110(병합) 전원재판부 결정   28

헌법재판소 2023. 9. 26. 선고 2020헌마1724·1733(병합) 전원재판부 결정   53

헌법재판소 2023. 9. 26. 선고 2020헌바552 전원재판부 결정   16

헌법재판소 2023. 9. 26. 선고 2021헌가23, 2021헌마1465, 2022헌마215·396, 2023헌마119(병합) 전원재판부 결정   140

헌법재판소 2023.2.23. 2021헌가9등 결정   31

헌법재판소 2023.2.23. 선고 2020헌바11 전원재판부 결정   108

헌법재판소 2024. 1. 25. 선고 2020헌마65 전원재판부 결정 (가족관계의 등록 등에 관한 법률 제11조 제2항 등 위헌확인)   49

헌법재판소 2024. 1. 25. 선고 2021헌가14 전원재판부 결정   114

헌법재판소 2024. 1. 25. 선고 2021헌가14 전원재판부 결정 (구 공직선거법 제60조 제1항 제5호 등 위헌제청)   157

헌법재판소 2024. 1. 25. 선고 2021헌바233, 2023헌바239(병합) 전원재판부 결정   17, 115

헌법재판소 2024. 1. 25. 선고 2021헌바233, 2023헌바239(병합) 전원재판부 결정 (공직선거법 제255조 제1항 제9호 등 위헌소원 등)   164

헌법재판소 2024. 2. 28. 선고 2019헌마500 전원재판부 결정   133, 160

헌법재판소 2024. 2. 28. 선고 2020헌마1343·1400·1598, 2021헌마14·792, 2022헌바82·123·140·149·150·248·300·333, 2023헌바1·433(병합) 전원재판부 결정 (주택임대차보호법 제6조의3 위헌확인 등)   80

헌법재판소 2024. 2. 28. 선고 2020헌마139 전원재판부 결정   100

헌법재판소 2024. 2. 28. 선고 2020헌마1482 전원재판부 결정   100

헌법재판소 2024. 2. 28. 선고 2020헌마1587 전원재판부 결정   150

헌법재판소 2024. 2. 28. 선고 2020헌마801 전원재판부 결정   14

헌법재판소 2024. 2. 28. 선고 2021헌바302 전원재판부 결정   146

헌법재판소 2024. 2. 28. 선고 2022헌마356, 2023헌마189·1305(병합) 전원재판부 결정   14

헌법재판소 2024. 2. 28. 선고 2023헌마739 전원재판부 결정   27, 163

헌법재판소 2024. 3. 28. 선고 2017헌마371, 372(병합) 전원재판부 결정   160

헌법재판소 2024. 3. 28. 선고 2020헌마1272 전원재판부 결정   159

헌법재판소 2024. 3. 28. 선고 2020헌마1527 전원재판부 결정   99

헌법재판소 2024. 3. 28. 선고 2020헌바494, 2021헌바22(병합) 전원재판부 결정 ················ 26

헌법재판소 2024. 4. 25. 선고 2020헌마1028 전원재판부 결정 ························ 61, 163

헌법재판소 2024. 4. 25. 선고 2020헌마542 전원재판부 결정 ···························· 61

헌법재판소 2024. 4. 25. 선고 2021헌마1174 전원재판부 결정 ···························· 15

헌법재판소 2024. 4. 25. 선고 2021헌마1258 전원재판부 결정 ···························· 64

헌법재판소 2024. 4. 25. 선고 2022헌가33 전원재판부 결정 ······························ 78

헌법재판소 2024. 5. 30. 선고 2019헌가29 전원재판부 결정 ······························ 28

헌법재판소 2024. 5. 30. 선고 2021헌가3 전원재판부 결정 ································ 82

헌법재판소 2024. 5. 30. 선고 2023헌마820, 2023헌마862(병합) 전원재판부 결정 ······ 104

헌법재판소 2024.7.18. 2024헌바71 ··········· 50

헌법재판소 2024.7.18.2022헌가6 ············· 51

헌법재판소 전원재판부 2022. 2. 24. 2018헌마998, 2019헌가16, 2021헌바167(병합) 헌법불합치 ··································· 25

헌법재판소 전원재판부 2022. 2. 24. 2020헌가12 선고 ······························ 24

헌법재판소 전원재판부 2022. 3. 31. 선고 2020헌마1729 ······························ 139

헌법재판소 전원재판부 2023. 6. 29. 선고 2023헌가12 ······························ 145

헌법재판소 전원재판부 2023. 6. 29. 선고 헌법재판소 2020헌마1605, 2022헌마1276(병합) ··································· 113

헌법재판소 전원재판부 2023. 8. 31. 2020헌바252 전원재판부 선고 - 위헌 ············ 79

헌법재판소 전원재판부 2023. 9. 26. 선고 - 위헌2023. 9. 26. 2020헌마1724, 2020헌마1733(병합) ································ 114

헌법재판소 전원재판부 2024. 6. 27. 2020헌마468, 2020헌바341, 2021헌바420, 2024헌마146(병합) 전원재판부) ························ 122

MEMO

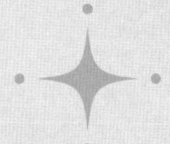 

MEMO

MEMO

MEMO

MEMO

 # MEMO